POVERTY AS PROCESS

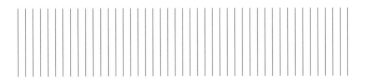

빈곤의 배치와
취약한 삶들의 인류학

빈곤 과정

POVERTY AS
PROCESS

조문영 지음

글항아리

빈곤은 어디에나 있다. 사전적 의미 그대로 물질적 결핍에서 출발해 그 조건, 인식, 감각을 포착해내려 한다면 빈곤의 '외부'를 찾기가 오히려 더 어렵다. 지구상의 모든 생명은 빈곤과 연결되어 있다. 그것은 우선 나와 내 가족의 삶에 달라붙을 수 있다. 배고픈 삶, 전망 없는 삶에서 기어 나오는 공포, 분노, 무력감이 자기비하로, 피붙이에 대한 폭력으로 치닫는다. 쪽방촌, 고시원, 다세대주택, 임대아파트 단지에 살면서 지척의 가난을 보고, 듣고, 냄새 맡는다.

지긋지긋한 빈곤에서 빠져나왔다고 안도하기엔 이르다. 유명 배우, 감독, 정치인이 되고 세계적인 명망을 얻어도 '불우한 시절'의 꼬리표가, 인생 역정의 서사가 따라붙는다. 근거리에서 포착되지 않는 가난은 미디어를 거쳐 우리에게 접속된다. 생활고를 비관해 목숨을 끊은 가족, 엄동설한에도 전기장판을 마음 편히 들여놓을 수 없는 쪽방 주민, 코로나로 인한 봉쇄로 일자리를 구하지 못해 바이러스 감염보다 굶주림에 더 시달리는 이주자의 이야기를 우리는 수시로 접한다. 어디 인간뿐인가. 자연에 대한 수탈과 착취에 따른 비인간 생명의 아우성은 전염병, 홍수, 산불 등 인간이 포착 가능한 형태로 번역되어 극히 일부분일지언정 그 모습을 드러낸다.

이런 세계에선 누구도 빈곤의 천태만상을 멀찍이서 바라만 보는 위치에 있을 수 없다. 봉사자, 활동가, 정책 실무자, 연구자, 예술가, 기자 등 빈곤을 어떤 식으로든 재현하고 쟁점화하는 매개자mediator·대화자interlocutor 집단은 빈곤 문제의 해결이 요원해 보일수록 역설적으로 증가했다. 정부는 선별적 포섭, 보호, 배제를 제도화하면서 공공부조 수급자에서 난민·이주자에 이르기까지 빈자를 식별하고 등급화한다. 지구상의 공유부commons를 상품화하고, 인간 생명을 인적 자본으로 취급하며 경쟁을 독려해온 기업은 고도로 산업화·전문화된 반反빈곤 네트워크의 젖줄이 됐다. 이들은 사회공헌, 윤리적 자본주의, 임팩트 투자, 환경·사회·거버넌스ESG 등 시기별로 다양한 구호를 변주해가면서 빈곤산업의 언어와 문법을 '혁신'하고, 다수의 빈곤을 초래한 대가로 축적한 자본의 극히 일부를 정부, 대학, 비영리재단, 시민단체에—세련된 퍼포먼스와 함께—재분배한다. 나를 포함한 시민 대중도 빈곤의 연결망에 깊숙이 연루되어 있다. 알아서 살아남기를 강요하던 국가 통치의 피해자인 동시에, 가족 바깥의 삶에 대한 무심함을 내면화한 채 '쓸모없는' 생명의 축출을 직간접적으로 돕는 공조자다. 주가와 부동산이 오를 수만 있다면 해고, 철거, 산업재해, 환경 파괴를 적당히 눈감고, 쓰레기 소각장, 축사, 심지어 복지 기관까지 '혐오 시설'이라 부르며 빈곤과의 물리적 거리 두기에 안간힘을 쓴다. 아프리카 아동이 후원의 보답으로 보낸 손편지에 감동하면서도, 자녀가 임대아파트에 사는 친구와 어울리는 것엔 신경이 쓰인다.

그러나 우리가 이 모든 얽힘을 감지하지 못하거나 외면한다면 빈곤은 시야에서 사라지고 없는 것이 된다. 창문도 없는 비주택에서 살다 화마로 사망한 국일고시원 거주자, 지병과 빚으로 어려움을 겪다 부패한 시신으로 발견된 수원 세 모녀, 폭우로 침수된 반지하 주택에서 구조를 요청하다 숨을 거둔 신림동 가족까지 가난한 사람들은 대개 주검이 되어서야 세인의 관심을 끈다. 학생들은 나를 찾아와서 종종 민망해하며 말한다. "살면서 빈곤을 본 적이 없어요." 비슷한 무리끼리 공부하고 어울리게끔 학교와 지역 공간이 계급화된 탓이다. 엘리트 대학에 가까스로 진입한 저소득층 학생은 수도권 중산층의 생활 양식이 기준이 된 대화에서 번번이 가위눌림을 겪다 스스로 고립을 택할 때가 많다. 민주화 이후 대한민국 인권 제도 개선의 중대한 실험장이 된 곳도, "선량한 차별주의자"(김지혜 2019)로 남지 않겠다는 학생들의 세심한 노력이 돋보이는 곳도 대학이지만, 그 공간에서 여전히 어떤 학생은 제 가난이 친구들한테 알려지는 게 '안전하지 않다'고 말한다. 숱한 제도적·실천적 개입에도 불구하고 자본주의 사회에서 경제적 결핍이란 지워내야 할 불운, 수치, 숙명으로 남았다. 그런 점에서 빈곤은 어디에나 있고, **어디에도 없다.**

이 책은 인류학자인 내가 경험적 연구를 통해 빈곤을 학술적·실천적 주제로 등장시켜온 과정에 대한 기록이다. 지난 20여 년간 한국과 중국의 여러 현장을 기웃거리면서, 나는 우리가 주목해야 할 빈곤을 새롭게 발견하고 쟁점화하는 작업에 노력을 기울였다. 무허가 판자촌, 공장지대, 슬럼화된 노동자 거주지 등 빈곤의 전형성이 도드라진 현장에서 전형적이지 않은 빈곤의 역사성과 관계성에 주목했고, 대학 수업, 이주자들의 공간, 국제개발과 자원봉사 무대처럼 서로 이질적인 현장에서 빈곤이 실존의 불안으로 현상하는 공통성을 포착했다.

갈지자의 여정에서 나를 특히 곤혹스럽게 한 질문은 '오늘날의 빈자貧者란 누구인가'다. 경제적·생태적 위기가 반복되고 일상과 환경의 불확실성이 커진 이 세계는 물질적 생존의 문제만큼이나 실존의 빈곤을 적나라한 경관으로 드러낸다. 우리는 당장의 생계를 걱정하지 않더라도—삶에 필요한 자원이든 자원에 접근하기 위해 들이는 노력이든—'이 정도로는 충분하지 않다'는 강박에 곧잘 시달린다. 불평등의 경험·인식·감각이 엇박자를 타면서 주검에 가까운 생명부터 삶의 비극성에 천착하는 대중까지 다양한 층위의 빈자가 출현했다. 빈곤이 사회적 책임이고 (개인의 문제가 아닌) 구조의 문제라는 인식은 학계 안팎에서 모범 답안처럼 통용되지만, 이러한 규범적 인식이 빈곤에 관한 너른 관심으로, 정의·평등·연대를 위한 노력으로 자동 확대되는 것은 아니다. 인구 다수가 불평등 구조의 피해자를 자처하는 "경계 없는 불평등"(조문영 2021a)의 시대, 다른 한편에선 금융자본주의와 팬데믹을 거치면서 부의 양극

7

화가 가파르게 진행 중인 시대에 빈곤을 긴요한 정치적·윤리적 의제로 소환하려면 어떤 접근이 필요할까?

연구·운동·정치의 초점이 되는 빈곤은 하나로 수렴되지 않으며, 물질적·담론적·정동적 힘이 얽히는 과정에서 변모한다. 빈민을 20세기 사회보장(공공부조)을 통해 획정된 수급자와 동일시하는 흐름은 국내외 빈곤 연구에서 여전히 관행으로 남아 있지만, 이 책에서 나는 물질적 결핍이란 조건과 가난함에 대한 인식 및 감각 사이의 불일치에 주목하면서 (서로 마찰을 일으키기도 하는) 빈곤 경험의 지층들을 헤집고, 빈자의 외연을 확장할 것이다. 이러한 시도는 현행의 '빈곤 레짐'을 구체적으로 탐색하고 비판하는 작업, 이 레짐을 닫힌 구조로 남겨두지 않고 새로운 변화와 가능성에 열린 어셈블리지assemblage로 만드는 작업(들뢰즈·가타리 2001; Müller 2015; Biehl and Locke 2017)을 모두 포함한다.* 제도, 법규, 지식, 기술 등 일련의 장치들이 행위자와 관계를 맺는 가운데 특정한 주체(성)가 형성되는 장을 레짐regime으로 본다면(아감벤 2010; 푸코 2011), 빈곤

---

* 어셈블리지 이론은 존재자들의 상호작용에 있어 사람뿐 아니라 사물 행위자의 중요성을 강조하는데, 이 논점은 책에서 중요하게 다루지 않았다. 그럼에도 내가 본문에서 부분적으로 어셈블리지라는 개념을 사용한 것은, 이 이론이 역설하는 사회 분석의 창발성에 공감하기 때문이다. 어셈블리지라는 다양체를 조립하는 부분들은 유기적인 총체성과는 달리 매끈한 전체를 형성하지 않기 때문에(데란다 2019: 10), "비판 연구나 저항적 실천이 익숙한 언설, 규범, 도구를 재생산하면서 병목에 다다른 것처럼 보일 때, 행위자들 간의 관계를 기존과 다르게 배치하면서 새로운 가능성을 탐색할 계기"를 제공한다.(조문영 2021b: 404)

에 대한 인식과 감각의 형성도, 빈곤 경험의 재현과 빈곤 문제의 공론화도 모두 한 시대의 빈곤 레짐과 관계하면서 이루어진다. 빈민이 선험적으로 정의되는 이들이 아니라 하나의 집단으로 구분된 다음에야 그 모습을 드러내는 존재라면, "빈민의 특징, 능력, 욕망을 규정함으로써 그들을 하나의 집단으로 구성하는 활동"(크룩생크 2014: 223) 역시 빈곤 레짐이 작동한 결과다.

'어떻게 통치할 것인가'의 문제에 주목하면서 실천들의 내재적 조건과 제약에 관심을 기울인 미셸 푸코의 통치성 이론(고든 2014: 23)은 내 빈곤 연구에 적잖은 영향을 끼쳤다. 하지만 감옥, 임상의학, 성性 등에 관한 푸코의 저작을 역사인류학적으로 독해하면서, 나는 빈곤 레짐에서 작동하는 미시권력의 견고한 힘뿐 아니라 권력관계의 취약성, 우발성, 불확실성에 대한 분석에도 매료되었다. "나에게 거기에 그렇게 머물러 있으라고 요구하지 말라"는 푸코 자신의 "신분증명서의 원칙"(1992: 41)은 나와 연구 현장에서 만나온 사람들이 견지해온 도덕이기도 했다. 내가 빈곤 레짐의 규범화된 지식이나 통치 양식을 거스르는 실천을 현장에서 발견하고, 빈곤 레짐이 빈민을 주체화하는 방식의 대항 서사로서 빈자의 문화기술지 ethnography를 쓰고, 빈곤 레짐에서 익숙하게 반복하는 담론 구조를 답습하는 대신 참여자-연구자로서 다른 실험과 실천을 시도하는 작업에 무게를 두는 이유다.

이 책의 1-2장은 빈곤에 대한 논의와 대응이 '복지'라는 빈곤 레

9

짐에 포획되면서 생겨난 문제를 다룬다. 빈곤−복지 연합이 노동, 발전, 자립·자활, 의존(성) 등에 관한 지배적 규범을 재생산하면서 빈자에 대한 낙인과 폭력을 강화하는 과정을 담았다. 1장에서는 유럽·한국의 사회보장 역사에 대한 검토와 서울 난곡 지역 현장연구를 토대로, 국민기초생활보장제도를 통해 작동하는 수급의 의미와 효과를 논한다. 기초법은 사회정의와 연대를 위해 한국 시민사회가 오래 노력한 성과이나, 복지—특히 공공부조에 해당되는 수급—가 '관료-기계'로 작동하면서 가난에 대한 감각, 인식, 서사, 논쟁, 투쟁을 마름질하는 현 상황은 빈곤의 정치적 의제화를 곤경에 빠뜨린다. 2장에서는 의존이 인간의 생존과 실존에 있어 고유한 양태임에도 사회적 '문제'로, 빈자의 품행과 습속을 감시하고 관리하는 기제로 작동하게 된 맥락을 살핀다. 의존 담론에 관한 계보학적 접근과 서구중심적 자율 담론에 대한 인류학적 비판을 소개하고, '낙인으로서의 의존'이 역사적으로 자연스러운 경로도, 불가피한 귀결도 아니었다는 점을 두 사례를 통해 보여줄 것이다. 그 하나는 중국 둥베이지방 노동자들의 생활 세계에서 의존의 의미가 변화하는 과정이고, 다른 하나는 자활이 복지 수급과 접속하기 이전에 상호의존으로 번역되었던 한국 빈민운동의 역사다.

3-4장은 내가 오랜 시간 동행한 두 중국 여성에 관한 문화기술지다. 가난한 사람의 삶은 빈곤 레짐과 부분적으로만 연결되어 있다. 여기서 나는 빈자를 몇 가지 범주를 중심으로 약자 내지 피해자로 단정 짓기보다, 그들이 다른 사람, 제도, 지식, 매체 등과 연

결되는 과정에서 어떻게 빈곤을 더 무겁게 짊어지게 되었는지, 소외에 저항하는 필사적인 노력이 어떻게 역설적으로 새로운 소외를 낳았는지를 보여줄 것이다. 3장에서는 중국 선전 폭스콘 공장지대에서 처음 만난 여성의 6년에 걸친 노동 궤적을 도시와 농촌, 임금과 비임금, (재)생산과 분배, 온라인과 오프라인 노동이 교차하는 '사회적 공장'에서 탐색한다. 여기에는 노동과 빈곤, 노동자와 복지 수급자를 구분하며 양자를 다른 층위로 바라보는 지식 생산 지형에 대한 비판이 담겨 있다. 4장에선 중국 하얼빈에서 폐품을 수집하며 살아가는 농민공이 농촌의 토지를 되찾기 위해, 도시의 아파트를 장만하기 위해 애쓰는 과정을 따라간다. 그가 정부, 이웃, 농촌 시댁, 도시로 함께 이주한 친정 식구와 맺는 복잡한 관계를 좇으면서, 나는 가난한 여성이 '무엇을 바랄 수 있는가'를 제지당하거나 자기를 검열하게 되는 상황을 '자격'에 대한 물음 속에서 살폈다. 가난한 개인이 그 자체로 '세계'가 되는 문화기술지에서 빈곤은 부단한 과정이자 고된 분투로 등장한다.*

5-6장에서는 21세기 들어 부상한 글로벌 빈곤 레짐의 의미와 작동을 살피고, 실존의 불안을 호소하는 청년들이 자원봉사자로서 글로벌 빈곤 퇴치의 책무를 자임하는 역설을 논한다. 9·11 테러 이후 글로벌 남반구의 빈곤이 북반구의 안전을 위협하는 주원인으

---

* 이 책에서 문화기술지의 구체성을 기대하는 독자라면 3-4장을 먼저 읽어도 좋겠다.

로 지목되고, 반복되는 경제 위기에 대한 기업의 생존 전략으로 '윤리적' 자본주의가 주목받는 가운데, 글로벌 빈곤을 쟁점화한 통치는 인류 공통의 임무로, 국제기구·정부·기업·비영리 재단의 초국적 네트워크로, 국제개발 및 자원 활동의 무대로, 비즈니스 아이템으로 적극 가시화되어왔다. 정부·기업·대학의 긴밀한 공조하에 이 레짐에 접속한 한국 대학생-청년은 신자유주의 구조조정의 '환부'에서 새로운 지식, 아이디어, 정동affect을 창출하는 '프런티어'로 거듭난다. 5장이 글로벌 빈곤 레짐의 통치성에 관한 분석이라면, 6장은 한·중 대학생으로 구성된 한국 대기업 자원봉사단이 중국에서 벌인 활동에 관한 문화기술지다. 일방적인 선물을 거부하는 중국-국가, 전략적 이익에 몰두하는 기업, '진정성 게임'을 반복하는 실무자, 타인의 빈곤보다는 자신의 불안을 치유하고 싶어하는 한국 학생, 빈곤산업의 내부고발자를 자처하는 중국 학생이 뒤엉킨 현장은 빈곤 레짐의 통치성에 대한 정돈된 비판을 거스른다.

7-8장은 대학생 자원봉사자가 보여준 이 같은 실존의 결핍을 불안정성에 대한 논의로 확장한다. 아시아 외환위기와 글로벌 금융위기를 거치며 일상에 들러붙은 불안의 정동은 빈자와 프레카리아트precariat, 빈곤과 취약성precarity의 경계를 모호하게 만든다. 빈자-수급자에 편중된 빈곤 연구는 빈곤을 모두의 의제로 다루는 작업을 제약하며, 오늘날 취약한 삶들이 부단히 마주치고 때로 반목하는 현실을 볼 수 없게 만든다. 7장은 중국 둥베이 선양의 한인타운에서 하향 이동과 실패의 두려움을 안고 살아가는 한국인 이

주자들에 관한 문화기술지다. 상호의존이 절실한 이주자들 사이에서 의존이 오염의 표지로 등장한 맥락을 한국인 영세 자영업자, 조선족, 탈북민 관계의 부침 속에서 살핀다. 불안정성에 대처할 자본이 부족한 사람들은 비합법적 관계망에 연루될 수밖에 없지만, 그럼에도 낙인의 대상을 자의적으로 구별하며 스스로 안전과 정상성을 확보하려고 안간힘을 쓴다. 8장은 〈빈곤의 인류학〉 수업에서 학생들과 진행한 프로젝트를 연구 현장 삼아 프레카리아트 사이의 마찰과 위계를 탐색한다. 교육·문화 자본을 갖춘 대학생-청년의 불안에 깃든 우울과 열망이라는 양가성에 주목하면서, 이들 '말할 수 있는' 프레카리아트가 반빈곤 활동가와 대화하며 도시 빈민이라는 다른 프레카리아트와 마주치는 상황의 긴장을 담았다. 여기서 문화기술지는 나와 학생들이 빈곤에 대한 문제의식, 비판과 성찰, 개입을 확장하는 실험이자 운동이 된다.

9장은 이 책의 결론이라기보다는 새로운 시작이다. 지구의 위태로움이 강렬히 포착되는 시대에 어떻게 빈곤에 접근해야 하는가를 두고 아직은 농익지 못한 물음, 고민, 제안을 담았다. 팬데믹을 비롯한 기후위기에도 빈곤에 대한 관심은 비인간 생명으로 자동 확대되지 않았고, 오히려 인간 다수가 불평등의 피해자를 자처하는 상황이 더욱 팽배해졌다. 지구생활자-파괴자가 치열하게 붙들어온 '발전의 꿈'과 인간의 취약성·유한성이라는 공통의 숙명을 대조하며, 이 장에서 나는 후자를 지구거주자의 공통 인식과 감각으로 받아들이도록 돕는 제도와 교육과 운동의 필요를 제안한다. 여기서 오랜 시간 한국 사회 반빈곤 활동가들이 보여준 '동거同居'를 참조할 만한 지구거주자의 윤리로 소개했다.

  책을 준비하는 과정에서 고민이 많았다. 20여 년간 한국과 중국에서 수행한 현장연구를 토대로 이미 많은 논문을 출간했다. 논문을 수정·보완해서 장별로 엮으면 차라리 홀가분했을 텐데 그러지 못했다. 지난 논문이 그때의 나와 현장이 마주친 결과라면, 이 책을 쓰는 과정에서는 대화를 재개하는 주체가 '현재의 나'여야 한다고 생각했다. 이전 작업과 겹치는 부분도 있지만, 다른 관점으로 논문을 재구성하고, 논문에 담지 않았던 현장연구 자료나 문헌을 새로운 대화 상대로 초대하고, 학계 바깥의 더 많은 독자와 만나기 위해 자료를 선별했다. 이렇게 연결을 달리해가며 만들어낸 나의 빈곤-어셈블리지가 누더기 조각보처럼 보일까 걱정이 앞서지만, (본질적으로 불완전하고 앞으로도 미완성으로 남을) 이 조각보는 다른 시기에 여러 현장에서 다양한 질문 아래 수행된 연구를 우리 시대 빈곤에 관한 사유를 확장하는 마중물로 재배치하는 시도임을 환기하고 싶다.

  중국학 연구자라면, 중국을 화두로 축적된 연구들이 현장에 관한 서술에서 충분히 등장하지 않는 점을 의아해할 수 있다. 국경은 빈곤을 탐색하기 위한 여러 경계 중 하나일 뿐이라고 생각했다. 빈곤 레짐의 기존 배치를 문제 삼으면서 새로운 배치를 만들어가는 일은 빈곤을 개별 학문 분과의 언어와 문법에 종속시키지 않고 다

학제적 대화의 주제로서 재발견하는 작업이며, 동시에 지역학의 경계를 허무는 과정이기도 하다. 한국과 중국에서 빈곤·노동·청년에 관한 연구를 수행하면서, 나는 역사적 궤적에 따른 양국의 차이뿐 아니라 그 공통성에도 주목해왔다. "현시대를 이해하는 데 진정으로 유용한 요소는 공산주의와 자본주의의 차이점이 아니라 사람과 장소, 경제의 유사성과 그로 인한 결과"라는 사스키아 사센(2016: 23)의 주장에 공명하면서, "글로벌 이동의 확대, 일과 삶 전반에서 불확실성의 증대와 같은 일련의 변화들이 세대, 지역, 계급, 젠더 등 다양한 층위에서 교차하는 가운데 펼쳐지는 청년 세대의 풍광"을 마주침의 인류학을 통해 적극적으로 제안해오기도 했다.(조문영 2019b: 118-119; 조문영 2021c) 독자들이 중국 하얼빈의 실업자들, 선전의 폭스콘 노동자들, 선양 한인타운 이주자들의 세계를 들여다보고 쥐메이(3장)나 쑨위펀(4장)의 분투를 따라가는 동안 누군가를 떠올릴 수 있다면, 한국 사회에서 지식·운동·정치의 얽힘이 부침을 거듭하는 동안 잊혔거나 특정한 약자로만 재현되었던 삶들을 새롭게 복기할 수 있다면, 국경을 관통하는 빈곤의 무게를 절감하며 지구거주자로서 교감과 상호 이해를 넓혀간다면 더 바랄 게 없겠다.

빈곤에 대한 내 오랜 관심이 언제부터였을까 더듬다 보면 어렴풋한 장면이 떠오른다. 1980년대 중반 서울 목동이다. 김포공항 근처에서 국민학교에 다니던 시절이다. 급우들이 1000원씩 모아 문집을 만들기로 했는데, 방학이 되어도 돈이 다 걷히지 않았다. 수금을 빙자해서 몇몇 친구가 사는 목동을 찾았다. 버스를 타고 목동 오거리에서 내려 얼마쯤 걸었을까. 매캐한 먼지 사이로 아수라가 펼쳐졌다. 분진에 뒤덮인 소쿠리, 골목에 나뒹구는 냄비, 아이의 울음, 엄마의 통곡, 철거반원의 욕설이 뒤엉킨 그날의 경관은 뿌연 잔해로, 선명한 충격으로 오랫동안 나를 괴롭혔다. 한국 민주화운동과 도시 빈민운동의 굵직한 역사로 '목동 철거반대 투쟁'을 배운 것은 그로부터 한참이 지나서였다. 제집 세간살이가 낯선 이의 손에 들려 길바닥에 하찮게 내던져지는 순간을 대면한 사람, 그런 모멸의 순간을 살면서 거듭 경험한 사람의 마음을 가늠할 자신은 여전히 없다. 그렇다고 당시의 충격이 나를 단단한 저항자로 성장시킨 것도 아니다. 이후에도 목동은 여러 번 나의 세계에 등장했다. '목동 신시가지'로 이사 간 친구들을 부러워했고, 대학 시절 목동에서 과외를 하며 등록금을 벌기도 했다. 그러다 가령 공부방 교사를 하던 봉천동 재개발 지역에서 철거 폭력이 자행되는 경관을 마주했을 때, 일을 마치고 아내의 노점에 들렀다가 단속반원들의 행패에 팔다 남은 붕어빵이 길바닥에 흩어지는 걸 본 이튿날 스스로 목을 맨 이근재씨 이야기를 뒤늦게 접했을 때(최인기 2022), 30여 년 전 감당하지 못했던 당혹감이 재차 엄습했다.

빈곤이란 화두 앞에서 나는 여전히 모순투성이로 살아간다. 하지만 냄비와 붕어빵이 나뒹구는 자리에서 동료 시민으로서 부끄러움을 느껴야 한단 걸 가르쳐준 사람들, 함께 고민하며 내딛는 반보의 소중함을 일깨워준 사람들 덕택에 연구를 수행하며 초연한 관찰자로 남기보다는 참여자-연루자의 감각을 조금이나마 벼릴 수 있었다. 내게 빈곤 연구란 우리 시대의 빈곤을 단순히 기록하고 분석하는 작업이 아니다. 그것은 우리가 어떤 빈곤을 어떤 방식으로 쟁점화하거나 외면했는지 톺아보면서 '빈곤을 어디로 가게 할 것인가'를 부단히 질문하는 과정이다. 한국과 중국에서, 연구 현장과 수업에서, 일상의 마디에서 고민하고 행동할 계기를 열어준 모든 분께 이 기회를 빌려 감사를 전한다. 오래전 약속한 책이 세상에 나오기까지 묵묵히 기다려준 박은아 편집자에게 특히 미안하고 고맙다. 편집자를 제외하면, 이 책을 완성하도록 힘껏 나를 떠민 유일한 분은 아버지다. 올해 초 코로나로 갑자기 세상을 떠나셨다. 모든 이별은 늘 준비 없이 찾아온다. 상실감에 컴퓨터 앞에 앉았고, 마침표를 찍었을 땐 견딜 만한 그리움이 남았다. 그리운 아빠, 하늘과 바다에서 자유롭고 행복하시길. 그리고 어머니는 내 곁에 좀더 오래 계시길.

2022년 10월
조문영

일러두기

- 본문의 ( )와 인용문의 [ ]는 모두 저자의 것이다.

- 인명, 지명 등 고유명사에 가명이나 가칭을 쓴 곳은 이를 괄호로 밝혔다. 연구 참여자의 익명성을 더 보장할 필요가 있을 때는 논점을 해치지 않는 범위에서 묘사를 일부 각색했다.

- 참여관찰 기록이나 인터뷰 등에서 구술이나 진술을 직접 인용한 부분은 한글 맞춤법, 표준어 규정, 외래어 표기법 등 어문 규정에 맞지 않거나 문장상의 오류가 있더라도 그대로 두었다.

차례

1장 고인 가난

도둑맞은 가난?

온라인 공론장에서 가난을 두고 갑론을박이 벌어질 때 박완서의 소설 「도둑맞은 가난」이 곧잘 소환된다. 가난하지 않은 사람이 가난 행세, 요샛말로 가난 코스프레를 한다고 느꼈을 때, 혹자는 주인공이 '상훈'에게 품은 분노를 떠올린다. "내 방에는 이미 가난조차 없었다. 나는 상훈이가 가난을 훔쳐갔다는 걸 비로소 깨달았다. 나는 분해서 이를 부드득 갈았다."[1]

소설 속 '나'가 멕기(도금)공장 노동자 상훈과 살을 부빈 그 방엔 가난이 고여 있다. 연탄가스와 음식 냄새가 뒤섞인 쪽마루 공기가 셋방 이부자리에, 옷에, 몸에 흥건히 배었지만, 저하고 '나'하고 같이 살면서 방세를 줄이고 연탄을 아낀 게 여간 다행이 아니었다. 가난에 절망한 가족은 연탄불을 피워놓고 몽땅 죽었지만, '나'는 그들이 두려움에 주검과 맞바꾼 가난을 온전히 껴안기로 했다. 상훈을 껴안고 내일을 꿈꿀 수 있다면 가난은 거부할 게 아니었다. 그가 도금한 금반지를 손에 끼워주며 좋아한다고 고백할 상상을 하니 '나'는 미싱을 돌리다가도 웃음이 났고, 언젠가 일류 재봉사가 된 뒤에도 그가 멕기공장 직공으로 남으면 어쩌나 살짝 고민도 됐다.

하지만 상훈이 예고 없이 사라졌다가 말끔한 차림새로 다시 나타난 순간 '나'는 깜깜한 절망에 휩싸였다. 그는 자신이 부잣집 도련님에다 대학생인데 아버지가 방학 동안 고생 좀 해보라 해서 빈민굴에 왔을 뿐이라 했다. 아버지의 훈계 덕택에 돈 주고도 살 수 없는 귀한 경험을 했다며, 그는 도리어 '나'를 꾸짖고 교화하기 시작했다. 연탄을 아끼려고 남자를 끌어들이는 생활을 부끄러워할 줄 알아야 한단다. "끔찍한 생활"을 청산하고 제집 와서 잔심부름이나 하란다. "그런 꼴"로 데려갈 순 없으니 옷이라도 사 입으라며 상훈이 돈을 건네자, '나'는 갖은 욕설을 퍼부어 그를 내쫓았다. 상훈이 떠난 후 '나'의 방은 의미를 잃고 말 그대로 추해졌다. 그가 가난을 훔쳐 가버렸기 때문이다. 이제 '나'는 가난의 의미를 돌려받을 길 없이 "쓰레기 더미에 쓰레기를 더하듯이"[2] 제 방에 부끄러운 몸을 던졌다.

1975년에 쓰인 이 소설은 세기의 변곡점을 지나 선진국 진입을 자축하는 나라에서 여전히 사랑받고 있다. 시민단체의 최저생계비 체험 활동에 참여한 국회의원이 짜디짠 비용으로 마련한 밥상을 "황제의 식사"에 빗대었을 때도, 영화 「기생충」(2019)의 아카데미상 수상 후 지자체에서 반지하 주택 세트장을 관광지로 만들려고 했을 때도, 강남 아파트에 전세로 사는 정치인이 스스로를 "무주택자"라 칭했을 때도 사람들은 가난을 도둑맞았다며 공분했다. 상훈처럼, 이들 역시 가난마저 탐내는 부자로 보였다. 절박하게 생존에 매달려온 사람들의 고투를 "다채로운 삶을 한층 다채롭게 할 에피소드"[3]로 전락시켰다는 점에서.

한데 최근에 「도둑맞은 가난」을 불러내는 맥락은 결이 사뭇 다르다. '나'와 상훈, 빈자와 부자의 틈새가 좁아졌다. 가난하다는 인식과 감각이 물질적 결핍의 객관적 조건과 무관하게 강렬해졌다. 2019년 20~60대 시민 5027명을 대상으로 벌인 설문조사에서 응답자 절반 이상이 "나는 가난하다"고 답했는데, 이 중 연봉 6000만 원 이상이 11.35퍼센트, 자가 소유자가 51.85퍼센트, 대학 졸업자가 64.69퍼센트에 달했다.[4] 비슷한 시기에 한 대학교 익명 게시판의 글이 화제가 됐다. "타워팰리스 살고, 학생이 차 끌고, 건물 한 채쯤 있어야 잘사는 것"이라며, 한 학생이 20억짜리 집을 소유한 제 가족을 "전형적인 하우스푸어에 중산층"이라 소개한 것이다. 국가장학금 제도가 소득·재산 조사를 거쳐 학자금 지원 구간을 산정하고 대학생들의 가난에 등급을 매기다 보니, 나의 '진짜' 가난이 다른 학생의 '가짜' 가난에 도둑맞았다는 억울함, 상대적 박탈감의 서사가 온라인 게시판에 빼곡하다.

이처럼 가난의 인증을 요구하는 공방이 논란을 거듭하다 잠시 숨을 고를 때가 있다. 누군가가 스스로 기초생활수급자(이하 수급자)임을 공언하는 순간이다. 외환위기로 실업과 빈곤이 사회 주요 의제로 급부상했을 때, "생활이 어려운 사람에게 필요한 급여를 실시하여 이들의 최저생활을 보장하고 자활을 돕는 것을 목적으로"
국민기초생활 보장법(이하 기초법)이 제정되었다. 1999년 9월에 공
포되어 2000년 10월부터 시행되었으니 이미 20년이 지났다. 기
초법은 이 법에 따른 급여를 받을 자격이 있는 사람을 '수급권자'
로, 이 법에 따라 급여를 받는 사람을 '수급자'로 정의한다. 통합급
여 방식으로 운용되던 제도는 2015년 7월부터 맞춤형 개별급여체
제(생계급여, 주거급여, 의료급여, 교육급여 등)로 개편되었다. 그중 가
장 까다로운 생계급여는 2022년 현재 소득인정액이 기준중위소득
(전국의 모든 가구를 소득별로 순위 매겼을 때, 한가운데 위치하는 가구
의 소득)의 30퍼센트 이하인 가구에 지급된다. 2022년에는 소득인
정액이 58만3444원에 미달하는 1인 가구, 4인이라면 153만6324원
에 미달하는 가구가 생계급여 수급권자가 되었다.

질문이 남는다. 가난한 사람의 범위를 수급자로 확정하면 '도둑
맞은 가난'의 공방이 끝날까? 온라인 커뮤니티에서의 공방은 수급
자 선언에서 일시 정지됐지만, 그 여파는 여러 줄기로 뻗어 나가며
예상치 못한 갈등을 증폭시킨다. 수급의 범위는 너무 좁고, 심사는
너무 까다롭고, 급여 수준은 너무 낮다. 간신히 수급자가 된 사람
도, 자격이 안 되거나 심사에서 탈락한 사람도 모두 억울하다. 수
급자에게 제공되는 각종 혜택을 열거하며 역차별을 주장하고, '가
난이 벼슬이냐'며 불만을 터뜨리는 글들도 심심찮게 보인다. 하지
만, 살면서 수급과 별 인연을 맺어본 적이 없는 사람들 대부분의
시좌에 가난은 이미 온데간데없다. 수급 당사자, 활동가, 공무원,

'전문가' 집단이 기초법의 각종 규정, 용어, 숫자, 지표를 놓고 치열한 경합을 벌여도, 수급권이 불필요한 사람들은 쉽게 관심을 거둔다. 정치적 열정의 안과 밖이 나뉘어버렸다.

이 장에서는 국민기초생활보장제도를 통해 작동하는 '수급'의 의미와 효과를 빈곤 통치의 맥락에서 살핀다. 기초법 시행 20주년을 맞은 2020년에 정부와 학계, 시민사회는 다양한 기념의 자리를 마련했다. "지금 되돌아보면 정말 코페르니쿠스적 제도였다."[5] 정부는 우리 사회가 빈곤층에 눈을 돌리기 시작한 계기였다며 자축했다. '가난 구제는 나랏님도 못한다'라는 속담은 옛말에 불과하다며, 가난의 국가 책임과 그 성과를 강조했다. 반빈곤운동 진영은 지난 20년 동안 불합리한 수급 체제에 질식해 죽어간 사람들, 이 체제에 맞서다 죽음을 택한 사람들을 불러냈다. 끈질긴 외침에도 수급이 살 만한 삶을 보장하는 방향으로 충분히 개선되지 못한 현실을 지적했다. "가난한 사람을 위한 복지는 무관심과 차별 사이에 머물며, 정치적 수사와 예산 압박을 오가며, 엄격한 자격 심사와 최소한의 지원 수준으로 타협되어왔다."[6]

나는 기초법 제정이 사회 정의와 연대를 향한 한국 시민사회의 오랜 노력의 성과이고, 집요하고 끈질긴 투쟁을 하지 않고는 수급자 권리를 지켜내는 일이 불가능함을 알고 있다. 장애등급제와 부양의무제 폐지를 위해 광화문역 지하보도에서 1842일 동안 진행된 농성은 한국 반빈곤운동의 값진 역사다. 꿈틀거리면 세상은 바뀔 수 있다는 것을 몸소 보여줬다. 가난한 사람들의 영정사진이 놓

26

인 농성장 텐트를 그냥 지나치는 게 너무 힘들었고, 이런 경험은 오랫동안 중국 지역 연구에 집중해온 내가 한국의 빈곤으로 다시 시선을 돌린 계기가 됐다. 하지만 우리가 궁극적으로 맞서 싸워야 할 대상이 특정 제도가 아닌 가난이라면, 복지—특히 공공부조에 해당되는 수급이 가난에 대한 감각, 인식, 서사, 논쟁, 투쟁의 '깔때기'가 되어버린 현실을 고민할 필요가 있다.

세계를 네트워크의 생성을 통해 이해하는 행위자-네트워크 이론Actor-Network Theory의 용어를 따르자면, 이 깔때기란 해당 네트워크에 있는 행위자가 반드시 통과해야 하는 '의무통과점Obligatory Passage Point'이다. 다른 행위자들이 네트워크상에서 반드시 거쳐가야 하는 지점을 구성함으로써 행위자들을 중심 행위자의 편으로 끌어들이는 장치인 것이다.(홍성욱 2010: 26) 사람도, 사물도, 제도도, 담론도 모두 가능하다. 의무통과점의 정당성이 강화되는 것도, 이 정당성에 도전하면서 다른 의무통과점을 만드는 것도 행위자들의 동맹에 따른 결과다. 수급이 빈곤 네트워크의 의무통과점이 되었다고 내가 생각하는 까닭은, 정부 정책뿐 아니라 가난한 사람들의 자기 서사, 그리고 이들과 연대하는 사람들의 움직임 모두 수급(기초법)을 경유해 그 존재를 드러내기 때문이다. 가난한 사람이 공공부조의 수급자로 구획되면서 가난은 특정한 양식과 문법 안에 '고이고' 말았다. 빈곤을 우리 시대의 정치적 핵심 의제로 삼는 일은 그렇게 점차 요원해졌다. 빈곤이 '우리의 삶'에서 '저들의 문제'로 고립되면서 취약계층에 대한 관심을 호소하는 메시지가 빈곤을 끝

장내자는 결의를 압도해버렸다.

빈민의 구성과 빈곤 통치

한국이 유별나서 빈곤 지형을 이렇게 만든 게 아니라는 점을 먼저 언급해야겠다. 우리가 가난을 물질적 결핍에 기반해 생각한다면 인류 역사는 가난의 역사이고, 가난을 벗어나 목숨을 지키려는 생존의 역사다. 약육강식의 전쟁도, 함께 살아내려는 나눔도 이 역사의 일부다. 벗어나길 갈망한다는 점에서, 가난에는 부정否定성이 짙게 배어 있다. 종교적 신념에 따른 자발적 가난이라고 예외로 봐야 할까. 중세 유럽을 연구한 학자들은 기독교의 등장이 빈곤과 자선에 종교적 가치를 부여함으로써 인식의 전환을 가져왔지만, 이 시대에도 빈곤에 대한 시선은 이중적이었다고 말한다. 종교적 실천으로서의 빈곤은 찬양받았지만, 현실에서 어쩔 수 없이 겪는 빈곤은 죄의 대가이자 신의 처벌로 여겨졌다.(게레멕 2011; 안상준 2016; 홍용진 2016)

가난은 동서고금의 현상이지만, 오늘날 우리가 이를 '빈곤'이란 개념으로 문제화하고, 이에 개입하기 위한 대상으로서 '빈민the poor'을 구성하게 된 것은 근대 이후다. 유럽에서는 중세 말엽부터 화폐경제가 발달하고 인클로저로 토지를 잃은 농민들이 일자리를 찾아 도시로 몰려들었다. 당시의 지식인들은 남루한 사람들의 무리와 그 집합적 삶의 양태를 '사회'라는, 개인과 국가를 매개하는 영역으로 새롭게 포착하고, 빈곤과 빈민을 (종교적·개인적 문제가 아닌) '사회적' 문제로 인식하기 시작했다.(다나카 2014; 김주환 2018; Escobar 1995) 도시의 풍경을 뒤바꾼 빈곤과 실업에서 규칙성, 법칙성을 규명하려는 욕구가 증가했다. 이때 사회는 선험적 출발점이라기보다는 이 대상을 관찰, 측정, 관리, 교정하기 위해 새로운 지식, 제도, 기관, 직업이 출현하면서 "사후적으로 구성된 상호작용적 현실"(이승철 2014: 456)에 더 가깝다. 사회의 발명 또는 발견은 통치에 관한 새로운 사유의 출현을 수반했다. 가난한 아이에게 교육이 필요한 것은, "우리가 그 아이한테 동정을 느껴서가 아니라 그 교육이 사회에 좋기 때문이다".(퍼거슨 2017: 139-140)

유럽의 사회보장 시스템은 이러한 사회문제들을 시장이나 개인의 도덕성에 맡기지 않고 사회적 연대를 통해 관리하려는 움직임 속에서 탄생했다. 생명체인 인간을 기계처럼 취급하는 자본주의에 보완 장치가 없다면, 노동자가 내일도 오늘과 똑같이 일하기란 불가능할 것이다. 실업수당, 산재보상을 통해 노동력의 재생산을 확보하고 사회 전체가 이에 따른 비용을 기꺼이 부담하는 식의 연대는 경제적으로 유용했을 뿐 아니라, 냉전 상황에서 정치적으로도 긴요했다. "시장경제 체제의 자기 조정에 내재한 재난에 맞서 스스로를 보호"하는 게 사회의 책무가 된 것이다.(폴라니 2009: 248)

한국의 정치권이나 학계는 제2차 세계대전 후 약 30년간 만개했다가 신자유주의 시장화의 결과 쇠락한 유럽의 복지국가 모델을 보편적인 이념형, 심지어 이상형으로 취급하곤 한다. 이를 단지 유럽중심적 지식 생산에 대한 비판으로 끝낼 일은 아니다. 유럽의 특수한 복지국가 체제는 한국 복지가 따라가야 할 선진으로 일찌감치 추대되었지만, 이 체제의 발전 과정에서 제기된 비판과 드러난 모순이 충분히 고려되지 않은 게 문제다. 적어도 두 가지 쟁점이 떠오른다. 첫째, 사회보장이 계급 착취의 근본 문제를 건드리지 않은 채 (사회주의 같은) 급진적 혁명의 가능성을 통제 가능한 변화의 수준으로 고착시켰다는 비판이다.(동즐로 2005; 서동진 2014; Supiot 2013) 자크 동즐로는 프랑스에서 사회보장을 실행할 필요성이 공화주의의 이상과 민주주의의 제도적 형태가 마주친 1848년 혁명 직후에 등장했음을 상기시키면서, 사회의 실질적 삶과 정치적 열정을 쇠퇴시킨 주범으로 복지국가를 지목했다. "사회의 연대적 유지에 의해서만, 사회적 결집 요구에 대한 개인의 복종에 의해서만, 따라서 개인보다 우위에 있는 원리로서 사회보장을 인정함으로써만 진보가 있을 수 있었다."(동즐로 2005: 219-220) 다나카 다쿠지는 동즐로가 19세기 자유주의 사상 내부의 혼종성을 무시한 채 규율 권력의 강화에만 초점을 맞췄다고 비판하면서도, 사회적 연대에 깃든 양가성은 인정했다. 위험risk의 사회화라는 논리에 기초한 연대 사상은 개인을 전통 집단에 대한 의존에서 실질적으로 해방시키는 한편, 개인을 "질서유지에 적합한 존재로 규율하는 논리"를 도입했다.(다나카 2014: 239)

둘째, 사회보장 시스템은 빈곤을 실업, 질병, 노령화 등 노동능력 상실에 따른 문제로 파악하면서 '노동'을 가치판단의 절대 기준으로 삼는다. 노동능력이 있다고 판단되는 빈민을 강제 노역으로 내몰았던 1600년대 영국 구빈법 체제와 비교했을 때, 이러한 제도가 사회연대에 기초해 빈곤 인구를 관리하고, 이들에게 실업·질병·주거 급여, 노령연금 등 사회보장급여를 확대한 점은 역사의 분명한 진전이다. 그러나 노동을 통한 생계유지가 어려운 경우에만 사회부조가 제공되어야 한다는 논리는 가장 보편적인 복지 모델을 유지해온 스웨덴에서조차 그대로 유지되었고(임완섭 외 2015: 50), 사회복지의 급여 수준이 노동시장의 최저임금 수준보다 더 낮아야 한다는 열등 처우의 원칙은 영국의 19세기 신구빈법 이래 사회복지의 상식으로 정착됐다. 노동능력의 결여를 수급의 조건으로 삼는 공공부조는 결과적으로 (2장에서 논할) 노동 대 빈곤, 노동자 대 빈자라는 이분법을 고착시키면서 후자의 열위를 정당화했다.

노동의 강제적 필연성에 대한 한나 아렌트(1996)의 비판은 차치하고라도, 사회보장 시스템의 노동중심성은 노동의 범위를 임금노동으로 축소했다는 점에서 문제적이다. 한 가정에서 건강한 성인 남성이 임금노동을 수행하는 '부양자' 모델로 가정되고, 여성은 온종일 수행하는 비임금 돌봄노동을 인정받지 못한 채 '피부양자'로 남았다. 제임스 퍼거슨(2017)이 유럽의 사회보장을 정규직 남성 임금노동자와 그 가족만을 대상으로 사회적 돌봄을 제도화했던 불완전하고 가부장적인 구성물이라고 비판한 이유다. 이렇게 협소한 임금노동조차 자산불평등이 소득불평등을 압도해버린 금융자본주의 시대, 인공지능이 일자리를 대체하거나 질 낮은 플랫폼 노동을 양산하는 첨단 기술 시대로 이행하면서 그 위상이 급속히 쇠퇴하고 있다. 하지만 줄어든 일자리를 둘러싼 경쟁이 과열되면서 노동은 공정의 기준으로 재차 소환되고, 수급자의 도덕성을 심문하는 논리로 여전히 지배력을 행사 중이다.

기초법—환영, 마지못함, 무관심 사이에서

나는 보편의 지위를 점한 유럽 사회보장 역사에서 노동중심성이 단단히 똬리를 틀고 정치적 열망의 급진성이 무뎌지는 측면에 주목했지만, 한국 복지·행정학계에서 이런 비판을 제기하는 경우를 거의 본 적이 없다. 유럽에서 사회적 연대가 계급 대립의 타협안으로 등장했다면, 한국에서는 이 과정에 개입할 만한 좌파 세력이 일찌감치 몰락했다는 게 한 가지 이유일 것이다. 해방 후 농지개혁으로 영세 자영농이 된 농민들이 체제 수호 세력이 되고, 새롭게 등장한 자본가 계급이 권위주의 국가에 의해 창출되고, 분단과 반공주의 통치를 거치며 좌파 진영과 노동자 계급이 괴멸된 상황에서 "사회의 제諸 계급으로부터 '자율성'이 극대화된"(조성은 외 2019: 86-87; 윤홍식 2019) 국가가 형성되었다. 해방 전후 빈곤에 대한 인식과 재현의 변화를 통사通史에서 살핀 임다은(2018)의 연구는 한국전쟁을 거치면서 남한의 이념적 지형이 얼마나 협소해졌는가를 잘 보여준다. 백남운의 『조선사회경제사朝鮮社會經濟史』(1994[1933])는 토지 소유에 따른 계급의 출현을 빈곤의 근본 원인으로 보았으나, 분단 후 유물사학의 유산은 빠르게 단절되었다. 이기백의 『국사신론國史新論』(1961)에서 빈곤은 사회적 신분을 구성하는 표지로 등장할 뿐이다. 빈곤은 전근대 시기의 신분제와 과중한 조세 부담에서 비롯된 문제로서, 교육을 받고 직업을 선택할 자유, 자본을 축적할 경제활동의 자유를 보장함으로써 해결될 수 있다는 것이다.

실제 1960-1980년대 한국에서는 국가가 장려한 경제활동의 자유가 사회보장을 실질적으로 대체했는데, 이는 식민지에서 독립한 후 근대화 프로젝트에 주력했던 비서구 나라들의 공통된 경향이기도 했다. 2000년대 초반만 해도 인류학 논문에서 '빈곤poverty'을 검색하면 '복지welfare'와 연결된 서구 사례가 주를 이뤘다. 글로벌 남반구의 가난을 살피려면 '개발development'을 주제어로 검색해야 했다. 사회문제로서의 빈곤을 특정할 수 없을 만큼 나라 전체가 열악했거니와, 빈곤을 관리하기 위한 별도의 사회보장도 부재하거나 미미했던 탓이다. 시장경제의 파괴적 효과로부터 삶의 지속과 안정을 어느 정도 보장받기 위해 발명된 담론적·물질적·제도적 구성물을 '사회적인 것the social'이라 할 때, 한국의 사회적인 것은 집합적 연대를 토대로 한 사회보장이 아닌 개별 가족의 생존 전략을 핵심으로 했다. 일부 중산층은 기업 복지에 기댈 수 있었지만, 대부분은 노동시장에 고용되어 임금을 받거나, '비공식' 경제에 참여해 부족한 소득을 벌충해야 했다.

하지만 글로벌 남반구와 달리, 한국의 가족중심 생존 전략은 발전주의 국가의 적극적인 동원과 지원을 통해 뒷받침되었다. 동아시아를 복지의 저발전 내지 지체로 보는 주류 경향에 반대하면서, 김도균(2019)은 한국과 일본이 공적인 사회보장 지출에 소극적이었으나 경제성장에 적합한 방식으로 '복지 대체 수단'을 발전시켜왔음을 논증한 바 있다. 소득공제를 확대한 재정 복지, 저축 기반 복지, 토건 사업을 통한 고용 창출이 이에 해당된다. 조세·금융·산업 정책이 사실상 복지 정책이기도 했다는 얘기다. 특히 가계 저축은 가족주의적 생존 전략이자, 중화학공업화를 추진하기 위한 국가의 자본 동원 전략이었다. 국가에 의해 조직적으로 동원된 '여성-주부'는 이 시스템을 떠받친 동력이었다. 이들은 '현모양처'로서 근검·절약을 통해 내핍 생활을 조직하고, '복부인'의 낙인을 감수하면서 부동산 투기의 최전방에 섰다.(김도균 2018; 최시현 2021)

이러한 국가 주도하의 사회 통치는 복지를 통합과 연대가 아닌 선별적 포섭과 배제, 사회적 버림의 표상으로 만들었다. 공무원연금법(1960), 군인연금법(1963), 사립학교교직원 연금법(1973) 제정에서 보듯, 정권은 체제 수호에 핵심적인 직업 집단을 제일 먼저 포섭했다.* 고학력·고숙련 인력도 경제 발전에 유용했다. 북유럽의 사회보장이 조세 부담을 높이면서 전 인구를 수혜자로 삼은 것과 달리,

---

* 산업재해보상보험법(1963)은 비교적 일찍 마련되었는데, 실업보험과 달리 근로 의욕을 저하시키지 않고 고용주 단독 부담이라 국가 지출을 최소화할 수 있다는 이유에서였다.

한국의 자산 기반 복지는 저축과 소득공제를 실질적 복지 수단으로 삼은 까닭에 수혜 집단이 중산층과 고소득층에 집중되었다.(김도균 2018: 84) 서구의 사회보장이 제도 시행 과정에서 먼저 포용했던 빈곤층과 노동계급은 한국의 사회보험제도에서는 거의 배제되었다. 남북한 체제 경쟁의 결과 의료보험 제도가 1977년에 출범했으나, 농어민과 소규모 사업장 노동자에게 적용된 것은 민주화 이후인 1989년의 일이다. 해방, 전쟁, 분단, 군사쿠데타를 거치면서 노동계급은 "(서구와 달리) 포섭적 복지 전략의 대상이 아닌 반복지적 억압 전략의 대상"일 뿐이었다.(조성은 외 2019: 153) 빈곤층의 배제도 심각했다. 1953년에 사회부는 공공부조인 '국민생활보호법'을 도입하려고 했으나 재정상의 이유로 국회에 상정되지도 못했다. 1961년 '생활보호법'이 제정되었으나, 이 법은 1944년 조선총독부가 제정한 '조선구호령'과 대동소이했을 뿐 아니라, 18-65세 연령층, 노동능력이 있는 사람들을 처음부터 보호 대상에서 제외했다. 가난한 사람들은 생활보호법 대상이 되어 최저생계비에도 미치지 못하는 지원으로 연명하거나, 노동능력 있는 영세민이라면 '새마을일'로 통용되는 취로사업에 참여해 미미한 일당을 현금이나 밀가루로 받았다. 국가 폭력에 무방비로 노출된 채 시설에 감금되고 강제 노역에 동원되는 이도 부지기수였다. 부랑인에 대한 강제 단속 및 구금은 '형제복지원 사건'이 공론화된 1987년에야 폐지되었다.(최종숙 2021: 292)

이런 역사에 비추어 보자면, 21세기 벽두에 등장한 국민기초생활보장법의 의의를 과소평가할 수 없다. 다른 선진국에 비해 반세기 늦게 공공부조 개혁을 단행하면서 빈곤의 국가 책임을 인정하고, 헌법에 명시된 "인간다운 생활을 할 권리"를 구체적인 법률로 확립한 것이다. 이에 따라 기존 생활보호법의 인구학적 기준이 철폐되고 소득평가액에 따른 대상자 선정 방식이 도입되었다. 노동능력이 있다고 판단되는 사람들도 자활사업에 참여하는 조건으로 수급 자격을 얻었다. 1990년대 말 외환위기에 따른 국가 경제의 갑작스러운 몰락이 아니었다면 역사의 풍경이 달랐을지도 모르겠다. 김대중 정부는 국제통화기금IMF, 세계은행의 요구 아래 공공부문 민영화, 탈규제, 금융시장 개방 등 일련의 신자유주의 경제개혁을 단행했다. 대규모 정리 해고와 대량 실업이 잇따랐다. 참여연대는 1994년 창립 직후부터 전개해온 '국민생활최저선확보운동'이 경제위기 직후 광범위한 사회적 반향을 얻자 1999년 64개 단체를 모아 '국민기초생활보장법제정추진연대회의'를 발족하고 기초법 제정운동에 전면적으로 나섰다.

하지만 이 법이 참조한 서구의 '선진적' 사회보장이 1970년대 말 영미권 사회정책의 급격한 보수화, "사회적인 것의 죽음"으로 묘사되는(Rose 1996) 유럽 복지국가 체제의 쇠퇴 이후 등장한 담론과 제도를 가리킨다는 점에서 이 역시 신자유주의라는 쟁점을 회피하기는 어려워 보인다. 신광영(2002)은 김대중 정부가 '생산적 복지'를 기치로 내걸고 사회보장의 내적 합리성을 구축하는 과정에서 보수적 관점에 편중된 서구의 복지국가 비판이 충분한 논의 없이 한국

복지 담론에서 헤게모니를 차지하게 되었다는 점을 비판한다. 정부는 영미권에서 본격적으로 대두된 복지-노동 연계 제도를 기초법에 적극적으로 도입했고, 정권 지지 기반이었던 노동자와 서민에 대한 일종의 호혜로 사회보장을 확대하되 "고용 가능성, 재활 능력, 유연성, 자기충족적 자아, 자기계발 같은 신자유주의적 척도"(송제숙 2016a: 55)를 십분 활용했다. 까다로운 수급 조건과 낮은 생계급여에 따른 분노는 곧바로 기초법 개정운동으로 이어졌다. 월 28만 원으로는 임대아파트 관리비와 의료비를 감당할 수 없었던 1급 뇌성마비 장애인 최옥란이 생계급여를 반납하고 명동성당 앞에서 '생존권 쟁취와 최저생계비 현실화를 위한 농성'을 시작한 게 기초법 시행 이듬해인 2001년 12월이다.

기초법의 뒤늦은 출범, 곧바로 개정 운동을 벌일 수밖에 없었던 제도의 빈약함을 돌아보면, 21세기의 새로운 민주 정부가 발전국가의 유산에서 벗어나 있지 않았음을 새삼 확인하게 된다. 시민단체의 기초법 제정운동을 과소평가할 수 없지만, 외환위기 직후 김대중 정부가 사회적 보호를 위한 정책을 확충하는 데 결정적 역할을 한 행위자는 역설적이게도 IMF와 세계은행이었다. 신자유주의적 구조조정이 성공적으로 수행되려면 그에 따른 사회적 비용을 줄일 수 있는 안전망이 필요했기 때문이다.(신광영 2002: 71-72) 결국 '생산적 복지'란 경제성장 중심의 정책 결정을 주도해온 행정 관료들이 복지를 국가 경쟁력 제고의 수단으로 길들이는 과정이기도 했던 것이다.

2001년 12월 3일 생존권 쟁취와 최저생계비 현실화를 위한 농성단 기자회견. 오른편에
고故 최옥란 열사가 있다. 영화 「2002-2012, 최옥란들」(2012) 스틸컷.

더구나 이 법에 대한 사회적 열망이 대단했던 것도 아니다. 노동조합은 공공 부문 민영화와 대량 해고에 반대하며 일자리 투쟁을 전개했지, 국민 일반의 삶에 영향을 미칠 수 있는 사회복지 제도엔 큰 관심이 없었다.(신광영 2002: 17) 강단의 좌파도, 철거반대 투쟁에 주력해온 빈민운동 진영도 복지라는 화두에 떨떠름했다. 이 단어에는 '미온적' '시혜적' '탈정치적'이라는 꼬리표가 붙기 일쑤였다. 2000년 난곡에서 만난 민중교회 목사는 "1990년대 중반까지도 복지라는 단어 자체도 몰랐다. 관심의 영역에서 일정하게 선을 그었다"고 했다. 그렇다고 (19세기 프랑스와 달리) 사회주의가 억압되고 계급정당이 부재하는 나라에서 계급 정치의 꿈을 품은 사람들이 목소리를 응집할 공간 자체가 있는 것도 아니었다. 애초부터 공공복지 수준이 낮은 발전국가 체제에서 가족중심의 생존을 위해 분투해온 일반 시민들 역시 자신들과 무관해 보이는 빈곤층 대상 정책에 관심을 두지 않았다. 이들은 개별 가족으로 흩어진 채 한국 복지의 지배적 규범으로 정착한 '자산 기반 복지'(김도균 2018)를 확보하는 데 매진했다. 한 세기 전 유럽에서 탈정치적 해법이라는 혐의를 받았던 '사회적 연대'는 한국에서 이제 불가능한 꿈의 언어로 등장했다. "다수의 사람들이 겪고 있는 삶의 불안을 해결하지 못하는 사태를 앞두고 (…) '국가의 실패' 혹은 '정치의 실패'만을 이야기할 수는 없다. 문제 해결을 위한 사회적 동의를 얻어내지 못하는 문제, 즉 '연대의 실패' 혹은 '사회의 실패'를 언급하지 않을 수 없는 것이다."(박해남 2014: 355-356)

어쩌면 역사를 소급해 한국전쟁 직후 '원조 복지 체제'의 잔영殘
影을 다시 비춰볼 필요가 있었는지도 모르겠다. 대한민국이 발전국
가 궤도에 진입하기 전인 1950년대, 외원 기관이 제공한 원조 물자
규모는 보건사회부의 복지 예산을 압도했다. 복지가 세금에 의존하
지 않으니 국가는 시민들의 사회적 위험에 대응해야 한다는 책임에
서 비교적 자유로웠고, 시민들 역시 국가에 대한 기대가 낮았다. 윤
홍식(2019: 302)은 이 경험이 "한국 사회에서 복지가 국가의 역할과
무관한 사적인 문제로 인식되는 출발점"이었다고 평가한다. 어쨌거
나 연령 제한을 철폐한 대한민국 최초의 보편 생활보장제도는 시민
단체의 환영, 정부의 마지못한 수용, 대중 다수의 무관심 속에 등
장했다. 이 제도의 직접 당사자인 가난한 사람들은 어땠을까? 기초
법 도입 무렵의 시간으로 거슬러 올라가보자.

수급이라는 '관료-기계'

2000년 7월, 나는 서울시 관악구 신림7동 동사무소에서 일을
돕고 있었다.[7] 산등성이를 따라 무허가 판잣집이 빼곡해서 '난곡'으
로 더 잘 알려진 지역이었다. 10월부터 국민기초생활보장제도가 정
식으로 시행될 예정이었기 때문에, 신규 접수는 물론 기존 생활보
호자에 대한 재조사도 필요했다. 가정방문에도, 부양의무자 조사
에도 새 지침이 하달됐다. 1999년에 신림7동에서만 생활보호자가

서울시 관악구 신림동 '난곡'. 2000년 7월 촬영.

203가구, 한시생활보호자가 520가구였는데, 사회복지전문요원은 고작 두 명이었다. 지역의 복지사들, 공공근로로 파견된 아주머니들까지 충원했는데도 일손이 부족하자 주임은 현장연구 중이던 나한테도 도움을 요청했다.

7년 뒤 중국 하얼빈에서도 마찬가지였지만, 수급자 신청을 받는 사회복지 전담 부서는 별도의 공간에 배치되었다. 창고를 겸하던 동사무소 2층 공간이 민원 상담실이 되었다. "대낮에도 술 먹고 쳐들어오니 따로 둬야지 어쩌겠어?" 공공근로 아주머니의 말이었다. 당시 언론과 학계는 국민기초생활 보장법 시행의 의의를 대대적으로 전했으나, 현장의 분위기는 사뭇 달랐다. 기초법은 두려움의 대상이었다. 법이 까다로워져서 기존 수혜자까지 모두 '잘린다'는 소문이 횡행했다. 아주머니도 소문에 편승했다. "여기가 정말 오리지날 영세민촌이라 정말 별별 짓이 많아. 할머니들 이전엔 거짓말도 많이 했는데, 이젠 그런 것도 못해. 다들 애들한테 폐 끼치기 싫고 하니까 와서 거짓말하고 그러지. 이젠 그러지도 못하지." 두려움엔 어느 정도 근거가 있었다. 사무실에서든 방문한 가정에서든, 담당 공무원은 "9월까지만 된다" "더는 해드릴 수가 없다" "이제 제외될 거다" "저희도 곤란하다, 법이 까다로워졌다" "제가 법을 만드는 게 아니다" 같은 말을 수시로 했다.

기초법은 기존의 생활보호법과 달리 연령 제한을 없애 더 많은 사람을 지원할 수 있을 것처럼 보였지만 현실은 복잡했다. 새로운 법 시행을 앞두고 재정경제부가 적자를 우려해 복지부에서 올린 예산을 삭감하면서, 수급 대상자 수는 1999년 (생활보호법 대상이던) 192만 명보다 줄어든 153만 명으로 책정됐다.(류정순 2001: 296) "몸에 옷을 맞추는 것이 아니라 옷에 몸을 맞추는" 행정이었다.(신명호 2020: 36) '한시적 생활보호제도'도 쟁점으로 떠올랐다. 외환위기 직후인 1998년에 정부는 실직, 도산, 파산 등으로 생활이 어려워진 실직자 등을 대상으로 이 제도를 한시적으로 시행키로 하고 생계 보호, 의료보호, 학비 지원 등을 제공해왔다. 한시생활보호자는 부양의무 조건 자체가 없고, 가구당 4400만 원(공시지가) 이하로 완화된 재산 기준을 적용받았다. 하지만 당시의 기초법은 기존 생활보호법처럼 "직계혈족 및 생계를 같이하는 2촌 이내의 혈족"을 부양의무자 범위로 정하고, 부양의무자의 소득·재산 기준을 엄격하게 적용했다. 재산도 1-2인 가구 2900만 원, 3-4인 가구 3200만 원, 5-6인 가구 3600만 원(실거래가) 이상이면 수급 자격에서 제외하는 규정이 신설됐다. 기존의 생활보호·한시생활보호 제도에는 없던 토지 소유, 주거 면적 기준까지 상세하게 마련됐다. 승용 목적으로 자동차를 소유한 가구도 제외키로 했다. 과거에는 없던 조건들이 새로 추가되면서 기존 생활보호자들도 불안해지긴 마찬가지였다. 특히 1982년 생활보호법이 개정되면서 "근로능력자를 가진 생활보호대상 세대"가 '자활보호자'로서 지원을 받기 시작했는데, 이 범주에 포함되어 취로사업에 참여해온 노인들은 "9월이 지나면 취로 못하는 거냐"며 수시로 사무실을 찾아왔다.

기존 생활보호 대상에서 탈락할지 모른다는 불안감의 기저에는 지역에서 영세민이 일종의 성취로 여겨져온 맥락이 자리한다. "정부서는 1년 열두 달 도움을 주지만, 다른 데는 어디 그런가"라는 한 주민의 말처럼, 국가 영세민이라는 딱지는 난곡에서 가장 믿음직한 안전망으로 인식됐다. 물론 이 같은 생각은 공공부조에 대한 만족이라기보다 그것 외에는 아무것도 없었다는 절박함에서 나온 것이다. 나이 제한 때문에 '거택' 범주로 생계급여를 받는 사람은 많지 않았지만, '자활' 범주의 영세민이 되면 의료비, 취로사업에 자녀 학자금 면제도 받을 수 있었다. 1980년대까지도 공공부조 행정 체계가 미비했던 상황에서 이 자격을 따내기 위한 수 싸움이 치열하게 벌어졌다. 동사무소에 사회복지전문요원이 배치된 게 1987년이다. 공무원들은 주먹구구식 행정 체계에 따른 불편을 통장, 부녀회장, 새마을지도자 같은 관변 단체 지도자들의 협조를 받아 임시방편으로 해결했기 때문에, 주민들이 생활보호자 자격을 따내려면 이들과의 안면이 중요할 수밖에 없었다. 지역 유지들이 사실상 '행정 창구' 역할을 했던 셈이다. 1980년대 초까지 신림7동에서 사회 담당으로 일했던 한 직원은 "목소리가 높은 사람이 왕"이었다고 당시를 회고했다. "영세민에서 제외가 되면 동사무소가 난리가 나고 시끄러워지고, 그래서 한번 영세민 된 사람은 자르기가 굉장히 힘들었어요. 그때는 영세민 아니면 취로사업을 못하다시피 했어요. 영세민 아니면 전혀 불가능했다고 봐야죠." 갖은 노력을 기울여 가까스로 혜택을 따낸 주민들한테 '영세민'이란 (한 사회복지사의 자조 섞인 표현대로) "국회의원 배지"처럼 여겨졌고, 비슷하게 가난하나

혜택을 받지 못한 사람들한테는 (한 주민의 표현대로) "그림의 떡"이었다. 2000년에도 주민들은 '수급권자'보다 '영세민'이란 단어를 친숙하게 느꼈다. 국가의 공공부조가 보호에서 보장으로, 구호적 차원의 지원이 아닌 자활을 조건부로 한 생산적 지원으로 바뀌었다 해도, 국가 지원을 일방적·시혜적 복지의 틀 안에서 생각하는 관행은 변하지 않았다. 정부 정책이란 사람들의 기억 속에 밀가루가 쌀로, 다시 돈으로 바뀐 것일 뿐, 보호와 보장의 차이가 가난한 사람들에게 이해 가능한 틀로 정리된 건 아니었다.

하지만 생활보호법이 기초법으로 전환되는 과정에서, 주민들은 (과거처럼) '노력'을 해서 결과를 바꿔낼 여지가 거의 사라졌다는 데 당혹해했다. 기존의 생활보호법과 비교해서, 기초법은 일선 공무원의 관료-기계로서의 성격을 한층 강화했다. 레비 R. 브라이언트에 따르면, 관료-기계는 일정한 양식에만 열려 있다. 양식은 그 자체로 입력물(질병, 장애, 집, 가족, 일, 빚 등)에 조작을 가하여 "어떤 조직적인 소통 매체로 변환하는 기계"다. 사전에 규정된 특정 기준에 따라 양식에 적시된 것만 전달 가능하므로 "우리의 사람됨, 우리의 처지, 우리의 삶은 양식에 의해 사전에 규정된 범주에 따라 분쇄되고 걸러진다".(브라이언트 2020: 93) 신청자의 구구절절한 말과 망가진 몸은 각종 서류 '양식'을 통해 인증을 받고, '기계'를 통과해야 심사 자격을 얻는다.

난곡 주민들이 수급자 신청을 하거나 생활보호자 재심사를 받는 과정에서도 관료-기계와의 마찰은 계속되었다. 특히 가족의 부양 책임을 당연시한 부양의무자 조사에서 마찰음은 더욱 심했다. 경제적 어려움 때문에 일찌감치 가족관계가 소원해진 이가 태반인데도, 정부는 부부와 미성년 자녀로 구성되어 성역할을 분담하고 사회적 재생산을 책임지는 '정상 가족' 모델을 부양의무제라는 형태로 가난한 사람들한테 강요했다.

사회복지전문요원 김씨(가명)의 한시생활보호자 가정방문에 동행했을 때다. 남편은 건축 일을 하다 허리를 다쳐 누워 있고, 부인이 집 한쪽에서 수선 일을 하며 생계를 꾸렸다. 김씨는 가족의 처지를 한참 듣고는 수도요금 고지서, 병원 진단서, 전세 계약서 등 새로 준비할 서류 목록을 상세히 알렸다. "참, [남편분] 어머니는 집이 있습니까?" 확인차 가볍게 던진 질문에 "신림6동예요"라는 답이 돌아오자 김씨의 안색이 변했다. "앞으로[기초법 시행 이후] 어떻게 될지 모르겠네요. 지금 법적으로는 부양의무자가 재산이 있을 적에…… 재산(3000만 원)의 120퍼센트면 얼마야? ……4500만 원이 넘으면 안 돼요." 부부는 당황하며 사정을 연신 호소했다. "어머니 연로하시니 평생에 자기 집 가져보는 게 소원이라…… 어머니 노인 대책은 하나도 없으시고 집만 달랑 있는데…… 집만 제하면 전혀 생활 능력이 없는데……" 하소연은 꼬리를 물고 이어졌지만, 김씨의 응수는 간단했다. "지금 지침으로는 어려워요."

지역 유지한테 도움을 청하던 이전의 관행도 깨졌다. 3남 1녀의 자녀를 두었으나 소식이 끊긴 상태에서 한시생활보호자로 지원을 받던 할아버지가 동사무소를 찾았을 때다.

주민   아니 동장이 나 [동사무소에] 가면 될 거라 하던데……

김씨   동장님이 '거택'해준답니까? 누구 맘대로요? 누구 맘대로 해줘요? 지금 '한시생계'로 의료 혜택 주는 것만도 잘해주는 거예요. 아들이 셋이나 있어요.

주민   그게 기록이 자식이지 자식이 아니라니까.

김씨   근데 이 아들 관계는 주위에서 아들이 자식이 아니라 해서 그게 아들이 안 되는 게 아니에요. 행정적으로는 왜 [부양] 의무가 안 되는지 서류를 다 만들어야 해요. 그리고 일단 의료보호 해주잖아요. 만약 거기 없다 하면 아들들 말소시켜야 하는 거고……

'인우보증서'의 효력도 사라졌다. 인우보증서란 실질적으로 생계보호가 필요한데 법에 저촉되는 사유가 있어 보호를 받지 못하는 가구에 대해 이웃이 자기 이름으로 보증을 해주는 것으로, 생활보호법 시절에는 동사무소에서 참고자료로 활용되었다. 부부가 각자 지병을 앓고 있는 가정을 방문했을 때, 할아버지는 김씨에게 인우보증서를 내밀었다. 이웃 주민 두 명이 친필로 전화번호, 주소를 기재하고 도장을 찍은 문서에는 다음과 같이 적혀 있었다. "자子 ○○○은 업둥이로 ○○년 ○월 ○일 밤 11시경 대문 앞에 놓여 있어서 업어 지금까지 왔습니다. 부모에 생활에 일푼도 주질 않고 재산만 탕진하였습니다. 집에도 1년에 한 번 올까 말까입니다."* 하지만 김씨는 딱 잘라 말했다. "이젠 인우보증서만 갖고 못해요."

주민 피가 마르지 않은 상태에서 우리 집 문 앞에 있는 것을 내
　　　가 어떻게 버릴 수가 없어서 키운 거예요.

김씨 그래도 할아버지 아들로 입적을 했잖아요?

주민 그럼 어떡해.

김씨 그럼 그건 아들 아니에요?

주민 아니지, 내가 낳은 자식이 아닌다……

김씨 이건 우리가 어떻게 정할 수가 없는 거잖아요. 문제는 내가
　　　서류를 만들면 그걸 위에서 믿어주냐는 거죠.

　　동사무소를 찾는 주민들은 낯선 기준들을 스스로 이해할 만한
용어로 재해석하면서 적극적인 비판자로 나서기도 했다. "집이 밥
먹여주는 것도 아니고" "나이 많다고 밥 굶으라는 거냐" "어찌 요즘
세상에 자식이 부모 챙기는감" "니들은 피도 눈물도 없냐" "사채는
빚도 아닌감" 같은 말들을 거침없이 토해냈다. 이런 항변이 관료-
기계를 통과하면서 순식간에 생기를 잃으면 울화가 터져서 넋두리
라도 해야 했다. 한시생활보호자인 한 할머니는 무허가 집 한 채가
있어서 기초법 시행 이후 대상에서 제외될 거란 얘기를 듣고는 한

---

* 모든 인우보증서 하단에는 다음 문구가 덧붙었다. "상기자에 대한 위의 사실에
확실 무위함을 증명합니다. 만일 후일에 허위로 판명되어 위증한 사실이 유有할
시는 보증인이 생활보호법 제4조에 의해 1년 이하의 징역 또는 100만 원 이하의
벌금, 구류 또는 과료에 처하는 법적 책임을 지겠으며, 인우인 연서로 보증서에 날
인함."

참 사정을 호소하다 결국 분노를 터뜨렸다. "그래, 있는 사람은 돈이 썩어나고, 돈이 없어서 이렇게 고통받는 사람은 무슨 썩어빠진 집 하나 붙들고 아무것도 못 받아야 하는지…… 도대체 정치는 어떻게 하는 건지…… 물론 나도 여도 지시를 받아 그래하는 줄 알지만 어디 하소연할 데가 없으니까……"

여름 내내 야단법석이던 부양의무자 조사가 끝나고 9월에 기초법 안내 보도가 방송을 타기 시작하자 자신이 수급자에 선정됐는지 알아보려는 사람들로 동사무소는 북새통을 이뤘다. 신규로 기초법 대상이 된 사람들도 있었지만, 한시생활보호자 다수한테는 '기초법 시행되면 다 잘린다'는 소문이 현실이 되었다. 신림7동에서 2000년 기초법 첫 수급 대상은 551가구로, 1999년 생활보호법 대상 723가구(생활보호 203가구, 한시생활보호 520가구)에 비해 대폭 줄었다. 까다로운 소득·재산 규정 때문에 방대한 조사를 하고도 지원은 기존 생활보호제도와 별 차이가 없었던 탓에 일선 공무원들은 비난을 뒤집어썼다.

중요한 것은, 공무원들조차 관료-기계로의 변환에 때로 갈등을 겪으며 마찰을 일으켰다는 점이다. 피에르 부르디외(2000)가 프랑스 빈곤층 지역 사회사업 종사자와의 인터뷰에서 발견한 사회복지의 걸림돌—삶에서 거듭된 실패로 사기가 떨어진 주민들과 틀에 박힌 엄격성에 갇혀 자신도 남들도 무기력하게 만드는 행정—은 난곡 사회복지전문요원들의 일에 있어서도 예외가 아니었다. 삶의 기회와 자원을 박탈당한 채 수급이 마지막 보루가 되어버린 사람

오른편 3층 건물이 신림7동 동사무소다. 기초법 업무가 많아진 데다 민원으로 찾아오는 주민이 너무 많아 2층 전체를 수급 전담 사무실로 사용했다. 2000년 10월 촬영.

들을 온종일 상대하다 보니 김씨는 본인 말대로 "진력이 났다". 함께 일하는 서씨(가명)는 사회복지를 전공한 후 공부방 활동에도 관심을 두었지만, 공무원 시험을 보고 바로 난곡에 배치되었다. 교육도 제대로 받지 못한 상태에서 수시로 지침이 번복되는 기초법 업무를 맡다 보니 회의감만 쌓였다. "여기는 포기를 하지 않고서는 버텨내기 힘들어." 하지만 인간의 삶이 관료-기계에 의해 무자비하게 분쇄되고 걸러지는 문제를 가장 기민하게 포착하는 사람들 역시 일선 공무원들이다. 주민등록번호만 찍으면 소득·재산 내역이 훤히 드러난다는 국세청 자료를 간절히 기다리면서도, 김씨는 '노동일'이 계산 불가능함을 인정했다.

노동일은 정말 천차만별이야. 어떤 사람은 20일, 어떤 사람은 10일…… 그게 사람 말을 믿을 수도 없고, 안 믿을 수도 없고…… 현장에 가보면 하는 일이 다 달라요. 시멘트, 벽돌 나르고 보조하는 '데모도'[잡역부]가 4만-4만5000원, 미장일이 6만 원, 목수가 6만-7만 원, 또 철사 묶는 걸 뭐라 하더라? 이게 다 가격이 달라. 근데 가보면 전부 데모도 한다고 하고, 다 10일 한다 하고…… 그럼 바른말 해서 20일인 사람은 또 떨어지고…… 결국 겨울에 일 못하는 것까지 산정해야 하는데, 그거 생각해서 적게 부르는 것까지야 우리가 커버를 못하지…….

기준이 너무 모호해서 사회복지사의 임의대로 소득이 결정된다는 비판이 신문에 버젓이 등장했지만, 서씨의 말처럼 "위에서는 [듣는 것을] 싫어하니" 다들 체념한 상태였다. 10월 20일에 기초수급 급여가 처음 지급될 수 있도록 서둘러야 한다는 압박감이 보조 업무를 맡던 나를 포함해 모두를 짓눌렀다. 처음에는 공공근로를 다 제외하고 추정 소득을 매기라더니, 곧이어 공공근로를 다시 넣으라고 하고, 하루 뒤에는 3단계 공공근로만 포함시키라는 지침이 내려왔다. 부양의무자 기준부터 자가 승용차의 허용 범위까지 계속 달라졌다. 지침이 바뀌면 재조사가 필요한데 안건이 많다 보니 불가능했다. 공무원을 도와 기초법 신규 접수를 맡은 지역 사회복지사도 주민들 말과 소득 평가표 항목 사이에서 표류하다가 분통을 터뜨렸다. "진짜 웃겨. 이 많은 평가표 안에 도대체 기입할 게 없다니까. 공적이전, 사적이전…… 이런 걸 어떻게 다 물어봐? 사적이전은 뭔지 알아? 용돈이야, 용돈." 과다 업무에 다들 정신이 혼미한 상태인데도 관료-기계는 여전히 작동했다. 김씨는 긴급구호* 공문을 올렸지만 "근로 능력이 없어서"라는 문구를 안 넣었다는 이유로 결재를 받지 못했다. "정말 긴급구호 할라면 이 사람이 구체적으로 어느 게 힘들고 그러니 어떤 부분을 도와줘야겠다 이런 얘기가 나와야 하는데 정작 당신 이 문구가 틀렸다 찍 긋는 거야. 혼자 힘으로 생활이 힘들다고 쓰면 그만인 걸 근로 능력이 없다고 써야 하고,

---

* 긴급구호는 기초법이 시행되면서 신설된 제도다. 2000년 당시에는 실직, 질병, 불의의 사고, 사업 실패 등으로 생계가 어려워진 저소득 시민을 1인 월 2만 원, 3개월 한도에서 지원했다.

한자어를 안 쓰면 안 되고 진짜 웃기다니까."

김씨는 "사회에 큰 이상이 있고, 뜻이 있고 그런 게 아니라 세끼 밥 먹어야 하니 그냥 택하게 된 것"이라며, 복지를 직업으로 선택한 데 대해 별 의미를 부여하지 않았다. 하지만 오랫동안 사회 담당을 맡으면서 "이래봤자 저래봤자 힘들긴 마찬가지인 사람들"에 대한 연민도, 원치 않게 심판자 역할을 맡게 된 데 대한 고민도 많았다. 버스에서 한 할머니가 친절히 인사를 건네고 내리자 김씨가 나직이 말했다. "할머니들 참 생보자[생활보호자]이신 분들. 한편으로는 고마움과, 또 한편으로는 내가 정말 이 사람에게 잘 보여야 한다는 두려움과, 그런 갖가지 감정들이 얼굴에 복합적으로 배어 나오지." 그는 수급 심사를 통과하기 어렵다고 판단되는 사람들에게 다른 접근을 취함으로써 관료-기계와의 마찰을 일시적으로나마 해소하려 했다. 달동네 난곡에 쇄도하는 방송 섭외나 교회의 후원을 특정 가족에 연결해주는 게 한 방책이었다. "한 달에 후원으로 해서 10만 원씩 도와드리면 되겠어요?" 같은 말이 상담 중에 곧잘 등장했다. 부양의무자로 명기된 아들을 다그치거나 그들의 단합을 유도하는 조정자 역할을 맡기도 했다. "제가 큰아들한테 전화해서 할머니 부양하라고 할게요." '자격 있는' 빈자에게는 특별히 출로를 만들기도 했다. "대학생은 살려주자고. 대학생은 감사서도 안 걸려……. 정말 공부도 안 하고 놀러만 다니는 놈들 제외해야지 그렇게 어려운 가운데 공부할라고 애쓰는 사람 안 도와주면 안 되지."

하지만 선의에서 출발했다 해도, 부양의 책임을 개별 가족에 전가하면서 그들의 삶에 과도하게 개입하는 감시policing가 왜 빈자한 테만 당연해졌는지 되물을 필요가 있다. 더욱이, 특정인을 골라 후원을 연결하고 '도덕적' 빈자의 표상을 강화하는 미봉책은 가난의 낙인을 강화하고, "왜 쟤만 주고 나는 안 주냐"는 험담을 유포시키며, 가난을 '연행'하는 무대로 주민들을 끌어들인다. 이 무대에서 주민들은 자신의 생계 조건 자체를 자원화하고, 외부로부터 규정된 가난의 상에 스스로를 편입시키기도 한다. 이 모습이 일선 공무원, 복지사, 후원인, 비슷한 처지의 이웃, 나 같은 연구자한테 계속해서 노출되며 평가받는 일이 반복될 때, 가난은 난치難治를 넘어 불치不治의 병으로 비화한다.

수급의 안과 밖

몇 년 전 한 학회에 참석했을 때다. 기본소득에 관한 책을 출간한 발표자는 기본소득이 자산 조사를 하지 않는다는 점에서 공공부조와 구별되며, 무조건성의 원칙을 견지하기 때문에 운용 과정에서 발생할 수 있는 사각지대와 낙인의 문제도 존재하지 않는다고 역설했다. 이에 대해 사회복지학계의 한 토론자는 공공부조인 한국의 기초법도 디지털 정보 시스템을 구축해서 심사를 대폭 줄이고 제출 서류를 간소화했기 때문에 염려할 필요가 없다고 반박했다. 그가 말한 시스템은 2011년부터 운영된 사회복지 통합 관리망 '행복e음'이다. 25개 기관에 수집된 80종의 정보를 연계하여 복지사업별 수급자 선정을 위한 신청, 조사, 결정, 사후 관리 등 업무 처리를 지원한다. 그렇게 방대한 수급 이력·업무 처리 정보가 관련 기관에 연계되어 업무 효율성을 높였다. 주민들이 사회복지 담당 부서를 통해 신청하면 행복e음이 신청인과 부양의무자에 대한 소득·재산 조사를 시행해 수급자 결정 여부를 통보까지 해준다. 주민들이 영세민이 되겠다고 과일 봉투를 들고 통장을 찾던 생활보호법 시절의 풍경도, 공공근로 아주머니들까지 동원해 신청인의 부양의무자한테 일일이 전화하던 기초법 초창기의 풍경도 빛바랜 기록이 된 셈이다.

하지만 그 학회 토론자는 2010-2011년 복지부가 행복e음을 통해 복지 급여 대상자 확인 조사를 실시한 결과 44만8900명이 수급 자격을 잃었고, 그중 기초생활수급자가 11만6000명에 달했다는 점, 이전에 부양 관계 단절을 입증했거나 단절을 인정받아 급여를 보장받아온 이들도 수급 중단 통보를 받았다는 점, 그 일부는 갑작스러운 통보를 받고 하소연할 방도를 몰라 스스로 목숨을 끊기까지 했다는 점을 알까?[8] 전례 없이 강력해진 관료-기계는 복지 대상자에게 추가 지원이 가능한 서비스를 안내한다고 하지만, 방점은 "부정수급 예방·방지"와 "중복 급여 차단"에 놓여 있다.[9] 부정수급은 언론에 심심찮게 오르내리면서 어느새 대중적인 단어로 자리 잡았다. 캐나다 주 정부가 운영하는 부정수급 고발 핫라인을 연구한 매슈 D. 상카르티에는 이 시스템을 '비난 테크놀로지Denunciatory

Technology'라 불렀다. 대중 자체를 통치의 도구로 삼으면서, 국가는 숨어 있는 '적', 숨겨진 '비밀'을 캐내도록 시민들을 부추기고, 동료 시민을 서로 고발하는 통로를 열어준다. 한국의 국민권익위원회에도 '부패공익신고' 항목 아래 '복지·보조금 부정수급'란이 마련되어 있다. "청렴하고 공정한 대한민국"을 만들기 위해, 누구든 위반 사실을 알면 신고하도록 장려된다. 실제로 권익위는 2014년 신고센터 설립 100일을 맞아 100억 원에 이르는 복지 부정수령액을 적발했다고 홍보했다. 그러나 이들이 낸 성과 보고서를 보면 100억 원 중 97억8000만 원은 병원 사무장과 사회복지시설 등 기관 비리에 의한 것으로, 기초생활수급비 부정수급으로 적발된 돈은 7000만 원에 불과했다.[10] 중요한 것은, 이런 권익위 사이트의 존재만으로 시민은 "복지 부정수급자의 삶을 재현된 그대로 믿거나, 이들의 삶을 모르는 집단으로 양분"되며, "부정수급을 알아야 하는 게 대중의 책무인 것처럼" 인식하게 된다는 점이다.(Sanscartier 2017: 76)

기초법 제정 후 20여 년 동안 상당한 개선이 이뤄진 점도 부인할 순 없다. 정부는 부양의무자 범위를 축소하다가, 2017년부터는 부양의무자 기준의 단계적 폐지를 추진했다. 그렇게 2015년 교육급여, 2018년 주거급여, 2022년 생계급여의 부양의무자 기준이 폐지되었다.* 2015년부터는 상대적 빈곤 개념을 도입해 생계급여 보

---

* 단, 생계급여는 부양의무자 소득이 연 1억 원 또는 일반재산 9억 원을 초과하는 경우 급여 대상에서 제외한다는 규정이 남아 있다.

장 수준을 최저생계비에서 기준중위소득으로 개편했다. 기초생활
보장제도 예산은 2000년 도입 당시 약 3조 원에서 2021년 약 15조
원으로, 수급자 수는 2001년 약 142만 명에서 2020년 약 213만 명
으로 증가했다. 1인당 평균 생계급여 지원 수준도 2000년 약 8만
원에서 2020년 약 32만 원으로 늘었다.(박인석 2021: 3) 물론 정
부 예산을 먼저 정하고 대상자 수를 조정하는 관행은 여전히 그대
로다. 최저생계비 이하의 소득으로 살아가는 가구는 전체 인구의
7-8퍼센트 정도이지만, 실제 기초생활보장 수급을 받는 가구는 약
3퍼센트에 불과하다.(신명호 2020: 37)

그나마 이 정도의 변화라도 가능했던 것은 서두에서 언급했듯
반빈곤운동 진영이 수급 당사자들과 연대하여 끈질기게 싸운 덕택
이다. 장애인, 노점상, 노숙인 단체 등이 중심이 되어 만든 '기본생
활권 쟁취와 국민기초생활보장제도 현실화를 위한 연석회의'는 기
초법 시행 초기부터 개정운동을 벌이다 2004년 반빈곤운동 연대
단체인 '빈곤사회연대'로 정식 출범했다. 기초법 관련 청원운동에서
부터 최저생계비 현실화 요구, 기준중위소득 인상 요구, 당사자 조
직화와 부양의무자 기준 폐지 투쟁 등에 이르기까지, 지난 20여 년
간 기초법의 변화를 요구해온 목소리는 "독자적인 대중 조직으로
의 세력화에 성공적이지 않았으나, 사회의 빈곤 문제를 포착하는
접점"이 되었다.(김윤영 2021: 23)

이러한 성과에도 불구하고, 기초법 시행 20년을 맞아 빈곤사회
연대가 실시한 연구 결과는 2000년에 내가 난곡에서 본 바와 크

반빈곤운동 단체들이 기초생활보장 선정 기준으로 사용되는 기준중위소득 인상과 급여 수준 현실화, 부양의무자 기준 완전 폐지를 촉구하고 있다. 2022년 7월 25일 촬영, 빈곤 사회연대 제공.

게 다르지 않다는 게 곤혹스럽다. 대상자 선정 기준은 여전히 까다롭고, 기본재산액과 소득인정액 산정 방식은 여전히 야박하며, 보장 수준은 여전히 낮다. 근로 능력이 있다고 판단되는 신청자에 대한 수급 조건은 계속 강화됐으며, 권리는 여전히 확보되지 않고 있다. 제도 설계가 복잡해 수급자는 접근성도, 정보에 대한 이해도 부족할 수밖에 없다. 수급자나 복지 종사자의 제도 경험 서사도 거의 변한 게 없다. 인터뷰에 응한 수급자들은 심문에 가까운 조사에서, 가난을 '증명'해야 하는 상황에서, 담당 공무원이 부양의무자를 색출하는 과정에서 느낀 당혹감과 수치심을 털어놨다. 수급 탈락의 불안감, 물가 상승분에 턱없이 못 미치는 급여에 대한 좌절감도 예전과 같았다. 정보 부족에 억울함이 더해져 수급(신청)자들 사이에 험담이 오가는 풍경도 다를 바 없었다. 규정이 한없이 복잡해지고 특례가 계속 추가되면서 일선 공무원들마저 명확한 매뉴얼을 간절히 바라는 상황이 됐다.(정성철·김윤영 2021: 128-166) 실제로 보건복지부에서 해마다 발간하는 「국민기초생활보장사업안내」는 500페이지에 달한다. 반빈곤운동 단체에서 제도 접근의 문턱을 낮추기 위해 별도의 안내 책자를 만들 수밖에 없는 이유다.

반대로 20여 년의 시간을 거치면서 수급의 안과 밖을 가르는 골은 더욱 깊어졌다. 수급의 '안'은 여전히 관료-기계와 전투 중이다. 가난한 사람을 수급자로 획정하고, 이 범주에 개입할 수 있는 진리를 생산, 유통, 조직하는 통치의 전 과정에서 빈곤이 기술적technical 사안이 되다 보니, 반빈곤운동 단체도 종래의 전문가 집단처럼 갱

신되는 규정을 끊임없이 학습하지 않으면 안 된다. 수급자들이 소득·재산에 조금의 변화라도 생겨 급여에서 탈락하는 순간 절체절명의 위기가 닥친다는 점을 누구보다 더 잘 알기 때문에, 활동가들은 수급이라는 의무통과점을 벗어나기 어렵고, 그러니 기초법의 세세한 용어와 규정을 둘러싼 싸움을 반복할 수밖에 없다. 일단 수급자가 된 주민도 급여에서 탈락하지 않기 위해 안간힘을 쓴다. 사회복지 전담 공무원이 말한 대로 "제도권 안에 들어온 사람들하고 들어오지 못한 사람 사이의 차이가 너무 크기" 때문이다.(정성철·김윤영 2021: 160) 폐휴지를 주우면서도 소득으로 잡히지 않을지 전전긍긍하고, 가족과 수십 년 만에 연락이 닿아도 부양의무자로 잡힐지 모른다는 불안감이 앞선다. 수급이 삶의 안정성과 지속성에 절대적 힘을 발휘하다 보니 삶의 서사와 수급의 서사가 포개져버렸다. 가난한 삶을 구술하는 과정에선 묻는 활동가도, 답하는 쪽 방촌 주민도 무심코 내뱉은 말이 수급에 영향을 미칠까 조심스럽다.(홈리스행동 생애사 기록팀 2021)

수급의 '밖'은 어떨까? 상처가 곪았다 터지기를 반복하는 수급의 안을 굳이 들여다보는 사람은 많지 않다. 앞서 서술했다시피 계급정당도, 사회적 연대도 경험한 적 없이 가족중심의 생존 전략을 도모해온 사람들한테 남의 가난은 관심 밖의 일이다. 그래도 수급의 안과 밖이 잠시 접점을 찾을 때가 있긴 하다. 죽음이다. 특히 죽은 개인이나 가족이 '도덕적' 빈자의 그림에 부합할 때 대중은 동요하고 연민을 갖는다. 2010년 10월 일용직 노동자인 아버지가 부양의무자인 자신 때문에 장애인 아들이 복지 수급을 받지 못한다고 생각해 자살했다. 2014년 2월 서울 송파구 반지하방에서 생활고에 시달리던 세 모녀가 "정말 죄송합니다"라는 메모와 밀린 공과금을 남기고 동반 자살했다. 그해 8월 심혈관질환을 앓던 수급자가 국민연금공단의 '근로 능력 있음' 판정 때문에 무리하게 지하주차장 청소부 일을 하다 수술 부위가 감염되어 숨졌다. 이 외에도 부지기수다. 안타까운 죽음은 기사화되면서 공분을 낳았고, 때로 기초법을 공론화하면서 법 개정을 이끌기도 했다. 하지만 가난한 사람들의 죽음은 너무 빨리 잊혔다. 경제 불안정성이 커지고 제 가난을 '도둑맞았다'는 상대적 박탈감이 심해지면서, 망각의 자리에 낙인과 혐오가 쉽게 둥지를 틀었다. 기초생활수급자의 줄임말인 '기생수'가 가난을 개인의 무능으로 조롱하고 수급자의 '거지 근성'을 비난하는 표현으로 학교에서, 온라인 커뮤니티에서 출몰하는 세상이 됐다.[11]

이 수급 '안'과 '밖' 사이의 심연을 당장 메우기는 어렵다. 기초법에 대한 문제 제기는 제도가 존속하는 한 계속되어야 한다. 수급에서 탈락한 가난한 사람에게 당장 필요한 것은 이의 신청 절차에 관한 정보이지 빈곤에 관한 철학적 물음이 아니다. 또한, 정치적·윤리적 설득을 통해 관료-기계의 조작 원리를 바꿀 수 있다는 믿음은 "미적분학을 고양이에게 설명하려고 시도하는 것"이나 마찬가지여서(브라이언트 2020: 120), 긴급한 사안이라면 수급의 기술 통치에 맞춤화된 논리와 언어를 이용해 문제를 제기하는 것이 더 효과적일 수 있다. 하지만 가난한 사람들을 수급자로 분쇄하고 걸러내는 작업이 가난을 고이게 하고, 곪게 만든다면, 수급과의 관계를 통해서만 빈곤에 대처하도록 유도하는 관료-기계의 등장을 탐문하고, 우리가 어떤 식으로 이 기계의 폐쇄적 조작성에 길들여져 그것이 구조화한 방식으로 생각하고 말하며 지식을 생산하게 되었는지를 돌아볼 필요가 있다.

사실 제도에 대한 비판도, 제도를 넘어선 문제 제기도 수급이라는 의무통과점에서 자유롭지 못한 사람들이 가장 열심히 수행 중이다. 정성철·김윤영(2021)이 인터뷰한 수급자들은 "사람 만나 식사라도 할 수 있는" 인간적인 삶, 이 제도에 구속받지 않는 좀더 자유로운 삶에 대한 바람을 내비쳤다. 한 활동가는 국민기초생활보장제도가 빈곤층 관리에만 중점을 둘 뿐 빈곤층의 권리와 욕구를 중심에 두고 정책을 설계하지 않는 한계를 비판했다. 모두 빈곤에 대한 해법을 제도 너머에서 새롭게 고민해야 실효성을 지닐 바람이고 비판이다.

2장 의존의 문제화

지긋지긋한 의존?

영화 「거인」(2014)은 집을 나와 보호시설인 그룹홈에서 살아가는 소년 영재의 이야기다. 영재는 고아가 아니다. 제 발로 집을 나와 '이삭의 집'에 들어갔다. 이제 곧 열여덟이라 나갈 때가 됐다는 '부모'의 눈치에도 그는 내쫓기지 않기 위해 안간힘을 쓴다. 같은 방에서 자는 범태는 "저 새끼가 차린 밥 구린내 난다"며 눈뜨자마자 학교로 도망치지만, 영재는 부모의 은근한 멸시를 예의 바른 미소로 적당히 되감으며 반듯한 모습을 보인다. 이삭의 집을 후원하는 성당에서 보좌신부가 찾아올 때마다 그는 눈을 반짝거리며 말한다. "저도 꼭 신부님이 되고 싶어요." 사실 꿈이라기보다 애원이다. 그룹홈에서 내쫓겨 제집으로 돌아가는 끔찍한 일만은 막고 싶다고, 기숙할 수 있는 신학교에 가는 게 유일한 출로라고. 부모의 의존은 영재가 감당하기엔 너무 벅차다. "제가 다리만 성하면"이란 말을 입에 달고 사는 아빠는 자식을 담보 삼아 교회를 전전하며 후원을 동냥한다. 남편 대신 무리하게 일을 하다 허리를 못 쓰게 된 엄마는 영재한테 미안하다면서도 남동생까지 그룹홈에 데려가주기를 바란다. 부모의 의존이 그의 상처를 후벼 팔수록, 그의 의존도 주변 사람들을 거침없이 도려낸다. 영재가 그룹홈에서 내쫓기지 않으려고 친구인 범태를 경찰에 고발했을 때는 연대, 공감, 연민 같은 단어를 섣불리 얹을 수 없는 가난의 파상破傷이 절감된다. 속이고 훔치고 배신하면서까지 움켜쥔 의존의 그물이 속절없이 찢길 때마다 영재는 정처 없이 걸었다. 멈출 자리가 없어서 걷고 또 걸었다.

영화에서는 의존이 지긋지긋한 인간관계로 그려지지만, 사실 삶에서 의존만큼 당연한 행위도 없다. 갓 태어난 아기가 혼자서 할 수 있는 일은 많지 않다. 몸이 아플 때, 죽음에 더 가까운 나이가 되었을 때 돌봄은 간절하다. '依[의지할 의]'는 '人[사람 인]' 자와 '衣[옷 의]' 자의 결합이다. 추울 때 옷 입는 것만큼 자연스러운 행동이 바로 의존이다. 건강한abled 성인이라고 의존에서 자유로울까? 그의 삶이 의존과 무관해 보인다면, 이는 살면서 의존할 기회와 자원이 누구보다 그에게 넉넉했음을 뜻한다. 그가 독립적이라 느낀다면, 자신의 의존 경험에 무심했던 까닭일 확률이 높다. 여성의 비가시적인 돌봄노동을 전제로 한 '자립' 개념에 대해 페미니스트들이 오랫동안 문제를 제기해온 이유다. 함께 살아가기 위해 서로의 존재에 기댈 수밖에 없다면, 우리 과제는 '독립'이 아닌 '상호의존interdependence'이어야 한다.(김병인 2017; Abramovitz 2002) 장애 연구자인 김도현(2019: 330)은 이 용어를 함께 어울려 선다는 의미에서

영화「거인」의 한 장면. 술에 취한 채 보호시설에 찾아와 자식들을 모두 거둬달라고 부탁한 아빠에게 영재가 말한다. "제발 이러지 좀 마. 이럴 거면 그냥 내 앞으로 보험 들어놓고, 손가락을 자르든, 우유에 독약을 타 먹이든 그렇게 해."「거인」스틸컷.

'연립聯立'으로 번역했다.

하지만 현실에서 이런 정치적·윤리적 선언은 거의 통하지 않는다. 특히 어떤 의존은 결함으로만 비춰지는데, 가난한 사람의 의존이 대표적이다. 「거인」에서 그린 의존의 사슬은 복잡하게 얽혀 있다. 영재와 그의 가족만 '의존적'인 게 아니다. 그룹홈은 후원처인 성당에 의존하고, 후원을 통한 소득을 유지하기 위해 영재에게 의존한다. 하지만 의존의 위상이 달라서, 오직 영재 가족의 의존만 '문제'가 된다. 그룹홈의 '아빠'는 시종일관 영재를 의심하고 평가하는 역할로 남는다. "다들 너 신부님, 신부님 하는데 솔직히 난 모르겠다"며 영재가 살기 위해 구겨 쓴 가면을 벗길 태세다. 가족 몰래 밀양의 다른 시설로 떠나는 영재를 배웅하면서도, "어딜 가든지 니가 제일 불쌍하단 생각만 버려"라며 예의 그 차가운 시선을 거두지 않는다.

나는 오늘날 기초법 수급자와 사회복지가 맺는 관계가 영재와 그룹홈의 관계와 크게 다르지 않다고 생각한다. 기초법 제정 이후 20년이 훌쩍 지났지만, 수급을 당당한 권리로 생각하는 사람들을 별로 만나본 적이 없다. 수급 상태를 유지하기 위해 수치심을 감내하거나, 영재처럼 도덕적 빈자 연행을 감수하는 사람이 훨씬 더 많았다. 의존성 논의가 복지 영역에서 특히 만연한 것은 사회복지야말로 후술할 '사회적 빈곤' 의제와 조응하여 등장한 지식과 기술의 복합체이기 때문이다. 특히 한국 사회복지'학' 발전의 주요 참조국인 미국에서는, 자본주의 체제에서 발전해온 사회공학과 개척 서사를 중심에 둔 선별적 역사 서술이 결합하면서 자율적 개인과 독립을 이상으로 삼는 정치 이데올로기가 단단히 뿌리를 내렸다. '자립'을 숭배하고 '복지 의존welfare dependency'을 경멸하는 정치 이데올로기가 가난한 사람들에게 특정한 시선을 부과하는 담론 권력으로 자리 잡고, 이들의 사회 안전망을 최소화하는 정치 전략으로 작동해왔다.(O'Connor 2001; Fineman 2004)

이러한 흐름에 맞서, 진보적 사회복지학자들은 의존의 보편성을 환기하며 복지 의존에 씌우는 혐의를 거둘 것을 호소하기도 한다. 하지만 복지 의존을 "인간의 상호의존성을 증진할 수 있는 기초"로 재정의하는 움직임(김병인 2017: 88)이나 돌봄 윤리의 선언만으로 의존이 문제가 된 현실에 균열을 내기란 불가능하다. 복지가 직업화·제도화·산업화를 거치며 '성장한' 역사란, 뒤집어보자면 사회복지 체제 구축에 관여해온 종사자들이 가난한 사람들한테 '의존해온' 역사다. 그룹홈의 부모가 영재한테 의존하면서도 그에게 낙인을 씌우듯, 복지 종사자들 역시 빈자에게 기대는 동시에 그들에 대한 심판자를 자임한다. 이런 서술은 가난한 사람들을 향한 연민과 연대의 마음으로 사회복지의 길을 택한 사람들에 대한 과도한 비판일 수 있다. 하지만 삶의 당연한 형태인 의존이 수급이라는 관료-기계(1장 참조)와 접속하면서 문제가 되어버린 현실은 그리 간단치 않다. 존중받지 못하는 경험이 누적된다는 것, 살면서 푼돈을 벌겠다고 폐지를 줍고 이따금 가족을 만나는 지극히 당연한 일상까지 미심쩍은 시선을 감수해야 한다는 것이 어떤 의미인지 헤아릴 자신이 없다. 관료-기계와 씨름하다 스스로 목숨을 끊은 사람이 한둘이 아니라는 사실을 알고 나면 더더욱. 돌봄과 폭력의 얽힘에 주목할 수밖에 없는 이유가 여기에 있다.

의존은 어쩌다 문제가 되었나? 이 장에서는 '낙인으로서의 의존'이 역사적으로 자연스러운 경로도, 불가피한 귀결도 아니었다는 점을 두 사례를 통해 보여줄 것이다. 하나는 중국 둥베이東北지방 노동자들의 생활 세계에서 의존의 의미가 변화하는 과정이고, 다른 하나는 중국과 때로 이질적으로 흘러갔고 때로 교차하기도 했던 한국 사회 자활 호명의 역사다. 사례를 들여다보기 전에 의존 담론에 관한 계보학적 접근과 (의존의 대척점으로 가정되는) 자율 담론의 서구중심성에 대한 인류학적 비판을 간단히 소개하겠다.

의존을 낯설게 보기

의존이 인간의 생존과 실존에 있어 고유한 양태임에도 우리는 어째서 이를 말하기 꺼리거나 특정한 상황에만 적용할까? 단도직입적으로, 빈곤은 어째서 '의존' '의존성' '의존적'과 같은 표현들이 가장 명시적인 부정성을 띤 채 범람하는 현장이 되었을까?

역사적으로, 빈곤에 대한 경멸과 노동에 대한 찬양은 동전의 양면인 경우가 많았다. 가난한 사람들을 기독교적 동정의 대상으로 여겼던 중세 유럽에서도 흑사병으로 노동력 부족이 심각해지자

이들의 노동 회피를 문제 삼는 정책이 등장했다. 노동을 기피하고 부랑 생활을 일삼는 경멸스러운 '걸인'과 노동력을 상실하여 기독교 윤리에 따른 자선으로 구제받아야 할 '빈민pauvres'이 14세기 중반 프랑스 국왕 칙령에서 분명히 구분되어 있었다는 점은 흥미롭다.(홍용진 2016: 75-77) 오늘날까지도 공공부조 체계를 갖춘 대부분의 나라에서 노동능력의 유무에 따라 수급자를 관리하는 제도나, 노동 의지에 따라 자격 있는 빈민과 그렇지 않은 빈민을 구분하는 관행은 여전히 지배적이다. 살면서 '어떤 의존을 하는가'를 묻기보다, 노동을 척도로 '의존이냐 자립이냐'를 판별하는 흐름이 대세가 되었다. 이때 노동이 갖는 의미는 제한적이다. 직접 물건을 만들어 팔든 자신의 노동력을 팔든, 경제적인 생산관계에 편입된 노동, '밥벌이'가 가능한 노동이 의존과 자립을 나누는 기준이 되었다.

노동 의지에 따라 다른 형태의 빈민 통치가 작동했다는 점은, 빈곤이 단순히 부富에 대응하는 경제적 개념이 아니라 품행의 심사장이었음을 뜻한다. 조반나 프로카치는 이 점에 주목해 18-19세기 유럽에서 '사회적 빈곤'에 관한 문제의식이 등장하는 과정을 살폈다. 당시 유럽에서 부의 증대에 관한 이론적 토대를 제공했던 고전적 정치경제학은 빈곤을 풍요의 대응물로 취급하면서 '빈곤의 정치'가 갖는 유용성에 별반 주목하지 않았다. 반면 주변화된 영역이던 사회경제학은 빈곤을 자본주의 메커니즘이나 소유권과 연결하기보다 사회유대의 붕괴, 제도의 미비, 개인의 도덕적 결함으로 문제화하면서, 문제의 진단과 처방을 둘러싼 일련의 지식과 통치 기술을 고안했다. 사회적 빈곤 담론은 경제적 범주를 통해 작동하지 않는다. "사회적 빈곤의 이미지는, 빈곤의 특정한 단계라기보다는, 그것이 가진 유동성과 무한성의 느낌들, 즉 이 모든 위협적 특징을 야기하는 도시 군중의 거대하고 모호한 인상을 강조한다."(프로카치 2014: 237) 프로카치는 이 담론의 공격 대상이 (산업사회에서 자연적이고, 반박 불가능한 사실로 인정된) 불평등의 제거가 아닌 "차이의 제거"임을 역설한다.* '차이'라는 표현을 통해 그가 강조했던 바는, 사회적 빈곤이 일련의 품행—즉 사회화 기획에 고분고분하지 않은 태도를 겨냥하면서 극빈을 "신체적·도덕적 습성들의 집합"으로 간주했다는 점이다.(2014: 240) 술에 절어 방탕하게 사는 사람, 장래에 대비하지 않는 사람, 구호금을 탕진하는 사람 등 자본주의 체제 노동자 기준에 미달하거나 노동자이기를 거부하는 모든 사람이 품행이 의심스러운 빈민으로 내몰렸다. 경제적 의존을 도덕적·심리적 의존과 자의적으로 연결하면서 "가난한 사람들은 가난 그 이상의 잘못된 무언가가 있다"라는 암묵지를 만든 것이다.(Dean 1999: 62)

사회적 빈곤에 처한 사람 중에 누가 유독 의존적인가? 미국에서는 '복지모welfare mother'라 불리는, 빈곤의 덫에 빠진 채 공공부조에 의지해 자식을 키우는 여성이 빈번히 의존의 '피의자'로 소환됐다.(Fineman 2004: 31) 낸시 프레이저와 린다 고든은 의존을 탈

---

* 브로니스와프 게레멕(2010: 282)의 주장도 이와 상통한다. 18세기 후반 유럽에서 빈곤의 강조점은 '빈민과 유랑민을 어떻게 제거할 것인가'에서 '어떻게 근대 경제체계에서 빈민의 위치를 규정할 것인가'로 이동했다.

역사적인 도덕 지표로 삼기를 거부하면서 의존에 대한 사회적 인식이 변해온 과정을 역사적으로 살폈다. 산업화 이전에 여성은 종속적이긴 했으나 많은 남성과 의존의 조건을 공유했던 반면, 현대에 접어들면서 남성의 우월성과 차별화된 방식으로 '의존성'에 여성성이 덧입혀졌다. 민주주의 혁명 이후 급부상한 시민권이 '독립'과 동의어로 통용되면서, 한때 사회적 관계를 지칭하면서 중립적으로 쓰이던 의존은 도덕적·심리적 기록register으로 사용되기 시작했다.(Fraser and Gordon 1994: 315) '독립적인' 생계부양자 남성과 '의존적인' 피부양자 여성의 우열관계가 산업화 시기 이후 명확해졌다는 것이다. 의존성에 덧씌워진 여성성의 부정적 함의는 고용 불안정이 심해진 후기 산업화 시기에 더욱 노골적으로 드러난다. 남성의 경제적 독립을 상징하는 '가족임금'의 이상이 붕괴되면서, 여성의 경제적 종속은 "명백히 적절한 성인 의존 상태"로 고려되지 않고 논쟁에 부쳐졌다. 특히 "복지 의존성" "약물 의존성"에서 보듯 기존 규범으로부터 일탈했거나 노동시장에 편입되지 못한 집단에 여성화된 의존성이 낙인처럼 씌워졌다.(1994: 324-326) 프로카치와 프레이저·고든의 연구는 자율적·독립적 개인이란 모든 인간이 추구해야 할 보편적 가치가 아니라, 근대 자본주의 및 산업화 체제와 조응하며 발전해온 담론적 구성물임을 보여준다. 자율적·독립적 개인의 대척점에서 문제적 존재로 부상한 수동적·의존적 인간 역시 자의적이고 우발적인 구성물에 불과하다.

의존을 문화적 구성물로 탈자연화de-naturalizing하는 작업은 서구 역사를 낯설게 보는 계보학적 접근뿐 아니라, 인류학자들의 비서구 현장연구에서도 빈번히 발견된다. 지구 곳곳에서 의존은 사회적 관계의 일종으로, 일상에서 통용되는 행위 양식으로 최근까지도 자연스럽게 받아들여졌다. 일례로, 제임스 퍼거슨이 서구의 '독립 선언'을 풍자하여 명명한 '의존 선언declarations of dependence'은 도발적이다. 독립과 자유의 상징인 포스트 아파르트헤이트 남아프리카공화국에서 여전히 백인 관광객을 '바스bass'라 부르며 추종하는 흑인들을 어떻게 바라봐야 할까? 현재 우리에겐 낯설지만, 퍼거슨은 아프리카 응구니족 국가의 형성 과정을 비자유주의적인 방식으로 독해한다. 응구니족 사회는 자유로운 개인들 간의 교환관계보다는 사람들 사이의 의존과 존경의 관계를 토대로 형성됐다. "의존의 네트워크가 없다면 당신은 아무 존재도 아니었다."(퍼거슨 2017: 259) 아파르트헤이트 시기에도 성원권과 복종을 맞교환하는 식의 관계성은 온정주의 관습으로, 고용주와 피고용주 사이의 암묵적인 인격적·의존적 관계로 존속되었다. "누군가임being someone"은 "누군가에 속함belonging to someone"과 긴밀히 조응했다.(2017: 263)

　인도 NGO의 상담사들이 여성이 겪는 가정폭력에 대해 서구의 인권 담론이 아닌 인도 고유의 친족 의무를 중심으로 대응하는 풍경도 인격적·의존적 관계의 중요성을 환기한다. 줄리아 코왈스키(2016)는 NGO 활동가들이 인도의 대표적 친족 이데올로기인 '세바seva'를 동원하여 젠더 폭력을 상담하는 과정을 연구했다. 활동가들은 폭력을 개인적 권리가 아닌 가족적 유대의 문제로 규정하면서, 상담 기간 내내 가족 안에서 어긋난disordered 상호의존의 관계를 재위치시키는reorder 작업에 노력을 기울였다. 이들은 모든 가족 성원이 독립적·자율적인 평등 관계를 맺도록 새로운 형태를 창안하기보다, 돌봄과 위계, 봉사가 어떻게 가족의 일상생활을 구조화하는지, 가족 내 위계 관계 속에서 어떻게 상호의존적이고 호혜적인 관계들을 제대로 조직해낼지를 고심했다. 의존이 친족 프레임 안에서 자연스럽게 수행되는 사회가 이상적임을 말하려는 게 그의 의도는 아니다. 친족의 안팎을 구분하는 배타성, 친족 내 위계를 지지하는 가부장적 억압에도 불구하고 왜 많은 여성이 친족의 울타리를 단순히 허물거나 벗어나는 대신 그 안에서 보호받기를 택했는지, 사람들이 어떤 방식으로 친족에 의지하며 살아왔는지를 더 깊이 들여다봐야 한다는 제언이다. 비서구 사회에서 의존이 갖는 맥락을 살피며, 인류학자들은 자율과 저항을 기반으로 행위성agency을 탐색해온 서구 자유주의 프레임의 편협함을 비판했다.(Mahmood 2001; Ferguson 2013; Boyd 2018) 코왈스키는 행위자적 인간성이란 단순히 독립적 행위가 아니라, 다양한 의존 용어 사이의 협상을 통해 발휘되기도 한다는 제임스 퍼거슨의 논의를 소환한다.(Kowalski 2016: 72) "해방적 자유주의의 측면에서 보자면 너무나 당황스러운, 사회적 관계성을 향한 통속적 열망에 어떻게 새로운 의미와 인정을 부여할 것인가?"(Ferguson 2013: 238)

인류학자들이 글로벌 남반구에서 발견한 의존의 풍경은 '복지여왕welfare queen'의 의존성을 비난하는 전형적인 그림보다 훨씬 더 다채롭다. 의존이 수동성을 의미하는 것도 아니며, 의존적 개인과 자율적·독립적 개인이 따로 있는 게 아니라 다양한 사람들이 상호 의존을 통해 인'간'間'을 형성하는 모습도 드러난다. 하지만 이러한 발견을 과장할 필요는 없다. 식민 지배에 대한 원죄 의식에서 인류학 공부를 시작한 백인 학자 다수가 자기 세계를 비판하기 위해 비서구 사회를 낭만화하는 경향을 종종 보인다. 학문의 전통에 밴 겸손의 태도는 근대의 폭력을 성찰하는 데 여전히 소중하나, 비서구의 풍경은 어지럽고, 때로 잔혹하다. 특히 발전과 자립·자활이 구국과 해방의 표상과 맞물린 동아시아에서 의존의 자리는 더욱 위태롭다. 한국으로 건너오기 전에 중국 둥베이지방을 들여다보자.

정당한 행위 양식과 낙인 사이

2000년대 중반, 나는 '하둥'(가명)이라는 중국 하얼빈의 한 국영기업 노동자 집단거주지에서 현장연구를 했다.[1] 개혁개방 이후 시장경제 도입에 따른 구조조정의 여파로 도심 곳곳에 실직한 노동자들이 넘쳐나던 시절이었다. 한국에서 노동자의 지위는 줄곧 열악했지만, 중국에서는 1949년 중화인민공화국 건국 이후 한때나마 노동자들이 사회주의를 선도하는 대표적 '인민'이자 '노동계급工人階級'으로 칭송받으면서 기업 단위의 복지 혜택을 누렸다. 봄날은 잠깐이어서, 중국 정부가 (한국의 기초생활보장제도와 같은) 최저생활보장제도를 1990년대 말 도시에서 처음 시행했을 때, 이들 다수가 노동자가 아닌 수급자로 재등장했지만 말이다. 질문거리가 많았다. 인민에서 '빈민'으로 전락한 도시 노동자들은 자신의 빈곤을 어떻게 인식하고 경험할까? 사회주의 독트린을 고수하는 나라에서 국가는 사회주의 대표 계급의 빈곤화에 어떻게 개입할까?

하얼빈이 자리 잡은 둥베이는 이러한 소용돌이의 심장 지대였다. 신중국 건설 후 소련으로부터의 원조 프로젝트가 집중되고 중앙정부가 직접 관리하는 대규모 공장들이 들어서면서, 둥베이는 사회주의 노동계급의 지역적 표상이 되었다. '공화국의 장자長子'라 불리며 계획경제 건설의 선도 역할을 자임했고, 도시민의 삶과 노동을 결합한 사회주의 단위單位 체제를 가장 견고하게 구축했다. 각 국영기업 단위가 소속 노동자의 종신고용과 가족의 의료, 주택, 교육, 복지를 전담하는 체제였다.

노동자들은 개혁개방 이전 마오쩌둥 시대를 회고할 때 의존의 대상으로 소속 단위나 공산당, 국가를 주로 언급했다. "정부에 의지하고, 인민에 의지하라依靠政府, 依靠人民"는 마오 시대의 대표적 구호다. 국가와 인민의 끈끈한 연대를 강조하는 표현인 '이카오依靠'에는 친밀성이나 신뢰의 뉘앙스가 담겨 있다. 흥미롭게도, 오늘날 '디바오低保'라 불리는 최저생활보장제도 수급자의 의존성을 비난할 때는 '이라이依賴'라는 다른 어휘가 사용된다. '의존성依賴性' '의존심리依賴心理' '의존사상依賴思想' 같은 어휘들이 디바오 공론장에서 심심찮게 등장하는데, 중국 온라인 백과사전인 바이두에 소개된 '이라이'의 설명은 부정의 뉘앙스가 상당히 강하다. "다른 사람이나 사물에 기대어 자립할 수 없는 상태 또는 그러한 심리. 의존사상을 지닌 이는 독립심과 책임감이 없고, 노동할 생각은 않고 방탕만 일삼으며, 결국에는 사회생활에 적응하지 못해 사회와 타인에 피해를 주고, 범죄의 길로 빠지기 쉽다."[2] 1980년대 하얼빈이 자리한 헤이룽장성 민정부에서 일했던 전직 간부는 내가 의존성이란 어휘에 관해 묻자 "그런 말은 마오 시대에는 상상할 수조차 없었다"며 딱 잘라 말했다. "아니, 노동자가 단위 체제에 의존依靠하지 않고 어떻게 사회주의가 가능했겠어?"

'이카오'로 표현된 마오 시대의 의존은 낙인이라기보다 일종의 행위 양식mode of action이었다. 사회주의 단위 체제의 특징으로 후견 관계patron-client relations에 주목하면서 세 가지 의존 형태—기업(단위)에 대한 경제적·사회적 의존, 당과 정부에 대한 정치적 의존, 상관에 대한 개인적 의존—를 탐색한 앤드루 월더의 연구가 대표적이다. 월더에 따르면, 중화학공업을 중심으로 한 계획경제 시스템에서는 주택과 소비재 공급이 열악했기 때문에 의존이 '구조적'이었다. 희소재를 남들보다 먼저 획득하기 위해서는 당에 대한 정치적 복종과 상관에 대한 개인적 충성이 필수적이었다는 것이다.(Walder 1986)

하지만 경제적 이해관계에 집중된 희소성 논의는 노동자들이 단위 체제는 물론 사회주의 당-국가 체제와 맺어온 인격적 관계를 충분히 포착하지 못한다. 1980년대 이후의 구조조정으로 단위에 대한 제도적 의존은 수명이 다했지만, 정서적 의존은 더욱 강렬해졌다. 하둥에 자리 잡은 봉황공장(가칭)은 20여 년의 침체기를 겪다 2005년 말 끝내 정책성 부도를 선언했는데, 노동자들은 '사회주의' 당-국가와 대면하기 위해 '인민'의 유령을 불러내고, 당-국가가 한때 그들에게 부여했던 인민의 권리를 환기했다. 이때 인민의 권리란 자유주의적 계약보다 노동자들이 당-국가와 맺어온 온정적 유대에 더 가까웠다. 노동자들은 "인민" "인민을 위해 복무하라爲人民服務"같이 당-국가가 한때 이들을 호명하기 위해 사용했던 바로 그 언어들, 그리고 그에 깃든 정동을 불러냄으로써 보호와 인정을 얻고자 했다. 현장연구 내내 "당신들이 어떻게 당과 국가에 대한 우리의 희생을 무시하고 이렇게 우리를 배신할 수 있는가"라는 외침이 관공서, 골목, 시장에서 들끓었다. 미미한 실업급여와 연금을 향한 분노의 기저에는 상실감, 배신감, 그리움과 같은 정서적 의존의 언어들이 짙게 배어 있었다. 2007년 설날 전야에 명절 분위기가 너무 안 난다고 했더니 중년의 실직 노동자는 봉황공장의 옛 시절을 회상했다.

여기 불꽃놀이는 정말 끝내줬지. 설이면 봉황공장에서 폭죽과 불꽃을 구입하는 데만 10만 위안 이상을 썼어. 부근 다른 국영기업들보다도 지출이 많았지. 봉황 문화궁(문화회관) 근처에서 얼마나 많이 터뜨렸는지 몰라. 아이들이 어찌나 신나게 기다렸는데. 이제 다 끝났지. 불꽃도 터질 땐 멋지지만 얼른 사라지잖아.

봉황도 그렇게 사라진 거지.

'가족'은 정서적 의존을 표현하는 대표적 수사여서, 대다수 실직
노동자는 자신을 "엄마 없는 아이沒有娘的孩子"에 비유했다. 공장의 한
전직 간부가 수집해놓은 봉황공장 사보에는 단위를 '진정한 부모'에
비유하는 노동자들의 수기가 빼곡했다. 1990년 3월 한 은퇴자는
감사의 편지를 실었다. "설립 이래 우리 공장은 가장 힘든 시련을
맞고 있습니다. 그럼에도 3만 은퇴자를 위한 연금을 일순위로 생각
해주셔서 진심으로 감사합니다. 누군가는 당연하다 할지 모르지만
절대 그렇지 않습니다. 하얼빈의 하고많은 단위에서 직공들한테 월
급도 지급하지 못하는 상황인데 어찌 당연하겠습니까?" 구조조정
이후의 삶을 감내하기 힘들었던 실직자, 물가에 턱없이 못 미치는
연금으로 허덕이던 은퇴자들은 내가 조사를 하던 2007년에도 마
오 시절에 대한 그리움을 내비쳤다. "당시에 '인민을 위해 복무하라'
는 절대 빈말이 아니었어. 우리 집이 나를 포함해 자식이 여덟이라
'특별히 곤란한 가정特困戶'이라고 공장에서 많이 챙겼어. 간부들이
노동자를 진심으로 돌봤지."

사실을 알린다기보다 새로 마주한 현실에 대한 비판의 성격이
짙은 노스탤지어는, 불행히도 고도성장에 취한 나라에서 별로 먹
히지 않았다. 사회주의 계획경제 시기에 당연하게 여겨졌던 제도
적·정서적 의존은 오히려 시장경제 도입 이후 전 사회적 문제로 공
론화되기 시작했다. 사회주의 공업기지 둥베이지방과 노동계급의

운영을 멈춘 지 오래인 봉황공장 문화궁 앞에서 춘련(설맞이 장식)을 사고파는 사람들.
2007년 2월 16일 촬영.

몰락이 동시에 진행되면서, "무식하고 새로운 것을 배우려 하지 않는" 둥베이인과 "독립할 생각을 않고 국가에 의존하려고만 하는" 노동자에 대한 비판이 동시에 제기됐다. 어떤 학자들은 서구의 빈곤 이론을 받아들이는 과정에서 접한 의존성dependency을 계획경제의 역사 속에서 재발견했다. "둥베이의 비옥한 자원"이나 종신고용을 의미하는 국유기업의 철밥통 시스템이 노동자들의 의존성을 배양한 문화적 토양으로 거론됐다.(尹海潔 2006) 한때 인민의 대표 집단으로 호명되던 노동자, 농민들은 중국의 발전을 지체시키는 병목이자, '소질素質'이 낮은 문제 집단으로 등장했다.(Yan 2003; Greenhalgh and Winkler 2005; Kipnis 2006)

노동자들한테는 억울한 일이었다. 한때 너무나 당연했던 단위 체제에 대한 의존이 '의존적인 품행'으로 낙인의 대상이 되었는데, 정작 '자립'을 증명할 만한 일자리는 별로 없었다. 세계의 공장 중국은 글로벌 정치경제 위기의 예외로 곧잘 언급되지만, 문화대혁명 등 일련의 정치적 소용돌이 속에서 교육 기회를 얻지 못한 저학력·저숙련 중년층은 새로운 중국이 필요로 하는 인적 자본으로서 가치를 인정받지 못했다.

하지만 더 주목할 것은, 물질적·담론적으로 고립된 노동자들조차 이러한 비판에 휘둘렸다는 점이다. "중국이 성장하려면 우리 세대가 빨리 사라져야 한다"라는 자조적 목소리가 슬럼화된 공장지대에서 수시로 새어 나왔다. 국가의 부강에 반비례하는 개인적 추락의 경험은 국가의 운명과 개인의 운명을 단단히 묶는 게 곧 삶의

섣달그믐의 하둥 주거지 풍경. 2007년 2월 16일 촬영.

윤리였던 노동자들의 생활 세계를 복잡하게 만들었다. 이들은 과거의 마오주의와 현재의 시장경제 양자에 모두 감정 이입했다. '자부심과 명예의 원천으로서 인민'에 대한 노스탤지어가 '단순하고 무식한 인민'에 대한 자기회의와 병존했다. '우리 노동자'들이 사회주의국가를 건설하는 데 기여했다는 외침이 '우리 노동자'들이 중국의 발전을 가로막았다는 자기비하와 나란히 등장했다.

이러한 이율배반을 이해하려면 의존의 계보를 단위 체제에 대한 제도적·정서적 의존을 넘어 국민국가 건설이라는 역사의 너른 지평에서 살펴야 한다. 개혁개방 이후 부정적 낙인으로서의 의존성 논의가 급속히 확산되고 사회적 공감을 얻은 것은, 단순히 자기계발적 기업가 주체를 장려하는 신자유주의 통치성 때문은 아니다. 혁명에서 사회주의국가 건설까지, 중국이 대외적으로 고립됐던 시기에 줄곧 강조되어온 '자력갱생自力更生' 이데올로기는 '의존 대 자립'의 이분법을 집단 심성으로 고착시켰다. 중일전쟁 당시 공산당이 국민당의 봉쇄정책으로 산간닝陝甘寧 변구에 고립되었을 때도, 대장정의 마지막 도착지인 옌안에서 식량 부족에 시달리다 난니완南泥灣으로 진지를 옮겨 황무지를 개척했을 때도, 자력갱생은 주권 수호를 위한 절박한 구호로 반복되었다. "우리는 자력갱생에 전력을 다할 것이다. 국외의 원조를 희망하나 그것에만 의존할 순 없다. 우리는 자신의 노력에, 우리 군대와 전 인민의 창조적 힘에 의지한다." 1945년 1월 마오쩌둥의 연설이다. 1950년대 말 중소분쟁 이후 소련 기술자들이 갑자기 철수했을 때도, 21세기에 화웨이가 미국 정부의 제재로 위기를 맞았을 때도 자력갱생이 울려 퍼졌다. 화웨이는 미국 기술이 들어간 상품을 배제하는 자급자족 프로젝트를 '난니완南泥灣'으로 명명했다. 자력갱생이 외세에 맞선 국민국가의 갱생更生 프로젝트로 영원성을 획득한 것이다.

노동이 인민의 규범적 가치로 자리 잡은 역사도 반추할 대목이다. 신중국 성립 이후 중국공산당은 노동에 대한 애호愛勞動를 '신사회주의적 인간'의 주요 특징으로 강조했다. "사회주의적 인간은 노동을 사랑한다. 공산주의자는 이데올로기적 가치이자 생산에 대한 기여인 노동을 칭송한다. 공산주의자는 노동계급의 전위부대이고, 노동은 노동계급의 상징이다. 프롤레타리아 사회는 모두가 노동에 참여하는 사회다. 육체노동과 정신노동의 구분도 없다."(Chen 1969: 92) "노동하지 않는 자 먹지도 말라"라는 말은 기원을 따지기도 어려울 만큼 역사에서 되풀이됐지만, 전통 중국에서 하층 신분만 육체노동을 감당했다는 점을 떠올리자면 노동의 신성한 지위는 당-국가의 상당한 세공을 거친 결과라 하겠다. '노동인민' '노동군중' '공농(노동자·농민)군중' 같은 표현이 집회나 일터에서 널리 쓰였고, 「노동은 가장 영광스럽다勞動最光榮」 같은 노래는 지금도 흥얼거리는 사람이 제법 많다. 임금이 야박하던 시절에 각 단위에서는 생산성을 끌어올리기 위해 노동시합勞動競賽을 수시로 개최했다. 인센티브는 '부르주아적'이라 컵이나 수건 정도가 포상으로 주어졌지만, '노동 영웅' 칭호는 노동자들에게 상당한 명예이자 간부로 승진할 기회이기도 했다. 1950년대 초부터 당-국가는 '오애五愛'의 대상—조국, 인민, 노동, 과학, 공공재산—을 아동 교육 목록에 포함했다. '오애'의 구성은 시기마다 바뀌었어도 노동은 제외된 적이 없다. 노동이 생산을 위한 수단일 뿐 아니라, 사회주의 건설의 자격을 갖춘 "가치 있는" 인민으로 거듭나기 위한 "페다고지적 도구"가 된 것이다.(Rofel 1999: 17)

자력갱생 이데올로기든, 노동에 대한 찬양이든 '그때 그 시절'의 회고담으로 끝나지 않았다. 대중의 몸에 들러붙고 말로 옮겨 다니고 익숙한 감각으로 자리잡히면서 실직 노동자의 의존을 성토하는 '비난 테크놀로지'(Sanscartier 2017)로 작동했다. 하루는 최저생활보장제도(디바오) 심사에서 탈락한 50대 퇴직자가 지역 주민위원회 사무실 문을 박차고 들어왔다. "아니 내가 떨어졌는데 젊은 놈들이 디바오를 받아먹는 게 말이 돼? 노동에 따른 분배도 몰라? 노동능력 있는 놈들이 일자리 찾을 생각은 안 하고 국가 돈을 빨아먹는 게 말이 되냐고." 공산주의의 '필요에 따른 분배按需分配' 원칙 대신 현실 사회주의 중국이 선택한 것은 '노동에 따른 분배按勞分配'였고, 대중은 이를 "노동하지 않는 자 먹지도 말라"라는 구호와 동의어처럼 사용했다. 디바오 수급자 선정에 불만이 많은 주민도, 짜디짠 예산에 맞춰 까다로운 심사를 해야 하는 담당 간부도, 모두 노동에서 구실을 찾고, 피난처를 도모했다. 최저생활보장제도가 인구학적 연령 제한을 두지 않았는데도 노동 연령대의 청장년층이 수혜 대상에서 대부분 사라진 배경이다.(Cho 2010) 인민에서 빈민이 된 사회주의 노동자들의 분노를 다스리기 위해 도입된 이 제도는, 시행

20여 년 만에 (한국의 기초법처럼) 노동능력을 절대 척도로 삼는 정책으로 후퇴했다.(Solinger 2017)

자활―폭력과 상호의존 사이

단위 체제는 분명 중국 사회주의의 유산이지만, 20세기 중반의 역사에서는 한국의 풍경과 서로 포개지는 순간도 의외로 많다. 국가 주도적 근대화 프로젝트는 정치적 이념과 상관없이 공통적이었다. 북한에서도, 타이완에서도 예외가 아니었다. 식민과 전쟁을 거치면서 국가 재정과 인프라가 부족한 상황에서 '민民'을 애국과 개발의 주체로 호명하고, 새마을운동처럼 자립 의식과 노동 의지를 고양하는 다양한 캠페인이 펼쳐졌다.

도시는 개인이 각자 생산성을 높이기 위해 분투하고, 결혼-출산-양육을 통해 노동력을 원활히 공급하고, 개인의 행복과 국가의 부강이 일체화되는 '대중유토피아'(벅모스 2008)의 공간이었다. 도시 질서를 위협하는 '자격 없는' 국민·인민에 대한 통제 역시 한국과 중국에서 비슷하게 등장했다. '사회적' 빈곤은 "유기적 사회질서 구성을 위한 기술들을 고안해내기 위한 개발구역으로, 이 새로운 사회질서는 지금까지 특정한 형태 없이 존재해온 사회적 삶의 영역들을 관리 아래 두는 것"을 목표로 한다.(프로카치 2014: 245-246) 정부는 부랑인이나 소매치기, 성매매 여성을 사회문제로 보고, 이들의 문제를 습속 탓으로 돌리면서 대대적인 지도와 통제에 나섰다. 이들을 시설(한국)이나 수용소(중국)에 감금한 채 의식 개조와 노역을 강제하거나, 정착 이주 사업을 통해 국토를 개척할 임무를 맡겼다.(김아람 2021; 박해남 2021; 추지현 2021; 디쾨터 2016) 군사정권 시기 도시하층민을 부랑인이란 이름으로 마구잡이로 잡아들여 갖은 학대와 노역을 일삼은 일명 부산 '형제복지원 사건'은 1987년에야 공론화되면서 피해 생존자들의 진실 규명 노력이 계속되고 있다.* 박정희 정권이 '사회명랑화사업'의 일환으로 대한청소년개척단을 조직하고, 이들의 강제노역, 강제 집단 결혼, 성폭행 등 인권 유린을 방조한 역사는 최근에야 '서산개척단 사건'으로 알려지며 진상 규명이 시작되었다. 서산개척단의 공식 명칭은 '서산자활정착사업'이었고, 형제복지원은 자활의 기치 아래 모범 표창을 휩쓸며 운영되었다. 역설적이게도, "자활이 없는 노역"이 정부의 보조금과 민간 복지시설의 수익사업을 결합한 '자활사업'을 가능케 했고, 이러한 구조적 폭력이 수용자들의 '자활'을 불가능하게 하는 악순환이 반복되었다.(소준철 2021: 193) 의존할 대상을 곁에 두지 못한 사람들이 도시 밖으로 멀리 쫓겨나거나 안에 감금된 채 '의존'의 혐의를

---

* 최종숙(2021)은 형제복지원 사건이 '민주화의 해'인 1987년에 발생했는데도 민주화운동 진영의 관심을 얻지 못한 이유가 무엇인지, 2012년 형제복지원 진상규명운동이 시작되기까지 25년 동안이나 이 사건이 주변화되었던 이유는 무엇인지 단도직입적으로 묻는다. '부랑인' 통치의 역사에 있어서는 군사정권의 치안 권력(정수남 2015, 2018)뿐 아니라 지식인, 시민사회, 대중의 방관과 공모도 고려하지 않을 수 없다.(조문영 2022b)

받고 '자활'을 강요받았던 셈이다.

가난한 사람들을 노예로 만든 '인신매매 국가'(김재형 2021)에서 자활은 이처럼 죽음에 더 가까운 형상으로 드러났지만, 이것이 발전국가 시기 한국 내 자활의 유일한 풍경은 아니다. 날것의 폭력을 용케 피한 사람들은 대부분 도시의 무허가 판자촌에 모여 살았는데, 이들 사이의 상호의존을 도모했던 빈민운동의 역사는 또 다른 자활의 모습을 보여준다. 1970년대 본격적인 도시화, 산업화 과정에서 마포 와우시민아파트 붕괴, 광주대단지 사건 같은 대형 참사가 잇따라 발생하면서, 1971년 9월 도시 빈민 문제에 적극적으로 대응하기 위해 수도권도시선교위원회가 발족했다. 연세대학교 부설 도시문제연구소에서 미국의 사회운동가인 솔 앨린스키의 주민조직화 방법론을 배운 뒤 현장에 파견된 훈련생들을 필두로, 수많은 성직자, 대학생, 가난한 사람이 강제 철거에 맞서고, 일상적인 주민조직운동을 벌이며 함께 생존을 도모했다.

1장에서 소개한 서울 관악구 난곡은 1970-1990년대 주민운동이 가장 활발했던 지역 중 한 곳이다.[3] 전 민주노동당 대표 김혜경은 수도권도시선교위원회에서 주민조직 훈련을 받고, 창신동과 청계천을 거쳐 1973년 난곡에 왔다. 대부분 가내부업에 종사하던 동네 젊은 엄마들에게 국수라도 삶아 먹는 친목계를 하자고 제안해 '국수 모임'을 만들고, 지역에서 일어나는 일상적인 문제들을 함께 논의하고 해결하기 시작했다. 외진 언덕배기에 살기 때문에 겪는 주변 시장의 폭리에서 벗어나기 위해, 돈을 모아다가 도매시장에 직접 나가서 생필품을 구매했다. 요샛말로 하면 '소비자운동'이자 '공동구매사업'이다. 운동화 공장에서 사고로 반신불수 지경이 된 동네 아줌마의 실상을 따지기 위해 "국수 클럽 엄마들이 애기를 한 명씩 들쳐 업고" 기자를 만나러 간 것이 결국 직업병으로 공식 인정을 받아 방송을 타기도 했다.

오늘날 한국의 주민운동과 의료협동조합 역사에서 널리 회자되는 '난곡희망의료협동조합'(이하 '난협')은 생활 주변의 자잘한 문제를 주민들이 함께 해결하는 과정에서 등장했다. 국수 모임을 함께 했던 한 여성이 술 취한 남편의 폭력 때문에 아기를 유산하게 됐는데 입원비를 마련할 길이 없었다. 2000년 인터뷰 당시 김혜경은 자신과 국수 모임 엄마들이 성당 신부, 동네 통장, 반장에게까지 연락해 간신히 모금했던 기억을 떠올렸다.

이 사건을 통해서 어머니들이 느낀 게 진짜 가난한 사람들은 병에 걸리면 죽어야지 별수 없구나. 정말 없는 사람들은 건강이 밑천인데…… [난곡에] 다니다 보니까 매일 장례차가 나가. 어떻게 된 거냐 물어보니까 거의 못 먹고 영양실조에다 폐결핵을 많이들 앓고 있는데 사람들이 너무 쉬쉬한대는 거야. 의료 문제가 참 심각하긴 심각하다, 보건소가 있긴 있다는데 어디 있는지도 모르고 폐결핵 같은 거는 보건소에서 진료도 하고 정기적으로 약도 주는데 사람들이 모르는 거야.

천주교 신자인 김혜경의 주선으로 1974년 9월부터 서울대학교 의과대학 가톨릭 학생회가 난곡에서 진료를 시작했다. '서울대 교수가 진료한다는 소문에 바깥에 여유 있는 사람들까지 모여들자, 김혜경과 난곡 주민들은 협동조합 방식을 모색하고, 1976년 3월에 난협 창립총회를 열었다. 참여했던 주민들이 지금까지 강조하는 것은 "처음부터 공짜는 없는" 것으로 시작했다는 점이다. "뜬금없이 와서 소화제를 쫙 뿌리고 가는" 적십자사의 무료 봉사에 대한 주민들의 불신도 컸지만, 무엇보다 국수 모임을 통해 자신들이 함께 문제를 해결해온 경험이 외부 지원에 대한 문제의식을 촉발했다. 무료 지원을 받기만 하는 주민들은 불평등한 호혜 관계에 편입되지만, 이들이 외부 자원을 매개로 스스로 조직을 만들어 지원 방식을 직접 결정한다면 관계는 달라진다. 김혜경은 이를 "자립"이라 불렀고, 난협이라는 "주민 공동체"를 가능케 한 힘이라고 말했다.

우리 스스로 그래왔기 때문에 가난하지만 우린 항상 자립을 원한다, 우린 그만한 능력이 있고, 능력을 키울 것이다. 그래 와서 당신네들은 무료로 봉사해라, 그러나 주민들은 참여하는 의미에서 100원씩 내겠다, 진료 팀에서 약을 줄 때 받아라, 대신 장부를 따로 마련해서 그 돈이 모이면 연말에 가서 정산을 해달라, 그리고 주민 공동체를 만들 수 있도록 해달라……

난협은 세대별 가입을 원칙으로 월 회비 100원에 진료비 200원

1983년 5월 난곡희망의료협동조합 정기총회. ⓒ 김혜경

을 받았다. 회원은 월수입 3만 원 이하에 다섯 식구 이상인 가정 중 장기 치료 환자가 있는 세대를 우선시했다. 주민들이 지역을 열 개 반으로 나누어 정기적으로 회의를 열고, 조합원이 되기를 희망하는 사람들은 난협 임원들이 직접 현장을 방문한 다음 가입 여부를 결정했다. 당시 참여했던 주민들은 118세대로 시작된 난협이 한 달이 지나 처음 총회를 열었을 때 1만1800원이 완납되었던 사실을 흐뭇하게 기억한다. 가입자 수는 10년 만에 2200세대로 늘었다. 조합을 직접 관리하고, 난생처음 임원이라는 감투를 써보고, 모인 회비로 죽어가는 이웃을 살렸던 당시의 활동은 엄마들에겐 '신나는' 일이었다. 난곡에서 소금 장사를 하다 난협 회장도 맡게 된 한 주민은 "투표해서 선출하니 하나도 잇속 없는 일을 다 한 거"라며 겸연쩍어했지만, 단합대회로 우이동 가면 차가 일곱 대나 된 적도 있었다며 자랑스럽게 말했다. 조씨(가명)는 1960년대 말 용산 철거로 난곡에 온 이래 오랫동안 부녀회장을 지내며 난협 일을 도맡았다. 외부 철거 현장을 방문하거나 빈민 여성 교육을 받은 구체적인 경험은 기억에서 사라졌고, 이를 '조직화' '의식화' 같은 명료한 언어로 체화한 적도 없지만, 그는 난협이 "살맛 나는" "가슴 뿌듯한" 일이었다며 빛바랜 풍경을 되짚었다.

조씨   가장 기억에 남는 게 죽는 사람 많이 살린 거지. 돈 없어
        서 죽게 된 사람 병원 가서 살려준 거, 가을에 김장 못하
        는 사람 김장해서 나눠주고 월세 보증금 없어 거리에 나

앉아 울고 있는 사람 내가 주인한테 사정해서 들여놓고. 그런 사람들이 이번에 임대아파트 들어가고 성공했을 때가 정말 보람되지.

나 난협을 하면서 바깥으로 교육도 받으러 가고 철거하는 데도 가고 그러셨다면서요?

조씨 응. 그때 당시 신천리라고 그런 데 가서 우리는 이런 거 한다, 니넨 뭐하냐 얘기하고 그 사람들 놀러도 오고 재밌었어. 그때 당시는 엄마들 마땅히 일자리가 없었으니까 김혜경이 모이라 하면 쫙— 모이고 재밌었지. 정말 우리가 그때 치료하러 온 학생들 졸업식도 가고, 망년회도 가고, 그러면서 서울대를 밥먹듯이 드나들었지. 단합대회 가는데 닭집에서 닭을 90마리나 잡아가고⋯⋯.

"없는 사람끼리 모여, 없는 사람 힘으로 살아나갔던" 난협 조합원들의 기억은 빈곤층 지역에서 다양한 공동체를 만들었던 대부분의 기억이기도 하다. 외부에서 온 활동가들은 주민들과 삶의 감각과 취향을 온전히 교감하진 못했을지언정, 지식인이 "제각기 자기 언어로 민중을 포로로 만들어 자기의 꼭두각시로 만들 위험"(허병섭 2009: 19)을 현장에서 가장 예민하게 포착하는 사람들이었다. 국가가 기본적인 생활 인프라나 최소한의 사회 서비스도 제공하지 못했던 시절 빈민 지역에 자리 잡은 야학, 탁아소, 공부방, 도서실, 진료소는 주민운동의 일상적 거점이 되었다. 폭력적인 재개발에 맞선 철거 반대 투쟁이 공동체의 구심을 확보하고, 연대의 밀도를 높이는 계기가 됐다. 1980~1990년대 빈민 지역 곳곳에서 등장한 생산공동체운동은 이런 흐름의 합류점이었다. 일상의 교류와 연대, 투쟁을 함께해온 사람들이 "가장 일차적인 문제"인 "먹고사는 문제"를 해결하지 않고는 조직이 지속성을 가질 수 없다고 판단한 것이다. 국내에 소개된 스페인의 몬드라곤 협동조합도 참조 대상이었다. 그렇게 1990년 서울 하월곡동 '건축일꾼두레'와 월곡동 여성생산공동체, 1993년 인천 송림동 '사랑방두레공동체', 1993년 서울 상계동 봉제노동자 협동조합 '실과 바늘', 1994년 서울 봉천동 '나섬건설' 등 다양한 생산협동조합이 출현했다.(최인기 2012: 112~113; 빈민지역운동사 발간위원회 2017: 283~284)

이러한 빈민운동의 역사에서 '자립' 또는 '자활'은 알아서 살아남기를 강요당했던 시대에 가난한 사람들이 의존의 그물망을 함께 새로 짜는 실천이었다. 재산, 소득, 인맥, 학력, 기술 등 의존할 만한 자원이 턱없이 부족하고 부실한 사람들이 나눔을 통해, 외부자원과의 연결을 통해 상호의존의 지평을 넓히는 과정이었다. 자금과 경험이 부족하고, 공동체에 대한 이해와 지향도 달랐던 까닭에 대부분 오래 버티지 못하고 사업을 접었지만, 참여자들은 협동의 즐거움, 노동에 대한 자부심, 숙명처럼 여겼던 가난을 함께 헤쳐나간 보람을 기억했다.(빈민지역운동사 발간위원회 2017)

자활—복지 수급과의 접속

이러한 역사를 돌아볼 때, 빈민운동의 생산공동체운동을 모델로 하여 정부가 시행했다는 자활사업이 오늘날 참여자들 사이에서 '수치' '우울' '전망 없음' 등 부정적 평가를 뒤집어쓰고 있는 점은 상당히 역설적이다.(김윤영 외 2018) 개발독재 시기에 미흡했던 국가 복지를 확충할 과제를 안고 있던 문민정부는 1996년부터 저소득층에 대한 일자리 지원 정책으로서 자활지원센터 시범사업을 실시했다. 1999년 이후 정부는 시범사업을 민관거버넌스 형태의 '자활후견기관'으로 상설화하고, 2007년부터 '지역자활센터'(이하 자활센터)로 명칭을 변경했다. 사업이 전국적으로 확대된 후 사회복지관도 자활센터를 대거 위탁받았으나, 초기에는 빈민·실업 운동을 주도해온 사회운동 단체들이 자활센터 상당수를 운영했다. 자본 부족에 허덕이며 활동가의 헌신과 열정에 기대왔던 생산공동체 조직가들에게 정부 지원은 "권위주의 시절을 버텨온 데 대한 '장학금'"으로 여겨지기도 했다.(김수영 2013: 266) 1990년대 중반부터 빈민운동 진영의 새로운 화두로 '사회복지'를 제안하고, 국민기초생활 보장법 제정운동에도 참여한 송경용 봉천동 나눔의 집 대표가 2000년 한국지역자활센터협회 초대 회장을 맡았다. 지금도 이 협회 홈페이지를 들여다보면 지난 빈민·주민 운동의 흔적을 어렵지 않게 발견할 수 있다. 협회는 "자율과 노동, 나눔과 협동, 소통과 연대"를 핵심 가치로 하고, "주민 주체의 원칙, 건강한 일자리 구현의 원칙, 민주적 운영의 원칙, 교육·훈련의 원칙, 협동사회경제 실현의 원칙"을 운영 방침으로 삼고 있다. 무엇보다 민중운동에 헌신했던 판화가 이철수가 제작한 협회 로고가 인상적이다. 집 모양으로도, 어깨동무로도 볼 수 있는 로고는 "주민과 실무자가 지역자활센터를 통해 하나가" 되는 "지역자활센터 간의 연대"를 상징한다.[4]

빈민운동이 밑돌이 되어 성장했다는 자활사업이 빈곤의 낙인화를 조장한다는 비판을 받게 된 것은, 2000년 국민기초생활법 시행 이후 사업이 수급과 제도적으로 결합하고, 관료-기계에 편입된 배경 탓이 크다. 수급자의 '복지 의존성'을 문제 삼고 노동력의 재상품화를 지향하는 영미의 근로연계복지workfare가 기초법에 적극적으로 반영되면서, 노동능력이 있다고 판단되는 빈곤층은 자활사업 참여를 조건으로 수급권을 보장받았다.* 2020년 기준으로 전국 250곳의 지역자활센터가 정부, 지자체와 협력하여 사례 관리, 교육, 자활 근로사업, 자활기업, 자산형성지원사업 등을 지원하고 있다.

사회복지학자 김수영은 지역자활센터가 제도화되면서 펼쳐진 동상이몽의 풍경을 실무자들의 인터뷰를 통해 보여준다. 빈민운동 진영에 자활센터란 사회운동의 새로운 거점이었으나, 정부의 시선에서는 "빈민의 자립을 유도하는 새로운 복지시설"이었다.(김수영

---

* 현재 자활센터협회는 "지역자활센터는 수급자 및 차상위자에 대한 효과적인 자활 지원과 지역자활센터의 발전을 공동으로 도모하기 위하여 지역자활센터협회를 설립할 수 있다"라는 기초법 16조를 근거 법령으로 삼고 있다.

2013: 267) 운영의 헤게모니를 놓고 "'전통적 자발성'을 지닌 사회운동 진영과 '제도적 전문성'을 지닌 사회복지 진영" 사이의 골은 깊어졌고, 정부는 사회복지사 자격증을 전문성의 근거로 인정하면서 사회운동가들을 자연스럽게 "비전문가"로 내몰았다.(2013: 267, 275) 더욱이 복지와 노동을 인위적으로 결합한 자활사업은 시행 과정에서 딜레마를 낳을 수밖에 없다.(김수영 2012) 수급자들이 창업하는 자활기업은 지역 복지와 공공성, 연대성을 추구하면서 동시에 수익성을 실현할 수 있는가? 실무자는 사회복지 종사자인가, 사업경영자인가? "복지와 시장이 융합된 자활사업과 같은 혼종적 영역을 관할할 최종적 합리성"(2012: 225)이란 무엇인가? 투입 예산에 비해 참여자들의 탈脫수급율과 자활 성공율이 저조하다는 정부와, 수급자들의 가난은 복합적이어서 곧바로 자활에 성공하기는 어렵다는 자활센터 간의 의견 충돌이 반복됐다.[5]

이러한 혼란과 딜레마는 결국 가난한 수급자의 사회적 고통을 악화시킨다. 과거의 생산공동체운동이나 다양한 협동조합에서와 달리, 자활사업 참여자는 처음부터 자기결정권을 박탈당한 채 호명된다. 병원 진단서, 진료기록부 사본, 소견서를 통한 의학적 평가와 국민연금공단의 활동 능력 평가를 거쳐 '조건부 수급자'로 범주화되면, 그에게 남은 선택의 자유란 수급을 유지하기 위해 이 범주에 요구되는 기능을 수행할지, 수급을 포기할지 둘 중 하나뿐이다. 전자를 선택하면 세부적인 범주화가 그를 기다린다. 취업이 가능하다는 판정을 받으면 고용노동부 취업 성공 패키지에 우선 참여해야 하며, '역량 평가'를 통해 근로 능력 미약자로 판정을 받으면 지역자활센터에 배치된다. 후자를 택하면, 게이트 웨이Gate Way라는 사례 관리 프로그램을 거쳐 '시장진입형' '사회서비스형' '근로유지형' '인턴형' 중 하나의 일자리에 배치된다. 각각의 일자리는 간병, 집수리, 청소, 재활용 등 특정 사업에 한정되어 있고, 참여자들이 시장 취업이라는 '이상적인' 경로를 선택하지 않을 수 없게끔 급여와 참여 기간에 제한을 둔다. 한국도시연구소와 반빈곤운동 단체가 공동 수행한 자활사업 참여자 인터뷰는 가난한 사람들이 자활을 함께 도모하기보다 강요당하는 처지에 놓인 상황을 고스란히 보여준다.(김윤영 외 2018) 대부분 만성질환이 있으며 실패를 거듭해 온 참여자들은 이해할 수 없는 근로 능력 평가, 낮은 급여, 제한된 기간, 강요된 일자리에 대한 불평과 무력감을 내비쳤다. 수급이 유지될 수 있다는 안정감, '남들 출근할 때 같이 출근한다'는 소속감 정도가 자활사업에 대한 긍정적 평가였다. 정수남(2019)이 2017년 서울시 노원구의 지역자활센터 소속 기초생활수급자들과 진행한 인터뷰 내용도 대동소이하다. 인터뷰 참여자 대부분한테 자활사업은 "자립이 아니라 '숙명적' 의존 상태"(223)로 여겨지며 자립 가능성의 소실을 재확인하는 계기가 되었다. "빈민이 단지 '가난한' 사람이라면 수급자는 '능력이 없는' 사람을 의미하기 때문이다."(202)

2000년대 초반 난곡에서 현장연구를 할 때 나는 정치적인 저항운동으로서 주민조직화라는 화두가 점점 자활이라는 절대적 명제 앞에 힘을 잃어가고 있다고 분석한 바 있다.(조문영 2001: 165) 외환위기와 맞물려 지역에서 뿌리내린 운동이 복지라는 생경한 단어와 마주친 순간이었다. 가시화된 사회 위기에 대응해 정부, 기업, 복지 재단의 후원금이 쏟아지면서 활동가들은 '프로젝트'를 통해 주민을 만나기 시작했다. 프로젝트는 전문성을 요구했다. '운동'이라는 투박하고 추상적이고 정치적인 용어가 아닌, '복지'라는 세련되고 중립적이면서도 학술적인 계보를 따질 수 있는 스타일을 원했다. 관계도 달라졌다. 활동가-주민이라는 '동지적' 관계는 실무자와 클라이언트라는, 사실상 고용인-피고용인 관계로 전치되었다. 활동가가 생경한 언어와 양식에 따라 주민의 근로 의지와 의욕을 평가하는 상황에 직면하자 "이건 아니다" "뭔가 잘못되어가고 있다"라는 혼란과 불만이 터져 나왔다. 시작부터, 자활은 주민들에게 겹겹이 덧씌워진 가난의 상처를 치유하고 당당한 인간으로서 존립하기 위한 대안이라기보다, "놀고먹는" 사람들을 작업장으로 내몰기 위한 고육지책으로 등장했다.(2001: 166)

그로부터 20년이 지난 지금, 수급이라는 관료-기계의 분쇄와 추출 과정을 거친 이후의 공론장은 예전과 달라졌다. 지역자활센터 종사자들은 불안정한 일자리, 낮은 급여 같은 처우 문제나 기형적인 운영비 구조에 대해 정부에 항의하고, 위탁 기관의 존폐에 영향을 끼칠 평가 방식을 두고 불만을 쏟아낸다. 조건부 수급자 대다수는 '을'의 위치를 당연시하면서 자활사업이 실제 자활을 돕지 못한다는 점을 수세적으로 강조한다. 하지만 기준과 절차가 달라지면 자활이 가능할까? 스스로[自] 결정할 수 없는 상태에서 활력[活]이 생겨날까? 저항이 관료-기계의 양식에 단단히 포섭됐고, 이 양식을 벗어난 저항은 트집과 몽상으로 남았다. 그럼에도 2021년 12월 자활사업 25주년 기념식은 빈민운동이라는 뿌리를 다시 소환했다. "1996년 5월, 자활지원센터 5개소의 20여 명 활동가로 시작된 자활사업은 빈민 지역사회에서의 자발적 움직임에서 제도화를 거쳐 2021년 현재 전국 250개 지역자활센터 2600여 명의 종사자가 약 4만5000명 주민과 함께하는 조직으로 성장하고 지역사회의 사회안전망으로서의 역할을 수행하고 있다."[6]

2020년 가을에 한 광역자활센터의 초대로 지역자활센터 실무자들을 대상으로 강의를 한 적이 있다. 학생들과 함께 엮은 책 『우리는 가난을 어떻게 외면해왔는가』(2019)를 소개해달라는 요청이었다. 나는 시작부터 인지부조화에 빠져들었다. 이 책엔 인터뷰를 매개로 대학생-청년과 반빈곤 활동가가 마주치는 과정이 담겼다.(8장 참고) 홈리스, 철거민, 복지 수급자, 장애인, 노점상과 연대해온 활동가들이 이들한테 자립과 의존 중 택일을 강요하는 정부 시스템을 비판하는 내용이 빼곡했다. 그런데 강의실에서 만난 실무자들은 원하든 원하지 않든 이 시스템 내부에서 자립-의존의 이분법에 기반해 자활 관련 상담, 실무, 평가를 수행해야 하는 사회복지사들이었다. 광역센터는 이들한테 내 책을 한 권씩 제공하면서 "지역자활센터에서 참여 주민(대상자)을 어떻게 지원하는 것이 맞는가"를 생각해보기를 권유했다.

강의실 분위기는 어수선했다. 1, 2교시로 나뉘어 있고 참석 여부를 점검하는 것을 보니, 내 강의는 실무자들이 자기 의사와 상관없이 참여해야 하는 교육 프로그램의 일부인 듯했다. 한 시간 남짓 진행된 강의가 끝날 즈음에는 다행히 대화 분위기가 무르익었는데, 질의응답보다 자활사업에 대한 하소연과 한풀이가 더 많았다. "다 맞는 말씀인데…… 자활사업에 참여하는 분들 대부분 질병을 오래 앓았고, 알코올의존증도 많아요. 근데 이런 분들 데리고 정부에서는 창업하고 탈수급하라 하니 우리만 죽어나죠." 실행 불가능한 시스템을 만들어놓고 수급자의 탈빈곤을 강요한다는 비판이 이어졌다. 『우리는 가난을 어떻게 외면해왔는가』에서 나는 자립이 그 다면성 때문에 도처에서 오해와 모순을 낳고 있다고 쓴 바 있다. 그것이 "보수·진보를 막론하고 (임금)노동을 신화화한 한국 사회에서 정부가 여전히 지원의 명분으로 삼는 정당성의 언어이자, 개인들에게 자발적 책무를 부과하는 통치 전략이며, 가난한 사람들이 삶의 주인이 되는 세상을 바라는 활동가들의 바람의 언어이기 때문이다".(조문영 2019a: 12) 강의실에서 내가 만난 자활사업 종사자들은 이 세 종류의 자립을 때로는 교차시켰고, 때로는 그 언저리에서 배회했다. 수급이라는 관료-기계를 매끄럽게 작동시켜야 할 임무, 그리고 나 같은 외부인이 불쑥 던지는 시스템 비판을 경청할 임무를 함께 떠안는 동시에 사회복지업계에서 근로조건이 가장 열악하다는 지역자활센터에서 불안정 노동자로 살아가면서 말이다.

3장 노동의 무게

'노동자' 다니엘 블레이크

영화 「나, 다니엘 블레이크」(2016)는 빈곤 논의에서 워낙 자주 등장하다 보니 교과서처럼 친숙하다. 진부하다는 얘기는 아니다. 볼 때마다 분노가 치민다. 앞의 두 장에서 다룬 수급이라는 관료-기계가 어떻게 가난한 사람들을 삶과 죽음 사이에서 외줄 타게 했는지를 낱낱이 보여준다. 심장병을 앓는 이가 질병 수당과 실업 수당을 받기 위해 수십 번을 참고 기다리고 헤매고 싸우는 과정이 두 시간 가까이 그려진다. 전화 연결은 언제나 '대기 중'이고, 컴퓨터는 접근을 차단하고, 관공서 상담원은 그의 의사를 꺾는 방식의 소통만 강요한다. 관객은 그 짧은 간접경험만으로 신경이 곤두서지만, 다니엘과 같은 운명의 수급자-시민한테는 오늘도 내일도 반복되는 일상이다. 그가 항고소송에서 이겨 마침내 질병 수당을 받기는커녕 재판 직전 식은땀을 흘리다 숨을 거두는 게 결말이라니, 가난 이야기에서 해피엔딩을 바란 내 순진함을 비웃을 수밖에 없다. 제2차 세계대전 끝자락에 베버리지 보고서로 "새로운 평등주의 복지국가의 꿈"(모인 2022: 97)을 품게 했던 영국에서 반세기 후에 제작된 극사실주의 영화라니.

그런데 한때 성실한 목수였으나 심장병으로 일을 그만둬야 했던 실업자로, 주치의가 '근로 부적격' 판정을 내렸음에도 정부로부터 구직을 강요당한 수급자로 다니엘을 기억하는 게 최선일까? 나도 영화를 처음 봤을 땐 그가 실업자이자 수급 신청자로서 겪는 억울함에 눈길이 갔다. 한참이 지나서야 '노동자' 다니엘이 보였다. 영화 내내 그는 꽤 바빴다. 수급을 신청하고 어이없는 취소 통보에 항의하는 일은 고된 노동의 반복이었다. 수급 상담을 기다리다 우연히 만난 케이티 가족을 돕는 일도 중요했다. 두 아이와 노숙인 쉼터에 머물다 낯선 도시로 이사 온 싱글맘에게 그는 먼저 손을 내밀었다. 이 가족만큼이나 위태로워 보이는 주택이 '집'이 될 수 있도록 수선을 시작했다. 변기를 수리하고, 창문에 에어캡을 바르고, 공구를 가져와 문을 고쳤다. 일자리를 찾는 케이티를 대신해 아이들을 돌보고, 목공 솜씨를 발휘해 멋진 모빌을 만들어줬다. 한 끼 해결도 버거운 이 가족을 푸드 뱅크까지 안내한 사람도 다니엘이었다. 배가 너무 고팠던 케이티가 진열대 위 통조림 캔을 따 허겁지겁 입안에 밀어 넣었을 때, "늪에 빠진 느낌"이라며 수치심에 주저앉아버렸을 때, 당신 잘못이 아니라고, 부끄러워할 일이 아니라고 단호하게 응수한 사람도 다니엘이었다.

이 모든 일이 노동과 무관하다고 여겨진다면 그것은 우리가 임금노동을 상식의 준거로 삼고, 경제 가치를 생산함으로써만 생계를 영위할 수 있다고 생각하기 때문이다. 이러한 상식은 오랜 비판을 받아왔다. 특히 1970년대 가사노동에 대한 임금 지급 운동을 전개하며 노동에 대한 정당한 대가를 요구한 페미니즘의 공로가 크다. 마리아로사 달라 코스타(2020)는 가사노동이 노동력을 재생산하고 자본 축적의 과정들을 가능케 했다는 점에서 사실상 자본주의적 생산의 전제 조건임을 역설했다. 자본주의의 회계 장부에 기입되지 않은 채 자본주의 생산을 구조적으로 뒷받침해온 돌봄노동은, 대부분 이를 당연한 규범으로 강요받는 여성들, 그리고 이를 '저렴한' 가격에라도(무어 2020) 외주화할 여건이 안 되는 가난한 사람들의 일로 남았다.

변화하는 자본주의에서 비물질적 노동immaterial labor이 갖는 중요성에 주목해온 연구자들이 볼 때 돌봄노동은 지극히 '생산적'이다. 안토니오 네그리와 마이클 하트는 오늘날의 자본주의적 생산이 점점 삶정치적biopolitical이 되고 있음을, 즉 "사회적 협력과 신체들·욕망들의 상호작용을 통한 정동과 언어의 생산, 자신과 타자에 대한 새로운 형태의 관계의 발명 등"(네그리·하트 2014: 103), 이른바 '공통적인 것'의 생산에 관여하고 있음을 강조한다. 소통과 협력, 정동적affective 네트워크를 바탕으로 한 비물질적 노동은 물질적 재화의 생산에서도 점점 더 중요한 위치를 차지하는 것은 물론, 새로운 주체성의 창조와 재생산을 이끌고 있다.(네그리·하트 2008, 2014) 이런 관점에서 네그리와 하트는 빈곤을 결핍이 아닌 가능성으로 바라본다. 우리 시대의 빈자는 경제 통계로 봤을 때 가진 게 없고, 사회학적으로 배제된 존재로 여겨지지만, 실제로는 "삶정치적 생산의 전 지구적인 리듬 속에" 완전히 들어와 있다는 것이다.(2014: 21) 고임금 소프트웨어 개발자도, 감정노동을 하는 콜센터 직원도 좋든 싫든 비물질적 생산에 참여한다. 영화에서 다니엘과 케이티 가족이 서로에게 제공하는 돌봄노동도, 오늘날 빈자들의 삶에서 너무나 요원한 것이 되어버린 사회적 관계와 친밀성이 어떻게 새롭게 조직되고 생산되는가를 보여준다.*

하지만 임금노동 너머 '노동'의 목록을 늘리기 위해 '생산'의 지평을 확장하는 게 최선일까? 오랫동안 아프리카를 연구해온 인류학자 제임스 퍼거슨은 보통 사람들이 '생산적'이 됨으로써 생계를 영위한다는 가정은 도시 빈민의 삶에서 설득력을 잃은 지 오래라고 주장한다. 전 지구적 노동 분업 체제에서 어떤 종류의 비교 우위도 갖지 못한 사람들은 '농민' '노동자' 같은 익숙한 범주에 더 이상 편입되지 않은 채, "분배의 결과물을 찾아내고 확보하려는 끊임없는 과정에 의존"하며 살아간다.(퍼거슨 2017: 183) 퍼거슨은 이러한 생존 전략을 '분배노동'으로 명명하면서 노동 개념과 생산과정 사이의 교조적 연결을 해체할 것을 제안한다. 구걸이나 절도도, 친척한테 도움을 청하거나 정부에 수당을 신청하는 일도 모두 분배노

* 그러나 이들의 돌봄 방식에 깃든 심오한 물질성을 보이지 않게 한다는 점에서 '물질노동'과 '비물질노동'의 구분은 별로 유용하지 않다.

동이 될 수 있다. 수급 절차를 밟아가던 다니엘이 모멸감을 견디기 힘들어했듯, 어떤 분배를 요구할 수 있는 위치를 획득하는 일엔 상당한 인내와 감정적 노고가 따른다. 빈자에게는 특히 더 고된 노동이다.

일과 노동의 외연을 확대하는 움직임이 이렇듯 다양하지만, 영화를 보면서 '노동자' 다니엘을 떠올리기란 여전히 어려운 일이다. 자본주의의 불안정성이 심화되고, 금융의 일상화로 투자가 주업이 된 사람들이 허다하고, 기술이 인간 노동을 대체하는 속도가 빨라지면서 임금노동의 비중은 계속 줄고 있지만, 빈곤 통치에서 임금노동이 갖는 위상은 여전히 견고하다. 노동이라는 기준이야말로 근대 빈곤 통치의 기본적인 작동 원리이기 때문이다. 강제노역에서 근로연계복지에 이르기까지, 빈곤 통치의 역사는 인간에게 노동을 강제하기 위한 일련의 지식과 제도를 구축해온 과정이다. 여기엔 멀쩡한 노동자라면 수급을 신청할 이유가 없다는 전제가 깔려 있다. 빈곤 통치와 멀찍이 떨어져 있는 것처럼 보이는 노동운동에서도 사정은 크게 다르지 않다. 계급은 물적 관계이지만 '노동자'는 수많은 정체성 가운데 하나로 탈구된 지 오래이다 보니(신현우 2022: 71) 이상적인 노동자의 '자격'에 대한 암묵지를 발견하기도 어렵지 않다. 마르크스가 "타락한 무위도식자들"(2012[1852]: 85)이라며 경멸했던 룸펜프롤레타리아트도, 다니엘 같은 수급자도, 노동운동의 중심 서사를 구축해온 '땀 흘려 일하는 노동자' 형상과는 거리가 멀다. 고용 없는 성장의 시대에도, 노동을 소명이자 도덕적

의무로 규범화하는 '노동 윤리'는 정치를 좌우로 가로지르며 여전히 힘을 행사하는 중이다.

노동과 빈곤을 구분하면서 양자를 다른 층위로 바라보는 지식 생산 지형을 낯설게 볼 필요가 있다. 이 장에서 나는 쥐메이(가명)라는 한 중국 여성의 노동 궤적을 중심으로 빈곤에 관한 문화기술지ethnography를 쓸 것이다. 2013년 1월 쌀쌀한 겨울날 중국 선전深圳 외곽의 공장지대에서 그를 처음 소개받은 뒤, 나는 한국 친구들한테 "폭스콘 노동자"를 만났다고 말했다. 구구절절한 설명이 필요 없는 명명이었다. 그 후 10년 가까이 쥐메이와 관계를 맺어왔고, 이제 나는 그를 무어라 불러야 할지 솔직히 잘 모르겠다. 다만 한 가지 확실한 것은 그가 짊어진 노동의 무게가 우리 시대 빈곤의 심연을 조금이나마 엿볼 수 있게 해주었다는 점이다. 앞서 말했듯, 도시와 농촌, 임금과 비임금, (재)생산과 분배, 온라인과 오프라인을 가로지르는 쥐메이의 노동 궤적은 소외에 저항하는 노력이 새로운 소외를 낳는 역설의 반복이었다.

폭스콘 노동자 너머

박사논문을 쓴다고 오랜 시간 머물렀던 둥베이지방 하얼빈을 떠나 남쪽 끄트머리의 선전으로 가게 된 건 뜻밖의 일이었다. 더구나 노동자 연쇄 자살로 악명이 자자했던 아이폰 제조업체 폭스콘 공장 주변을 어슬렁거리며 수년간 현장연구를 할 것이라고는 전혀 예상하지 못했다. 우연의 연속이었다. 사회주의국가에서도 '빈곤 2세대貧二代'란 표현이 심심찮게 등장할 정도로 양극화가 굳어져가는 추세라 청년 빈곤을 새 연구 주제로 염두에 두긴 했다. 예비 조사로 하얼빈에서 학자금 대출을 받는 농촌 출신의 대학생들을 수소문해 인터뷰했다. 그런데 졸업 후 진로를 묻자 이들 대부분이 특정 직업 대신 '남방'을 언급했다. 상하이, 광저우, 선전 같은 도시 이름이 반복해서 등장했다. 초고속 성장으로 개혁개방의 브랜드가 된 선전을 이참에 들여다보자고 마음을 굳혔지만, 다음 단계가 문제였다. 어디를 어떻게 가야 하나?

인구 1000만 이상의 대도시이지만, 한 번도 가보지 못한 곳. 무작정 연락한다고 빈곤을 연구하는 국외자에게 호의를 베풀 사람이 있을 리 만무하다는 것쯤은 알고 있었다. 다행히 하얼빈의 지인이 사회학 학회에서 만난 선전대학 리 교수를 소개해줬다. 2013년 1월 홍콩이 굽어 보이는 한 호텔에서 그를 처음 만났다. 내 연구 관심사를 장황하게 소개했더니 그는 이 주제를 당시 유행하던 표현인 '신세대 농민공農民工'이란 말로 간단히 정리했다. 개혁개방 직후 농촌에서 도시로 일하러 온 (1세대) 농민공과 비교해 열악한 노동조건을 참지 못하고, 학력, 이직률, 기대 수준이 상대적으로 높다고 붙은 이름이었다. 이민 도시인 선전에서 저임금 직종에 종사하는 대다수 청년을 빨아들이는 이름이기도 했다.

한참을 고심하더니, 리 교수는 자신이 고문으로 있는 커뮤니티

서비스센터(이하 센터)를 일종의 베이스캠프로 삼고 외지에서 온 청년들을 만나보면 어떻겠냐고 제안했다. (중국에서 '사회공작'이라 불리는) 사회복지가 산적한 사회문제를 해결하기 위한 기법으로 당과 정부의 지지를 받고, 정부 위탁사업을 수주할 민간 사회복지 기구가 산학 협력을 통해 급성장하던 시기였다. 선전 (한국의 동洞과 비슷한) 사구社區마다 한국의 지역 복지관과 유사한 센터가 들어섰고, 센터 활동에 참여할 주민 자원봉사자를 '지원자志願者' 또는 '의공義工'이란 이름으로 모집 중이었다. 특히 시 정부는 2011년 '자원봉사자의 도시' 건설 계획을 발표하고, 도시 인구 대부분을 차지하는 외지인을 '자원봉사자'로 호명하기 시작했다. 도시 호구戶口라는 문자 그대로의 법적 시민권을 제공하는 대신—인류학자 안드레아 무엘바흐(2012)가 '윤리적 시민권'이라 명명한—자기와 타자에 대한 도덕적 책무를 독려하는 캠페인을 대대적으로 제도화하는 중이었다.

한 시간이 훌쩍 지났을까. 선전 북쪽 외곽을 향해 달리던 리 교수의 외제 승용차가 멈춘 곳은 폭스콘 공장지대의 한 센터였다. 단체 미팅, 야유회, 주말농장, 영화 상영, 법률 자문, 심리상담, 자원봉사 등 "외지 청년의 귀속감을 높이기 위한" 각종 프로그램을 운영한다는 소개 문구가 센터 복도에 나붙어 있었다. 리 교수가 설명을 덧붙였다. "폭스콘 연쇄 자살 사건 때문에 지역에 비상이 걸린 거죠. 원래 공장에 심리상담사를 배치했다가 이제는 아예 지역에 센터를 뒀어요. 노인이나 기혼 여성 참여가 많은 다른 지역 센터와 좀 다르지요." 진남색 폭스콘 유니폼 티셔츠를 입은 젊은이들이 제법 눈에 띄었다. 이들은 센터에 오자마자 '광화(가칭) 자원봉사자'라는 글자가 박힌 홍색 조끼를 걸쳐 입고 제집에 온 듯 자연스럽게 행동했다. 탁구 치는 청년도, 센터 사회복지사들의 일을 돕는 청년도 있었다.

한 복지사가 센터의 '열혈' 봉사자라고 나한테 소개해준 쮜메이는 열람용으로 비치된 도서를 정리하는 중이었다. 장시성 농촌 출신으로, 동네 친구들처럼 중학교를 마치고 도시에 와서 공장 일과 단순 서비스직을 오가다 현재는 폭스콘 공장에서 부품 조립을 점검하는 일을 하고 있단다. 이튿날 쮜메이와 점심을 먹고 센터 뒤편에 자리한 그의 집에 들렀다. 두 평 남짓한 쪽방인데 폭스콘 공장 기숙사보다 임대료가 훨씬 더 비쌌다. 굳이 따로 사는 이유를 묻자 그는 "자유"라는 단어를 꺼냈다. "기숙사에서는 속옷, 양말 외에 개인 빨래가 금지거든. 물 낭비가 심하다고 한꺼번에 걷어서 세탁업체에다 맡겨. 동네에서 10, 20위안 주고 산 옷이면 상관없지만, 큰맘 먹고 산 비싼 옷을 그렇게 맡길 순 없잖아." 쮜메이는 공장에서 일하고 집에서 잠자는 시간을 제외하고는 하루의 대부분을 센터에서 보냈다. 야간 업무를 하고 아침 7시에 퇴근할 때도 노점에서 식사를 간단히 해결하고 바로 센터에 왔다. '열성' 봉사자이지만, 그렇다고 그가 유별난 것도 아니었다. 내가 지역에 머물며 현지조사를 하던 2013년 8월에 센터에 등록된 자원봉사자 수는 약 300명에 달했고, 그중 쮜메이처럼 '골간骨幹'으로 분류된 청년은 30-40명이었다. 자선 바자회, 지역 운동회, 단체 미팅처럼 일손을 많이 필

커뮤니티 센터에서 (대부분 폭스콘 노동자인) 자원봉사자들이 행사 준비를 돕고 있다. 2016년 1월 10일 촬영.

요로 하는 대형 행사가 열리면 복지사들은 '자원봉사의 집'이라는 온라인 QQ 채팅방을 통해 이들에게 미리 연락을 취했다. 자원봉사자 청년들이 직접 조직한 밴드부가 각종 행사 공연을 도맡기도 했다.

우연의 연속으로 센터에 걸음을 하지 않았더라면, 쭤메이처럼 폭스콘[富士康] 로고가 박힌 티셔츠를 입은 청년들을 폭스콘 연쇄자살 사건에 관한 책이나 다큐멘터리를 통해서만 접했더라면, 나는 이들을 폭스콘 노동자로만 기억했을 것이다. 2009년부터 스무 명이 넘는 젊은 노동자가 뛰어내려 목숨을 끊은 일은 누가 봐도 정상이 아니었다. 중국 본토와 홍콩, 타이완의 교수와 학생들이 직접 연구팀을 조직해 폭스콘 노동 실태에 대한 대대적인 조사를 벌였다. 연구팀은 아이폰 출시 리듬에 맞춘 장시간 초과 노동, IT산업 기밀 유지를 위한 과도한 노동 규율, 노동자들이 결속할 수 없도록 배치된 기숙사, 노동비용을 절감하기 위한 학생 인턴 착취 등 글로벌 생산 체인의 구조적 횡포를 낱낱이 고발했다.(조문영 2017b: 277; 챈 외 2021) 공장에서 나온 청년, 공장에 남은 청년, 창문 밖으로 몸을 던졌다가 장애인이 된 청년들이 폭스콘 사건에 관한 각종 연구와 미디어 보도에 피해자이자 고발자로 등장했다. 제품을 제조할 뿐 아니라, 제품에 최적화된 방식으로 인간을 제조하는 공장에서 가까스로 살아남은 존재를 노동자가 아니면 달리 뭐라 부르겠는가. 노동운동가이자 연구자인 뤼투는 '농민공' 대신 '신노동자' 명명을 고집한다. 그가 만난 품팔이 노동자의 말처럼, "우리를 농민공이라 부르는 건 마치 우리가 영원히 상황을 전복시킬 수 없다는 말처럼 느껴진다."(뤼투 2017: 57) 노동 현장의 폭력에 맞서기 위해 저항자로서 노동자 주체성을 정립하는 일은 절박하다.

하지만 우리가 '노동자'라는 고발, 저항, 선언의 기호에 대해 품는 정동과 별개로, 노동자 아무개의 삶은 그의 얼굴에 팬 주름만큼이나 다채롭고, 굴곡지고, 끈적끈적하다. 쒀메이를 (연쇄 자살 사건을 중심으로 이미 전형적인 서사가 구축된) 폭스콘 노동자의 한 사례로 다뤄야 할까, 아니면 폭스콘 공장노동을 그의 노동 궤적의 일부로 보면서 다른 노동 형태들과의 얽힘을 들여다봐야 할까?

제조업과 서비스업, 산업화와 디지털 기술혁명이 동시 성장 중인 21세기 중국에서 폭스콘 노동자라는 정체성은 부분적이고 일시적일 수밖에 없다는 게 내 생각이다. 2013년 여름에 내가 심층 인터뷰를 했던 폭스콘 노동자 열다섯 명 중 이듬해까지 남아 있던 이는 다섯 명에 불과했다. 나머지 청년들은 보험이나 부동산 상품 판매, 다단계, 주유소 아르바이트, 식당 종업원, 노점상, 승려 등 다양한 직종으로 이동했다. '세계의 공장' 중국에서 노동자 권리를 위해 싸우는 노동 NGO 활동가들은 한국인인 나를 만날 때마다 중국어로 번역된 『전태일 평전』(『星星之火: 全泰壹評傳』)을 읽고 난 후의 먹먹함을 얘기했지만, 21세기 중국 공장노동자가 처한 조건은 전태일의 시대와 사뭇 다르다. 그들은 공장에서의 감시와 통제에 시달리면서도 모바일 소셜미디어를 통해 지인들한테 직접 잡화를 판매하고(이커머스), 자원봉사와 같은 사회적 지원 회로에 접속해 다양한

112

'폭스콘 연쇄 자살'로 키워드 검색을 했을 때 등장하는 공장 노동자의 이미지. © Qilai Shen

기회를 발견하고 인적 네트워크를 확대했다. 자원봉사는 "관계라는 가치를 생산하고 축적"한다는 점에서 자원노동volunteer labor이기도 한데(Muehlebach 2012: 7), 쮀메이를 포함해 센터에서 내가 만난 많은 청년은 공장노동보다 자원노동에서 가치, 지식, 관계를 '생산'하는 즐거움을 찾았다. 공장노동과 서비스노동, 물질노동과 비물질노동, 작업장의 규율 노동과 미디어 테크놀로지를 통해 확대된 삶정치적 노동이 혼재된 세계에서 어떤 '노동'과 '노동자'가 우리 앞에 당도했나(조문영 2019c)를 진지하게 물을 수밖에 없는 이유다. 하트와 네그리가 강조했듯, "어떤 실천이 노동을 구성하는가는 선험적으로 주어진 것도, 고정된 것도 아니다. 노동의 정의 자체가 사회논쟁의 유동적인 장소다".(Negri and Hardt 1994: 9)

존엄, 그리고 열정적 빈민

쮀메이가 센터에서 자원노동에 모든 열정과 체력을 소모하는 모습을 볼 때마다 복잡한 마음이 들었다. 내 눈에 착취인 게 그에겐 희망이고 즐거움이었다.

사실 사회복지나 자원봉사는 노동 연구자, 운동가의 관심을 끌지 못한다. 센터는 노동자들이 권리를 쟁취하기 위해 법률을 익히고, 노조를 조직하고, 파업을 논의하는 엄숙한 자리가 아니었다. 법률 상담은 사회복지 활동 목록에 포함되어 있지만, 기껏해야 열

람실에 도서 몇 권이 비치된 수준이고, 게시판에 고문이라고 적힌 법률가가 누군지는 사회복지사들조차 몰랐다. 공익 활동은 학계와 언론, 노동운동계가 농민공 문제에 대해 부단히 제기해온 정치적·경제적·사회적 권리의 박탈 문제를 미봉할 뿐 아니라, 지역 내 위계 관계를 묘하게 비틀었다. 노동자의 장시간 저임금 노동에 기생하는 폭스콘, 지역 경제 활성화를 이유로 폭스콘의 온갖 편의를 봐준 정부, 금방 무너져도 이상하지 않을 건물을 짓고 외지 청년들로부터 꼬박꼬박 임대료를 챙겨온 지역 소유주까지(9장 참조), 폭스콘의 지역 생태계에서 한자리를 차지한 관계자들이 센터 활동의 후원자를 자처했다. 이들은 붉은 행사 현수막을 배경 삼아 자원봉사자 조끼를 입은 폭스콘 노동자들과 기념사진을 찍고, 이를 정부나 기업의 민생 업적으로 '스펙화'하기 바빴다. 어찌 보면 이는 폭스콘 기업이 노동자 자살 방지를 위해 기숙사 창문에 창살을 설치하고 그 아래 그물을 깔아두는 행태보다 더 잔인했다. 자원봉사자로 호명된 노동자가 자신을 철저히 소외시킨 공공의 '사회'까지 돌봐야 하는 상황이 됐다. "중국 사회의 불안과 모순을 고스란히 드러내는 집단에 대한 통치가 차별과 응징에서 벗어나 '사회적 약자弱勢群體'에 대한 경제적 배려로 확대되고, 더 나아가 '사회'의 구성에 직접 동참할 자발적, 도덕적 시민 주체를 만드는 과정"이 된 셈이다.(조문영 2014a: 281)

하지만 이런 비판은 실제 자원노동이 수행되는 현장을 돌아볼 때 공허하기까지 하다. 2013년부터 5년간 여름마다 찾았던 여러 공익 행사에서 참여자들은 언제나 들떠 있었다. 덩달아 나까지 신이 날 만큼. 센터에 등록된 자원봉사자는 선전시 자원봉사자연합회 전산망과 연결되어 자기 활동 시간을 입력할 수 있는데, 이렇게 수치화된 봉사 시간은 청년들 사이에서 새로운 '인정 경쟁'을 유발했다. 한 청년은 반년 동안 봉사를 300시간이나 했다고 자랑삼아 말했다. 선전시 호구가 없어서 아들을 이곳 공립 소학교에 입학시키기 어려워 농촌 부모 편에 맡겨두고 전전긍긍하는 사정을 차라리 몰랐다면 좋았을 것이다. 사실 선전시는 2000년대 중반 호구제도 개혁을 단행하면서 점수 적립제를 도입했다. 선별 기준에는 연령, 학력, 기술 자격, 직업, 주택 소유 여부, 사회보험 참가 여부 외에도 (자원봉사와 같은) 사회서비스 항목이 포함되어 있다. 2013년에 자원봉사를 최대 250시간 수행한 외지인이 받을 수 있는 최고 점수는 10점이었는데, 이는 호구 점수 산정 시 대졸자와 고졸자의 점수 차와 같았다. 하지만 센터에서 내가 만난 청년들은 학력, 주택, 직업 등 다른 점수 기준에 한참 못 미치는 상태라 자원봉사를 열심히 해서 선전시 호구를 거머쥐겠다는 기대 자체를 안 했다.

실용적인 셈법보다 더 중요한 것은 자신이 누군가로부터 존중받는다는 감각, 사회에서 자기 '자리'가 생겼다는 감각이다. 센터를 방문하는 청년들은 자원봉사자 등록을 하고, 카드를 발급받고, 교육을 이수하고, 여러 행사에 동원되는 전 과정에서 정부나 관련 기관이 기획한 통치의 문법을 그대로 따랐다. 이렇게 마련된 장에서 자신의 관심과 재능을 펼치면서 제도가 가정하지 않았던 방식으로 돌봄을 나누었다. 쮜메이는 센터 도서를 정리하고, 직접 자수를 놓은 그림을 친구들에게 선물했다. 월급을 모아 캐논 카메라를 장만한 청년은 각종 행사에서 사진사를 자처했고, 고향에서 식당 개업을 꿈꾸는 청년은 친구들을 불러 손수 요리를 대접했다. 학력이 실력을 보증하는 세태를 꼬집으며 "이 나라는 내가 진정으로 어떤 인간인지 알려고 하지 않는다"고 말했던 청년은 센터 친구들을 자신의 습작 블로그 독자로 초대했다. 이들은 자신의 소셜미디어인 위챗WeChat 앨범이나 큐큐존QQzone에 업로드한 활동 사진과 동영상, 표창, 미디어 보도를 내게 직접 보여주는 방식으로 일상에 대한 세세한 설명을 대체했다. 폭스콘 공장의 분업 시스템은 노동자에게 부분적·반복적인 작업만 강요하면서 일찍이 마르크스가 강조한 노동 소외의 전형을 보여주었던 반면, 디지털 작업은 참여자가 공익활동 현장과 소셜미디어 현장을 가로지르며 게시물을 읽고, 작성하고, 업로드하고, 다운로드받고, 관리하고, 채팅에 참여하는 일련의 과정에 적극 참여함으로써 '생산'의 즐거움과 성취감을 제공했다.

쮜메이가 위챗 앨범을 자신의 공개 일기처럼 사용하기 시작한 것도 이 무렵이었다. 그는 센터 야유회로 간 선전의 바닷가에서 친구와 찍은 사진을 앨범 첫 페이지에 올렸다. 공익 활동에 함께 참여하면서 자연스럽게 친구가 되어 소셜미디어 계정을 주고받고, 온라인에서 서로의 앨범을 기웃거리며 상대방을 서사화하고, 활동을 마친 뒤 함께 뒤풀이를 즐기면서, 센터에서 내가 만난 청년들은 온라인과 오프라인이 연결된 상태로 사회를 새로 조립해내고 있었다.(조문영 2017b: 282-283) 인정recognition의 정치에 물질적·정동적 에너지를 과하리만치 투입하는 이들을 내가 '열정적 빈민the passionate poor'이라 부른 배경이다.(Cho 2019b)

2014년 여름, 다시 만난 쮀메이는 보험설계사 명함을 내게 내밀었다. 센터에서 만난 친구의 소개로 그해 초에 폭스콘 공장에서 퇴직하고 생명보험을 판매하기 시작했단다. 기본급이 없고 판매 실적에 따라 수당만 받으니 스트레스가 심하다면서도 그는 한껏 들떠서 보험의 필요성을 선전했다. 보험 판매 실적을 높이자면 사람들을 사귀어야 하니 인근 공장에 잠깐 취직할 거란 얘기도 덧붙였다. 이번에도 걱정은 온전히 내 몫이었다. 기본급이 없다는 게 말이 되냐 따져 묻는데도 괜찮다, 좋아질 거다란 말만 되풀이했다. "보험 판매에 왜 관심이 생겼어?" 아니, 당시 내 말투를 돌이켜보자면 이렇게 번역해야 옳다. "도대체 어쩌자고 이 일을 시작한 거야?" 이번에도 쮀메이는 "자유"라는 단어를 먼저 꺼냈다.

쮀메이　　폭스콘엔 자유가 없잖아. 근데 이 일은 내 맘대로 시간을 짤 수 있거든. 오늘 출근해. 싫어? 안 하면 그만이야.

나　　　　자유롭다는 거 말고 또 좋은 게 있어?

쮀메이　　뭔가를 배울 수 있잖아. 공장에선 계속 반복해야 하는 기술만 가르치는데 여기서는 인생살이에 도움이 될 만한 지식을 줘. 세상의 이치랄까. 어떻게 친구를 만들지,

어떻게 낯선 사람한테 다가가야 할지……. 그리고 폭스콘에선 작업장에 똑같은 사람들만 있잖아. 근데 보험업계에선 계속 낯선 사람들을 만나.

나   그러니까 일종의 도전이란 거지?

쮀메이   응. 폭스콘 일은 비밀도 많고 감시도 심하지. 반대로 보험 판매는 완전히 개방적이잖아. 폭스콘 일은 계속 남을 위해 품팔이하는 거고, 이건 자기가 주도적으로 설계하는 거지.

정리하자면, 폭스콘 공장노동은 감시, 비밀주의, 의미 없는 반복, 남 좋은 일, 대인관계 축소를, 보험 판매는 정확히 그 반대를 의미했다. 자유, 개방성, 유용한 지식, 기업가 정신, 대인관계 확장 등등. 자원노동과 서비스노동을 비교할 때도 그와 나는 엇박자를 탔다. 내가 봤을 때 무임노동인 자원노동이든, 임금노동인 보험 판매든 공공의 책임을 '윤리적' 시민과 수익성 사업 섹터에 각각 떠넘긴다는 점에서 신자유주의적 통치와 무관하지 않았다. 하지만 쮀메이는 둘 간의 공통성을 '존엄尊嚴'과 '돌봄關懷'이란 단어로 집약했다. 당시 그의 위챗 앨범은 보험회사에서 직접 제작했거나 유통하는 각종 콘텐츠로 가득했다. 가족애, 사랑, 우정, 연애, 결혼, 건강 등 다양한 주제의 포스팅이 미묘하게 보험의 중요성을 환기했다. 오프라인에서 쮀메이는 내게 보험을 사기로 생각하는 대중의 편견을 우려했고, 온라인에는 보험의 '이타성'을 환기하는 콘텐츠를 꾸준히 공유했다.

왜 보험 판매는 가장 친한 사람들로부터 시작되는가? 다른 사람이 사고 안 사고는 나와 아무 상관이 없지만, 친애하는 여러분이 사고 안 사고는 나와 큰 상관이 있기 때문이다. 위기가 닥쳤을 때 친구는 300-500위안, 친척은 3000-5000위안, 가족은 3만-5만위안 도와줄 수 있을 것이다. 그 이상은 도와주고 싶어도 능력이 안 된다. 보험회사만이 30만-50만 위안, 혹은 그 이상을 보태줄 수 있다. 보험회사야말로 우리를 진정으로 돕는 존재다. 그러니 주변에 보험 판매하는 사람들한테 불평하지 마라. 그들이야말로 당신을 진정으로 사랑하는 사람들이다!(2014년 8월 14일)

"그 자체로 커뮤니티와 집합적 주체성을 구성해내는" 정동 노동 affective labor을 수행하면서(Hardt 1999: 89), 계약직 판매원의 신분이지만 대기업 로고가 박힌 사원증을 목에 걸면서, 쥐메이는 자신을 지지해줄 자리가 생겼다는 확신을 품었다. 위챗 포스팅이 부쩍 늘었다. 회의석상에 자기 명패가 반듯하게 놓인 사진을 포스팅하며 멘트를 덧붙이기도 했다. "고객님, 3일 연속 회의라 연락을 못 드립니다. 끝나고 곧장 연락드리겠습니다." 보험 판매왕 대회가 끝난 직후에는 꽃다발을 든 채 한껏 웃는 사진을 포스팅했다. "여러분의 도움으로, 여러분과 함께 2014년 임무를 최선을 다해 수행하겠습니다!" 보험사가 베이징대학에 기증한 대회의실 사진을 올렸을 때

쭤메이의 위챗 포스팅. 회의석상의 자기 명패를 찍었다.(이름은 가림) 2014년 8월 게시.

는 소속감이 충만했다. "나중에 베이징대학에 가면 우리 회사에서 회의하는 중이라고 말할 수 있겠지. 우리 ○○ 기업이 너무 자랑스럽다!" 쮜메이가 "퇴직 교사나 전직 은행원도 나랑 같이 보험을 판다"고 강조했을 때, 나는 그처럼 '열성' 자원봉사자였던 폭스콘 노동자 치밍(가명)이 인터뷰 중에 한 말을 떠올렸다. "우리는 그저 의공義工이라는 한 단어로 통하잖아요." 출신 지역도 직업도 천차만별인 사람들이 홍색 조끼를 입는 순간 평등해진다는 게 그의 주장이었다.

'선전시 개인우수자원봉사자' 표창을 받고 직접 사회조직 발기인까지 된 치밍은 이제 간절히 바랐던 동등한 성원권을 움켜쥐었을까? 쮜메이는 시간이 지날수록 의기소침해졌다. 존엄도, 인정도, 돈도 잡힐 듯 잡히지 않았다. 그가 한때 동등한 직장 동료로 묘사했던 "전직 은행원"은, 이제 인맥이 풍부해서 자기보다 잘나갈 수밖에 없는 "다른 인간"으로 재소환되었다. 사실 한껏 부풀었던 기대가 꺾인 게 처음은 아니었다. 자원노동을 열심히 하던 시절 사회복지사가 되는 꿈을 잠시 꾼 적도 있다. "쮜메이가 사회복지사 시험을 어떻게 준비할지 묻더라고요. 근데 알잖아요. 교육 수준도 그렇고. 전문적인 자질이 안 되는데……." 나중에 복지사가 내게 건넨 말에서 쮜메이가 환대받지 못했다는 걸 어렵지 않게 짐작했다.

2015년이 되니 위챗에 올리던 보험 콘텐츠도 뜸해지기 시작했다. 10월에도 자신이 소속된 보험사가 중국 생명보험 3위 안에 든다는 신문 보도를 찍어 포스팅하긴 했지만, 동시에 자기 세대(80後.

바링허우)가 한 자녀 정책 탓에 "중국 역사상 유일한 독생자녀獨生子
女가 됐다"라는 포스팅을 공유했다. 오랜만에 짧은 글도 덧붙였다.
"바링허우의 삶이 어디 쉽나80容易嗎?" 2015년 12월, 쥐메이는 4년
여를 머문 선전을 떠나 고향 장시성으로 돌아갔다. 위챗에 보험 콘
텐츠가 거의 사라진 대신 어머니와 함께 손수 빚은 좁쌀빵 사진
한 장이 올라왔다. 내게는 채팅으로 사진 몇 장을 더 보냈다. 고향
에 꼭 한번 놀러 오라는 당부와 함께.

결혼이라는 성취

　처음 선전에서 만났을 때 스물넷의 쥐메이는 결혼을 당당히 거
부했다. 고향 농촌에서는 더 늦으면 큰일난다고, 중매 자리가 났다
고 수시로 전화가 왔다. "결혼 지금 별로 생각 안 해. 부모님과 계속
싸우지. 나 혼자 돈도 벌고 옷도 다 빨고 요리도 할 수 있는데…….
지금 우리 고향 집 개축도 내가 돈 보내서 하는 중이라고. 결혼을
굳이 왜 해?" 그가 자수를 놓으면서 덤덤히 말하는데, 내 시선은
쪽방 벽면의 포스터로 향했다. 당대 톱스타들의 웨딩 사진이었다.
결혼이 싫은 걸까? 편벽한 농촌에서 친척들이 수소문할 남자에 대
한 기대가 별로 없는 걸까? 부모가 돈 부치라는 말을 안 한다지만,
쥐메이는 알아서 목돈을 마련했고, 때마다 송금했다. 평생 농사만
지은 부모는 농민공으로 외지에 나가 일해본 적도 없었다. 아버지

는 농사 기계를 만지다 힘줄이 끊겨 두 손가락이 모두 굽었다. 외지에서 일하면서 수술비를 마련했지만 시기를 놓쳐 소용없다며 쮀메이는 아쉬움을 내비쳤다. 부모는 농사일과 최저생활보장(디바오) 수급자로 정부에서 받는 약간의 돈으로 살며, 쮀메이와 작은딸이 부쳐주는 돈으로 더디게 더디게 새집을 짓는 중이었다.

선전에서의 생활을 접고 고향에 돌아간 뒤 인근 주유소에서 일할 때도 쮀메이는 결혼 생각이 없어 보였다. 2016년 봄이 지나면서 그의 위챗은 두 종류의 포스팅으로 바삐 업데이트되는 중이었다. 하나는 이커머스인 웨이상微商을 시작하면서 지인들에게 팔 요량으로 올린 각종 잡화 사진이었다. 마스크팩과 주방 세제 사진이 연일 등장했다. 선전에서 보험 상품을 팔 때처럼, 웨이상을 홍보하는 콘텐츠 포스팅도 자주 공유했다. "천 번 고민하는 게 한 번 시도하느니만 못하다." "성공한 사람은 웨이상이 돈 번다고 말하고, 실패한 사람은 웨이상이 남을 속인다고 말한다. 감히 시도를 못하는 사람이 웨이상을 다단계라 욕하고, 마음이 움직여 행동에 나선 사람은 모두 웨이상이 제값을 한다고 말한다." 또 다른 포스팅은 독립적인 여성에 관한 콘텐츠였다. 2016년 6월 중순에는 "지금은 웨이상 시대"란 문구가 적힌 포스터와 함께 반려견을 안고 있는 왜소한 소녀의 삽화가 올라왔다. 이 삽화 아래 문구가 인상적이었다. "당신 자신을 강하게 만든 뒤에야 당신이 사랑하는 사람들을 보호할 수 있다." 여러 밈meme에서 등장하는 '강한 여성'의 모습은 엇비슷했다. 한국 여성 청년들의 탈코르셋 운동처럼 사회가 주입한 성적 대상

쮜메이의 위챗 포스팅. "당신 자신을 강하게 만든 뒤에야 당신이 사랑하는 사람들을 보호할 수 있다." 2016년 6월 20일 게시.

으로서의 여성성을 거부하기보다, 자신 있게 빨간 하이힐을 신고,
짙은 화장을 하고, 90도 각도로 인사하는 남성들 사이로 위풍당당
하게 걷는 전문직 여성의 이미지를 강조했다. "시아 언니가 말하길,
분투는 단지 돈을 벌기 위해서가 아니라 세상에서 자신의 가치를
실현하기 위한 것이다."(2016년 7월 2일) "여성들이여, 비싸다는 말
은 영원히 하지 말지어다. 이 세계에서 당신이 가장 비싸다."(2016년
10월 7일)

여성들이여, 반드시 돈을 벌어놓고, 운전도 배워두고, 맵시 있게
차려입어라. 자가용엔 기름 만땅 넣고, 휴대전화 충전하고, 지갑
엔 돈 잔뜩 넣어둬야 안전감이 생긴다. 남자는 돈만 생기면 네가
예쁘든 말든 다른 여자로 갈아치울 권리가 있다. 네가 돈도 있는
데 예쁘기까지 하면 누가 누굴 바꾸겠냐? 남자를 필요로 하는
여자가 되지 말고, 남자가 필요로 하는 여자가 되어라!(2016년
3월 5일)

여성이 제 몫을 하면 남성이 그 이상을 바라선 안 된다는 충고
도 곧잘 등장했다.

사탕수수는 겉과 안이 모두 달 수 없다. 밖에서 일하는 여성을
택했다면 그가 집까지 돌볼 순 없다는 걸 인정해야 한다. 돈 안
벌고 순종적인 여성을 택했다면, 그가 독립심이 없다는 걸 인정

해야 한다. 용감한 여성을 선택했다면, 그가 고집 세고 자기주장이 강하다는 점을 인정해야 한다.(2016년 8월 25일)

2017년 봄에 쥐메이는 자신의 위챗 배경 사진을 농촌의 새집 사진으로 교체했다. 내 위챗으로 거뭇거뭇한 남자의 상반신 사진과 반지 사진을 따로 보냈다. "내 약혼남이야. 설에 사촌 중매로 옆 마을 남자를 소개받았어. 이 집 근사하지? 결혼하고 시부모랑 같이 살 거야. 층이 다르니 상관없지." 갑작스러운 소식이긴 했지만, 오랜만에 들뜬 쥐메이를 보니 덩달아 기분이 좋아졌다. 사회복지든 보험 판매든 선전에서 발견한 새로운 기회가 도약의 계기를 주지 못했을 때, 고향에 돌아와 온종일 주유소에서 기름만 넣으면서 삶의 반경이 축소됐을 때, 함께 사는 가난한 부모의 시름이 깊어졌을 때, 결혼은 중요한 선택지가 됐을 테다. 쥐메이는 제 생각과 부합하는 타인의 포스팅을 공유하는 식으로 자신의 소셜미디어를 공적 일기로 만들어왔다. 이 일기를 쓰며 스스로 다짐하고, 장래의 남편에게 말을 걸면서 결혼이라는, 한때 완강히 거부했던 삶의 형태와 다시 접속할 준비를 해온 걸까? 단, 당당하게 제 능력으로 살겠다는 열망과 의지만은 꺾지 않는 방식으로 말이다.

2017년 8월 중순, 오래전 약속대로 나는 약혼한 쥐메이를 만나러 장시성으로 향했다. 기차는 저녁 7시를 훌쩍 넘어 주장九江 역에 도착했다. 마중 나온 쥐메이와 터미널로 이동해 미니버스를 타고 후커우湖口현으로 향했다. 장시, 안후이, 후베이 3성이 교차하는 양쯔강 유역의 소도시였다. 미리 주차해둔 쮀메이의 작은 스쿠터에 캐리어를 단단히 동여맸다. 조명 없는 깜깜한 비포장도로를 한 시간여 달렸을까. 쮀씨 집성촌인 그의 고향 표지판을 보자 안도감이 밀려왔다. 부모가 새집을 짓는다는 얘기를 들은 게 한 해 전인데 아직 완공이 덜 됐다. "여긴 촌이라 인건비가 더 비싸. 인부를 하루에 두 명은 불러야 하는데 인당 300위안은 챙겨줘야 해." 1층 대문에 디바오 수급자임을 증명하는 정부 문서가 붙어 있었다. "디바오라고 곳곳에 떠들면 안 돼. 촌에는 좋은 사람도 많지만 나쁜 사람, 말 지어내는 사람도 더러 있으니까." 한국 복지수급자들의 서사와 별반 다르지 않았다. 중국에서도 덥기로 소문난 곳에 와서, 그것도 여전히 공사 먼지가 날리는 방에서 눈을 붙이려니 고역이었다. 눈치를 챘는지 쮀메이가 밖에서 자자며 돗자리와 미니 선풍기를 챙겨 왔다. 밤하늘의 별도, 모기도 셀 수 없이 많았다.

나흘 동안 쮀메이의 스쿠터에 몸을 싣고 그의 일터로, 졸업한 학교로, 친척과 친구 집으로, 그들의 일터로, 인근 관광지로 부지런히 움직였다. 그는 내가 오기 열흘 전에 주유소 일을 관두고 직원이 고작 서른다섯 명인 인근 의류 공장에 취직했다. "푸젠에서 옷감을 받아다 옷을 만들어서 납품하지. 어느 국가로 수출되는지는 나도 몰라. 좌우간 옷이 엄청 크고 질도 별로야." 2년 동안 일한 주유소를 갑자기 떠난 사정을 물으니 "알루미늄 중독" 때문이라고 했다. "우리 [주유소] 사장이 직원들하고 노는 걸 좋아해서 많이 돌아다녔어. 재밌었지. 근데 약혼을 하고 나니…… 혹시라도 중독되면 [장

쮀메이의 고향. 집에서 나가는 길목에 그의 스쿠터가 놓여 있다. 2017년 8월 24일 촬영.

래] 아이한테 영향을 줄 수 있거든. 임신하기 최소 6개월 전에는 일을 그만둬야 해." 후커우현에는 규모가 크고 노동조건이 상대적으로 나은 공장이 제법 많아서 대도시에서 일하다 온 젊은 여성들을 유인했지만, 쭤메이는 작은 공장을 선호했다. 결혼한 것도, 아이를 낳은 것도 아닌데 가사와 돌봄노동의 밑그림을 일찌감치 그리는 중이었다. 나는 "노동"이라 썼지만, 당시 그는 "자유"라 힘주어 말했다. 점심시간에 아이를 보러 갈 자유, 하교 시간에 맞춰 아이를 태우고 간식을 먹인 뒤 돌아올 자유, 아이가 병에라도 걸리면 급하게 병원에 다녀올 자유를 언급했다. "밖에서 일하는 여성을 택했다면 그가 집까지 돌볼 순 없다는 걸 인정해야 한다"라는 포스팅을 위챗에 거침없이 올리던 그가 아니었다. 당찬 여성의 포스팅은 사라지고, 효도하는 소녀나 웨딩드레스 입은 친구의 사진, 친척의 잔치 동영상이 등장했다. 폭스콘 공장에 다닐 때만 해도 쭤메이는 공장 내 감시와 규율에 대해 날 선 비판을 했지만, 공장노동은 다른 노동과의 교차 속에서 점차 다른 방식으로 의미화되고 있었다. 보험 상품을 더 잘 팔기 위한 인맥 동원 수단 정도로 그 지위가 축소되더니, 이제는 가족 돌봄에 영향을 주지 않도록 탄력적으로 조정되는 게 당연하게 여겨졌다. 자신이 만든 의복이 어느 나라로 수출되는지 몰라도 상관없었다.

쭤메이가 돌봄노동을 '자유'로 번역하면서 노동 유연화를 자발적으로 실천하는 모습은, 가정에서 노동력 재생산이 비가시화되고 심지어 '여성 노동'으로 오독된 데 대한 페미니즘의 비판을 상기하

약혼 이후 쮜메이의 위챗 포스팅에도 변화가 생겼다. 당당하고 독립적인 여성 대신, 가족을 헌신적으로 돌보는 여성의 이미지가 담긴 포스팅이 주로 공유됐다. 2017년 5월 10일 게시.

면(Federici 2004: 74-75) 자못 당황스럽다. 이 풍경은 가난한 농촌 여성이 가정에서의 전통적인 성 역할을 당연한 것으로 받아들인 결과라기보다, 도시에서 열정을 부추겼던 일들이 실패를 거듭하면서 결혼이 유일한 돌파구가 되어버린 절벽 상태를 비춘다. 결혼은 어느새 절박하게 성취해내야 할 목표가 됐다. 약혼한 남자네 집안에서 3만-4만 위안의 신부대彩禮가 전달될 예정이었다. 게다가 3층짜리 새집은 공사가 끝나가고 있었다. 남자가 자기보다 아홉 살 많아도, 화장이 짙다고 면박을 줘도 쭤메이는 대수롭지 않게 넘겼다. 공장노동이나 웨이상보다 약혼자 집안을 위한 '분배노동'이 더 중요했다. 남자가 도시로 일하러 간 사이에도 매일 과일을 사 들고 예비 시부모를 찾았다. 품팔이 나간 남자의 형과 누나가 제 부모한테 맡긴 자식들까지 함께 돌봤다. 결혼은 노동의 바깥에 있지 않았다. 그것은 가족과 친척에게 "분배 주장"을 하기 위해(퍼거슨 2017: 197) 세심하게 공을 들여야 하는 노동이었고, (앞선 공장노동 사례처럼) 다른 노동의 성격까지 바꿔낼 정도로 중요했다.

그러나, 고된 노동에도 불구하고 결혼은 없던 일이 됐다. 혼례가 예정되어 있던 설 연휴에 쭤메이는 웨딩드레스 사진 대신 고향의 눈꽃 사진을 내게 보냈다. 약혼자한테 외지에서 만난 다른 여자가 있다는 얘기는 나중에 전해 들었다. 2018년 초에 그가 위챗에 공유한 포스팅으로 복잡한 심경을 대충 짐작했다. (부인이 떠난 뒤 후회하는 남성한테) "네가 얻은 건 아내이지 엄마가 아니다. 밥 안 해준다고, 빨래 안 해준다고 투정하지 마라."(2018년 2월 6일) "힘들게 돈

버는 건 돈을 너무 사랑해서가 아니다. 한평생 돈 때문에 비굴해지고 싶지 않아서다."(2018년 3월 10일)

그해 봄 쥐메이는 동생과 처음으로 상하이 여행을 갔고, 여름에 다시 선전의 폭스콘 공장으로 돌아갔다. 오랜만에 선전에서 재회했을 때, 식사 자리에 남자 친구 쑤양(가명)을 데려왔다. "큰아버지가 중매를 섰어. 우리 마을에서 차로 10분밖에 안 걸려." 예전에 사진으로 본 약혼자에 비해 한참 동안이었고, 실제로 연하였다. 쥐메이의 위챗이 모처럼 활기를 띠었다. 웨이상 광고 포스팅과 남자 친구와의 데이트 사진이 번갈아 올라왔다. 둘이 주고받은 채팅을 캡처해서 포스팅하기도 했다. 공장에서 일하는 쑤양이 위챗 페이로 300위안을 송금했다. "부인, 이게 다음 주 자네의 생활비일세." 캡처한 이미지 아래 쥐메이는 문구 하나를 덧붙였다. "내 인생에 네가 있어 만족해."

2019년 1월, 쥐메이와 쑤양의 혼례를 축하하기 위해 나는 다시 장시성 농촌을 찾았다. 쥐메이 어머니가 혼수품으로 마련한 가구와 이불, 신발, 주방 용품, 세면도구가 마당 한쪽에 가득 쌓여 있었다. "신발은 나랑 엄마랑 손수 만들었어." 혼례에 참석하기 위해 먼 걸음을 한 친척들, 지역 풍습에 따라 설 전에 수퇘지를 잡는다고 모인 마을 주민들로 집은 북새통을 이뤘다. 저녁에는 쥐메이, 쑤양과 함께 현에서 열리는 쑤양 친구의 혼례를 보러 갔다. 웨딩 앨범에 4000위안을 들였다는 신부 얘기에 쥐메이는 솔깃했지만, 쑤양은 대충 둘러대며 시선을 피했다. "우린 시간이 없어 못 찍었어."

쮜메이 어머니가 준비한 혼수품이 집 마당에 쌓여 있다. 2019년 1월 25일 촬영.

오프라인에서의 결혼 준비는 온라인에서 보여준 데이트 풍경처럼 낭만적이지 않았다. 결혼은 쭤메이가 실패를 거듭하면서 필사적으로 매달린 '일'이었지만, 쑤양의 집안 형편이 안 좋다 보니 '성공'을 가늠하기란 점점 불투명해져갔다. 쑤양이 없을 때마다 참았던 불만을 나직이 쏟아냈다. "신부대로 4만 위안을 받으면 뭐해. 가구랑 전자제품 사는 데 5만 위안을 들였으니 1만 위안 손해 본 셈이지." 결혼 첫날밤을 보낼 쑤양 부모의 새집이 여전히 공사 중인 점도 스트레스였다. "그날 쑤양 집에서 씻기 어려울 테니까 우리 집에 있을 때 미리 목욕해. 나랑 쑤양이랑 싸워도 그러려니 해. 아니 배수관 연결하는 거 3000위안이면 하는데, 그걸 돈 아깝다고 미뤄서 결혼하는 날 신부가 목욕도 못 하게 만든 게 말이 되냐고. 나더러 자기 형네 집에 가서 목욕하라는 게 말이 되냔 말이야." 쑤양이 툭하면 자기 신용카드를 쓴다는 생각에 신경이 예민해진 쭤메이는 혼례 전날 나한테 이혼 가능성까지 언급했다.

결혼해서 수입은 남편이랑 따로 관리할 거야. 여자는 응당 퇴로를 확보해둬야 해. 우리가 맘이 안 맞아 이혼할지 누가 알겠어? 나는 돈을 계속 모아서 [후커우]현에 내 명의로 집을 장만할 계획이야. 보험 드는 원리랑 같은 거지. 미래는 아무도 모르니……. 물론 당장은 쑤양한테 절대 얘기해선 안 되지. 변호사랑도 상의해야 해. 혼인 등기 전에 구입하면 내 게 확실하지만, 등기 후라면 재산을 나눠야 할지도 모를 일이니까. 너도 알다시피 우린 딸만 둘이잖아. 나중에 내가 이혼하고 아무것도 없으면 그야말로 큰일이지.

쮜메이의 이 말을 들었을 때, 그가 보험 상품 판촉에 몰입했던 시절 위챗에 공유했던 포스팅이 불현듯 떠올랐다. 여성이 새 혼인법에 대처하는 요령이 담긴 보험회사의 광고 콘텐츠였다. "결혼 전에 구입한 주택은 개인의 재산이다. 남자가 결혼 전에 집을 구입했으면 이혼 후 여성은 빈털터리가 될 수밖에 없다."(2014년 7월 6일) 결혼은 쮜메이가 고된 분배노동을 수행해야 할 만큼 절박한, 하지만 결혼 전날 이혼 시 대처 방안을 모색해야 할 만큼 위태로운 성취였다. 선전에서의 보험 판매 실적은 별로였지만, 자기계발, 능력주의, 책임감을 독려하는 보험 합리성은 쮜메이의 삶-노동에 깊이 스며들었다. "결혼을 가난한 친정을 돌볼 보험으로 여기는 태도와 결혼생활의 위기에 대비해 보험이 있어야 한다는 태도가 마찰을 일으키며 공존했다."(조문영 2021b: 415) 결국 결혼을 보험으로 생각했던 시간을 짧게 마감한 그는 결혼을 위한 보험을 궁리하고, 이혼이라는 잠재적 위기를 일찌감치 관리하기 시작했다.

결혼 당일 쮜메이는 무슨 생각을 했을까? 연회에 모인 친척들의 수다와 폭죽으로 그의 고향에 오랜만에 활기가 넘쳤다. 쑤양이 자기보다 덩치가 더 큰 쮜메이를 둘러업고 사당에 들러 잠깐 인사한 뒤 제 마을로 황급히 떠나자 나팔 소리가 곡소리로 바뀌었지만, 대신 새 신부를 맞는다고 쑤양의 고향 마을이 들썩였다. 꽹과리 소리

민족과 국가

136

혼례가 끝난 뒤 쮀메이 부부는 서둘러 남편의 고향으로 향했다. 차량이 떠난 뒤에도 그의 부친은 한참을 길에 나와 있었다. 2019년 1월 25일 촬영.

에 아이들까지 모두 나와 신부가 던져주는 사탕을 받겠다고 진흙길을 뛰어다녔다. 쑤양의 친척과 이웃들이 밤늦도록 연회를 즐기는 동안, 쒀메이는 잔뜩 긴장한 채 옆방 침대에 다소곳이 앉아 있었다. 피곤한 기색이 역력했다. 짙은 화장, 온몸을 단단히 조인 붉은 예복, 머리카락을 박음질한 온갖 핀까지 당장 지워주고 벗겨주고 싶을 만큼. 손님이 모두 떠난 뒤에야 쒀메이는 더운물에 몸을 담그러 시숙의 집으로 향했다. "그깟 3000위안 때문에"라고 쑤양한테 싫은 소리를 내뱉을 기력조차 없었다.

사회적 공장에서의 빈곤

"선전은 열정이 넘치지만 동시에 상실감이 가득한 도시다. 너한테 밥 한 끼 사줄 순 있어도 돈을 꿔줄 순 없다. 다음에 다시 만날 수 있을지 누가 알겠나. 선전은 누구도 얕잡아볼 수 없는 도시다. 하지만 큰길에서 살려달라 소리쳐도 누구 하나 눈 깜짝 않는 도시이기도 하다. 남한테 사기당하고, 이튿날 내가 사기를 칠 수도 있는 도시가 선전이다……."(2014년 2월 6일 쒀메이가 공유한 위챗 포스팅)

타인의 위챗 포스팅을 공유하는 방식으로 일기를 써온 쒀메이는 상실감을 내비칠 때 주로 선전을 언급했다. 선전은 고향을 떠나

쮀메이 부부가 시댁에 도착한 뒤 잔치는 밤늦도록 이어졌다. 2019년 1월 25일 촬영.

여러 일을 전전하면서 가장 많은 시간을 보낸 도시였다. 그가 선전에서 온라인과 오프라인을 가로지르며 수행한 공장노동, 자원노동, 서비스노동의 궤적은, 도시가 단지 건물, 도로, 버스, 공원 등으로 이루어진 물리적 환경이기만 한 게 아니라 "문화적 실천, 지적 회로, 정동적 네트워크, 사회적 제도들의 살아 있는 역동체"(네그리·하트 2014: 227)라는 점을 구체적으로 보여준다. 자본과 전통적 노동조합의 명령으로부터 자율적인 노동계급을 지향했던 이탈리아 노동자주의 운동 이론가 마리오 트론티가 '사회적 공장social factory' 개념을 제안했던 맥락과도 닿아 있다. 잉여의 추출은 개별 공장을 넘어 다양한 작업장 안팎의 사회적 관계에서 발생하며, "인간의 노동력은 자본가에 의해 착취되는 것을 넘어 자본 내부에 통합"된다.(Tronti 2019: 20) 가사 영역이 자본주의적 생산 양식의 전방위적 침투를 볼 수 있는 핵심 지대라는 페미니즘 논의를 상기한다면, 여성의 무임 재생산노동이 일상적으로 행해지는 "부엌, 침실, 그리고 집" 역시 '사회적 공장'의 예외가 아니다.(Federici 2012: 7-8; Jarrett 2018)

이런 맥락에서, 나는 쭤메이를 폭스콘 노동자의 전형으로 묶어내는 대신 그가 폭스콘 공장 너머 사회적 공장에서 생산하는 다양한 물적·정동적 가치에 주목했다. 강조할 것은, 생산이 전 사회에서 발생할 때, 착취뿐 아니라 새로운 가능성이 틈입할 여지도 커진다는 점이다. '공통적인 것', 즉 "언어와 정동, 네트워크를 발산하고 공유함으로써 얻게 되는 기쁨"(조문영 2014b: 259)을 가질 기회는 가난한 사람들한테 전적으로 닫혀 있지 않다. 쭤메이가 자원봉사를 수행하고 보험을 판매하면서 사회적 네트워크를 넓히고, 스스로 설 자리를 새롭게 확보하려고 노력했듯 말이다. 하지만 이 장의 문화기술지가 보여주듯, '사회적 공장'은 노동자들을 단순히 기계, 노예, 짐승으로 억압하는 대신 이들의 열망을 한껏 부추기는 방식으로 가치를 수탈한다. 쮀메이는 자원봉사는 물론 보험 판매에서 강조하는 자기계발조차 조립 공정에서 같은 동작만 반복하는 공장노동과 상반된 가치로, 자존감과 사회성을 발현하는 기제로 보면서 도시의 커뮤니티와 네트워크를 조직하고 생산하는 데 온 힘을 쏟았다. 그랬음에도 법적으로든 사회적 인정으로든 도시에서 (농민공 청년들이 통상 쓰는 표현대로) '과객'으로 남았을 뿐이다. 필사적인 노력에도 불구하고 역량을 계발할 기회는 계속 축소되었고, 자원을 기대할 수 있는 대상은 결혼과 가족으로 압축되었다. 이 또한 혼례 당일 몸을 씻으러 남의 집을 찾아가야 할 만큼 취약했지만.

혼례를 마치고 설 연휴를 시댁에서 보낸 뒤 쮀메이는 남편과 함께 다시 선전으로, 폭스콘 공장으로 돌아왔다. 상실감을 토로할 때마다 떠올렸던 도시, 강제 철거 블로그 기사를 위챗에 공유하며 "아직도 많은 사람이 이토록 사는 게 죽는 것만 못한 도시를 떠나지 못하나"(2016년 5월 24일)라는 분노를 내뱉었던 도시를 재삼 기웃거리는 것 외에 별 선택지가 없었다. 결혼 피로연 당시 그가 친척한테 한 말마따나, "일이 있는 곳엔 집이 없고, 집이 있는 곳엔 일이 없는" 게 농민공 청년 다수가 맞닥뜨린 현실이다. 이번엔 남편과 같은 공장에서 일하니 외로움이 덜할까? 2019년 5월, 쮀메이는 흙탕

물이 범람한 길을 걸으며 직접 찍은 영상을 위챗에 포스팅하고, 다섯 글자를 덧붙였다. "被迫要搬家(강제로 이사해야 함)." 채팅으로 무슨 일인지 물었다. "산사태 위험이 있어서 방을 비워야 한다고 집주인이 전부터 계속 얘기했는데 쑤양이 꾸물거리다 이 사달이 난 거야. 한심하기 짝이 없어." 쮀메이의 답변에 짜증이 잔뜩 섞여 있었다.

빈곤, 과정이자 분투

이 장에서 나는 쮀메이라는 중국 여성의 노동 궤적을 따라갔다. 그가 참여관찰과 자료 수집을 허락해준 2013년 1월부터 2019년 5월까지 여러 형태의 노동이 교차하는 사회적 공장의 풍경을 담았다. 폭스콘 공장에서의 조립 공정, 커뮤니티 센터에서의 자원봉사, 보험 판매, 가사와 돌봄노동의 전 과정에서 쮀메이는 부단히 가치를 만들어냈지만, 그러는 동안 소외의 경험도 동시에 누적됐다. 그래도 삶은 질기게 이어졌다. 2020년 봄 태어난 딸이 큰 수술을 여러 차례 받으면서 부부는 마음 앓이를 했다. 2022년 8월 위챗으로 영상 통화를 하다 본 딸은 다행히 별 탈 없이 무럭무럭 자라고 있었다. 딸을 돌보기 위해 부부는 선전 폭스콘 공장 일을 접고, 쮀메이의 친정으로 거처를 옮겨 인근에서 일자리를 구했다.

거리와 작업장에서의 임금노동, 비공식 경제활동, 가사와 돌봄노동, (복지 수급에서 친척의 지원까지) 자원을 확보하기 위한 분배노동

필드노트를 정리 중인 내 모습을 쮀메이가 찍었다. 2017년 8월 24일 촬영.

등등, 가난한 사람들의 삶에서 노동의 무게는 전혀 가볍지 않다. '복지 수급자' 다니엘 블레이크와 '폭스콘 노동자' 쮀메이로 수급자와 노동자, 빈곤과 노동을 구분하는 접근은, 사회적 공장의 일상에서 다양한 형태의 노동이 교차하며 관계의 생성과 단절, 뜨거움과 차가움, 기대와 체념이 반복되고 뒤얽히는 과정을 볼 수 없게 한다. 빈곤과 불평등은 숫자로 축약할 수 있는 조건도, 스냅숏으로 관찰할 수 있는 현상도 아니다. 부단한 과정이고, 고된 분투에 가깝다.

4장 집으로 가는 길

과정으로서의 집

내가 집을 옮기겠다고 마음먹은 건 2021년 봄 무렵이다. 8년 전 대출을 받아 장만한 경기도 고양시의 20평대 아파트는 오래되긴 했지만 혼자 살기에 괜찮았다. 직장인 연세대학교 앞까지 광역버스가 다녔고, 정류장도 가까웠다. 깊이 알진 못해도 명절마다 선물을 주고받는 옆집 가족이 있어 다행이다 싶었다. 작은 평수의 아파트들이 오밀조밀 모여 있다 보니 놀이터도 북적였다. 아침에는 할머니들이 정자에 둘러앉아 수다를 떨고, 낮에는 유치원을 마친 아이들이 뛰어다니고, 밤이 되면 교복 입은 학생이 삼삼오오 모였다. 하지만 고소득 임금생활자로서 제법 여유가 생기다 보니 불평이 늘었다. 어머니를 모시고 살기엔 집이 좁게 느껴졌다. 배관에서 이따금 나는 쿵쿵 소리에 머리가 지끈거렸다. 앞 동 아파트가 유일한 바깥 풍경이란 점도 못마땅했다. 그 아파트 복도에서 연신 담배를 태우는 아저씨가 우리 집 거실을 내려다보는 것 같아 거슬렸다.

이런 자잘한 불만보다, 가파르게 상승한 집값이야말로 내 이사 결심을 추동한 확실한 불쏘시개였다. 부동산 사이트에서 확인한 동네 아파트의 실거래가는 구매 당시 집값의 곱절로 치솟아 있었다. "불안정 주거로 고통받는 사람들의 간절함"에 국가가 분명히 응답해야 한다는 칼럼을 내 손으로 쓴 게 불과 몇 달 전인데[1] 돈 벌었다는 탄성이 절로 새어 나왔다. 너무 '감격한' 나머지 팔 집뿐 아니라 살 집 역시 크게 올랐다는 데까진 신경이 못 미쳤다. 부동산 사장의 소개로 만난 대출상담사는 이것저것 캐묻기 시작했다. 교수인 걸 알고 눈을 반짝이다가 인류학을 전공했다는 얘기에 고개를 갸우뚱하더니, 고소득자임에도 자산 목록이 형편없단 걸 알고는 한숨을 내쉬었다. "인류학이 뭔진 모르지만, 암튼 세상을 구하는 좋은 학문이겠죠. 근데 제가 더 오래 산 사람으로서 조언을 드리자면…… 세상을 넓게 보고 친구도 두루 사귀세요. 대학에서 경제학, 경영학 공부하는 교수님들과도 어울리시고." 그가 자신의 "선견지명"으로 친구들한테 알짜배기 부동산 정보를 공유해 "재미를 본" 일화를 소개하니, 부동산 사장이 추임새를 넣었다. "교수님, 제가 도울 테니 이참에 인 서울 한번 해보시죠!"

사장은 매수 상한선을 정한 뒤 내 직장을 중심으로 반경을 거듭 확대하다 서울 은평구 산자락에 자리한 아파트 단지를 찾아냈다. 우리 집 주변의 같은 평수 아파트와 시세가 엇비슷했다. 역세권은 아니지만 30분 걸으면 지하철역이 있고, 15분 걸으면 학교로 가는 시내버스도 탈 수 있었다. 고지대라 숨이 찼지만, 덕분에 거실 유리창 너머로 북한산 자락이 보였다. 버스정류장까지 이어진 골목의 재래시장도 제법 활기가 넘쳤다. 여기다 싶었다. 하지만 함께 동네를 둘러본 부동산 사장의 생각은 달랐다. "제가 이런 말은 안 하려고 했는데……" 그는 자못 심각한 표정으로 지도를 펼치더니 아파트 단지 주변의 각종 '기피 시설'을 지목했다. '사회적 약자'를 대상으로 한 의료·복지·교육 기관들이었다. "괜찮겠어요?" 사장이 처음 물었을 때 나는 상관없다고 답했다. 공공시설이 많으니 주변 관리나 치안도 좋지 않겠냐고 덧붙였다. "진짜 괜찮아요?" 두 번째 물음에도 고개를 크게 끄덕였다. 세 번째 질문을 받으니 오기가 생겼다. "명색이 내가 빈곤 연구자인데……" 혼잣말로 다짐했다. 그러나 부동산 사장도 물러서지 않았다. "왜 여기만 값이 싸겠어요? 나중에 팔기가 힘들어요." 그 말까지 듣고 나니 애써 다잡은 맘이 흔들리기 시작했다. 자잘한 고민이 출구전략인 양 튀어나왔다. 언젠가는 아파트를 벗어나고 싶은데 안 팔리면 어쩌지? 아버지가 계시는 요양원과 너무 멀리 떨어지지 않았나? 어머니가 비탈길 오르시기 불편하진 않을까?

몇 달 동안 법석을 떨다 다다른 곳은, 원래 살던 집에서 5분이면 걸어갈 수 있는 인근 아파트 단지였다. '영끌'한 30세 청년과 그의 부모에게 받은 매도금에 대출금을 잔뜩 얹었다. 집들이 온 지인들한테 동네 예찬을 늘어놨다. 단골 식당과 공원이 더 가까워졌다, 옆집 할머니가 좋다, 미세먼지가 적은 날에는 저 멀리 한강도 보인다, 주말 장터에 볼거리가 많다, 경기도는 아파트가 서울처럼 다닥 다닥 붙어 있지 않아 좋다……. 하지만 오랜 새집 찾기 여정을 다독이는 강력한 한방은 부동산 사장의 입에서 나왔다. "집값이 결국엔 떨어질 텐데 여긴 위치상 그렇게 폭락할 위험은 없어요."

이사를 준비하는 과정에서 '생활 공간'으로서의 집에 대해 내가 품었던 기대나 고민이 '투자처'로서의 집을 향한 욕망을 위장하는 변명거리에 불과했다고 생각하진 않는다. 좋은 이웃, 단골집, 놀이터, 대중교통, 어머니가 다니시기 편한 길 등등, 모두 내가 바라는 집의 구성 목록에서 빼놓을 수 없는 소중한 존재다. 하지만 주변에서 진지하게 부추기고 스스로 한껏 말려든 집-자산에 대한 기대는 내가 귀하게 여긴 존재들을 하찮게 보이게 만들었다. 집값이 올랐다, 적당히 유지될 거다, 집이 안 팔릴지 모른다는 집-상품의 강력한 서사에 포획된 나머지, 이 존재들이 다양하게 얽히면서 집을 만들어내는 과정을 온전히 느낄 만한 감정, 감각, 역량이 둔해졌다. 단지가 오래된 '덕택'에 나무가 한껏 울창해졌지만, 오래된 '탓'에 구축으로 불리는 게 더 신경 쓰였다. 대출상담사의 새삼 진지한 조언을 듣고 있자니 내가 진짜 인생을 잘못 살았나 의구심이 들었고, 부동산 사장의 의리, 우애, 인내, 응원에 메말랐던 감정이 되살아나기도 했다. 그렇게 자산이자 상품으로서의 집을 중심으로 거래자들이 끈끈하게 결속된 세계에는 집이 생명, 생존, 기본의 자리로서 들어설 틈이 없었다. 이 세계에서는 경제적 능력이 거주할 자격을 논하고 집을 획득할 유일무이한 기준이 됐다.

'과정으로서의 집home as process'이 다시 내 시야에 잡힌 것은 살면서 거래자는커녕 거주자 자격도 획득해보지 못한 사람들이 집에 대해 논하는 동영상을 봤을 때다. 홈리스추모제 공동기획단이 서울역 맞은편에 자리 잡은 양동·동자동 쪽방촌 주민들과 미래의 집에 관한 대화를 나눈 자리였다.[2] 공공개발이 이뤄진다면 임대주택에 어떤 시설이 있는 게 좋겠냐는 질문을 받자, 주민들은 꽤 상세한 답변을 내놓았다. 집 내부에는 "조리할 수 있는 싱크대" "베란다" "빛이 환하게 들어오는 창문" (각자 쓸 수 있는) "수세식 변기" "세탁기를 들여다 놓을 공간"이 있기를 바랐다. 단지에는 운동 시설, 의료 시설, 휴식 공간, "모여서 회의도 할 수 있"고 "수급 서류 상담도 받을 수 있는" 자치 공간이 있기를 원했다. 30년 이상 노후화된 건물에 월평균 24만 원의 임대료를 내고 두 평도 안 되는 방에서 온갖 냄새와 소음에 무방비로 노출된 채 연명해온 사람들, 동네 골목, 각종 복지시설, 반빈곤운동 단체 사무실, 서울역, 남산 등으로 제집을 확장해야 간신히 숨통이 트였던 사람들이 생각해낸 기대 목록이었다. 또 하나, 쪽방 주민들도 내가 일상적으로 만나는 청년들처럼 1인 가구의 집과 '원룸'을 동일시하는 통념에 반대했다. 방이 최소한 두 개는 돼야 한다는 게 공통된 의견이었다. 잠자는 방 말고 "친구들 오면 같이 놀기도 할" 수 있는, "취미 생활을 할 수 있는" 또 다른 방이 필요했다.

돈이 곧 '자격'이라면, 정부로부터 기초생활수급비를 받아 간신히 방세를 내는 쪽방 주민들이 세세하게 열거하는 바람들이 황당해 보일지도 모르겠다. 실제로 2021년 2월 5일 국토교통부가 서울시 동자동 쪽방촌 일대를 공공주택 지구로 조성하는 사업을 발표하고, 공공임대 아파트를 지어 쪽방 주민이 대다수인 세입자를 수용하기로 발표하자, 온라인 부동산 커뮤니티는 조롱과 분노로 들끓었다. "열심히 노력해서 일군 재산"을 "노숙인 집 지어준다고 강탈"당했다며 소유주들의 연대를 호소하는 글이 빼곡했다. 온라인 채팅에 참여하는 투자자들이 곧잘 언급하는 '노력' '땀' '성실' '기여' '공정' 같은 수사는 최종 도달점이 자산일 때라야 도덕적 인정을 획득했다. 사유재산을 지키고 불리기 위해 결집된 세상엔, 인간으로서 자고, 먹고, 쉴 수 있는 자리가 기본으로 제공되어야 한다는 생각이 틈입할 여지가 없다.

하지만 자산으로서의 집을 공리로 취급하는 사람들도, 만인이 수긍하나 경청하진 않는 주거권을 맥락 없이 외치는 사람들도 가난한 사람들이 '집'을 만들어온 시간성을 좀더 두텁게 바라볼 필요가 있다. 쪽방 세입자 '주제'에 침실 말고 "친구들 오면 같이 놀기도 할" 수 있는 별도의 방을 원했던 이석기(가명)는 일곱 살 때부터 남의집 살이를 했다. 같이 서울 가자던 친구가 남의 집 쌀가마를 훔친 바람에 소년원에 갔다. 나와서 구두닦이, 넝마주이를 하다 시장에서 짐을 날랐는데 빙설기를 훔쳤다는 누명을 쓰고 다시 감옥에 갔다. 출소해서 대구, 서울에서 품팔이하다 10년 가까이 신안 염전에 고립됐다. 그 뒤로 다시 서울에 와서 노숙, 교회, 쪽방을 오갔다. 그러다 예전에 교회에서 만난 사람을 다시 양동 쪽방에서 만났다. "아침에 일어나면 깨워서 밥도 같이 먹자"고 할 친구가 생겼다. "그래

150

도 죽을 때까진 같이 다녀야 할 긴데, 내가 '어딜 같이 갈까? 공동 묘지?' 그러면 빙긋 웃어요."(홈리스행동 생애사 기록팀 2021: 42) 이 석기에게 집이란 세계 속에서 자기 자리를 만드는 험난한 과정이었다. 그 과정에서 공동묘지에 같이 가자고 농을 건넬 친구가 생겼다는 것은 기적에 가깝다. 그런 집을 곧바로 자산으로 번역한다? 솔직히 너무 염치가 없다. 주거권이 정답인가? 앤디 메리필드가 '권리'에 대해 했던 비판을 떠올려봐도 좋겠다. "형이상학적 관심사라기에는 너무 추상적이고 너무 소원하며, 정치적 프로그램이라기엔 너무 유화적이고 너무 '합리적'이다."(메리필드 2015: 282)

인류학자들은 집home을 건조물이나 자산에 국한하지 않고 일종의 희망이자 미래로, 세계에서 자기 자리place를 확보하려는 지속적인 노력과 꿈의 표현으로 봤다. 사람들은 집에 관한 각자의 생각을 "물질성, 감정, 사회적 관계, 거주 실천의 교차 속에서" 부단히 만들고, 이 실천 속에서 소속, 안전, 가치의 감각을 조율한다.(Samanani and Lenhard 2019: 7) 이는 홈리스, 이주자, 난민에게 분명 더 위태롭고 고된 노동이다. 이 장에서 나는 가난한 사람들 사이에서 '과정으로서의 집'이 자신과 세계에 대한 인식과 감각에 어떤 영향을 끼쳤는가를 살핀다. 집이 수많은 행위자의 실천이 매개된 결과라면, 과정으로서의 집을 기술하는 작업이란 이들의 실천이 더 너른 공간과 더 긴 시간대에 걸쳐 어떤 방식으로 수행되었는가를 살피는 일이다.(Brun and Fábos 2015)

이 장에서 특히 나는 중국 하얼빈에서 폐품을 수집하며 살아가는 한 여성이 농촌의 토지를 되찾기 위해, 도시의 아파트를 장만하기 위해 분투하는 과정을 기술할 것이다. 정부 기관, 부동산 회사, 농촌의 시댁, 도시에 함께 이주한 친정 식구들이 이 여성과 맺는 복잡한 관계를 따라가면서, 가난한 사람이 무엇을 바랄 수 있는지를 제지당하거나, 자신을 부단히 검열하는 상황을 '자격'에 대한 물음 속에서 고찰할 것이다.

길에서 만난 농민공 여성

2006년 여름, 나는 하얼빈에서 도시 빈곤에 관한 현지조사를 시작했다.[3] 외국인이 중국에서, 게다가 빈곤이라는 민감한 주제로 장기 현장연구를 한다는 건 사실 불가능에 가까웠다. 2년 남짓 조사지를 찾아 여러 도시를 전전했다. 지역의 역사가 노동자 계급의 성쇠를 고스란히 반영하고 있다는 점에서 일찌감치 둥베이지방에 주목했지만(2장 참조), 어느 도시에서도 연구 비자를 발급해줄 만한 기관을 찾기가 어려웠다. "사업하러 오시지"라며 아쉬움을 표하는가 하면, 기다리라더니 수개월 넘게 아무 소식이 없고, 조사지를 방문할 때마다 중국인 보조 연구원을 대동해야 한다는 조건을 달기도 했다. 하얼빈에서 대학 어학연수 프로그램에 참여했다가 우연히 만난 사회학자와 쌓은 우정, 그리고 이 교수가 문화대혁명 당시 부모를 따라 하방下放된* 농촌에서 8년 동안 동고동락한 친구와 쌓은 우정이 아니었다면 애초에 연구를 포기했을지도 모르겠다. 정부 고위 관리였던 친구의 남편은 하얼빈에서 머문 2년 내내 한 번도 얼굴을 드러내지 않았지만, 현지조사의 물꼬를 시원하게 터주었다. "어디로 가고 싶으신가요?" 그의 지시(?)를 받았을 구區 민정국의 공무원이 단도직입적으로 물었다. 도시 노동자의 실업과 빈곤에 관심이 있다 하니 나와 교수를 봉고차에 태워 '하둥'이라는 하얼빈 외곽의 국영기업 공장지대로 데려갔다. 전날 비가 왔다지만 골목마다 물웅덩이가 깊게 패어 걷기가 힘들 정도였다. 주민들이 집 밖에 내다 버린 생활 하수가 빗물과 뒤섞이면서 웅덩이마다 악취가 진동했다. 정부 수거 차량이 오려면 일주일을 더 기다려야 한다는데 골목의 공공 쓰레기 처리장은 이미 차고 넘친 지 오래였다. 개혁개방 이후 20여 년에 걸쳐 공장이 쇠락하다 보니 노동자들의 집단 거주지도 자연스럽게 슬럼화를 겪었다. 문화대혁명이 한창이던 때 공장 노동자들이 작업장의 탄약을 가져와 거리에서 전투를 치렀다는 무용담이 무색할 정도였다.

"살아생전에 외국인을 직접 보게 될 줄이야……." 민정국의 지시(?)를 받았을 하둥 주민위원회 주임은 환영사를 늘어놓으면서도 얼굴엔 초조함이 가득했다. '인류학'은 고사하고 '연구자'란 말도 그에

---

* 하방운동은 1950년대 후반에 시작해 문화대혁명기에 특히 성행했다. 사회주의 당-국가는 상급 간부들을 농촌이나 변방으로 보내 낙후된 지역의 근대화를 도모하는 한편, 간부들의 관료화나 정신 노동·육체 노동의 간극을 줄이기 위한 인민주의적 캠페인을 단행했다.

처음 하둥에 도착한 날 거리 풍경. 2006년 8월 8일 촬영.

겐 낯설었다. 상부에서 보낸 '외국인'한테 본인이 얼마나 민생 업무를 잘하는지 보여줘야 한다는 책임감까지 엿보여 외려 미안했다. 주임은 처음엔 나를 데리고 하등의 디바오(최저생활보장제도) 수급자 가정을 부지런히 방문했다. 한때 공장노동자였으나 질병과 장애로 일을 그만둔 사람이 다수였다. "당과 정부에 감사"하다는 말을 듣고 나서야 주임은 안심하며 나를 데리고 다음 집으로 이동했다.

주임을 졸졸 따라다니는 동안 골목에서 한 아주머니와 유난히 자주 마주쳤다. 담벼락에 기대앉아 구멍 난 양말을 깁고 있을 때도, 이웃 할머니와 수다를 떨 때도, 폐지와 빈 병을 리어카에 가득 실은 채 목덜미에 수건을 칭칭 감고 집으로 돌아올 때도 있었다. 주임한테 아주머니에 관해 물으니 반응이 시큰둥했다. "외지 사람이야. 여기는 공장 망한 뒤로 별의별 사람이 다 들어오지. 우리가 소개해주는 사람들만 만나는 게 안전해."

일주일이 지나자 업무가 바쁜 주임이 나와의 동행을 먼저 포기했다. 그의 '친절한 감시'에서 풀려난 뒤 제일 먼저 이 아주머니와 통성명을 했다. 쑨위펀(가명)이라는 40대 중반의 여성이자 농촌 출신으로 도시에서 일하는 농민공이었다. 하얼빈에서 140킬로미터 떨어진 농촌에서 태어난 쑨위펀이 하등에서 세입자로 산 지 이미 13년이 지났는데도 여전히 외지 사람 소리를 듣는 것은 그가 농촌 호구를 가졌기 때문이다. 개혁개방 이후 도시 주민과 농민을 제도적·공간적으로 분리했던 호적제도가 완화되고, 농촌의 집체(인민공사)화와 도시의 단위제도 무너지면서 농민들의 도시 이주는 필연적

155

일을 마치고 돌아오는 쑨위펀. 2006년 11월 18일 촬영.

인 흐름이 되었다. 하등도 이런 흐름에서 예외가 아니었는데, 주로 봉황공장 노동자와 그 가족이 단위에서 집을 배분받아 살던 지역은 공장의 쇠퇴로 두 가지 이주 패턴을 경험했다. 하나는 그나마 여유가 있었던 노동자 가족의 탈출이고, 다른 하나는 일자리를 찾기 위해 인근 농촌에서 도시로 몰려든 농민공의 유입이었다. 도시 호구를 가진 공장 퇴직자들은 쑨위편 같은 농민공들을 세입자로 받아 빈약한 연금을 벌충하며 살아갔다.

노동자와 농민이라는, 신중국 성립 후 중화인민공화국에서 대표적 '인민'으로 호명된 두 계급이 도시와 농촌에서 분리된 삶을 살다 '빈민'으로 서로를 마주하게 된 풍경은 어떠할까? 슬럼화된 도시 변두리에 거주하며 경제적 어려움과 사회적 낙인을 공유하면서도, 이들은 서로를 같은 부류의 빈민으로 생각하지 않았다. 부르디외가 프랑스에서 "상호 간의 몰이해나 무지, 혹은 잠재적으로 존재하고 있거나 아니면 공공연하게 드러나고 있는 갈등의 환경 속에서 서로 부딪치면서도 함께 살아가지 않으면 안 되는 사람들"(부르디외 2000: 13)로 묘사한 하층 백인 및 이주자들과도 겹치는 부분이 많았다. 하지만 중국 당-국가는 도시 중화학공업을 생산력 발전의 핵심 동력으로 삼고, (서구처럼) 자국 바깥으로 눈을 돌리기보다 그 내부의 농촌을 부를 전유하고 자국 경제의 모순을 전가할 식민지로 삼았다.(원톄쥔 2013) 이렇게 도시민과 농민을 사회적 신분으로 위계화한 역사는 국가와 인민의 관계를 차별과 혐오의 풍경에 틈입시켰다. 실업자가 된 도시 노동자는—당-국가가 한때 그들을 호명했던—'인민'이라는 수사를 적극적으로 동원하면서 제도적 보호를 요구했지만(2장 참조), 이데올로기적 찬양에 걸맞은 실질적 지원을 받아본 적이 없는 농민들, 그리고 농민공이란 이름으로 일감을 찾아 도시를 배회하는 그 자식들은 인민이란 명명 자체를 낯설어했다. 주민위원회 주임은 봉황공장 직공이 한때 얼마나 인기 많은 신랑감이었는지를 자랑하면서 외지에서 온 농민공을 "별의별 사람들"로, 안전을 위협하는 존재로 바라봤다. 반면, 쑨위펀과 지척에 세들어 사는 남동생 쑨쉬린(가명)은 농민을 '이리'에 비유했다. "소학교 밖에 못 나와서 내가 일자무식이긴 하지만 그래도 인상에 남은 책이 한 권 있어. 『인간과 이리人與狼』라는 제목인데 줄거리는 기억이 안 나. 하지만 힘들 때마다 그 책에 그려진 이리가 떠올랐어. 농민 출신인 내 삶이 이리랑 별로 다를 게 없거든. 둘 다 살겠다고 필사적으로 발버둥 쳐야 하잖아." 처음 대화를 나눴을 때, 그는 동네를 어슬렁거리는 나를 영 마뜩잖아했다. "가난을 연구한다면서 어째 도시만 돌아다녀? 농촌에 가야 가난을 보지."

인민에서 빈민으로 추락한 도시 노동자들은 자기 신세가 농촌에 토지가 있는 농민만 못하다고 한탄했다. 하지만 농사지어 얻는 소득이 도시에서 품팔이하며 버는 수입만 못한 농민들한테 도시 호구는 가닿기 어려운 특권처럼 보였다. 도시 노동자는 간신히 연명할 정도라 해도 연금이 나왔고, 부도에 직면한 국영기업 단위에서 그간의 근로 기간을 산정해 목돈까지 받았으며買斷, 정부가 주택을 전면 사영화하기 전에 단위에서 배분받은 집을 저렴하게 구매했고,

쑨쉬린이 집 앞에 모아둔 폐타이어. 2007년 7월 22일 촬영.

심지어 병 들고 경제 사정이 나빠지면 디바오 혜택까지 받았다.(2장 참조)* 쑨쉬린은 하얼빈에 온 지 15년이 지났는데도 나와 만날 때마다 도시 사람의 특권을 조목조목 열거했다. 그래도 그는 차별과 배제의 공간 위에 제집을, 관계를 새롭게 만들어왔다. 이제 중학생이 되는 그의 아들은 하얼빈에서 태어났다. 농촌에 홀로 남은 어머니도 하둥으로 모시고 왔다. 갑작스럽게 남편을 여의고 교통사고까지 겹쳐 드러누워 있던 누이 쑨위펀도 불러들였다. 엄마 손을 잡고 하얼빈에 온 쑨위펀의 자식들도 이제 20대 중반의 성인이 되었다.

중국이 시장경제 체제를 도입하고 경제성장을 전면적으로 밀어붙이자 도시는 곳곳이 공사장이 됐다. 내 중국 친구는 다소 과장을 섞어 말했다. "눈 떠보면 빌딩 한 층이 또 올라가 있어. 버스 정류장 위치도 매번 바뀐다니까." 새로 짓는 게 많을수록 폐기물도 늘었다. 건물을 지어 올리는 사람도, 버려진 것들을 주위 재활용하는 사람도 모두 농민공이었다. 쑨쉬린은 이부동생인 멍쉬둥(가명)과 폐타이어를 줍거나 사 와서 되팔았다. 거리에서 단속원과 실랑이하는 일이 가장 피곤했다. "드러운 놈들. 이놈들 진짜 웃겨. 내 리어카 자기들 맘대로 끌고 가놓고 견인비 삼사백 위안 들었다고 내놓으라지 않나. 한번은 너무 열 받아서 경찰 멱살 잡고 싸우다 벌금만 왕창 물었지." 쑨위펀은 근교 농민들한테서 사 온 채소를 시장

---

* 농촌 최저생활보장제도는 도시에 비해 한참 늦게 도입되었다. 내가 쑨위펀을 만난 이듬해인 2007년 국무원에서 조례가 통과되었는데, 선정 비율이나 금액이 턱없이 미미해 체감상 제도 시행 효과는 크지 않았다.

하둥 중앙 골목에서 삼륜차를 만들고 있는 멍쉬둥. 2006년 11월 18일 촬영.

에서 팔다가 집 근처에서 폐지를 줍기 시작했다. 그걸 개인 고물상에 팔아 하루에 10위안 남짓을 벌었다. 먹을 것을 줍던 시절이 지나간 게 그나마 다행이라고 했다. "남편 죽었을 때 나 고작 서른하나였어. 그때 애들이 열하나, 열두 살이었지. 한번은 아파트에서 쓰레기 줍는데 생선이 보이는 거야. 멀쩡해 보여서 얼른 가져와 요리했지. 근데 애들이 생선 냄새가 이상하대. 나는 그럴 리 없다고, 한근에 5마오 주고 시장에서 샀다고 거짓말했지. 진짜 애들한테 너무 미안해." 주워서 되파는 일을 반복하다 보니 쑨위펀과 쑨쉬린이 세 들어 사는 집은 공병, 폐지, 폐타이어로 발 디딜 틈이 없었다. 공간이 부족해 골목 앞에 쌓아둔 폐타이어가 어른 키를 훌쩍 넘겼다. 쑨위펀의 집 마당에는 틈틈이 주워온 나무까지 비닐 포대에 담겨 잔뜩 쌓여 있었다. "석탄이 한 톤에 500위안이라 도저히 살 수가 없어. 이 정도면 올겨울은 넘기겠지." 겨울이 되면 폐타이어 구하기도 어렵다며 멍쉬둥은 그간 모아둔 나무 합판과 비닐을 골목에 죄다 풀어놓고 삼륜차를 만들기 시작했다. 도시에 집 한 채 장만하는 게 요원한 처지인 농민공들은 주민위원회 간부들의 성화에 아랑곳하지 않고 골목까지 제집으로 만들었다.

"토지만 되찾으면 농촌으로 돌아갈 거야." 쑨위펀은 나와 만날 때마다 고향의 토지 얘기를 꺼냈다. 하얼빈에 온 지도 시간이 꽤 흘렀는데 굳이 돌아가야 할 이유를 물으니 자식에 대한 죄책감을 내비쳤다. 술 한잔 들어가면 "도시 사람들은 국가에서 연금 받지만 나는 자식이 연금"이라며 호기롭게 말했지만, 막상 술이 깨면 자식한테 미안할 이유가 수십 가지였다. 딸 쉬차오(가명)는 초등학교를 졸업하자마자 돈을 벌었다. 노점에서 채소를 팔고, 공장에서 아이스크림 포장지를 만들고, 매점 아르바이트를 하다 지금은 시내 인테리어 상점에서 욕실 제품을 판매한다. 아들 쉬궈(가명)는 중학교 졸업하고 건축 현장에서 일하다 환풍기를 만드는 중소기업에서 화물차를 몰았다. "자식 생각하면 가슴이 답답해. 너무 미안하지. 쉬궈는 만 위안 모으기 전에는 결혼을 안 할 거래. 가난한 어미한테서 태어난 게 뭔 죄라고. 생산대 놈들은 내가 토지를 애초에 포기한 거 아니냐고 나를 막 정신병자로 몰았지. 억울해서 담배를 못 끊어. 토지만 돌려받을 수 있으면······."

토지를 찾을 자격

쑨위펀은 열여섯 나이에 시집갔다. 남편의 고향은 같은 빈賓현이지만 100리나 떨어진 마을이었다. 그는 생산대에서 다 같이 농사를 짓다 "열아홉 나이에" 남편과 함께 토지 7무(중국의 토지 측정 단위로, 1무畝는 약 200평에 해당된다)를 배분받은 걸 똑똑히 기억했다. 중국 정부가 1980년대 초반부터 농가생산책임제(승포제承包制)를 시행하면서 집단으로 경작하던 토지를 개별 농가에 임대하도록 허용한 것이다. 농촌 토지가 집체 소유라는 점은 바뀌지 않았으니 엄밀히 말하자면 토지 '경영권'을 불하받은 것이지만, 생산의 기본 단위가 인민공사(집체)에서 개별 농가로 바뀌면서 농민들은 '내 땅'이 생겼다고 환호했다. 하지만 10여 년이 지나 불행이 한꺼번에 찾아왔다. 도박 빚에 연루된 남편이 갑자기 목숨을 끊었다. 남편이 죽고 얼마 지나지 않아 길에서 교통사고를 당했다. 한 달 병원비도 안 되는 보상금을 받고 고향 친정으로 돌아가 앓아누웠다. 그사이 빈현에 큰 홍수가 났다. 집으로 돌아왔을 땐 그의 땅에 난데없이 가옥 몇 채가 들어서 있었다. 홍수 피해를 복구하는 과정에서 (쑨위펀이 아직도 인민공사 시절의 명칭을 따라 '생산대대'라 부르는) 촌민위원회가 그의 토지를 농가 신축 부지로 전용한 것이다. 이미 토지를 포기하고 나간 게 아니냐는 촌장(촌민위원회 주임)의 말도 기가 막혔지만, 자신이 언제 돌아올지 몰라 제때 연락하지 못했다는 시댁 식구들도 야속했다. 남편이 가고, 농사지을 땅도 사라졌고, 집 세간살이는 병원비를 갚느라 팔아버린 지 오래였다. 그렇게 떠밀려 하얼빈에 왔으나 도저히 버티기가 어려웠다. 쑨위펀의 서사에서 토지가 계속 소환된 배경이다.

그가 외국인인 내게 토지 찾는 일을 도와달라고 거듭 말했을 때 쉽게 뿌리치지 못했다. 변호사도 기자도 아니고, 중국 토지 정책에 관한 이해도 두텁지 않다는 점을 구구절절 설명하며 한발 뒤로 물러날 수도 있었을 테다. 더욱이 외국인의 '내정간섭'을 극도로 경계하는 중국 정부와 현지조사 중에 마찰을 빚는 일은 가능한 한 피해야 한다고 선을 그을 수도 있었을 테다. 하지만 그럴 수가 없었다. 쑨위펀이 너무도 간절했고, 정당한 권리를 주장했기 때문이다.

중국 토지법엔 거주지에 상관없이 해당 집체에 호적을 갖고 있는가가 토지 권리를 주장할 기본 근거임이 명시되어 있다. 참여 의지는 신중한 책임성에 입각해야 한단 걸 뒤늦게 깨달았지만, 나는 엉겁결에 중국의 토지문제를 공부하기 시작했고, 쑨위펀이 '집'으로 가는 길에 동행했다.

2006년 12월 중순, 빈현에 함께 가기로 한 날이라 먼저 하둥에 들렀다. 쑨위펀은 잔뜩 들뜬 채 헤진 장갑을 꿰매고 있었다. 만일에 대비해 호구첩과 신분증을 챙겨 가자고 했더니 허둥대기 시작했다. 서랍을 다 뒤져도 신분증은 못 찾고, 수선하던 장갑마저 어디에 두었는지 기억이 안 나 엄동설한에 맨손으로 집을 나섰다. 버스는 하얼빈에서 품팔이하다 농촌에 돌아가는 사람들로 인산인해였다. 빈현 시내에 도착해 촌으로 들어가는 마을버스로 갈아탔다. 버스는 얼어붙은 비포장도로를 따라 한참을 덜컹거렸다. 쑨위펀은 차 안에서도 연신 담배를 피웠다. "돈도 없는데 이놈의 담배는 왜 못 끊는지…… 하루에 2위안씩 들어."

버스에서 내려 가파른 산길을 걷는 동안 쑨위펀은 몇몇 집을 가리켰다. "여기도 내 땅, 저기도 내 땅……." 160호가 사는 작은 마을이었다. 죽은 남편의 남동생인 왕쥔(가명)은 반갑게 우리를 맞았지만, 토지문제를 해결하러 왔다는 얘기에 난색을 표했다. "여기 일찍 떠나고 토지도 포기했는데 지금 와서 따져 뭘 해. 소용없을 거야." 왕쥔 가족은 나를 보고 쑨위펀의 딸이 안경을 쓰고 온 줄로 착각했다가 외국에서 온 대학생이라는 소개에 적잖이 당황했다.

쑨위펀과 함께 빈현 시댁 마을에 도착했다. 2006년 12월 14일 촬영.

'박사'가 뭔지에 대해 갑론을박을 하다 뭔가 '큰 게' 아니겠냐고 저희끼리 대충 정리했다. 가망 없단 말을 되풀이하면서도 왕췬은 우리를 도왔다. 한 시간 진흙길을 걸어 촌장 집을 찾았으나 허탕을 쳤다. 할 수 없이 사람들이 옛 호칭으로 '생산소대장'이라 부르는 리(가명)를 먼저 만났다.

리   나중에 토지가 있을 때까지 좀 기다려요.

쑨위펀 나 그렇게 못 기다려. 내가 어디서 일하겠어? 사람들이
     날 원하지 않아. 나처럼 이렇게 머리 희끗희끗한 사람 아
     무도 쓰려고 안 해.

리   누가 토지를 맘대로 줘요? 이 토지 관련 문제는 정부 정
     책이라 아무도 감히 건드리지 못해요.

쑨위펀 그렇게 못 건드린다면서 어떻게 [내 토지에] 집은 지었대?

리   [짜증을 내며] 당신 떠났잖아.

쑨위펀 내가 떠났어도 나한테 연락도 없이 집을 짓는다는 게 말
     이 돼?

리   아줌마는 이미 토지를 포기한 거야. 이사한 거나 다름없
     다니까.

쑨위펀 누가 포기를 해? 남편 죽고 차 사고 나서 다리 다쳤잖아.
     2년 동안 방에 누워만 있었어. 아무것도 못 했어. 내 아
     들딸이 대소변 다 받아내고. 2위안도 못 써서 벌벌 떨었
     어. 돈 없어서 집에 있는 거 죄다 팔았어. 그걸 어떻게 내

가 안 돌아왔다고 쉽게 말해?

리 농사를 안 지은 건 자동 포기에 해당돼요. [생산]대대를 찾아가요.

쑨위펀 날 거치지도 않았잖아. 난 매년 겨우 살아. 애들이 다 컸는데 [돈이 없어] 배우자도 못 구해. 내가 확 죽으려고 했는데 딸이 울면서 말렸어. 아빠도 없는데 엄마까지 없으면 어떻게 사냐고…….

서럽게 우는 쑨위펀을 간신히 달래고 다시 왕쥔의 집으로 돌아왔다. 그날 저녁 오랜만에 시댁 식구들이 한자리에 모였다. "외숙모, 하얼빈에 일 많아?" "그럼. 나처럼 늙은 년은 힘들지만, 너같이 새파란 애들이야 일 구하기 쉽지." 조카딸은 쑨위펀한테 하얼빈에 데려가달라고 졸랐다. 집이 가난해 열여덟에 서둘러 시집갔다가 남편의 폭력이 너무 심해 1년 만에 이혼하고 고향에 돌아왔다. 술 취한 이웃은 갑자기 나한테 한국 갈 초청장을 써달라고 졸랐다. 하얼빈에서 일하다 잠시 돌아온 청년들은 게임 삼매경이었다. 섭씨 영하 20도 밑으로 떨어지는 둥베이의 겨울에 농민들은 딱히 할 일이 없었다. 방구들에 끼어 앉아 해바라기 씨로 심심풀이하면서 텔레비전을 봤다. 손주의 재롱이 대단한 사건으로 느껴질 만큼 무료했다.

가부장 국가뿐 아니라 남편의 혈연 가족도 가난한 여성이 자기 권리를 주장할 '자격'에 의문을 던졌다. 모여앉은 사람들은 쑨위펀의 신세를 동정했지만, 토지를 되찾으려는 노력이 허사란 점을 연신 강조했다. "양씨 알지? 그 인간도 20년 동안 도시에 나가 있다가 갑자기 자기 토지 돌려달라고 나타났지. 촌주임한테 얻어터지고 도망갔대." "토지가 옛날엔 진짜 아무짝에도 쓸모 없었지. 농사지어봤자 남는 것도 없고. 다들 땅 버리고 도시로 갔잖아. 옥수수값 오르고 세금도 줄면서 갑자기 하나둘 나타난 거지." 쑨위펀이 옆에 있는데도 스스럼없이 이런 대화가 오갔다. 한정된 토지를 어떻게 나눌 것인가가 가난한 농민들한테 첨예한 사안이 됐기 때문이다. 농가생산책임제가 실시된 1980년대 이후, 새로운 인프라가 들어서고 가뭄과 홍수가 잇따르면서 경작할 땅은 계속 줄어들었다. 1998년 하얼빈에서 토지 조정이 이뤄졌을 때 왕쥔과 그의 부인은 각각 4무의 토지를 받았으나, 3년 전에 결혼한 왕쥔의 조카며느리는 고작 1무만 챙겼을 뿐이다. 토지 분배 과정에서 여성의 지위는 더 취약해서, 고향에서 자기 이름으로 배분받은 토지는 아버지의 몫이 되고, 시집간 마을에서는 새로 토지 권리를 주장하지 못하는 사례가 속출했다.(Judd 1996; Li 2002; Chen and Summerfield 2007) 새로 마을에 전입한 사람들은 대체로 남의 땅을 임대해 농사짓는 소작농으로 전락했다. 쑨위펀의 시댁 사람들은 그의 딱한 사정을 헤아렸지만, 그가 토지를 받는 만큼 제 식구의 몫이 줄어든다는 사실에는 민감했다.

이튿날 아침 쑨위펀의 동서는 손님이 왔다고 돼지비계와 내장을 잔뜩 넣어 국을 끓였다. 학교 가는 버스를 놓치면 안 된다며 눈도 제대로 못 뜬 아들 입에 달걀부침을 밀어 넣었다. 아침을 먹자마자 쑨위펀, 왕쥔과 나는 버스를 타고 (촌의 상급 행정기관인) 진鎭 인민 정부로 향했다. 부副 진장은 다행히 우리를 만나줬으나 시종 냉랭하고 고압적이었다. 쑨위펀의 울음에도 미동조차 없었다. 1998년 하얼빈에서 정부 문건에 따라 토지 조정을 단행했고, 이 조정 때 참여하지 않았으면 정책에 따라 토지 사용권을 포기한 것으로 간주한다고 으름장을 놓았다. 지방정부의 정책 문건이 농민의 30년간 토지 도급 경영을 보장한 중앙의 법보다 우위일 수 없다는 점을 내가 따졌더니 쑨위펀 이름 석 자를 마지못해 수첩에 적었다. "파출소에 신원 조회를 해서 자세한 사항을 파악해보죠. 어쨌든 이런 일은 상급 기관에 와봤자 소용이 없어요. 농촌 토지는 '촌민집체' 소유이니 촌민위원회와 담판을 지어야 해요."

다시 마을로 돌아와 촌장 집으로 들이닥쳤다. 촌장은 우리가 온다는 얘길 미리 듣고 봉고차에 시동을 걸던 중이었다. 마을에서 20년 동안 장기 집권을 해온 그는, 쑨위펀에 따르면 마을 공금을 빼돌려 다른 마을 여자랑 "놀아나고" 자신을 "정신병자"라고 부른 인물이었다. 정체를 쉽게 파악하기 어려운 나의 등장에 촌장은 긴장한 듯 보였다. 우리와의 만남을 빨리 끝내고 싶었던 걸까. 1998년의 토지 조정을 두고 실랑이를 반복하던 그는 약간의 여지를 남겼다. "쑨위펀씨는 기존 토지에다 집을 지었으니 특별한 경우이긴 합니다. 내년 설 이후에 토지 조정을 한 차례 다시 할 겁니다. 조정이 안 되면 토지를 점용한 시기를 산정해서 보상해줄 수 있어요. 물론 장담할 순 없습니다. 어쨌든 그동안 세금을 안 냈으니 그

부분도 계산이 필요해요."

내년 2월에 다시 찾아뵙겠다고 공손한 '협박'을 한 뒤, 나는 쑨위펀과 하얼빈으로 돌아왔다. 버스를 기다리는 동안 쑨위펀이 탕후루(과일에 시럽을 발라 꼬치에 꿴 간식)를 사 왔다. 발그스름히 상기된 얼굴로 웃으며 그가 말했다. "원래 못사는 사람들은 일찍 죽어. 살아 있을 적에 무조건 많이 먹어둬야 해." 쑨위펀은 탕후루를 입에 문 채 자신과 나의 공통점을 찾기 시작했다. "인류학" "미국 유학" "박사과정생" 같은 소개말은 아무리 들어도 익숙해지지 않았다. 대신 한국에도 농촌이 있는지, 닭 소 돼지를 키우는지, 숯불에 감자를 구워 먹는지 물었다. 내가 고개를 끄덕일 때마다 좋아했고, 결국 자기나 나나 같은 하늘 아래 있는 게 공통점이 아니겠냐며 혼자 너털웃음을 터뜨렸다. 그가 집을 찾는 여정에서 더 너른 '우리'의 집을 잠시 떠올린 순간이었다.

한껏 설렜던 시간은 아쉽게도 너무 짧았다. 이듬해 설이 지난 뒤에도 토지 조정 소식은 들려오지 않았다. 쑨위펀의 성화에 못 이겨 촌장과 만난 왕췬이 전화로 들려준 얘기는 암담했다. "촌장 그놈이 안면을 싹 바꿨어. 지난해 만났을 때는 문영이 기자인 줄 알고 잔뜩 겁먹고 거짓말을 했던 거야." 3월 중순 '농민공의 빈곤 특성'을 주제로 논문을 준비하는 사회학과 대학원생과 함께 쑨위펀을 만났다. 학생은 월수입, 부채, 가전제품 등등 두툼한 설문지에 담긴 문항에 따라 질문을 이어갔지만, 쑨위펀은 초조한 심정으로 토지 얘기만 반복했다. 갑자기 내의 아랫도리를 벗더니 예전에 교통사고를 당해 휘어버린 다리를 드러내 보였다. "우리 같이 빈현에 가면 안될까? 토지문제가 해결되지 않으면 난 도저히 살 방법이 없어."

2007년 3월 말에 쑨위펀과 다시 빈현 가는 버스를 탔다. 그한테는 뺏긴 토지를 되찾아야 하는 절박한 여정이자, 나와 함께하는 특별한 여행이기도 했다. 촌으로 가는 버스로 갈아타려면 두어 시간을 기다려야 했다. 짜장면을 파는 간이 식당을 찾았는데 쑨위펀이 위샹러우쓰魚香肉絲(돼지고기를 가늘게 썰어 갖은 채소와 볶은 요리)를 추가로 주문했다. "어제 여동생이랑 매부가 집에 왔는데 걔들이 그래. 여자들이 위샹러우쓰를 좋아한다고. 난 원체 식당에 가본 적이 없으니 알 게 뭐야. 그래도 너랑 먹으려고 이름을 기억해뒀지. 이런데 와도 글자도 모르고 먹을 게 뭐가 있는지도 모르니 사람들이 뭘 시켜 먹는지 멀뚱히 봤다 주문하지." 우린 양념까지 말끔히 비우고 일어났다.

마을버스에서 내려 지난번처럼 왕췐의 집으로, 다시 촌장의 집으로 하염없이 걸었다. 겨우내 꽁꽁 얼었던 흙과 각종 폐사료가 녹기 시작하면서 길은 전보다 더 질퍽해졌다. 예상대로 촌장은 집에 없었다. 아들은 아버지가 하얼빈에 갔다 하고, 뒤늦게 나온 부인은 나무 사러 인근 산촌에 갔다 했다. 왔던 길을 그대로 되돌아가야 했다. 왕췐한테 미리 연락도 않고 빈현까지 나를 데리려 온 쑨위펀도, 어차피 헛수고란 생각에 수동적인 동반자 역할에 자족한 왕췐도 살짝 야속하게 느껴졌다.

이튿날 아침에 촌장과 가까스로 전화 연락이 닿았다. 그는 오래

쑨위펀, 왕쥔과 함께 촌장 집에 갔다가 허탕 치고 돌아오는 길. 2007년 3월 29일 촬영.

전부터 쑨위펀이 들어온 답변을 내게도 재차 반복했다. "우리 촌은 어쨌든 1998년 하얼빈시에서 단행한 토지 조정을 준거로 삼고 있어요. 조정 이후에 외지로 나간 사람은 보상을 받지만, 그 이전에 이미 외지로 떠난 사람은 토지를 자동 포기한 것으로 간주해 보상해줄 수 없다는 게 하얼빈 시정의 방침입니다. 제 말을 못 믿겠으면 상급 정부를 다시 찾아가보세요." 이 하얼빈시 규정이 토지 조정과 관계없이 집체 성원인 한 도급권을 인정하는 승포제와 모순된다는 점을 강조하자, 촌장은 지방의 현실적인 상황을 재차 강조했다. "현재 더 이상의 토지 분배가 안 되는 상황에서 중앙의 법률을 그대로 따르는 것은 불가능합니다. 다만 내년에 토지 정리가 있을 때 쑨아줌마 같은 사람들老百姓의 절박한 상황을 고려해 '특별보호特殊照顧' 대상으로 고려해볼 수 있어요. 쑨위펀이나 왕쥔이 도통 알아듣지 못하니 잘 좀 설명해주세요."

어떡해야 하나. 촌장은 자기 권리를 당당히 주장했던 쑨위펀을 어느새 보호와 배려의 대상으로 만들더니, 자신을 후원자patron로 둔갑시켰다. 쑨위펀은 휴대전화를 붙든 내 얼굴만 빤히 바라보고 있었다. 뭐라도 해야 했다. 일전에 토지문제와 관련해 조언을 구했던 하얼빈의 조선어 매체 법률 담당 기자에게 전화를 걸었다. 촌장의 얘기를 전했더니 그는 궤변이라며 짜증을 냈다. "토지문제에서 가장 중요한 건 당사자가 집체의 성원인가 아닌가 여부예요." 하지만 기자가 더 짜증 난 상대는 다름 아닌 나였다.

조 박사님, 그만두십시오. 아니 중국 공민도 아니고 외국인이 와서 도대체 뭘 어쩌겠다는 겁니까. 여기 정부 쪽 사람들 반감 가질 게 뻔합니다. 한국 사람들 조선족 마을 와서 이것저것 대꾸하면 우리야 기분 나빠도 같은 동포니까 그러려니 하지만 조 박사님은 이 중국인들한테 완전 외국인 아닙니까. 이 사람들이 법을 모르든 어떻든 그거야 그들 사정이죠. 아니 자기들 친척 다 있고 한데 어딜 괜히 나선답니까. 저 같은 중국인 기자도 이런 일에 관여하면 십중팔구 이기지 못하는 게 뻔한데 아니 외국서 온 사람 얘기를 도대체 누가 들어준답디까……. 물론 도우려는 맘은 알겠지만 이쯤에서 그만두십시오.

전화를 끊었다. 쑨위펀은 여전히 나만 뚫어지게 바라보고 있었다. "기자님이 그러는데 이게 법률적으로는 아줌마 얘기가 맞지만, 이 마을뿐 아니라 하얼빈 전 지역에서 정책이 이런 방식으로 시행되고 있어서 딱히 방도가 없대요." 내 궁색한 번역에 쑨위펀은 소송을 하면 돈이 얼마나 들지 물었다. 왕췐이 옆에서 찬물을 끼얹었다. "에이 토지 보상받는 액수의 곱절은 들 거예요." 쑨위펀은 자리에서 일어나 외투를 껴입으며 내게 덤덤히 말했다. "이제 집으로 돌아가자."

집을 고를 자격

토지를 되찾기 위해 분투하는 과정에서, 쑨위펀은 사실 현금 보
상도 개의치 않았다. 토지에 대한 권리를 주장한다고 해서 남편과
함께 살았던 농촌으로 돌아가기를 간절히 바랐던 것은 아니란 얘
기다. 빈현은 이제 더는 함께할 수 없는 남편의 고향이다. 어린 나
이에 시집가서 10년 넘게 지냈지만, 신혼의 기억은 남편의 자살, 교
통사고, 토지 분규를 거치면서 지워진 지 오래다. 비통함의 서사가
모든 기억을 압도했다. 살아남기 위해 세간살이를 다 팔고, 어린 남
매를 데리고 하얼빈 도시에 와서 남이 먹고 쓰다 버린 것들로 간신
히 연명했던 삶에 관해 그는 얘기하고, 또 얘기했다. 그의 여정에
동행하면서, 나는 한때 식구라 여겼을 시댁 사람들 틈에서 그가 느
낄 외로움을 생각했다. 사람들은 남편의 죽음 이후 그가 감내한 삶
의 고통에 연민을 보였지만, 돈 안 되는 농사, 농촌과 도시를 오가
는 품팔이 생활, 가족의 갑작스러운 죽음, 질병과 장애를 대부분
운명으로 받아들인 지 오래였다. 더구나 그들에게 토지를 되찾겠
다는 쑨위펀은 가뜩이나 희소해진 자원을 빼앗을지 모를 '불편한'
손님이었다.

빈현에서 돌아온 후로 쑨위펀은 토지에 대해 말하는 횟수가 부
쩍 줄었다. 한 달 지나 하둥 골목에서 만났을 때 난데없이 부동산
광고 전단지를 내게 보여줬다. "토지도 이미 물 건너갔고. 여기서
이렇게 계속 살 순 없지. 자식들이 배우자를 얻으려면 멀쩡한 집이

한 채라도 있어야지." 하둥 근처의 한 국유 농장이 재정난을 타개하기 위해 부지 일부를 떼어 여섯 동짜리 소규모 아파트 단지를 건설하기로 했다. 쑨위펀과 만나기 며칠 전, 나는 하둥 주민위원회 간부를 따라 이 아파트의 모델하우스를 다녀왔다. 푸른 인조잔디 옆으로 고급 승용차가 지나가는 광고 포스터는 낡은 단층 벽돌집과 고물 타이어, 썩은 채소 더미가 뒤엉킨 하둥과 극명한 대조를 이뤘다. 모델하우스를 서성이는 인파 중에 하둥 주민들도 제법 눈에 띄었다. 평당 2400위안이라 하얼빈 시내보다 저렴했고, 30제곱미터짜리 작은 평수가 특히 인기였다.

집이 단순히 물질적 형태가 아니라 "경험적·관계적 범주"(Samanani and Lenhard 2019: 7)라면, 쑨위펀의 집은 빈현이 아닌 하얼빈에 있어야 적절하다. 남편을 잃고, 토지를 뺏기고, 교통사고로 다리까지 절뚝이던 그를 남동생 쑨쉬린이 하둥으로 불러들였다. 쑨쉬린은 열두 살에 하얼빈에 와서 갖은 품팔이를 전전하다 제약회사 비정규직 노동자인 지금의 아내를 만났고, 아들도 하얼빈에서 낳았다. 이부동생 멍쉬둥은 전역 후 트럭을 몰다 쑨쉬린과 폐타이어 재활용 일을 함께하려고 약혼녀를 데리고 하둥에 왔다. 어머니도 고향을 떠나 멍쉬둥의 집에 와서 자식들과 함께 지내는 중이다. 이들은 모두 하둥에서 골목 하나를 사이에 두고 세입자로 살면서, 텔레비전 드라마를 보러, 마작 하러, 부업 하러 쑨쉬린 집을 제집처럼 오갔다.

이들 가족이 서로 이웃하며 쑨위펀과 장소를 공유한다면, 여느 도시처럼 농민공에게 냉랭한 하얼빈에서 파편화된 형태로나마 소속감을 느끼게 해주는 사람은 손위 여동생인 쑨위제(가명)다. 빈현에 가는 길에 위샹러우쓰를 먹으면서 쑨위펀은 여동생 자랑을 늘어놓았었다.

내 동생 하얼빈 시내에 살지. 아파트도 장만했고, 도시 호구도 갖고 있어. 하얼빈의 먼 친척이 와서 중매를 서줬거든. 3·8 부녀절(세계 여성의 날)이 되면 남편이 꼭 근사한 식당에 데려간다니까. 얼마나 좋아. 농촌엔 그런 게 어딨어? 생일날 달걀 두 개 부쳐 먹으면 감지덕지하지. 근데 여동생 사는 집에 1년에 한 번이나 갈까. 주로 여동생이 하둥에 와. 시아버지 모시고 살뿐더러 나보다 조건이 훨씬 더 나으니 잘 안 가게 돼. 무시당할 거 같고, 그냥 내 맘이 무거운 거지.

쑨위제 남편 리신(가명)은 소아마비로 장애인이 됐다. 쑨위펀은 "학교 선생님"이라 부르지만, 중학교에서 설비 일을 맡고 있다. 인간의 쓸모를 발전과 성장에 유용한 몸-주체인가로 판별하는 풍경은 한국이나 중국이나 대동소이해서, 결혼은 많은 경우 '손상의 눈금'을 맞추는 과정이 됐다. 가난한 농민 호구 소지자라는 경제·사회 지위의 손상이 장애인 남성이라는 남성성masculinity의 손상과 등치되면서, 사람들은 장애인 도시 남성과 농민 여성의 결합을 자연스러운 것으로 해석했다.(Kohrman 2005 참조) 그해 설에 쑨쉬린의 집에서 온 가족이 모였을 때 쑨위제 부부를 만난 적이 있다. 리신이 마오타이주를 명절 선물로 챙겨 왔다. 잔뜩 취기가 오른 쑨쉬린이 말했다. "나 진짜 감동했어. 이 귀한 술은 오늘 마시지 말고 아껴 뒀다가 어머님 예순여섯 생신 때 마시자고." 자식이 공부를 열심히 해서 더는 자기처럼 고물상을 안 하는 게 쑨쉬린의 희망이라면, 리신의 소원은 딸이 하버드대학에 진학하는 것이었다. 그가 유일하게 아는 미국 대학 이름이란다. 각자의 사회적 위치에 따라 기대의 정도가 달라지고 다가가기 머뭇거려지는 '반보'의 거리도 생겼지만, 그래도 이들 가족은 명절에 격의 없이 어울릴 만큼 사이가 좋았다. 쑨위펀이 이들의 도움을 바라면서 덜컥 아파트 구매에 나섰을 만큼.

쑨위펀은 아파트 광고 전단지를 받으면서 분양 상담사 명함까지 챙겨뒀다. 정말 아파트를 구매하려면 대출이 필요하다는 건 알지만, 구체적인 절차에 관해서는 거의 몰랐다. "그 돈 내가 갚을 수 있을지, 언제까지 갚을지 아직 몰라. 근데 일단 남들도 하니까 나도 [상담을] 신청했어. 외지인도 상관없대. 고정적인 직업만 있으면 된대. 내 딸 회사에 있잖아. 거기서 증명을 해주면 된대." 모델하우스에 함께 갔던 주민위원회 간부한테 분양 절차를 좀더 물어보겠다 하니 극구 만류했다. (나중에 쑨위펀이 모델하우스를 다녀갔다는 사실을 들은 주민위원회 간부는 농촌 사람이 무슨 아파트를 구매하냐며 코웃음을 쳤다.)

에이 묻지 마. 쓰레기 줍는 할망구가 뭔 돈이 있어 방을 사냐, 어떻게 계속 갚아나가냐 그런 식으로 얘기 나오고, 그러다 나 아예 집 못 사게 하면 어떡해? 나야 친척들한테 손 벌려서 푼돈 갚아나간다지만, 분명히 다른 사람들이 들으면 접수도 안 받아줄 거야. 대충 계획이 있어⋯⋯. 쑨위제한테 3만 위안, 쑨쉬린과 멍쉬둥한테 2만 위안, 다른 가족한테 1만 위안 정도는 빌릴 수 있어. 어디 딴 데다 말하지 마.

쑨위펀은 좌불안석이었다. 돈도 없으면서 헛짓한다는 주변의 시선을 미리 짐작한 듯 보였다. 돌이켜보면 나도 이 '주변'에서 예외는 아니었다. 그가 집에 관해 이러쿵저러쿵 열심히 얘기하는 동안 딸 쉬차오는 옆에서 말없이 빨래만 했다.

2007년 5월 초, 쑨위펀과 함께 아파트 모델하우스를 방문하러 하둥을 찾았다. "이렇게 입고 가면 될까?" 그가 옷에 묻은 먼지를 털어내며 물었다. 깨끗한 옷으로 갈아입는 게 낫겠다고 말하고 싶었지만 별도의 외투가 안 보였다. 모델하우스는 아침부터 북적였다. 보관해둔 명함에 적힌 상담사를 간신히 찾았다. 상담사는 쑨위펀을 위아래로 훑더니 잠깐 불편한 기색을 내비쳤지만, 쑨위펀이 나를 "한국인 박사"라 소개하자 억지웃음을 지었다. 외지인도 아파트 구매가 가능하나 하얼빈 호구 소지자가 보증인 역할을 해줘야 한다고 강조했다. "이왕에 공무원이면 더 좋겠죠." 쑨위펀이 그 말에 당당하게 응수했다. "보증인 있어. 내 동생[쑨위제]. 걔는 하얼빈 호구도 있어. 다 알아서 해줄 거야." 쑨위펀은 도시 주민과의 꽌시關

하둥 인근 모델하우스에 전시된 아파트 단지 모형. 주민위원회 간부가 원하는 동을 손가락으로 가리키고 있다. 2007년 6월 4일 촬영.

系(인맥)가 없으면 일이 제대로 풀리지 않을 거란 점을 분명히 알았지만, 상담사는 판시 이상을 요구했다.

상담사 아줌마 여기 사람 아니죠? 고정 수입은 있으세요?

쑨위펀 아니. 내 여동생 남편이 하얼빈에서 선생님을 해. 걔가 보증을 서줄 거야.

나 [상담사한테] 아줌마 딸이 고정 수입이 있어요.

상담사 구매인이 하얼빈에서 고정 직업을 갖고, 단위[회사]에서 증명서工作證明도 받아야 해요. 이 경우엔 아줌마가 아니라 딸이 구매인이 돼야죠. 가족들과 상의할 필요도 있겠네요.

쑨위펀 문제없어. 쉬차오가 하얼빈에서 일한 게 6년이 넘어. 우리 아들도. 진짜 성실하지, 회사에서 그깟 증명 안 끊어주겠어?

상담사 따님 월급이 얼마나 돼요? 1000위안 이상은 되나요?

쑨위펀 아니. 한 달에 800 받아.

상담사 그런 경우라면, 선금으로 적어도 5만 위안이 필요해요. 20년 상환으로 매달 300-400씩 갚아야겠네. 어쨌든 대출 가능 여부는 은행에서 결정하니 꼭 확인해보세요.

쑨위펀 문제없어. 내 여동생이 돈이 있대도. 다음번에 데려오지.

의심과 짜증이 반반 섞인 채 답변을 이어가던 상담사는 결국 쑨위편과 대화를 포기하고 내게 이후 절차를 자세히 설명했다. 나 역시 쑨위편을 채근했다. "지금 중요한 건 여동생 데려오는 게 아니라 대출 가능 여부를 확인하는 거예요."

모델하우스에서 나와 근처 은행을 찾았다. 줄이 길게 늘어서 있다. 모든 절차가 생각보다 훨씬 더 복잡하단 걸 체감해서일까, 자신을 대놓고 무시하던 상담사와의 만남이 힘들었던 탓일까. 쑨위편은 순서를 기다리면서 내내 얼굴이 안 좋았다. 밖으로 나가자며 나를 채근했다. "여기 너무 답답해. 나 담배 피우고 싶어." 담배 한 모금을 내뱉더니 자조적인 말이 쏟아졌다. "내가 진짜 멍청하지? 하나도 몰라. 진짜 세 살짜리 애보다 못하다니까. 정말 바보야 바보. 지금 뭐가 어떻게 돌아가는 건지 도통 모르겠어." 쑨위편이 집을 구매하기 위해 세운 계획이 단순했던 것은 사실이다. 가족한테 돈을 꾸고, 아파트가 지어진 후에 선금을 내고, 두 자녀의 월급으로 매달 돈을 갚겠다는 계획은 엉성했다. 쑨위편은 선금에 대해 가족 누구한테도 속 시원하게 부탁하지 못했다. 선금 중 상당한 액수를 몇 주 내로 미리 지급해야 한다는 사실도 몰랐다. 자식들도 자기 월급을 내놓아야 한다는 사실을 제대로 몰랐다.

무엇보다 쑨위편의 장담이 무색하게도 쉬차오는 회사에서 고정 수입에 관한 증명서를 받지 못했다. "딸이 그러는데, 사장이 증명서 안 끊어준대." 쑨위편이 허탈한 표정으로 말했다. 쉬차오가 사장에게 증명서를 부탁조차 안 했다는 사실을 알게 된 건 며칠이 지나서였다. 쉬차오는 내게 덤덤히 말했다. "언니, 당연히 안 될 거야.

나 이 회사에서 일한 지 1년도 채 안 됐어. 게다가 임시공이고 외지인인데 사장이 [증명서를] 끊어주겠어? 동생도 새 일자리를 찾은 지 넉 달밖에 안 됐어. 개도 똑같이 임시공이고 외지인인데……" 엄마 소원인데 한 번은 사장한테 물어봐도 괜찮지 않겠냐고 했지만, 쉬차오는 결국 아무 행동도 하지 않았다. 한 달 뒤 만난 쉬차오의 대답은 전과 동일했다. "그거 물어봤자 소용없어. 물어볼 엄두가 안 나." 공연히 말을 꺼냈다가 분란을 일으킬까 두려워하는 눈치였다.

자리에 가닿기

"물어볼 엄두가 안 나." 쉬차오가 나지막이 내뱉었던 이 말이, 미국 농촌 백인들의 가난에 관한 자전적 에세이인 『하틀랜드』(2020)를 읽다 불현듯 떠올랐다. 저자인 세라 스마시가 고조할머니부터 자신까지 캔자스 농부 가족 5세대의 이야기를 아직 태어나지 않은, 가난의 천형을 물려줄까 두려워 낳을 엄두가 나지 않는 '딸'에게 들려준다. 스마시는 "성취를 향한 투쟁"에 나선 어린 여자아이를 가족들이 불안하고 못마땅한 눈길로 바라봤던 기억을 끄집어낸다. 도시화와 민영화에 따른 고통을 매일의 삶에서 감수하고, 여성과 빈자에 대한 폭력과 경멸을 때로 내면화하면서 살아가는 가족들을 떠나 주류 사회의 지식인이 되기까지, 스마시는 "잘난 척하지 마라" "네 자리를 지켜라" 같은 말을 끊임없이 들어야 했다. 아빠는 독성

폐기물을 처리하는 일을 하다 중독성 정신병에 걸렸으나 회사와 얼렁뚱땅 합의를 끝내버렸다. 변변찮은 보상 때문에 아파도 일했더니 장애 급여에서 제외됐다. 스마시는 '딸'에게 말했다. "제일 충격적이었던 건 아빠가 입은 정신적 상처가 아니라, 그 일에 대해 아빠가 아무 분노도 느끼지 않는다는 점이었어. 일하다가 죽는 게 자기 운명이라는 걸 잘 안다는 듯이……."(스마시 2020: 106) 그의 부친은 회사에 자기 권리를 주장할 '엄두'를 내지 못했다.

빈자들이 차별과 경멸의 시선을 끊어내는 대신 감수하는 풍경은 한국에서도 예외가 아니다. 은유(2019: 17)가 특성화고 출신 현장실습생 청소년들의 죽음을 살피다 발견한 것은 이들이 "자신의 고통을 공적으로 문제 삼는 법을 배우지 못했다"는 점이다. 전국특성화고졸업생노동조합 위원장 이은아는 산업현장에서 실습생들이 거듭 죽어가는데도 특성화고 학생들이 무관심을 보였던 까닭을 '체념'으로 해석했다. "사회적으로 워낙 고졸이면 모자란 것처럼 나오니까 '고등학교 졸업하면 어쩔 수 없나?' 그런 체념이 깔려 있는 것 같기도 해요. (…) 반항하는 것도 사회적 지위나 용기가 필요한 것 같아요."(은유 2019: 212)

분노를 느끼지 않고, 체념하고, 반항하지 않는 태도는 박탈당한 사람들이 "순전히 생존하기 위해 어쩔 수 없이 자신의 빈곤한 상황에 순응하는 경향"이기도 하다.(센 2013: 118) 아마르티아 쿠마르 센이 빈곤을 단순히 낮은 수준의 소득이 아닌 "기본적 역량capability"(2013: 151)의 박탈로 정의한 이유다. 하지만 이 장에서 쑨원편과의 동행을 비교적 상세히 기술한 것은, 빈자의 삶에서 급진적 변화에 대한 열망과 분노가 체념, 무관심, 순응에 선행했다는 점을 보여주기 위해서였다. 물어볼 엄두가 안 나고, 아무 분노도 느끼지 못하고, 고등학교 졸업했으니 어쩔 수 없다는 마음은 태생적인 게 아니라, 묻고 따지고 소리지를 자격을 박탈당하는 경험이 오랫동안 계속되고 누적된 결과다.

쑨위펀의 여정에 동행하면서, 한때 나는 그의 '집'이 계속 헷갈렸다. 태어난 고향인가, 시댁이 있는 빈현인가, 아니면 친정 식구가 모인 하얼빈인가? 지척에 농사지을 땅이 있는 가옥인가, 편리하고 현대적인 아파트인가? 쑨위펀은 토지를 찾으러 빈현에 갈 때도 "집에 돌아가고 싶다"더니, 토지를 포기하고 다시 하얼빈으로 떠날 때도 "집에 돌아가자" 했다. 집은 결국 특정 장소로 가리킬 만한 '어디'도, 건조물로 지칭할 만한 '무엇'도 아니라, 세계 속 자기 '자리'를 만드는 부단한 과정이었던 셈이다. 언제 헐릴지, 쫓겨날지 모르는 상태를 벗어나 맘 편히 누울 자리, 섭씨 영하 20도에 볼일을 보러 공중변소를 찾지 않아도 되는 편한 자리, 방이 단 한 칸이라 이 일 저 일 떠돌며 숙식을 해결하는 자식한테 곁을 내어줄 수 있는 조금 넓은 자리, 자식이 미래의 배우자 앞에서 좀더 당당해질 수 있는 신원 증명의 자리, 몸이 아프고 돈이 없어도 괜찮은 자리, 서로 돌보고 의지할 존재를 곁에 둔 자리……

하지만 쑨위펀이 자리를 만드는 과정은 (심지어 자기 자신한테조차) 자격을 의심받고, 자격 없음의 감각을 내면화하는 과정이었다.

토지의 권리, 집을 구매할 권리를 법적으로 보장하면서도 일상의 마디마디 권리의 수정, 번복, 예외를 정당화하는 국가와 자본의 통치술만 문제가 아니다. 촌장, 진 정부와 주민위원회 간부, 부동산 상담사의 노골적인 무시, 시댁 사람들의 은근한 경계, 가장 친밀한 가족들의 무관심과 체화된 수동성까지, '자격 없음'의 판정은 가까이에서 마주하는 사람들, 심지어 가장 친밀한 사람들에 의해 계속됐다. 동행하면서 주저하기를 반복했던 나도, 거듭 노력하고 거듭 '부적절한' 존재임을 확인받으며 점점 움츠러든 쑨웨이펀 자신도 예외일 수 없었다.

2007년 여름 다시 만난 쑨웨이펀의 모습은 1년 전 처음 만났을 때와 다르지 않았다. 새벽 4시에 일어나 리어카를 끌고 공사가 한창인 근처 주택 지구로 공병과 철근을 주우러 다녔고, 오후에는 골목에 돗자리를 펴놓고 이웃들과 고량주 뚜껑에 장식 술을 달았다. 쉬차오가 퇴근하고 오면 함께 저녁을 먹은 뒤 쑨쉬린 집으로 건너가 드라마를 봤다. 하둥에서 쑨웨이펀 가족을 마지막으로 만난 건 2011년 여름이다. 도로 확장 공사로 하둥 지역에 철거가 임박했는데, 쑨웨이펀도 쑨쉬린도 상황을 지켜보자며 담배만 태웠다. 그날 쉬차오는 낡은 단층집을 개조한 예배당에 나를 데려갔다. 가족 앞에서 시종 말수가 없던 그가 진지하게 복음을 경청하고 크게 손뼉 치며 찬송가를 부르던 모습이 빛바랜 기억으로 남았다. 그는 집으로 가는 길을 결국 삶의 저편에서 찾았던 걸까?

중국 선전 지하철역에 한 기금회의 빈곤 구호 프로젝트 홍보 포스터가 걸려 있다. "따뜻한 겨울을 나고 싶어요"라는 문구와 함께. 이어지는 장에서 다룰 빈곤산업은 빈자와 바깥 세계를 연결해내는 핵심 고리 중 하나다. 이 산업에 편입되는 순간 쮜메이도, 쑨위펀도 사진 속 부자父子처럼 무언의 비참으로 등장한다. 또 다른 빈곤을 겪고 있는 자들, 그럼에도 빈곤의 퇴마사를 자처하는 자들이 이 산업을 떠받친다. 이제부터 내가 본격적으로 다룰 청년들이다. 2018년 8월 21일 촬영.

2부

5장 글로벌 빈곤과 접속한 청년들

빈곤의 인류학─'글로벌 빈곤'과 '나의 불안' 사이

2011년 연세대에 취업한 이래 다양한 인류학 강의를 맡았다. 전공 필수 과목도 많았지만, 연구 주제와 부합하는 강좌를 특별히 만들기도 했다. 〈빈곤의 인류학〉이 대표적이다. 초반에는 〈Anthropology of Poverty〉로 열었다. 새로 부임한 조교수는 한 학기에 최소 1회 영어로 강의해야 한다는, '글로벌'인지 '콜로니얼'인지 정체가 불분명한 학교 시스템을 따랐다. 2015년부터 본격적으로 한국어로 가르쳤다. 현상에 대한 '낯선' 독해를 시도하는 문화인류학 관점을 응용해서 빈곤에 관한 인식을 심화하는 자리, 자본주의 정치경제의 변동에 주목하면서 빈곤의 문제 설정, 경험과 재현, 통치, 저항의 흐름을 함께 논하는 자리가 되길 바랐다. 과목을 처음 개설했을 때, 수강을 원하는 학생이 있을지 솔직히 걱정이 앞섰다. 외국에도 관련 수업이 별로 없었고, 커리큘럼에서 빈곤은 대개 도시 연구, (국제)개발, 사회복지 분야와 통합되어 등장했다.

하지만 이런저런 염려 속에 개설한 〈빈곤의 인류학〉 수업은 의외로 인기가 많았다. 이 수업을 찾은 학생들은 대개 두 종류의 빈곤에 관심을 내비쳤다. 하나는 '글로벌 빈곤'이다. 수업 첫 시간에 학생들이 각자 소개를 하며 수강 이유를 간단히 언급하는데 별안간 세계 곳곳의 지명이 등장했다. 라오스, 캄보디아, 인도, 몽골, 동티모르, 심지어 아이티까지, "아이 엠 그라운드"로 시작되는 어린 시절의 놀이가 떠올랐다. "○○의 자원활동·긴급구호·인턴·견학·선교 프로그램을 통해 다녀왔어요." 각자 해외 체류 경험을 소개하면서, 학생들은 ○○에 고등학교, 대학교, 교회, 국제개발 NGO, 대기업까지 다양한 기관들을 집어넣었다. (나중에는 반기문에게 밀렸지만) 긴급구호 활동가 한비야를 롤 모델로 삼는 학생, 글로벌 빈곤퇴치에 참여하기 위해 국제기구에서 일하고 싶다는 학생이 제법 많았다.* 기아와 전쟁으로 죽어가는 글로벌 남반구 빈민을 향한 연민, 죄책감, 인도주의적 사명감은 서구인들만 갖는 감정이 아니었다. 미국 유학 중에 만난 학생들 못지않게, 제국과 식민주의 폭력의 '피해' 국가에서 태어난 학생들도 빈곤을 보는 눈을 제 영토 바깥으로 확장하면서 관련 지식과 경험, 커리어를 쌓고 싶어했다.

21세기 초 언저리에 태어나고 자란 이들이 나의 학창 시절과 사

---

* 1990년대 말 이후 해외 자원활동이나 해외 문화 탐방 관련 서적들은 선풍적인 인기를 끌었다. 긴급구호 활동을 다룬 한비야의 『지도 밖으로 행군하라』(2005)가 베스트셀러가 됐고, 『왜 세계의 절반은 굶주리는가』(2007)처럼 국제기구 종사자들이 쓴 해외 빈곤 관련 서적도 속속 번역되기 시작했다.

뭇 다른 환경에 있음을 새삼 깨달았다. '글로벌'은 1990년대 정부의 '세계화' 복음처럼 수직적인 슬로건이 아니라, 국민국가의 경계를 넘어서는 일상의 경험과 실천, 사고와 정동을 포괄하면서 학생들의 일상에 공기처럼 안착했다. 대한민국이 원조 수원국에서 공여국으로의 전환을 당당히 선포한 시기에 태어난 학생들은 구세군 냄비보다 아프리카 아동 후원 광고를 더 많이 보며 성장했다. 글로벌 이동은 확실히 가진 자들의 특권으로 남지도 않고, 난민과 이주노동자의 생존 전략으로 축소될 수도 없는 다양성을 내포했다. 태어나자마자 인터넷을 접한 디지털 세대에게 국경 너머의 삶은 친숙한 화제였다. 외환위기 이후 대학에 진학한 학생들은 정부나 기업이 안정된 직업을 거둔 대신 뿌려준 각종 인턴십과 해외 탐방, 자원봉사 기회를 활용해 상대적으로 저렴한 외유를 했다. 과도한 교육열 덕택에 간단한 영어회화 정도는 가능해진 청년들이 한국, 한국인, 한국어의 구속에서 벗어나 '다른 삶'을 고민하는 것도 부모 세대에 비해 쉬워졌다. 조기유학, 어학연수, 배낭여행, 워킹홀리데이 등으로 장기간 해외에 체류하면서 한국 사회 청년으로서 기대되는 표준 생애 경로를 재고하거나 여기에서 이탈하는 청년도 제법 늘었다.(조문영 2017c: 9-10)

하지만 글로벌 경험의 두께와 세계 시민으로서의 활력은 별 관계가 없다. "왜 한국을 떠났느냐. 두 마디로 요약하면 '한국이 싫어서'지. 세 마디로 줄이면 '여기는 못 살겠어서.'"[1] 장강명의 소설 『한국이 싫어서』(2015)에서 호주로 이민 간 20대 후반 직장 여성 계나의 말이다. 인도의 요가 마을(이민영 2017), 미국의 커뮤니티 칼리지(김수정 2017)에서 워킹홀리데이로 찾은 아일랜드(우승현 2017)까지, 한국 청년들의 글로벌 이동에 관한 문화기술지 작업은 불안, 우울, 무기력, 탈진, 도피, 탈주, 유예의 서사로 빼곡하다. 이 서사는 〈빈곤의 인류학〉 수강생들의 말과 글에서도 빈번히 등장했다. 글로벌 빈곤과 더불어, 학생들이 관심을 보인 빈곤의 또 다른 형태는 그들 자신을 향했다.

"'발전'주의'는 남았으되 발전의 전망도 동력도 불투명해진 시대에 성인이 된다는 것은 어떤 의미일까?"(조문영 2022c: 114) 한국어로 〈빈곤의 인류학〉 수업을 처음 열었던 2015년 당시, 한국 사회는 자기계발서를 비롯해 자기계발에 지친 수험생들을 위한 힐링 서적, 이들의 절망을 위로하거나 실종된 정치성을 비판하는 서적, 이른바 청년 논객들의 냉소적 항변을 담은 서적까지 청년에 관한 무수한 담론으로 넘쳐났다. 이 과잉의 근저에 자리 잡은 것은 무엇보다 불안이었다. 기술 발전이 노동을 대체하고, 더 싼 노동을 찾아 자본이 쉽게 이동하고, 가치 증식이 실물경제 활성화와 점점 무관해지는 금융자본주의 세계에 살면서도 학생들은 수백 통의 자소서(자기소개서)를 썼다. 부모 세대가 습관처럼 강조해온 안정된 정규직과 성공 신화를 버릴 수도, 현실화시킬 수도 없는 상황에서 그런 처지의 비참함을 호소했다. 그들은 밥숟가락을 뜨자마자 시작한 경쟁으로 일찌감치 심신이 피로해진 상태에서, (고도성장기를 거치며 교육을 통한 탈빈곤을 제 눈으로 확인한 부모들이 쏟아부은) 투자를 회수하지 못하리란 죄책감, 기를 쓰고 노력해도 부모보다 못한 삶을 살 것 같다는 좌절감에 시달리고 있었다. 치열한 경쟁을 뚫고 명문대에 진학했지만, 대학이라는 최고봉에 올라서도 결정된 건 아무것도 없다는 상실감에 사로잡혔다. 구직에서 미끄러지고 소비 경주에서 뒤처지며 경험하는 "물질적 빈곤화"뿐 아니라, 영혼마저 기약 없이 노동해야 하는 데서 겪는 소외―프랑코 '비포' 베라르디가 "실존과 소통의 빈곤화"(2012: 112-113)라 부른 상태는 대개 공황과 우울증으로 표출됐다.

2015년도 수업에서 나는 '한국 청년의 빈곤'이란 대주제 아래 학생들이 자유롭게 소주제를 선택해서 기말 보고서를 작성토록 했다. 놀랍게도 학생 대부분이 가족의 경제적 배경과 상관없이 '한국 청년'의 자리에 자신을 기입했다. 과제물을 제출한 서른 명 중 단두 명만 청년층 내부의 빈곤 문제에 주목하면서 빈부격차와 비정규직 청년에 관한 인터뷰를 수행했다. 나머지는 당시 유행하던 '헬조선' '탈조선' 서사에 조응해 학업, 취업, 스펙 쌓기 과정에서 느낀 좌절과 고립, 자존감의 상실을 토로하거나, 국가장학금, 대학생 임대주택, 임금 피크제, 청년수당 등 청년에 초점을 맞춘 정부 정책을 분석하거나, 청년 세대의 불안을 비즈니스 아이템으로 만든 자기계발·힐링 산업을 비판했다. 한 학생은 그해 12월 서울대 재학생이 "생존을 결정하는 건 전두엽 색깔이 아닌 수저 색깔"이라는 나름의 계급론을 유서에 적은 뒤 목숨을 끊은 사건을 자세히 소개했다.[2] 죽은 서울대생의 부친은 대학교수, 모친은 중학교 교사였고,

그의 유서에 공감하며 교육을 통한 계급 이동이 어려워진 현실을 질타한 내 수업의 학생은 글에서 자신을 "중산층 마마보이"로 묘사했다.

학생들이 묘사하는 불안의 풍경은 학계가 빈곤이란 명명하에 주목해온 물질적 궁핍이나 사회적 배제와 분명 거리가 있다. 하지만 빈곤이란 낱말을 선취해야 할 만큼 이들이 감각하는 실존의 결핍은 상당했다. 이 장과 이어지는 장에서 나는 '글로벌 빈곤'과 '자기 자신의 불안'이 교차하는 자리에 청년들의 해외 자원봉사volunteering를 자리매김시킬 것이다. 정부와 국제기구, 기업, 대학, 시민사회가 긴밀히 동맹을 맺으면서 네트워크를 확장해온 글로벌 빈곤의 지형을 조망한 뒤, 대학생 청년들이 글로벌 빈곤 산업에서 적극적으로 호명되고 동원되는 현실, 경제적 불안과 실존적 결핍을 호소하는 청년들이 빈곤 퇴치의 책무를 자임하게 되는 역설을 현장연구를 바탕으로 논할 것이다. 미셸 페르는 신자유주의 시대에 자유로운 노동자 유형이 쇠퇴하고, 이것이 인적 자본이라는 새로운 형태의 주체성으로 대체된다는 점을 역설한 바 있다. 인적 자본으로서의 청년은 "자기 자신의 생산자, 기업가, 투자자"로 거듭나면서 빈곤을 새로운 가치 생산의 프런티어로 개척하지만, 동시에 "신자유주의 추종자들이 예측하지 못했던 방식으로 열망과 요구를 표현"하기도 한다.(Feher 2009: 30, 24) 불안한 청년이 글로벌 빈곤과 접속하는 방식은 단일한 서사로 수렴되지 않는다. 정상성normalcy에 대한 강박을 부추기는 힘도, 그 너머에 대한 갈망을 추동하는 힘도 불안이다. 다음 장에서 청년들의 수행성을 본격적으로 살피기 전에, 글로벌 빈곤과 청년이라는 두 의제가 어떻게 만나게 되었는지 들여다보기로 한다.

글로벌 빈곤 레짐의 등장

2018년 가을 〈빈곤의 인류학〉 수업을 듣는 학생이 강의 시작 직전에 헐레벌떡 뛰어왔다. "선생님, 저 제프리 색스한테 사인받았어요!" 제프리 색스는 미국 경제학자로서, 2006년 국내에 번역된 스테디셀러 『빈곤의 종말』을 썼다. 젊은 시절 그는 신자유주의 경제학을 글로벌 남반구와 포스트 사회주의 국가에 이식시키는 데 앞장섰다. 그가 제안한 '충격요법sharp therapy'은 자유시장과 사유재산에 기초한 대대적인 사영화 조치를 의미했다. 이 가공할 '요법'의 결과, 1980년대 중반 볼리비아는 광산 대부분이 사유화되면서 실업자가 넘쳐났고, 1990년대 러시아는 민생 경제 파탄과 조직범죄로 장기 후유증을 앓았다.

수업에 늦을까 봐 전전긍긍하며 줄 서서 사인을 기다리던 학생은 젊은 색스의 이력을 알았을까? 세월이 흘러 색스는 무분별한 시장경제를 경고하며 빈곤 퇴치의 선봉에 나섰다. 1993년 『뉴욕타임스』가 선정한 "세계에서 가장 중요한 경제학자"는, 20년이 지나 '행동하는 지식인'으로서 월가 점령 시위에도 참여했다. 『빈곤의 종말』이라는 책 제목에서 보듯, 충격요법을 외치던 종래의 급진성은 반反빈곤 행동에서도 고스란히 이어졌다. 색스는 국제연합UN의 전 세계 빈곤 퇴치 프로젝트를 총괄하며 2025년까지 지구상의 절대빈곤을 종식하자고 선언하고 전 세계 유명 인사들을 반빈곤 복음 아래 결집시켰다. 유투U2의 보컬 보노는 『빈곤의 종말』 추천사에서 극단적 빈곤을 전 인류에 대한 "모욕"으로 간주하고, 서구인의 도덕적 책임과 즉각적 대응을 주문했다. "해답은 (…) 바로 우리 어깨에 달려 있다. 우리는 위도의 고저가 아이들의 삶과 죽음을 결정하는 것을 더 이상 용인하지 않는 세대가 될 수 있다. 그러나 우리는 과연 그런 세대가 될 의지를 가지고 있는가?"(색스 2006: 10)

색스는 2007년 정부 초청으로 한국에 왔다. 외교통상부와 한국국제협력단이 공동 개최한 공적개발원조Official Development Assistance, ODA 국제 콘퍼런스의 기조연설자로서, 절대빈곤층 감소가 '지속가능한 발전'의 길임을 역설했다.[3] 이후 그는 나의 일터인 연세대학교에도 수차례 방문했다. 어디 연세대뿐일까? 그는 지구 곳곳에서 열리는 대규모 콘퍼런스의 단골 인사였다. 미디어가 그의 말과 걸음을 쫓아 글로벌 빈곤의 복음을 전하고, 각국 정부와 대학, 국제기구, 다국적기업, 재단, 비정부기구NGO가 이 복음을 '글로벌' '빈곤 퇴치·감소·완화' '사회공헌' '지속가능개발' 같은 통약가능한commensurable 어휘 아래 지식·제도·산업으로 만들면서 '글로벌 빈곤 레짐'을 구축해냈다.

요컨대 제프리 색스는 이 레짐을 특정한 방식으로 공고화하

197

는—행위자-네트워크 이론의 용어를 빌리자면—일종의 의무통과점이다.(1장 참조) 어디 그뿐일까. 이 연결망에서 의무통과점으로 등장한 인간·비인간 행위자의 목록은 변화무쌍하다. 이제는 마이크로소프트보다 게이츠 재단Gates Foundation의 공동 설립자로 더 유명한 빌 게이츠, 전술한 UN의 '새천년개발목표MDGs'와 후속작인 '지속가능개발목표SDGs', 지속가능한 성장을 위한 경영 지표로 급부상한 환경·사회·거버넌스Environment·Social·Governance, ESG까지, 특정한 인물·담론·정책이 특정한 관점과 방식으로 유통되면서 글로벌 빈곤 레짐을 형성 중이다.

21세기를 지나면서 글로벌 빈곤은 모든 지구거주자의 의제로 부상했지만, 나는 그 의제가 특정한 빈곤 레짐이 작동한 결과임을 강조하고 싶다. 물론 국경을 가로질러 빈곤을 사유한다는 것은 우리가 현재 경험하는 빈곤 양태나 구조적 조건이 대부분 '글로벌'하다는 점에서 중요하다. 21세기 빈곤의 쟁점으로 급부상한 재난, 전쟁, 만성적 고용 불안, 중산층의 몰락, 양극화, 환경 불평등, 부채 등 그 어느 것도 일국의 문제로 환원할 수 없다. 하지만 그런 와중에 고급 호텔에서 글로벌 빈곤을 주제로 열리는 회의가 만성적 위기를 논하고 해법을 모색할 '컨테이너'가 됐다는 점은 쉽게 넘겨버리기 어렵다. "전 세계 인구 67억 명 가운데 하루에 1달러 25센트도 안 되는 상상할 수 없을 정도로 적은 소득으로 생활하는 사람이 무려 14억 명에 이른다는 엄연한 사실은 이제 누구나 아는 상식"이나(로이 2018: 50), 이 상식 배후의 폭력을 언급하면서 식민주의, 제국주의,

2015년 채택된 UN 지속가능개발목표SDGs.

자본주의의 얽힘을 논하는 것은 불편한 일로 여겨진다. 글로벌 빈곤 레짐은 자본주의의 위기를 문제화하면서도, 해석과 대응을 "다양화multiplying"하기보다 (설명 모델이든 해결책이든) 위기에 대한 논점을 일정 틀 안에 "억제하는containing" 경향을 보인다.(Allon 2010: 370)

대표적으로, UN은 2015년까지 하루 1달러 이내 소득으로 사는 사람들을 절반으로 줄이겠다는 선언 아래, ① 절대빈곤 및 기아 퇴치 ② 보편적 초등 교육 실현 ③ 젠더 평등 및 여성 역량 강화 ④ 유아 사망률 감소 ⑤ 모성 보건 증진 ⑥ 인간면역결핍바이러스 및 후천성면역결핍증HIV/AIDS, 말라리아 등 질병 퇴치 ⑦ 환경적 지속가능성 보장 ⑧ 개발을 위한 글로벌 파트너십 구축을 골자로 한 '새천년개발목표'를 발표했다.[4] 당시 UN은 이를 실현하기 위한 스물한 가지 세부 목표를 정했다. 그중에는 최빈국의 특별한 요구를 다루고 개발도상국의 외채 문제를 조정하거나 차별적인 무역·금융 시스템을 시정하는 등 구조적 불평등을 완화하기 위한 여섯 가지 조항이 포함되나, 환경, 위생, 여성 재생산, 질병 관리, 유아 사망률 감소 등—푸코가 "인구로서 구성된 살아 있는 사람들의 총체에 고유한 현상들"에 대한 통치 실천으로 주목한(2012: 435)—생명 권력이 개별 국가를 넘어 전 세계적으로 통일적인 규준과 테크닉을 갖고 행사되기 시작했음을 보여주는 항목이 대부분이다. 새천년개발목표를 중심으로 연결망을 구축한 행위자들이 공동으로 싸워야 할 적은 말라리아와 HIV/AIDS, 학교와 병원의 부재, 부패와

빈곤의 사정

무기력으로 가시화되었다. 피식민지와 식민모국 사이의 부등가 교환이 낳은 체계적 착취, 채무국의 정부 지출을 줄이라는 IMF의 압력에 따른 보건·교육·복지 사업 축소, 식량·에너지 자원을 수탈하기 위해 강대국들이 마다치 않는 전쟁 등(로빈스 2014) 불평등한 세계 체제를 낳은 구조적 얽힘을 곱씹게 할 행위자들은 글로벌 빈곤레짐 주변부에 희미하게 흩어졌다. 구조적 폭력을 따지자면 마땅히 자본주의 발전 과정에서 입은 착취와 피해에 대해 정당한 보상을 요구해야 할 나라들이 주관적 폭력만 가시화된 전장에서는 원조와 차관, 봉사의 손길을 간절히 기다리는 수원국受援國으로 전락했다. 이 전장의 선봉에 선 빌 게이츠는 이제 독점과 편법을 자유자재로 구사하는 세계 최고의 갑부가 아니라, 해외원조 삭감을 요구하는 대중에 과감히 맞서고, "가난한 나라들은 가난한 운명을 타고났다"는 "편견"에 저항하는 영웅으로 추대되고 있다.[5] 슬라보예 지젝이 언급했듯, "자선을 베풀면 무자비한 이윤 추구도 상쇄되는 것이다".(2011: 52: 조문영 2014b: 242)

사실 빈곤이 (구조적 불평등을 비가시화하는) 글로벌 질서 형성의 매개로 등장하고, 통약가능한 언어·지식·가치·윤리·제도의 유통으로 이 질서가 강화되는 현상이 완전히 새로운 풍경은 아니다. 라미아 카림(2015: 273)은 지구적 차원에서 빈곤을 기술적으로 관리하기 시작한 역사를 세계은행과 IMF가 설립된 제2차 세계대전 이후로 소급해서 바라보는데, 특히 과거 서구 열강의 식민지 대부분이 신생국으로 독립하면서 전후 세계 질서의 새로운 방향을 모색하는 과정에서 개발이 중심적인 의제로 부상했다는 점을 상기할 필요가 있다. "제3세계의 가장 중요한 특징은 빈곤이며, 그 해결책이 경제성장과 개발이라는 점이 자명하고, 필수적이고, 보편적인 진리"(Escobar 1995: 24)가 되었다.

전후 제3세계에 대한 서구의 개발원조 프로젝트에는 여러 배경이 뒤섞였다. 냉전 질서 속에서 신생 독립국이 공산 진영에 편입되는 것을 막겠다는 정치적 고려도, 국제회의에서 식민모국과 어깨를 나란히 하게 된 제3세계 국가들의 성장을 돕겠다는 근대화적 열망도 작동했다.(Malkki 1994; Ferguson 2005) 공적개발원조가 급속히 증가한 것은 물론, 미국, 캐나다, 서독, 프랑스, 일본 등 선진국을 중심으로 한 해외봉사단이 1950-1960년대에 대규모로 창설되어(이형석 외 2011: 22) 과거의 선교사를 대체하는 근대화의 미션을 수행하기 시작했다.

특히 미국의 자선 재단philanthropic foundation은 자국의 글로벌 헤게모니를 이용하고 강화하는 방식으로 국제개발에서 주도적 역할을 담당했다. 쿠마르와 브룩스의 역사적 접근에 따르면, 1940-1970년대 자선 재단은 제3세계 농촌의 기아 문제를 기술로 극복하겠다는 과학적 발전의 기치 아래 대대적인 '녹색혁명Green Revolution'의 조력자 역할을 자임했다. "현대 자본주의 경제" "제3세계의 평화와 번영" "미국의 국가 안보와 경제 이익"을 조화시킬 수 있는 지식, 기술, 테크놀로지의 연결망을 구축해낸 거대한 실험이었다.(Kumar and Brooks 2021: 329) 하지만 1970년대 이후 자본주의 정치경제의 불안정성이 심화하고 대형 재단도 경제적 타격을 입으면서, 국제개발 패러다임은 서구의 일방향적 기술원조 대신 토착민들의 행위자성을 강조하는 방향으로 일대 전환을 맞았다. 록펠러, 포드와 같은 재단들은 지역 커뮤니티를 "진보의 장애물"이 아닌 "(경제개발을 위해 동원 가능한) 기업가 정신의 잠재적 보고"로 새롭게 규정하면서, 지역 정부와 시민사회, (1990년대 이후에는 특히) 민간 섹터와 파트너십을 구축했다.(2021: 332-334)

서구의 개발원조 프로젝트가 인적·물적 자원을 결집해내는 거대한 빈곤산업poverty industry으로 성장하는 동안, 개발원조가 기존 세계 체제의 불평등을 제거하기보다는 온존시킨다는 마르크스주의와 종속이론 진영의 비판은 주변부로 밀려났다. 이러한 빈곤산업은 빈자를 가시화할 뿐 아니라 국제기구와 각국 정부, NGO, 대학 등 공적개발원조라는 기치 아래 개발의 녹을 먹고 살아가는 수많은 전문가, 봉사자, 기관을 양성하는 바람에 개발원조의 반복된 실패가 오히려 당연한 규범norm이 되고, 정책의 설계-집행-평가로 이루어지는 개발 사이클의 한 고리로 정형화되는 현상이 벌어졌다.(Ferguson 1994: 8) 빈곤산업에 연루된 다양한 행위자들은 '로컬'의 요구와 맥락을 강조하면서도 특정 주제와 방식에 규범적 지위를 부여하는 방식으로 파트너십을 다졌다. 지구상의 수많은 현장에서 '로컬' '참여' '커뮤니티' '여성' '임파워먼트(역량 강화)' '마이크로파이낸스(소액 금융)' 등 비슷한 화두가 동시에 출몰하는 국제개발 레짐은 그야말로 초국적 통치성의 대표 사례가 되었다. "빈곤이 서로 다른 장소에서 상이하게 나타나고, 각 지역 빈자들이 자기 상황과 필요를 각기 다르게 인식할지라도, 개발 담론은 빈곤에 관한 지배적 이해를 서술하고 유포한다."(Sharma and Gupta 2006: 28) 특히 개발이 여성 중심 정책을 통해 작동되는 '정책의 여성화feminization of policy'는 한편에서 제3세계 여성의 빈곤을 긴급한 문제로 가시화하는 글로벌 페미니즘 운동, 다른 한편에서 젠더 불평등을 온존시키면서 여성의 임파워먼트를 정책의 핵심 '타깃'으로 삼는 빈곤산업이 교차한 결과다.(로이 2018: 153-154) 여성을 중시하는 빈국의 발전 계획이 국제사회의 정치적 승인과 원조금을 받기 위한 주요 통로가 된 점(카림 2015: 53)을 어떻게 바라봐야 할까?

글로벌 빈곤 레짐이 만들어낸 빈곤

오늘날의 글로벌 빈곤 레짐은 한편에서는 선진국들을 중심으로 한 정부 간 원조 체제의 전통[6], 국제개발과 인도주의적 자선사업이 행사해온 초국적 통치성과 흐름을 공유하면서도 다른 한편에서는 특징적인 변화를 보여준다. 첫째, 초국적 (불법) 노동 및 난민 이주가 증가하고 9·11 이후 테러리즘에 대한 공포가 팽배해지면서, (냉전 시기 서구의 근대화 프로젝트를 부분적으로 뒷받침했던) 빈곤과 안보security의 연계가 뚜렷해졌다. 글로벌 남반구의 빈곤은 글로벌 북반구 시민은 물론, 빈자에 '포위된' 남반구 엘리트 계층의 안전을 위협한다는 인식이 성행한다.(로이 2018; O'Neill 2013; Gupta 2014) '빈곤과의 전쟁'이 곧 '테러와의 전쟁'이라고 여겨지면서, 다양한 행위자가 '그들'의 탈빈곤뿐 아니라 '우리'의 안전을 위해 결집하는 새로운 국제주의가 출현했다. 로이(2018: 280)가 인터뷰한 미국 국제개발처USAID 간부의 말을 인용하자면, 소액금융은 "중도적인 이슬람 국가 청년들의 분노를 제어하는 안전밸브"가 되었다.

둘째, 잇따른 글로벌 경제 위기 이후 '윤리적' 자본주의가 일시적·위선적 이데올로기를 넘어 기업의 필수적 생존 전략으로 공론화되면서(김주환 2012; 조문영 2018) 글로벌 빈곤 레짐에서 자본과 기업의 역할이 급증하고 있다. 2008년 다보스 포럼에서 빌 게이츠는 '창조적 자본주의'를 설파했다. 그는 먼저 "자본주의는 수많은 사람의 삶을 개선했으나 동시에 더 많은 사람을 배제해왔다"라고 지적한 뒤, 정부나 비영리단체에 가난한 사람들의 구제를 전적으로 맡기기보다는 기업이 앞장서서 빈자를 위한 기술 혁신에 힘쓰고, 바로 이를 통해 이윤을 추구할 수 있도록 시장의 동력을 확산시켜야 한다고 주장했다.[7] 기업의 사회적 책임Corporate Social Responsibility, CSR, 공유가치창출Creating Social Value, CSV, ESG 등 시대에 따라 유행을 달리하는 슬로건이 실제 활동을 생산해내고 평가와 측정의 지표로 물질화되면서(Rajak 2011; Leins 2020), 이것은 글로벌 빈곤 레짐에서 강력한 행위성을 발휘하고 있다.[*] 기업은 이 레짐에서 빈곤의 '원인'이기보다는 가장 유능한 '해결사'로 등장하며, 막강한 자본을 투입해 통약가능한 언어와 지식을 개발하는 데 있어 선도적인 역할을 자임하면서 시민사회 및 사회운동과의 경계를 과감히 무너뜨리고 있다.

셋째, 글로벌 빈곤 레짐은 빈곤 퇴치의 '전문성'을 물신화하는 방식으로 작동한다. 이 레짐이 초국적 통치성을 행사하면서 만들어낸 국제개발의 공통 지식과 제도는, 각국 정부의 국제개발 기관은 물론, 국제개발협력 '전문가'를 양성하는 대학 학과와 싱크탱크의 설립을 추동해냈다. 후술할 한국국제협력단Korea International Cooperation Agency, KOICA(이하 코이카)은 국제개발 데이터와 사업 정보, 주요 지표에 관한 정보를 모아서 '코이카 개발 협력 오픈 데이터 포털'을 구축했으며, 국제개발협력 분야 전문도서, 보고서, 통계집 등을 온·오프라인으로 제공하는 공적개발원조 도서관을 운영하고 있다. 코이카 웹사이트에서 마련한 공적개발원조 용어사전에는 이 레짐에서 통용되는 400여 개의 영문 약어에 관한 해설이 소개되어 있다. 가령, 이 레짐에서 전문가 행세를 하려면 '지속가능한 소비와 생산'을 SCP, '젠더와 개발'을 GAD, '인권기반접근'을 HRBA로 번역하고 소통할 수 있는 역량을 갖춰야 한다. 학위와 자격증도 필수다. 제국이자 식민모국이었던 영국은 국제개발학 분야의 선두 주자다. 오랫동안 서구 원조를 받아온 방글라데시에서 현장연구를 한

---

* '글로벌 빈곤'에 대한 기업의 대응은 최근 들어 임팩트 투자를 비롯한 금융 영역으로 급속히 확산 중이다. 정부와 국제개발 조직, 인도주의 투자, 핀테크 기업의 결합으로 사회적·금융적 수익이 혼재된 지형(Kumar and Brooks 2021)에 대해서는 이후 더 면밀한 탐색이 필요하다.

인류학자 라미아 카림은 원조 담당자, 개발 NGO, 영어 교육을 받은 소수 전문가가 모인 빈곤 콘퍼런스를 "[수도인] 다카의 유일한 별다섯 개짜리 호텔에서 열리는 초대장 소지자만 입장 가능한 권위 있는 세미나"로 묘사했다. "그런 빈곤 세미나장의 복도에서 주고받는 이야기는 누가 가장 권위 있는 빈곤 계약을 따내고 컨설턴트 비용은 얼마이며 누가 다음번 해외 UN 콘퍼런스에 참석하며 누가 UNDP, USAID, DFID, CIDA, SIDA, DAINDA 아니면 세계은 행에 들어가고 나왔는지, (…) [누구에게] 컨설턴트가 필요한지 등등에 관한 것이다."(카림 2015: 300-301)

넷째, 글로벌 빈곤 레짐은 전문성뿐 아니라 대중성을 권장하면서 전 세계 평범한 시민들을 빈곤 퇴치의 무대에 등장시켰다. 앞서 소개한 제프리 색스, 빌 게이츠, 보노는 물론, 탐스 신발을 구입하여 제3세계 아동을 돕는 소비자*, 드론이라는 '혁신 기술'로 쪽방촌이나 재해 지역 지도를 제작하는 창업가까지, 수많은 세계시민이 자발적으로 빈곤 퇴치에 참여한다. 이들의 반빈곤 활동은 저항이나 헌신보다 열정, 재미, 창의성을 추구한다. 김예란이 "현실적이지만 낭만적이고 계산적인 동시에 순진하며 실리적이면서 인상을 꿈꾸는, 양가적이고 모순적인 모습"(2015: 103)을 지닌다고 보았던 디지털 창의노동이 빈곤에 대한 (구조적 문제 제기 대신) '해법'을 찾기

---

* 신발 업체인 탐스TOMS는 소비자가 한 켤레의 신발을 구입하면 한 켤레의 신발을 제3세계 어린이에게 기부하는 일대일 기부 공식One for One을 도입했다.

엔씨소프트문화재단이 2013년 유엔 세계식량계획WFP과 협력하여 출시한 기아 퇴치 게임 '푸드포스'.

위한 주요 수단이 됐다. 마케팅과 신기술, 독창적인 아이디어를 결합한 나눔 아이템이 온라인 포털에 수시로 등장한다. 예를 들어 한 게임업체는 2013년 세계 식량의 날을 맞아 '착한' 모바일 게임을 출시하고, 이용자가 각종 학습과 관련된 퀴즈를 풀고 정답을 맞힐 때마다 쌀알 열 톨을 적립해 기부하는 시스템을 마련했다. 재밌고 교육적인 게임을 즐기면서 동시에 기아로 고통받는 전 세계 아이들에게 쌀을 기부한다는 발상은 '혁신적'이다. 누구도 죄책감을 가질 필요가 없다.

마지막으로, 2000년대 이후의 글로벌 빈곤 레짐은 단순히 서구와 비서구, 글로벌 북반구와 남반구의 비대칭적 위계를 강화하는 대신 글로벌라이제이션, 국제정치의 역동에 따라 더욱 복잡한 지형을 보여준다. 1960년대에 아프리카 국가들에 상당한 원조를 지급했고 근래에 미국과 힘을 겨루는 대국으로 급부상한 중국은 '일대일로一帶一路' 사업을 통해 대외원조와 대외경제협력이 결합된 중국모델 사업을 본격적으로 시작했다.(양동권·정종필 2020) 일대일로참여국의 인프라 개발을 지원하고 후원국 역할을 자임하며, (과거서방국가가 아프리카에 했듯) 개발도상국에 과도한 채무를 지운다는점에서 이는 논쟁적이기도 했다. 전쟁을 거친 최빈국으로 국제사회의 집중적인 원조를 받았던 한국은 급속한 경제성장으로 2000년경제협력개발기구 개발원조위원회DAC의 수원국 명단에서 제외되었고, 2010년에는 위원회에 공여국으로 가입했다. 특히 아프리카에서 큰 반향을 일으킨 새마을운동은 여러 정치적 논란에도 불구하고 한국과 아프리카 국가들 사이에서 중앙-지방 교류를 활성화하면서 또 다른 '한류'를 낳았다. 서방국가와 대형 자선 재단이 국제개발 고유의 언어와 스타일, 문법을 통제하면서 여전히 담론 권력을 행사하고, 공여국으로 거듭난 후발 주자들이 근대의 성장·개발 중심성을 답습하고, 원조가 엘리트 권력의 지지 기반이 되는 관행은 사라지지 않았지만(Kumar and Brooks 2021: 324), 글로벌 빈곤 레짐의 참여자들이 특정 국가, 특정 이념에 따라 구획되지 않고 다변화되면서 한편으론 새로운 마찰과 틈새가 생기기도 했다.

글로벌 빈곤 레짐에서 내가 주목한 자본과 기업의 헤게모니, 전문성과 대중성의 공존, 지역성·우발성을 배제하지 않는 연결망은 한국 청년들과 글로벌 빈곤 레짐의 접속에 중요한 시사점을 제공한다. 글로벌 빈곤에 대응하는 것만큼이나(또는 그보다 더) 청년 실업에 대응하는 게 한국 정부의 중차대한 과제라는 점이 이 접속에서 새로운 돌기를 자라나게 한다.

청년, 환부에서 프런티어로

2013년 2월, 글을 쓰러 서울의 한 고시촌에 있는 프랜차이즈 카페를 찾았다.[8] 내가 앉은 테이블 벽면에는 이 프랜차이즈 기업에서 주관하는 '○○ 청년봉사단'의 인도네시아 자원봉사 활동 사진이 나무집게에 하나씩 집혀 있다. 벽화를 그리고, 아이들과 담소를 나누는 사진들은 여느 장식 못지않게 훌륭한 인테리어 기능을 수행한다. 내 테이블 양옆으로 젊은 고시생들이 앉아 있다. 한쪽 커플은 열심히 기출문제를 복습하고, 다른 쪽 테이블에서는 시험이 끝난 후 하고 싶은 일들에 대한 단상이 오가기 시작한다. 해외여행을 가고 싶다, 마땅히 돈이 없다, 돈 없이도 갈 방법이 있다……. 그 계책 중 하나로 '해외 봉사'란 단어가 슬며시 등장했다 다른 얘기에 묻힌다.

글로벌 외환위기를 거친 1990년대 말 이후 해외 봉사, 해외 문화 탐방, 오지 탐험 관련 서적들이 선풍적인 인기를 끌었다. 고용 없는 성장이 대세가 된 나라에서 자란 청년들이 떠올리는 '해외' 서사엔 봉사, 여행, 취업에 대한 요구가 모호하게 뒤섞였다. 카페에서 마주친 고시생은 해외를 탈주의 공간으로 여겼지만, 취업이라는 난제와 다른 방식으로 씨름하는 청년에게 해외란 자신의 글로벌 경쟁력을 높여줄 재산일 수도, 겹겹이 닫힌 국내의 취업 시장을 넘어 새로운 가능성을 발견할 기회일 수도 있다. 무한 경쟁 너머의 세상을 엿볼 미지의 땅으로, 진로에 관한 고민이 마구잡이로 뒤엉켰을 때 잠시 유예가 허락되는 명분으로 해외를 상상하는 청년도 많다. 해외라는 우회로를 거쳐 휴식, 커리어, 대안적 삶, 사회적 인정을 얻고 싶다는 욕망이, 발전이 고용을 담보로 하지 않는 사회에서 잉여가 되지 않으려는 절박함과 겹친 것이다.

전술한 대로 글로벌 빈곤 레짐은 일관된 구조를 갖는다기보다 지역적·상황적 실천과 개입에 열려 있다. 한국이 이 레짐과 접속하는 과정에서 특징적인 것은 원조 수원국에서 공여국으로 전환한 나라의 위상을 널리 알리겠다는 국가주의적 사고가 팽배하다는 점, 그리고 정부·대학·기업이 긴밀한 공조하에 (특히 대학생) 청년을 해외 자원봉사의 주요 주체로 구성해내면서 실업의 '위기'를 글로벌 리더 창출이라는 '호기'로 바꿔치기했다는 점이다. 저성장 시대에도 경쟁력만 부르짖는 환경에서 실존의 결핍을 호소해온 청년들이 열정 노동과 창의 노동을 불태우며 글로벌 빈곤 퇴치를 위해 싸우는 가장 역설적인 전사가 된 것이다.

글로벌 빈곤 레짐에 한국 청년 자원봉사가 접속하게 된 지형을 간단히 짚어보자. 1990년 유네스코한국위원회가 인도네시아, 필리핀, 네팔, 스리랑카에 44인의 장기 자원봉사자를 파견한 이래 한국의 해외 자원봉사 활동은 급속한 성장을 보여왔다. 1991년 정부 차원의 대외무상협력사업을 수행하는 기관으로서 코이카가 정식 출범한 후 유네스코의 업무를 이어받아 본격적인 '한국해외봉사단' 사업을 시작했는데, 1992년 52명에 불과했던 코이카 봉사단원은 2009년 1000명으로 수직 상승했다.(이형석 외 2011: 33) 코로나19 확산으로 2020년 3월 전원 귀국하기 직전에, 전 세계 45개국에서 활동 중인 봉사단원은 1437명에 달했다. 민간 차원의 해외 자원봉사도 정부 지원과 연계되어 급속히 성장했다. 1990년대 중반 이후 본격적으로 등장한 개발 NGO는 자체 모금 활동과 정부 기관의 공적자금ODA을 활용하여 긴급구호, 개발원조사업 등 글로벌 빈곤 퇴치의 선봉 역할을 자임해왔다. 이들과 정부 지원을 연결하는 한국 개발 NGO의 협의체로서 1999년 창설된 국제개발협력민간협의회KCOC에 가입된 단체만 해도 2000년 25곳에서 2015년 130곳, 2020년 179곳으로 급격히 늘었다.[9]

정부나 개발 NGO에서 주관하는 해외 봉사에서 청년을 행위 주체로 삼는 프로그램은 2000년대 이후 꾸준히 증가했다. 일례로 정부는 '청년 실업 해소'와 '글로벌 인재'라는 두 마리 토끼를 잡기 위한 노력의 일환으로 2008년 '글로벌청년리더양성계획'을 발표하고, 향후 5년간 해외 자원봉사자 2만 명을 파견하겠다는 목표를 설정했다. 이에 따라 2009년부터 각 부처에서 수행하는 해외봉사단 파견 사업을 '월드 프렌즈 코리아World Friends Korea'라는 하나의 브랜드로 통합했다.(2011: 47) 이들 기관은 외적인 체제 개편과 더불어 봉사자들의 향후 진로에도 적극적으로 관여하기 시작했는데, 가령 2012년 코이카의 해외 봉사 가이드북에는 1990년대의 자료집에서는 볼 수 없었던 '귀국 후 진로'라는 파트가 새롭게 등장했다. 이 파트에는 해외 봉사단의 귀국 후 지원 프로그램이 상세히 소개되어 있을 뿐 아니라 봉사단원들이 어떻게 대학에서의 전공과 해외 봉사에서의 경력을 연계하여 취업에 성공했는지, 이들이 현지 생활을 통해 익힌 현지어 실력과 현지의 인적 네트워크가 개발도상국에서 사업을 시작하는 데 어떻게 도움을 주었는지 등 생생한 수기가 실려 있다.(정용우 2012)

'월드 프렌즈 코이카 봉사단' 중 청년에 특화된 사업은 계속 늘어나서, 일반 봉사단 외에 특성화고·마이스터고 졸업 예정자를 대상으로 한 '드림 봉사단', 대학생들을 UN 현지 기구에 파견하여 개발협력 분야로의 진출을 장려하는 'KOICA-UNV 대학생 봉사단', '청년 인재'에게 코이카 해외 사무소나 재외공관에서 근무하는 기회를 제공함으로써 '글로벌 경쟁력'을 보유한 공적개발원조 전문 인력을 양성하는 'ODA 영프로페셔널(청년 인턴)' 등 청년 세대를 세분화한 프로그램이 운영되고 있다.[10] 이제는 코이카에서 해외 봉사를 마치고 귀국한 청년들에게 전문성 계발을 위한 장학금을 제공하고, 커리어 센터를 직접 운영하면서 국내외 활동 경험이 있거나 개발협력 분야 진출을 희망하는 청년들에게 맞춤 일자리를 소개하고 있다.

정부가 해외 봉사단을 설립하면서 "경력 개발"을 지원하고, "글로벌 리더" "개발 전문인력"을 양성하며, 해당국 언어를 습득해 "본인 역량"을 개발하고 그 나라 경제사회 발전에 이바지하도록 돕겠다고 할 때, '해외 봉사'와 '취업 컨설팅·인큐베이팅'은 모호하게 뒤섞인다. 한국 정부의 제도적 장치를 거쳐 글로벌 빈곤 레짐과 접속한 젊은이들은 '88만원 세대' 'N포 세대'와 같은 불안, 포기, 부정의 명명에서 벗어나 "구국과 진보, 사회적 생산과 재생산의 과업을 짊어진 주체로 '청년'을 호명한 오랜 역사"를 계승할 것을 요구받았다.(조문영 2018: 311; 이기훈 2014)

이제 청년의 몸은 경제 위기 이후 한국 사회가 거쳐온 신자유주의 구조조정의 '환부'가 아니라, 글로벌과 지리적, 문화적, 제도적으로 교섭하고 자기계발과 세계시민적 감수성을 동시에 벼리면서 새로운 지식, 아이디어, 정동을 창출해내는 '프런티어'가 되었다. 여기서 프런티어frontier란 "위기로부터 이익을 위한 새로운 전략을 만들어내도록 자극하는 곳"(파텔·무어 2020: 37)으로서 이중적 의미를 지닌다. 정부의 유·무상 원조가 전략적 이해관계에 기반한다는 점을 염두에 둘 때, 첫 번째 프런티어는 해외 저개발국이나 개발도상국의 정치경제적 자원이다. 남북 교류의 주체로 소환되는 청년이 "북한이 남한 자본의 투기장이자, 식민지가 될 수 있다는 비판을 희석할 수 있는 냉각수" 역할을 하듯(한선영 2021: 313), 지원국의 가난한 아동과 브이 포즈를 취하는 청년 봉사단원은 한국이 식량, 노동력, 에너지, 원자재 등을 가능한 한 '저렴하게' 확보하는(파텔·무어 2020) 과정에서 정치적 셈법을 가리는 친밀한 얼굴이 된다. 두 번째 프런티어는 청년 자신의 몸이다. 정부, 기업, 대학, NGO 등 글로벌 레짐에서 활약하는 기관들이 정치적, 경제적, 사회적 가치를 창출하는 과정에서 너나 할 것 없이 청년의 노동을 저렴하게 활용한다. 청년은 인턴, 인증서, 장학금 등을 받는 대가로, 창의적·혁신적인 아이디어와 기술, 재밌고 유익한 봉사활동을 단시간에 기획해낸다. "프런티어를 보유할 뿐 아니라 프런티어를 통해서만 존재"하는 자본주의 세계에서(파텔·무어 2020: 37), 제3세계 영토와 한국 청년의 몸 모두 압박, 박탈, 무력감으로 폐허가 된 장소라기보다는, 새로운 자원과 영감의 원천으로 주목받고 있다.

사업 비용을 줄이기 위한 최적의 장소를 찾는 데 있어 그 어떤 행위자보다 더 탁월한 기업은, 다양한 (해외) 봉사활동 프로그램을 운영하면서 '프런티어 청년' 발굴에 앞장서왔다. 취업이란 목표에 도달하기 위해 기업과의 '라포'가 중요한 (특히 대학생) 청년과, '윤리적' 자본주의라는 무대를 채워줄 젊은 인재가 필요한 기업이 만나면서, 가장 현실적인 고리를 가장 도덕적인 문법으로 재편해 내는 게 가능해졌다. 지금은 ESG라는 새로운 연금술에 밀렸지만, 2000년대 중반 유행어였던 CSR은 여러 경영학 서적에서 자본주의의 새로운 패러다임을 여는 획기적인 발상으로 찬양받았다. 가령 당시 비즈니스 종사자들 사이에서 필독서가 된 『위대한 기업을 넘어 사랑받는 기업으로』(2008)에서 저자들은 CSR을 새로운 시대적 요구로 해석한다. "우리 사회는 '초월성의 시대'라는 새로운 시대에 진입했다……. 사람들은 이제 단순히 그들이 갖고 싶은 물건을 늘리려고 하기보다 인생에 있어서 더 중요한 의미를 찾으려고 한다……. 의미를 찾으려는 경향은 시장은 물론 직장에서의 기대치마저 변화시키고 있다. 우리는 의미를 찾는 것이 자본주의의 영혼을 바꾸는 것이라고 믿고 있다."(시소디어 외 2008: 39) 한 다국적 기업의 CSR을 인류학 현장연구를 통해 탐색한 디나 라작은 이 의미를 단순히 왜곡, 날조하는 게 아니라 새롭게 재편성해내는 능력, 그래서 한때 기업에 맞섰던 진보 진영의 언어와 문법까지도 제 것으로 만들어버리는 능력에서 최근 기업의 공익 활동이 갖는 위력을 발견했다. "의례적, 수행적으로 진행되는 CSR 활동은 다국적 기업을 사회적 진보의 대리자로 찬양하는 것을 넘어, 전 지구적 거버넌스 영역에서 참여의 규칙들을 스스로 확립하고 조정해내는 중이다."(Rajak 2011: 62) 즉, 기업의 사회적 책임은 단순히 거대 기업의 권력을 정당화하는 이데올로기가 아니라 "그 자체가 경영 활동의 본질로 통합"된 것이다.(김주환 2012: 218)

CSR은 1997년 IMF 구조조정 이후 한국 사회에 본격적으로 소개되기 시작했는데, 처음에는 금융 위기와 부패, 양극화의 주범으로 몰린 기업들이 부정적 여론의 확산을 막기 위해 사용한 보조 장치에 불과했다가(안경환 2012: 2-4) 점차 사회적 가치와 도덕적 권위를 직접 창출해내기 시작했다.[*] 지금도 별반 다르지 않지만[**], 내가 현장연구를 했던 2010년대 초반에는 한국 대기업들 사이에서 대학생 자원봉사 프로그램이 대표적 CSR로 경쟁적으로 운영되고 있었다. 기업은 무자비한 이윤추구로 대학생들이 겪는 사회적 고통을 심화시킨 주범이 아니라 불안한 세대의 상처를 보듬고 희망을 되찾도록 이끌어주는 도덕적 멘토로, NGO나 사회적 기업의 적대자가 아니라 그들을 후원하고 이끄는 자비로운 중개자로 외투를 바꿔 입었다. "근본적으로 비도덕적"이라고 묘사되는 신자유주의 시대의 핵심 리더가 "고도로 도덕화된 주체"로 등장한 것이다.(Muehlebach 2012: 11 참조)

---

[*] 하지만 이 경우에도 한국의 기업들은 CSR을 사회공헌활동으로 축소해왔다는 점을 안경환은 지적한다. 한국 기업들의 활동은 노동자와 같은 1차적 이해당사자보다는 2차적 이해당사자에 초점을 맞춘 영역이 지배적이어서, 기업의 봉사활동, 기부금, 자선사업, 공익 재단 등은 늘었으나 인권, 노동, 지배구조 등의 사회적 책임 영역은 경시되는 특징을 보인다.(2012: 51)

[**] 코로나19 발생 이후 해외 활동은 중단되거나 축소되고, 국내 비중이 늘었다.

여러 기업의 대학생 해외 봉사 포스터. 모자와 유니폼, 웃는 얼굴의 학생들, 글로벌 남반구의 아이들, 태극기 등 비슷한 이미지가 등장한다.

기업과 대학생-청년의 합작

CSR과 청년의 접속을 (이어질 장에서 구체적인 현장연구를 통해 살펴볼) 한국의 한 대기업에서 주관하는 대학생 자원봉사의 역사를 중심으로 간단히 검토해보자. 편의상 'M 기업'이라 부르기로 한다.

2000년도만 해도 당시 처음 발간된 『사회공헌백서』에 기록된 이 기업의 봉사 내역은 '장애 청소년' '소년 소녀 가장' '농어촌 벽지' 등 한국 사회에서 약자로 분류된 사람이나 열악한 지역에 국한되어 있었다. 2001년도에 '국제 사회공헌활동'이라는 분류가 신설되었는데, '베트남 얼굴 기형 어린이 무료 시술' '몽골 소녀 수술비 지원' 등 현지 공장이 들어서는 국가에서 기업 이미지 제고를 위한 단편적이고 가시적인 봉사가 기록되었을 뿐이다. 이 점에서 2003년 'NGO·NPO 연계사업' '공익 마케팅' '해외 교육문화 지원'이라는 코너가 신설된 점은 흥미롭다. 기업의 봉사는 이제 일회성 시혜가 아니라 시민단체와의 연계를 통해, 기업의 이윤 추구 방식 자체에 대한 재고를 통해 "공공의 목적을 실현하는 사회적 도구로서의 역할을 해야 할 의무"(시소디어·울프·세스 2008: 264)를 갖는 것으로 해석되었다. 베트남 안면 기형 어린이 수술 지원사업은 "이라크 평화학교 재건사업"과 함께 '해외 교육문화 지원'에 재배치되었는데(신한슬 2012), 이는 사회적 약자인 어린이를 보호하는 차원을 넘어 글로벌 환경을 선도하는 세계시민으로서 소임을 다하겠다는 기업의 의지를 천명하는 것이기도 했다.

M 기업 대학생 자원봉사단의 전신인 '고객 봉사단' 역시 같은 해 7월에 출범했다. 이 기업 제품의 주된 구매층인 청년들을 대상으로 한 고객 봉사단은 기업과 고객의 관계를 상품 판매처와 구매자라는 돈의 회로에 편입시키는 대신 사회의 공익을 위해 연대하는 공동 운명체로 재배치한다는 점에서 "사회적 세계를 배제하는 게 아니라 자체의 프로젝트로 통합"(Rajak 2011: 238)해내는 CSR의 권력을 명시적으로 드러낸다.

이 고객 봉사단은 2007년 '대학생 자원봉사단'으로 전환되면서 봉사의 주체로서 대학생이라는 특정한 범주를 호명해냈다. 2003년 백서에서는 고객 봉사단을 "사랑과 나눔을 실천하는 젊은이들의 자발적인 자원봉사 모임"으로 정의하면서 봉사단의 의의를 "음주 문화와 획일적인 놀이 문화를 식상해하는 젊은이들이 사랑과 나눔을 실천할 수 있는 터"를 제공하는 데 두었다. '꿈' '사랑' '나눔' 등 젊음과 연동되는 진부한 수사들은 '대학생 자원봉사단'을 소개하는 2009년 백서에서 "인재 양성"이라는 뚜렷한 목표와 결합했다. "M 기업은 인재 양성을 통한 사회발전 기여라는 M의 사회공헌 자산을 계승, 발전시켜 2003년부터 M 기업 대학생 자원봉사단 ○○를 운영하고 있다. (…) M 기업은 패기와 열정을 갖춘 대학생들이 자원봉사를 통해 사회적 약자를 돕고 궁극적으로는 자기 자신이 사회에 필요한 인재로 성장해나갈 수 있도록 소양 교육과 자원봉사 활동 기반을 제공하고 있다." '인재' 내지 '글로벌 리더' 같은 용어는 기업들의 대학생 (해외) 자원봉사단 소개에 자주 등장하는데, 이는 지식산업의 글로벌라이제이션(박소진 2010: 219)하에서 대학이 국내외 평가 체제에 종속되고 '경쟁력을 갖춘 글로벌 인재'가 이상적인 대학생 모델로 등장하는 현실과 조응했다.(신한슬 2012)

내가 현장연구를 진행한 2011-2013년에 M 기업 산하 봉사단은 전국에 걸쳐 약 12만 명의 대학생이 다양한 자원봉사 프로그램을 기획하고 운영해가는 국내 최대 대학생 봉사 조직으로 성장했다. 2005년부터 베트남, 중국, 몽골 등 해외에서도 자원봉사와 문화 교류를 실시했고, 매년 방학 기간에 한국과 중국의 대학생들이 양국에서 공동으로 자원봉사를 실시하는 글로벌 캠프를 시행했다. "V.I.P로 아름다운 세상을 꿈꾼다"는 이 봉사단의 목표야말로 빈곤과 대학생에 대한 새로운 통치성이 어떻게 만나는가를 가장 단적으로 드러낸다. 이 슬로건에서 V—Voluntainment는 봉사volunteer와 놀이entertainment의 만남으로 "단순한 봉사를 넘어 재미있고 신나는 봉사"를 뜻하며, I—Identity는 "남을 돕는 가운데 나를 찾아가는 여행", P—Pioneer는 "봉사를 통해 성장하는 미래의 리더들"을 각각 지칭한다. 반빈곤 활동에 참여하는 대학생 자원봉사자는 과거와 달리 공익을 버리고 사익만을 추구하는 게 아니다. 단 이때의 공익은 대의를 위해 자신을 희생하는 결연한 의지의 산물이 아니라 자기와 타인을 모두 이롭게 하는 공리적 즐거움의 표현으로 재해석되며, 이 공익을 실천하는 주체는 빈곤이라는 사회적 고통을 야기한 세계에 맞서는 전사라기보다는 그 세계 '내'에서 찬란히 용트림하는 인재가 되어야 한다.

요컨대 밀레니엄 개발이든 지속가능 개발이든, CSR이든 ESG든, 사회공헌이든 사회 혁신이든 정부와 기업, 대학, NGO가 이합집산하며 구축해온 거대한 반빈곤 산업은 청년 봉사자들의 '열정' 덕분에 집합적 퍼포먼스로 부상했다. 자본주의의 구조적 폭력에 대한 저항과 사회적 대의를 위한 희생을 암묵적으로 전제하는 빈곤에 대한 '무거운' 개입은 퇴색하고, 그 대신 손쉽고 발랄하고 창의적인 봉사 혹은 공정무역이나 공정기술, 사회적 기업, 빈민을 위한 마케팅 등 자본주의적 이윤 추구라는 축을 훼손하지 않는 가운데 사회의 지속가능성을 추구하는 작업이 헤게모니를 획득해왔다. 이 장場에서 한국의 대학생은 정의를 수호하고 공공의 가치를 대변하는 '지식인'이 아닌, 글로벌 경쟁력을 강화하고 자기계발과 타인에 대한 봉사를 결합하는 '명품 인재'가 될 것을 요청받는데, 여기서 현존하는 사회적 질서란 비판하고 저항할 대상이기보다는 졸업 후 성공적으로 진입해야 할 세계로 정형화된다. 대기업에서 주관하는 대학생 해외 자원봉사의 유행은 결국 대학생들의 커리어 구축 작업과 빈곤에 대한 '가벼운' 개입이 마주치는 가운데 출현한 문화적 현상이라 할 수 있다.

이 새로운 대학생 주체는 그래서 봉사를 통한 즐거움을 만끽했을까? 정부(코이카)나 대기업에서 주관하는 여러 청년 해외 봉사단의 웹사이트를 살피면서, 나는 이들의 '밝음'에 신경이 쓰였다. "부모님이 나를 경멸하는 것 같다" "가족한테 미안하다" "아침에 눈이 안 뜨였으면 좋겠다"며 연구실에 와서 음울한 언어를 쏟아내던, 그러면서도 경쟁에서 살아남기 위해 최선을 다하던 내 주변의 대학생들과 이들은 너무도 달랐다. 웹사이트에 등장하는 봉사단의 활동 사진이나 참가 수기는 천편일률로 명랑, 긍정, 감동, 공감, 협동, 배려의 메시지를 전했다. 궁금했다. 글로벌 빈곤 레짐에 자발적으로 접속한 이들은 "스스로 경쟁력을 갖추고 있으면서 남을 돌볼 줄도 아는 V.I.P"라는 문구와 정말로 어떻게 대면했을까? 개개의 현장은 글로벌 빈곤 레짐을 어떻게 단단한 구조가 아닌 성긴 어셈블리지 assemblage로 만들어내는가? 이 현장에서 관계 맺는 수많은 행위자를 관찰하며 한나 아렌트가 던진 질문을 떠올려도 좋겠다. "우리가 활동적일 때 우리가 진정 행하는 것은 무엇인가?"(1996: 54) 내가 M 기업의 해외 자원봉사 캠프에 동행한 배경이다.

6장 실존의 결핍을 메우기

베이징 교외의 빈곤산업

2011년 7월, 나는 중국 베이징 교외의 한 농장을 찾았다. 한국과 중국의 대학생 40명이 '드림'(가칭) 로고가 박힌 모자와 유니폼을 똑같이 착용하고 농장 한 귀퉁이에다 집을 짓고 있었다. 이들은 사회공헌활동으로 잘 알려진 한국 M 기업의 자원봉사단 '드림'에 뽑혀 자국에서 일상적인 봉사활동을 하다 여름에 공동 캠프로 만난 사이였다.[*]

농장은 인근 장애인 특수학교의 부속 시설인데, M 기업 재단에서 드림을 운영하는 관계자 은영(가명)에 따르면 여러 후원의 집결

---

[*] 2000년대 초반부터 대학생 자원봉사단을 운영해온 M 기업은 2010년부터 중국에서도 현지 대학생 자원봉사자를 모집하기 시작했다. 이 글은 특정 기업의 활동을 비판하려는 목적으로 쓰인 게 아님을 미리 밝힌다. 내가 살펴본 바에 따르면 다른 기업에서 운영되는 대학생 단기 해외 자원봉사 프로그램의 기본적인 설계와 수사rhetoric도 M 기업의 것과 크게 다르지 않았다.

지였다. 미국의 대표적 기금회인 포드 재단이 공식 후원처였다. 이곳에는 단체로 와서 머물 수 있는 게스트하우스와 식당이 갖춰져 있었다. 베이징의 여러 국제학교와 다국적 기업이 값을 치르고 이곳에서 연수를 진행했다. "연수 비용을 너무 높게 불러서 기업들의 원성을 사고 있죠." 은영이 말했다. 농장 대표 마이클(가명)은 중국 둥베이지방 출생으로 미국에서 10년 동안 사업을 하다 귀환했고, 베이징 영국문화원에서 주최한 세미나에 참석한 후 농장을 사회적 기업으로 모델화할 계획을 세웠다. '사회적 기업'이라는 명명이 중국에서 상당히 낯설었던 시기에 감행한 모험이었다. 국내외 후원이 사회적 기업의 재원이었던 셈이다.

원조가 곧 돈벌이가 되는 상황은 형제복지원 사건에서 보듯 발전국가 시기 한국에서도 빈번했고(서울대학교 사회학과 형제복지원 연구팀 2021), 해외 원조 자원을 통해 구축된 빈곤산업은 실업이 오히려 '정상' 상태가 된 글로벌 남반구 청년들에게 귀중한 일자리를 제공해왔다.(로이 2018; Elyachar 2005) 중국도 예외가 아니었다. 냉전 시기 굳게 닫혀 있던 문이 1980년대부터 열리기 시작했을 때, 해외 기업뿐 아니라 포드 같은 대형 자선 재단, 옥스팜 같은 구호 기구, 외자 기업 산하의 사회공헌 단체가 경쟁하듯 중국에 상륙했다. 시진핑 체제 출범 이후 중국 정부가 해외 NGO의 활동을 제한하는 법 제정을 단행하기 전까지, 수많은 조직이 제각각 이슈화할 '빈곤'을 찾아 중국 각지를 누비고, 중국 현지 기관과 파트너십을 맺으며 선물을 제공할 기지를 건설했다. 이러한 조직은 '에이즈' '여성 '환경' '농민공' 등 주목해야 할 빈곤 의제를 시기에 따라 다양하게 변주해냈고, 그때마다 해외 기금이 주요 수입원인 로컬 NGO도 간판을 바꿔 달았다. 개혁개방 이후 더욱 극심해진 양극화, 지역 격차를 고려해 많은 NGO가 농촌이나 편벽한 오지에 기지를 두기도 했으나, 베이징, 상하이와 같은 대도시 교외의 농민공, 장애인 관련 시설에도 자원이 몰렸다. 무엇보다 개발 컨설턴트나 NGO 담당자가 드나들기 좋았다. 중국 국가의 인정이나 꽌시關係(인맥)의 형태로 선물을 되돌려받고 싶어하는 후원자가 정부나 관련 단체의 인사를 초청해 기념 행사를 열기에도 적합했다.

주목할 것은, 중국이 해외 NGO와 관계 맺는 방식은 글로벌 남반구의 방식과 확연히 달랐다는 점이다. 빈부 차이가 극심해 1인당 국내총생산GDP은 여전히 낮아도 미국과 힘을 겨루는 초강대국으로 부상 중인 나라가 수혜자들의 자격, 태도, 행동을 관리하는 NGO의 통치 권력을 순순히 용인할 리 없었다. 카림(2015: 20)은 서구 원조 기구가 NGO를 "대리 빈민 복지 제공자"로 만들어 방글라데시 국가를 "사유화"한다는 점을 비판했는데, 이렇게 NGO가 '그림자 국가'가 되는 일은 국가 통치의 영향력이 상당하고 주권 침해에 민감한 중국에서 좀체 허용되지 않았다. 증여의 불길함, 게르만 전통에서 선물don과 독poison을 동시에 품고 있는 'gift'의 이중성(모스 2002: 243-244)을 중국이라는 권위주의 국가가 놓칠 리 없었다. 선물의 수령자는 받기를 거부하거나 되갚는 행위를 통해 선물에 깃든 독을 해소하지 못하면 권력관계에서 열위에 놓이게 된다.

이러한 지형 때문에 M 기업도 중국에서 직접 봉사활동을 하지 못하고 중국 공산주의 청년단(공청단) 산하의 ○○기금과 파트너십을 맺었다. M 기업이 ○○기금에 선금을 지급하면 이 기금에서 개별 활동에 필요한 돈을 내주는 방식이었다. M 기업 관계자들은 이 때문에 골치가 아팠다. 기업에서 받은 돈을 ○○기금이 일은 안 하면서 사옥 이전이나 값비싼 연회에 흥청망청 쓰고 있다는 의구심이 들었다. 은영은 돈이 중간에서 계속 새고 있다며 어떻게 하면 공청단에서 벗어날 수 있을지 중국 연구자인 내게 묻기도 했다. 외자 기업이 퇴직한 중국의 유명 인사를 고문으로 모시고 직접 재단을 만드는 시도가 더러 이뤄지기도 했다.

이렇게 중국에서 급부상한 빈곤산업은 빈곤의 탈정치화를 부추기고 해당 국가의 관료 권력을 확산시킨다는 종래의 비판에서 자유롭지 않지만(Ferguson 1994), 동시에 "행위자들이 현장에서 자신들의 기획에 따라 작동을 비틀어내는 과정"이기도 했다.(Li 2007: 287) NGO를 외국 정부의 대리인으로 감시하는 중국 당-국가뿐 아니라, (○○기금에서 내가 방문한 장애인 학교와 농장까지) 초국적 NGO와 중국 국가 사이의 긴장과 마찰을 적극적으로 활용하면서 수익을 챙기는 수많은 단체가 이 '행위자'의 목록을 계속 늘려갔다.

드림 봉사단이 찾은 농장은 급조한 티가 역력했고, 비인가 장애인 학교의 시설과 자원도 부실했다. 얘기를 나눈 20대 후반의 춘밍(가명)은 교사 자격증은커녕 대학 (본과) 졸업장도 없었다. 그는 쓰촨에서 베이징으로 품팔이하러 왔다가 이 학교 교장과 연이 닿았다. 춘밍은 월급이 너무 적다며 하소연했다. "정부에서 일부 보조금을 받긴 해도 외부 후원이 없으면 운영이 어려워요. 여기 와 있는 장애 학생 대부분 고아이거나 부모가 아예 버린 애들이에요. 일부 부모가 보낸 돈으로 다른 애들까지 거두는 상황이라니까." 춘밍은 장애 학생들의 빈곤뿐 아니라 자신의 빈곤 때문에 시름이 컸다. "쓰촨성 농촌에서 나고 자란 사람이 베이징의 집을 넘본다는 것 자체가 어불성설이지. 생각해봤자 속만 쓰리니 아예 생각 안 하려고 해요. 중국은 빈부 격차가 너무 심해요." 선생들은 제각각이었다. 제대 후 장애인 당사자로 이 학교를 찾은 황 선생(가명)이 학생들 사이에서 제일 인기가 많았고, 중국에 여행 온 한 미국 여성은 이 학교에 잠시 머물면서 캠프파이어를 해주는 등 '글로벌' 분위기 메이커 역할을 했다. 남방에서 왔다는 팡 선생(가명)은 자신이 중국 건축학계와 인맥이 두텁다며 나한테 뜬금없이 건축 문화 교류를 제안했다. 그는 학생들한테 돌에 새긴 명예 증명서를 선물하는 게 더 의미가 있다며 추가로 돈을 요구해 봉사단 실무자를 난감하게 만들었다. M 기업이 봉사단을 홍보하기 위해 한국에서 '모셔온' 기자의 눈에 이런 어수선이 보이지 않을 리 없었다. 봉사단 활동엔 관심이 없고 마이클이 기금을 횡령하는 게 아닌지 의심하며 실무자들을 잔뜩 긴장시키던 기자는, 결국 수용소 같은 농장 게스트하우스를 피해 베이징의 호텔에 머물다 자원봉사 '연출' 사진을 찍어주고 떠났다.

이런 복잡한 얽힘을 아는지 모르는지, 한국과 중국 각지에서 온 대학생 봉사자들은 땀을 뻘뻘 흘리며 '에코하우스'를 만들고 있었다. 장애 학생 부모가 왔을 때 머물 숙소인데 친환경을 콘셉트로 잡았다. M 기업이 미리 낸 돈으로 농장에서 목재와 각종 재료를 구매해줬다. 아마추어 자원봉사자를 '돕기' 위해 농민공 인부들도 동원됐다. 청년들은 부지런히 작업하고, 촬영하고, 서로 어울렸다. 같은 나라 청년들끼리는 모국어로, 한국과 중국 청년들이 만날때는 영어로 대화했다. 일부 청년들은 이튿날 발달장애 학생들과의 공연을 준비한다며 무술 연습에 한창이었다. 은영은 학생들의 자발성을 강조했다.

그냥 처음부터 니들이 다 알아서 해봐라 하니 어떻게 시작할지 모르는 거예요. 시간이 지나면서 서로 커뮤니케이션을 하는데 이건 언어의 문제가 아니더라고요. 굳이 언어를 못해도…… 일하다가 중간 쉬는 시간에 중국 애들도 케이팝을 아니까 자연스럽게 같이 춤을 추기 시작하더라고요.

봉사단 선발에도 참여했고 사진 담당이자 멘토로 봉사단과 함께 체류하던 비영리단체 직원 동주는 생각이 달랐다.

애들이 자유로운 사고를 하는 게 아니라 굉장히 기민하고 영리해요. 윗사람들이 원하는 걸 척척 알고 있는 거예요. 시간이 지나면 애들이 스트레스도 받고 좀 반대 얘기나 비판도 쏟아져 나올 법한데 오히려 자기최면을 거는 거지요. 게다가 오늘 저녁에 술 마시고 파티하면 더 감정이 고조될 게 아녜요?

동주와 함께 학생들의 평가 시간을 참관했던 나는 그만큼 냉소적이진 않았지만 학생들의 성실함에 놀랐다. 양국 학생 모두한테 익숙하지 않은 언어가 '유아적인' 분위기를 만든 탓도 있었다. 학생들은 영어로 긴 소감을 말하기 버거우니 대부분 'productive(생산적인)' 'creative(창의적인)' 'exciting(신나는)' 'happy(행복한)' 'satisfactory(만족스런)' 같은 형용사로 감정이나 생각을 간단히 봉합하고, 서로의 미숙함에 웃어주면서 손뼉을 쳤다. 모두가 '긍정'의 기운을 주고받는 사이 한국 학생 한 명만 동주가 내심 기대했던 불평을 영어로 또박또박 얘기했다. "I'm tired. Please rain tomorrow. There is no water. We want to take a shower(피곤하네요. 내일은 비 좀 왔으면. 물이 없어요. 우리 샤워하고 싶은데)."

예비조사 차 찾은 베이징 교외의 한 농장에서 이 학생들이 빈곤과 맺는 관계가 궁금했다. 나는 농민공 출신으로 어쩌다 특수학교에 부임해 경제적 불안정에 시달리는 교사의 빈곤에도 눈길이 갔지만, 봉사단 프로그램이 문제화한 것은 무엇보다 비인가 특수학교로 떠밀려 온 장애인들의 빈곤이었다. 하지만 이 프로그램이 '글로벌 리더'로 호출한 청년들이 그들의 빈곤을 얼마나 알고 있었을까? 아니, 알 필요가 있었을까? 이 청년들한테 어떤 빈곤이 중요할까? 이듬해인 2012년 여름 쓰촨과 베이징의 봉사 캠프에 동행하고, 캠프에서 만났던 학생들과 후속 인터뷰를 진행하면서* 이 빈곤의 대상이 타인보다 자기를 향하고 있다는 점이 좀더 분명히 보였다. 한국 학생들한테서 특히.

진정성 게임

방학 기간을 활용해 단기간으로 이루어지는 대학생 해외 봉사활동은 기업마다 약간의 편차가 있긴 하나 대부분 신청과 선발, 사전 준비, 활동, 평가라는 반복적인 생애 주기를 갖는다. M 기업 해외 자원봉사 캠프는 지원자의 자격을 국내 봉사에 참여 중인 기존 단원으로 제한한다는 점, 한국과 중국의 대학생이 공동으로 봉사활동에 참여한다는 점, 현지에 필요한 자원봉사 아이템을 대학생들이 직접 발굴하도록 한다는 점이 특징이다. 서류 심사와 면접을 통해 선발된 단원들은 항공료, 현지 체류비, 국내 워크숍, 단체 티셔츠 등의 비용 일체를 지원받고** 전문가 멘토링을 포함한 사전 교육(2일, 한국), 사전 워크숍(4-5일, 한국), 캠프 활동(10일, 중국)이라는 약 보름간의 일정에 참여했다.[1]

내가 이 자원봉사를 글로벌 빈곤 레짐의 한 흐름으로 봤다면, 학

---

* 나는 이 캠프에 '중국 전문가'이자 '멘토' 자격으로 참여했고, 캠프가 끝난 후에도 온라인에서의 만남(페이스북, 카카오톡)과 2013년 1월 진행된 심층 인터뷰를 통해 현장연구를 수행했다.

생 참가자 대부분은 이를 대학생으로서 지원 가능한 여러 활동 중 하나로 이해했다. 이들에게 해외 자원봉사란 인턴십, 공모전, 서포터즈, 기자단, 마케터 등 재학 시절 응모할 만한 수많은 대외활동 중 하나이자, 지원-심사-활동-평가라는 유사한 통과의례를 갖는 한 '건'의 프로젝트였다. 취업 준비 사이트에는 지원자를 모집하는 대외활동 목록이 월별로 공지되는데, 여기서는 선택의 결핍이 아닌 과잉이 문제가 된다. 가능한 취업 기회는 줄어드는 반면 취업을 준비하는 과정에서 지원할 수 있는 프로젝트는 계속 늘어나고 세분됐다. 2012년 드림 봉사단 여름 캠프에 지원했던 영석(가명)은 "대학생 신분이어서 신청할 수 있는 게 굉장히 많아졌다"며 이를 긍정적으로 평가했다. "경쟁률이 높긴 해도 이런 활동이 너무 많아서 사실 여기 지원하고 저기 지원하는 식이에요. 자기가 맘만 먹으면 문이 다 열려 있어요." 대기업 취업과 달리 대기업 해외 봉사활동은 영석의 말처럼 열려 있어서 수도권 바깥의 '지방대'나 서울 '중하위권' 대학생들에게 하나의 기회로 여겨졌다. 봉사단 실무자는 "M 기업이란 이름 때문에, 스펙 때문에 오니까 SKY(서울대·고려대·

** 경비 대부분이 지원된다는 점에서 대기업의 단기 해외 자원봉사는 모든 대학생에게 열려 있는 것처럼 보일 수 있다. 그러나 방학 중 보름여의 시간을 전적으로 투자해야 하므로 등록금이나 생활비를 벌기 위해 정기적인 아르바이트를 하는 대학생들이 선뜻 지원하기는 쉽지 않다. M 기업 프로그램 담당자도 참가자 대부분이 중산층 가정 출신임을 언급했다. 중국 참가자들도 사정은 엇비슷했지만, 외국 학생과 어울리고 한국에도 갈 수 있다는 '귀한' 기회를 붙잡으려는 농촌 출신 학생도 더러 있었다.

연세대) 대학보다는 이런 데 훨씬 목마른 타 대학 학생이 많을 수밖에 없다"고 말했다.[*]

당시만 해도 스펙 경쟁이 한국만큼 중요하지 않았던 중국에서는 지원 과정에서 지역 편차가 두드러졌다. 드림 봉사단원으로 활동하다 M 기업 실무자들한테 발탁되어 실무에 준하는 역할을 맡은 칭칭(가명)은 쓰촨과 베이징의 봉사단 지원 풍경을 대조적으로 묘사했다. "쓰촨에서는 60명 뽑는데 무려 1800명이 몰렸어요. 이렇게 외국 학생을 만날 수 있는 활동이 거의 없는 곳에선 지원자가 많지만, 베이징이나 상하이는 다른 활동이 원체 많으니 상대적으로 적죠."

한바탕 뷔페를 차려놓고 대학생들한테 고를 수 있는 무한한 '기회'를 주는 것으로 인식되는 대외활동이란 일종의 중독이 된다는 점에서 지그문트 바우만이 "모든 소비자 사회의 구성원이 달리고 있는 특별한 경주의 원형"(2009: 118)으로 본 '쇼핑' 행위와 비슷하다. 대학 입학 후 1년 만에 군대에 갔던 영석은 제대 후 대외활동을 열심히 지원했는데, 이 중 해외 탐방은 두 번 붙고 두 번 떨어졌다. 영석은 쓰촨에서의 캠프 도중 웃으며 말했다. "문화 교류, 자원봉사, 조금씩 다르긴 해도 이런 활동이 무진장 많아서 저도 모르는 사이에 몸이 어디론가 이미 가고 있어요."

영석을 포함해서 내가 만난 캠프 참가자는 모두 이 과정에서 성

---

[*] 실제로 내가 참여한 2012년 한중 청년 캠프는 전체 한국 참가자 서른여섯 명 중 소위 'SKY' 대학 출신이 단 두 명이었다.

공과 실패의 경험담을 쌓아가고 있었다. 한 참가자가 고백하듯 처음에는 "남들은 다 있는데 나만 없으면 (취업 때) 부정적으로 눈에 띌까" 하는 염려에 떠밀리듯 지원했더라도, '서류 접수-면접'이라는 익숙한 단계에 뛰어드는 순간 준비 작업은 베팅해볼 만한 게임이 되고, 이때부터 승률을 올리기 위한 여러 방책이 등장하기 시작한다. 활동 참가 경험이 있는 친구로부터 정보를 접하거나 포털사이트에서 각 대외 활동의 자소서 샘플, 면접 후기, 합격 수기 등을 수집하는 것은 물론, 베팅의 성공을 위해 일부러 경쟁률이 낮은 곳을 찾기도 한다. 2012년 캠프 중 베이징 팀에 참여했던 형진(가명)은 이 점에서 M 기업의 봉사활동이 갖는 비교 우위를 강조했다. "(해외 자원봉사 중) ○○도 지원하고, ○○도 지원하고…… 근데 다 떨어졌어요. 드림은 (국내) 봉사활동을 한 번이라도 했던 사람을 대상자로 하니 경쟁률이 조금 낮지 않았나 싶어요. 저도 그래서 애들한테 드림 지원하라고 추천해요." 면접을 준비하는 과정에서 형진은 M 기업 봉사단이 "개성 있는 사람"을 뽑는다는 첩보(?)를 듣고 만반의 준비를 했다. "면접 때 그랬어요. ○○대 성시경이라고, ○시경이라고 불린다고요. 좋아하시더라고요. 율동으로 '드림' 춤추고. 튀어야 할 것 같아서." 영석은 캠프 지원 자격과 선발 기준을 미리 체크한 후 스스로 '드림 면접 비책'을 만들기도 했다. 그가 메모장을 보여줬다.

지원 동기 열 가지 이유 제시

1. ○○로 활동하면서 100퍼센트 참석은 물론이며, 성실성이 탁월한 청년입니다.

2. 복지관에서 학습 지원을 하며 아이들과 어울림에 능숙한 저는 드림에 적합한 인재입니다.

3. 사천(쓰촨)성 소학교에 방문하여 아이들에게 꿈을 심어주고 싶습니다.

4. 중국 대학생들에 대한 호기심이 있습니다.

5. 단순 해외 봉사가 아닌 현지 대학생들과의 문화 교류를 경험하고 싶습니다.

6. 봉사단과 할머니의 대화를 담은 선배 기수의 후기를 보고 감동받았습니다. 한 단원이 할머니께 물었습니다. "어렸을 적 꿈이 무엇이었나요?" 할머니는 울음을 터뜨리며 말씀하셨습니다. "나, 어렸을 땐 너무 가난해서, 그저 많이 먹어보는 것이 꿈이었어요. 하지만 우리 아이들은 그러지 않았으면 좋겠어요. 더 많이 배우고 발전할 수 있게 도와주세요."

7. 활동 후 감동만 받고 끝나지 않고, 돌아와서 가까이는 정기 봉사하는 아이들에게 생생한 경험을 전달하고, 넓게는 지역사회에 보탬이 되고 싶습니다.

8. 무엇보다 드림 단원이 되길 간절히 바랍니다. (강조해서 말씀드림^^ 예를 들면, 아주 씩씩하게)

영석은 이 중 6번 일화는 실제로 면접 때 써먹었다고 강조했다. 지원 동기 외에도 드림 단원이 된 후의 활동 계획 열 가지를 만들다가 무리다 싶어 세 개만 준비했는데 결국 면접 때 사용하지는 않았다고 친절히 설명해주었다.

영석의 면접 비책을 포함해서 내가 수집한 캠프 참가자들의 지원서에서 뚜렷이 드러나는 특징이 있는데, 그것은 바로 본인의 지원이 스펙을 쌓기 위한 것이 아님을 직간접적으로 강조한다는 것이다. 2012년 캠프에 지원한 대학생들은 지원서 작성 시 다음 다섯 가지 질문에 답하도록 요구받았다.

1. 대학생 해외 자원봉사에 대해 어떻게 생각하시나요?
2. 중국 대학생과 공동 프로젝트를 한다는 것은 어떤 의미일까요?
3. 본인의 드림 활동을 자랑해주세요.
4. 캠프에서 자신은 어떤 모습일까요?
5. 글로컬glocal 캠프의 글로컬이 글로벌과 로컬의 합성어인 이유는 뭘까요?

이에 대한 답변에서 빈번하게 등장하는 단어들을 나열해보자면 '소통' '어울림' '공존' '양보' '믿음' '감동' '즐거움' '배우는 삶' '감사하는 삶' 등으로, 이는 대학생들의 스펙 쌓기를 둘러싼 담론에서 추출 가능한 또 다른 단어들, 가령 '개인주의' '이기심' '경쟁심' 속물성'과 정반대에 위치한다. 1번 질문에 대한 영석의 대답은 이 이분법을 적나라하게 명시한다.

해외 봉사의 여러 동기에는 취업을 위한 스펙 쌓기, 남들이 한 번씩은 갔다 오기 때문에 등 주최 측의 본래 의도와는 전혀 다르게 참여하시는 분들이 있는 것으로 알고 있습니다. 저는 봉사 활동 자체의 시작 동기부터가 이들과 다릅니다. 저의 어머님은 (…) 꾸준하게 ○○이라는 단체에 기부하시며 근처 복지관에서 봉사하시는 분입니다. 절대 누가 시켜서 하시는 게 아니라 사랑 나눔의 실천을 통해 (…) 봉사를 해오셨습니다. 따라서 저는 자연스럽게 봉사활동의 제대로 된 의미를 알 수 있었고 현재 가까운 복지관에서 정기 봉사 하나와 M 기업 봉사단원으로서 단기 봉사 하나를 하고 있습니다.

봉사의 '순수함'과 '불순함'이라는 이분법의 강력함은 이 학생들을 심사하는 담당자들 자신이 '스펙 좇는 애들'과 '순수한 애들'의 구분을 가정하고 있다는 데서도 어렵지 않게 드러난다. 2011년 캠프에서 지원자 선발에 참여한 (앞서 소개한) 동주는 "애들이 정말 자기 스펙을 보여주려고 거의 난리가 났어요. 그래서 우리는 가급적 그런 과장을 안 하는 친구를 뽑고자 했어요"라며 면접 과정에서 발견한 스펙 경쟁을 한탄했다. 2012년 캠프 선발을 마친 후 내가 만난 M 기업의 한 실무자는 순수함을 가장한 불순함을 꼬집기

도 했다. "이번 기에는 좀 순진한 애들이 들어왔어요. 작년까지만
해도 엄청나게 스펙만 따지는 애들이 왔었거든요. 작년에 애들 답
이 다 비슷했어요. 봉사단 활동을 통해 뭘 얻고 싶냐 물으면 '사람'
이라 답하고, '뒤에서 받쳐주는 이인자'가 되고 싶다고 말해요. 애
들이 너무 순진해 보여서 우리[심사위원]는 어 족보가 바뀌었나 하
면서 서로 웃었어요."

사실 M 기업에서 재단 일을 하며 봉사단 프로그램을 관리하는
실무자들은 대부분 30대로, 한국 사회 청년 세대나 사회 공헌에 관
한 관심이 누구보다 많았다. 캠프에서 만난 이들은 기업 윗선의 불
미스러운 행각을 CSR로 봉합하고, 중국 인사를 초청하는 행사에
봉사단 학생들을 동원하는 관행에 자괴감을 느꼈다. 팀 간의 경쟁
을 유도하고, 기업이 원하는 가시적인 성과를 끌어내고, 학생들이
봉사하는 농민공 학교에 고위급이 온다고 "벽화의 70퍼센트는 완
성하고 30퍼센트는 남기라"고 지시해야 하는 상황에 대해 불만을
토로하기도 했다. 글로벌 빈곤 레짐의 여러 컨설턴트를 묘사하기
위해 로이(2018: 351)가 고안한 '이중행위자double agent'라는 명칭, 즉
"권력 체계의 안팎에 동시에 존재하면서 대개 현재의 상황에 연루
되어 있지만, 때때로 기존의 사회 통념에 도전하려고 애쓰기도 하
는 개인과 기관"에 이들도 포함될 것이다. 실무자들은 자신들이 연
루된 빈곤산업 자체를 문제 삼는 대신, (한 실무자가 말했듯) "어차피
쓸데없는 데 쓸 돈 우리가 조금이라도 잘 써보자"며 산업 내부의
연결망을 조정하고 싶어했다. '혁신' '인큐베이팅' '실행력' 등 기업

이 좋아하는 단어로 제안서를 고쳐 써서 자신이 바랐던 행사를 만들어내고, 봉사단 팀원들을 경쟁시키는 대신 1등 팀이 모두에게 한턱을 내게 유도하는 식으로. 하지만 대개는 '이중행위자' 역할에 따른 고충을 상대의 '이중성'을 나무라는 식으로 땜질했다. 진정성 운운하기 전에 마케팅 책을 더 읽으라는 윗선의 충고에 반박하는 대신, 단순히 스펙을 좇아서 온 진정성 없는 청년들이라고 봉사단을 비판하는 식으로 말이다.

이렇다 보니 선발에서 활동, 평가에 이르는 전 과정에 걸쳐, 봉사단에서는 진정성 게임이 펼쳐졌다. 기업이 일자리 대신 스펙 쌓기에 최적화된 대외활동을 조립하고, 실무자는 스펙을 쌓으려고 캠프에 지원한 학생의 진정성을 나무란다. 참가 학생은 (앞서 영석처럼) 자신과 "취업을 위한 스펙 쌓기"로 지원한 다른 학생들을 구분하거나, "봉사도 하고 스펙도 쌓으니 일석이조란 생각에" 덤볐는데 "그 이상의 것을 배웠다"며 진정성의 버전을 업그레이드한다. 실제 활동에서 순수한 봉사와 불순한 봉사가 명확히 구분되지 않고 실무자든 학생들이든 이를 어느 정도 간파하고 있음에도, 한쪽이 진실이고 다른 한쪽이 거짓인 양 가정하는 자의적 이분법은 프로그램 전 과정을 통해 재생산된다. 스펙 경쟁에 몰두하는 사회를 전면화한 "구조적/객관적 폭력"을 비판하는 쪽으로 나아가기보다(지젝 2011: 37-40) 행위자의 도덕성을 감정평가하고, 불순한 의도를 까발리고, 그 행위자의 범주에서 자신을 빼내기에 급급한 형국이 전개된다. 비판이든 성찰이든 밖으로 뻗어 나가기보다 안으로 말리고

239

마는, 그 내부에서 서로를 갈라치기하며 '진정성 게임'을 반복하는 일종의 '퇴행involution'이다. 대학에서 학생들을 만나는 나라고 이런 진정성 게임에서 예외일까? 불편한 질문이 떠올랐다.

에피소드를 남겨라

이렇게 봉사의 진정성을 둘러싼 감정평가를 마치고 전국 각 대학에서 선발된 단원들은 본격적인 '과제 수행'에 돌입했다. 2012년 여름 캠프 때는 한중 수교 20주년을 맞아 '환경'이라는 주제를 중심으로 프로그램이 전개되었는데, 이 중 한 지진 피해 지역에 M 기업 후원으로 설립된 소학교를 기지 삼아 이루어진 2012년 쓰촨 봉사단의 사전 워크숍, 메인 활동의 일정표는 오른쪽 표와 같다.

두 일정표에서 보듯 봉사활동은 준비와 연습, 리허설의 반복을 거쳐 각각 독립적인 결과물을 완성하는 것을 목표로 한다. 한국에서의 사전 워크숍 때부터 참가자들은 마을 주민들을 위한 각종 퍼포먼스를 담당하는 '공연팀', 소학교 학생들을 위한 각종 프로그램을 담당하는 '교육팀', 한중 참가 대학생들 간의 교류와 친선을 도모하는 활동을 담당하는 '액티비티팀' 등으로 나뉘어 본격적인 준비 작업에 돌입했다. 가령 교육팀은 4박 5일간의 사전 워크숍 기간에 '환경 교육' '환경 OX 퀴즈' '간이 정수기 만들기' '태양열 선풍기 만들기' '친환경 모기 스프레이 만들기' 등 무려 열 개 이상의

사전 워크숍(2012년 7월 12-16일)

	12일(목)	13일(금)	14일(토)	15일(일)	16일(월)
7:00		기상	기상	기상	기상
8:00		아침 식사/ 휴식	아침 식사/ 휴식	아침 식사/ 휴식	아침 식사/ 휴식
9:00		교육팀 연습	프로젝트 연습	교육팀 연습	부족한 점 보완
10:00					
11:00		교육팀 연습 및 물품팀 1차 체크	마을 홍보 준비		연습 액티비티, 프로젝트 확인
12:00		점심 식사	점심 식사	점심 식사	점심 식사
13:00		휴식 및 연습실 이동	물품 체크 및 교육 연습	공연 연습	물품 확인
14:00	숙소 입실	공연 연습			
15:00	아이스 브레이킹 및 마니또 선정		액티비티팀 연습 및 공연 연습		단합의 시간
16:00	팀별 회의				저녁 식사
17:00	저녁 식사	저녁 식사	저녁 식사	저녁 식사	
18:00	휴식	공연 연습	중간 리허설	최종 리허설	공항 이동
19:00	팀별 발표				출국
20:00					
21:00	피드백 시간	피드백/ 숙소 이동/ 교육교구 준비	피드백/ 숙소 이동/ 교육교구 준비	피드백/ 교육교구 준비	
22:00	마을 홍보 회의				
23:00	단합의 시간	단합의 시간	단합의 시간	단합의 시간	
24:00		세면, 휴식	세면, 휴식	세면, 휴식	
1:00	취침 시간	취침 시간	취침 시간	취침 시간	

글로벌 캠프(2012년 7월 16-25일)

	16 (Mon)	17 (Tue)	18 (Wed)	19 (Thu)	20 (Fri)	21 (Sat)	22 (Sun)	23 (Mon)	24 (Tue)	25 (Wed)
7:00		Break-fast	Break-fast	Break-fast	Break-fast	Break-fast	Break-fast	Break-fast	Break-fast	Chengdu → Incheon
8:00		Intro-duction of each group -Team building -Univer-sity tour	School Volun-teer 1)Greet-ing 2)Watch film	School Volun-teer 1)Teach-ing 2)Home visiting 3) Research	School Volun-teer -Mini Olym-pics	Check out	Prepara-tion	Set up the festival	Check out	
9:00										
10:00						Move to Chengdu	Volun-teer in Hospital			
11:00										
12:00		Lunch	Lunch	Lunch	Lunch	Lunch	Lunch	Lunch		
13:00		Move to Tongji	School Volun-teer 1)Teach-ing 2)Work-shop	School Volun-teer 1)Teach-ing 2) Research	Prepara-tion	Check in		Green festival -Watch-ing film -Work-shop -Discus-sion -Exhibi-tion	City tour	
14:00							Prepare the festival			
15:00					Perfor-mance	Volun-teer in Hospital				
16:00		Check in	Sports game	Food exchange	Cleaning					
17:00		Prepar-ing activity								
18:00			Dinner		Dinner	Dinner	Dinner	Dinner		
19:00		Dinner							Farewell dinner	
20:00	Incheon → Cheng-du	Prepar-ing activity	Prepa-ration for the following day	Prepa-ration for the following day	Prepa-ration for the following day	Prepa-ration for the following day	Prepa-ration for the following day	Making report		
21:00							Evalua-tion		Move to airport	
22:00		Evalua-tion	Evalua-tion	Evalua-tion	Evalua-tion	Evalua-tion	Prepa-ration for the following day	Evalua-tion		
23:00			Prepa-ration for the following day	Prepa-ration for the following day	Prepa-ration for the following day	Prepa-ration for the following day		Prepa-ration for the following day	Chengdu → Incheon	
24:00	Check in	Take rest	Take rest	Take rest	Take rest	Take rest	Take rest	Take rest		

중국에서의 활동은 중국 대학생들과 공동으로 이루어지기 때문에 영문으로 표기되어 있다.

프로그램 기획안을 마련했는데, M 기업의 자체 포맷으로 된 각 기획안에는 프로그램 담당자, 프로그램명, 목표, 활동 일시, 참가 인원, 주요 내용, 준비물, 세부 사항, 예산 등 매 항목이 빠짐없이 기입되어 있었다. 한 건을 완성하는 데 팀원들이 들이는 시간과 노력은 엄청나서 활동 이후 공식적인 평가 시간부터 나와 개별 인터뷰를 진행할 때까지 두고두고 회자되는 스토리가 되었다. "태어나서 잠을 그렇게 적게 자본 것도, 그렇게 일을 급박하게 한 것도 처음"이었다며 주희(가명)는 들뜬 표정으로 당시를 회고했다. "저는 프로그램이 정해지면 가서 그걸 딱 하면 되는 건 줄 알았거든요. 근데 가서 뭐 할지 프로그램을 만들라는 거예요……. 사람이 정말 닥치면 안 되는 게 없어요. 지금이 자정인데 내일 아침 9시까지 기획안 다 어떻게 만들지? 이렇게 닥치니까 그것도 해 이것도 해 점점 나오는 거예요……. 상황이 닥치니까 못할 게 없는 것 같아요."

봉사인지 인턴십인지 혼란스럽다. 2008년도에 대한상공회의소는 국내 100대 기업이 표방하는 인재상을 취합하여 발표했는데, 창의성, 전문성, 도전 정신, 팀워크, 글로벌 역량, 열정, 주인의식, 실행력 등 아홉 가지로 집약되었다.[2] 해외 자원봉사를 준비하는 캠프 참가자들의 워크숍은 기업이 바라는 이 같은 인재상이 배양되는 장이다. 기획안 아이템은 '창의적'이어야 하며, 환경이라는 주제를 '전문적'으로 살릴 수 있어야 한다. 팀원들은 (한 참가자의 회고담에서 보듯) "무에서 유를 창조한다는 심정으로" '도전적'으로 임해야 하며, 낯선 만남에도 불구하고 하나의 목표를 향해 돌진할 수 있도록 '팀워크'를 길러야 한다. 준비된 기획안을 중국 학생들과 영어로 조율할 수 있을 만큼의 '글로벌 역량'을 갖춰야 하고, '열정'과 '주인 의식'으로 무장한 뒤 새벽 3-4시까지 자지 않고 기획안을 완성해낼 수 있는 '추진력'을 발휘해야 한다.

그러나 참가자들의 기억 속에서 워크숍은 '해외 자원봉사 준비 과정'으로든 '인재 양성 프로그램'으로든 완벽히 만족스럽진 않았 다. 주희처럼 "함께 모여 전투적으로 과제를 완성한 경험"을 신명 나는 에피소드로 간직한 학생들도 있었지만, "무조건 처음부터 우 리한테 맡기니 새로운 게 안 떠올랐고" "별로 고민해본 적도 없고 와닿지도 않는 주제[환경]로 뭔가를 짜려니 힘들었고" "임무 완성에 만 몰두하다 보니 서로 친해지기 어려웠다"는 학생도 많았다. 무엇 보다 봉사 대상(중국 소학교 아이들)과 함께 봉사할 파트너(중국 대학 생들)를 아직 못 만난 상태에서 "팀플(팀 플레이)하는 거랑 똑같이 맨날 모여 회의만 했기" 때문에 나와 인터뷰한 대부분의 학생은 당 시의 워크숍을 '진짜 만족'을 얻기 위한 전 단계로 규정하곤 했다. 중국에 도착한 뒤 만나게 될 아이들, 새로운 친구들이 자기들의 여 백을 채워주기라도 할 것처럼.

쓰촨성에서의 본캠프에 동행하는 과정에서 나는 본격적인 활동 을 시작한 한국, 중국 대학생과 이들을 지도하는 M 기업 담당자 모두 '의미'와 '인정'을 획득함으로써 여백을 채우고자 애쓰는 모습 을 지켜봤다. 이런 노력은 현지의 사정과 조율을 거치는 가운데 일 련의 '에피소드'로 태어났다. 학생들의 평가서에서 통상 "인상 깊은 경험" 혹은 "감동적인 순간"이라 얘기되는 일련의 활동을 군이 에 피소드라 지칭한 이유는 개별 활동이 갖는 자족적·분절적 성격 때문이다. 아이들에게 환경의 중요성을 교육하든, 폐휴지를 모아 함께 창작 활동을 하든, 마을 주민들을 위한 공연을 하든, 각각의 활동은 그 의의와 장점이 분명히 드러나야 하고, 저녁마다 '평가 시간 evaluation time'에 각자 소감을 공유하는 가운데 일단락 지어질 수 있어야 한다.

문제는 워크숍 때 작성한 프로그램 기획서상에선 깔끔하게 구획되어 있었던 개별 활동들이 현지 사정으로 위기를 맞았다는 것이다. 쓰촨 팀 담당 코디는 공항에서부터 안색이 안 좋았다. 청두 시내의 백혈병 전문 병원에서 갖기로 한 봉사활동이 병원 당국의 거절로 무산된 것이다. "그 병원은 중국 드림 단원들이 오랫동안 활동하던 곳이에요. 학생들이 직접 연락해 허락받았는데 (홍보차) 한국 기자를 대동한다는 것 때문에 갑자기 틀어졌어요. 병원 측에서 화가 나서 이젠 중국 단원들의 활동까지 막겠다는 입장이에요." 청두에 도착한 후 만난 몇몇 중국 학생은 병원 봉사가 무산되면서 다소 기운이 빠져 있었다. 열심히 준비한 과제가 의미 있는 경험으로 완성될 기회를 잃은 것이다.

M 기업 실무자들은 결국 원래 계획했던 지진 피해 지역 학교에서의 봉사활동을 늘리기로 했다. 하지만 이 역시 참가자들이 완벽한 '보람'을 느낄 만한 무대는 아니었다. 7월 18일, 청두에서의 사전 준비를 끝내고 두어 시간 버스를 타고 도착한 진촌(가칭)은

2008년 쓰촨 대지진 후 발생한 지진 피난민을 수용하기 위해 정부에서 새롭게 조성한 곳 중 하나로, 적어도 외형적으로는 중국의 여느 농촌과 달리 상당히 깨끗하고 부유해 보였다. 동네 주민들은 대형 버스를 타고 온 '자원봉사자'들을 잠깐 멀뚱멀뚱 쳐다보더니 바로 본연의 일(마작, 카드놀이, 뜨개질)로 돌아갔다. 지역 촌민위원회에 인사차 들렀더니 젊은 서기는 귀찮다는 표정을 지었다. 지진 발생 이후 온갖 후원 물품을 들고 방문한 단체도 부지기수였을 테다. 여기에서 무엇을 할 것인가? 선영(가명)은 중국에서 돌아온 후 나와 만난 자리에서 해외 자원봉사가 국내 봉사보다 더 "스펙터클"할 것이라고 기대했던 점을 솔직히 털어놨다. "텔레비전에서 코이카 활동하는 거 되게 감동적으로 그렸잖아요. 뭔가 더 험난하고, 뭔가 더 인간애를 느끼는 걸 보여주고. 그래서 내가 저런 걸 하면 뭔가 대단한 사람이 된 것 같고 더 엄청난 보람이 있을 거 같단 생각을 했었죠."

선영과 다른 참가자들이 '진짜 봉사'의 현장이라 느낄 만한 정황은 소학교 선생님이 보여준 과거의 영상 기록으로만 남아 있었다. 자식을 잃은 부모의 절규, 구조 작업의 긴박함, 현장을 찾아 눈물을 글썽이는 총리의 모습. 진촌은 지진 당시 피해가 커서 특별 재난구역으로 지정되며 중국 내외에서 많은 지원을 받았다. 2008년 5월 M 기업 회장이 직접 현장을 방문한 뒤 2009년 7월 세련된 현대식 시설을 갖춘 소학교의 준공식이 치러졌다. 이주민들을 위한 아파트 촌이 조성되고, 새롭게 길도 닦였다. 2012년 여름 참가자들이 맞닥뜨린 현장은 "기대했던 것보다" 깨끗했고, 주민들은 무심해 보였다. 한 코디의 언급처럼 "처음엔 한국인이다, 외국인이다 하면서 많이들 반겼던" 아이들도 몇 년이 지나고 나니 "뚱해졌고", 아이들과 폐휴지를 활용해 자전거를 만들려던 수현(가명)은 마을 환경이 깨끗해서 수집할 폐휴지가 별로 없어 보인다며 난감해했다. "폐휴지를 돈 주고 살 수도 없고." 난감한 표정으로 M 기업 실무자는 연구자인 내게 자문을 구했다. "어쨌든 M 기업이 여기에 학교를 지었으니 계속 관계를 이어가야 해요. 교장 선생님도 이곳을 양국의 우애를 진작시키기는 베이스캠프로 삼자고 하는데…… 근데 어떤 활동이 좋을까요?"

결국, 봉사단은 소학교가 유의미한 활동의 장으로 계속 남으려면 학교를 넘어 지역에 대한 이해가 필요하다는 내 조언과 당시 한국 NGO 단체들 사이에서 유행하던 '마을 만들기'를 기업의 CSR에도 적용해보려는 자신들의 관심사를 적절히 조율하여 마을 '리서치'라는 새로운 활동을 급조했다. 지역 연구가 봉사라는 프레임과 어떻게 접목될 수 있는지에 대해 의아해하는 한국과 중국의 대학생들에게 활동이 갖는 의의를 짧게나마 설명하고, 현장연구 경험이 없는 학생들을 도울 책임은 인류학자인 나에게 떨어졌다. 리서치의 전개는 예외적 사건들로 충만한 현지에서 개별적·자족적인 에피소드가 만들어지는 조정의 과정이었다.

우선, 주민과 만나면서 참가자들이 느꼈던 풍부한 감정들이 문제 해결식problem solving 구도로 수렴되고 정리되었다. 주민들, 기층 정부 간부들과의 대화를 통해 지역의 과거와 현재를 잇는 작업은 중국 표준어와 쓰촨 방언, 영어, 한국어가 뒤섞이는 통역의 번잡함, 그리고 봉사 대상 지역에 대한 기초적인 지식의 결여 때문에 순탄치 않았다. 그러나 마을 주민들이 외지에서 일하다 지진 소식을 듣고 돌아와서 접한 상황을 생생한 일화로 들려주자, 학생들은 자기들이 가정했던 봉사의 대상이 얼굴 없는 단수로서의 '빈민'이 아니라 자기들과 마찬가지로 (혹은 그보다 더) 이야기가 충만한, 감정이 녹록한 삶을 살아온 이들임을 깨달았다. 그러나 이 리서치 결과를 발표하기 위해 인터뷰 자료를 정리하는 순간, 한중 학생 모두 기업 프레젠테이션을 준비하듯 삶의 현장을 문제problem와 대책solution으로 명쾌하게 구분하고 도식화하는 데 온 정성을 쏟기 시작했다. 개별 농토를 지진으로 잃은 후 "삶은 외지노동打工 아니면 마작"이 됐다는 한 주민의 농담처럼 도시에서 품을 팔아 수입을 보충하는 지역의 생태는 "주민들이 할 일이 사라져 지루해하고 있다"라는 문제와 "노인들을 위한 문화 프로그램을 만들어야 한다"는 대책, 혹은 "농민들이 교육 수준이 낮아 농업 이외의 다른 출구를 생각하지 못하고 있다"는 문제와 "농민들에게 기업가적 정신을 심어주기 위한 소질 교육이 필요하다"는 대책으로 말끔하게 정리되었다. 경제적 어려움도, 토지 점용과 관련된 사회구조적 모순도 단시간 내에 해결 가능한 문제solvable problem로 축약되었다. 농민들이 호두 농사를 지어도 출로가 없어 제값을 못 받으니 이곳에 호두 가공 공장을 짓자고 한 중국 학생이 제안했지만, 공장 설립을 대책으로 제안할

2008년 쓰촨 대지진 발생 후 M 기업에서 지은 소학교. 2012년 7월 18일 촬영.

지진 발생 후 이재민이 된 농민들이 정부에서 마련한 새 아파트 단지에 입주했다. 하지만 토지를 잃은 데다 주변에서 적절한 일자리를 찾지 못한 농민들은 품팔이를 하러 도시로 대거 떠났다. 단지가 편벽한 농촌에 조성된 탓에, 여러 호가 집주인도, 세입자도 없이 빈 집으로 남았다. 2012년 7월 18일 촬영.

순 없는 노릇이었다.

또한, 한 편의 에피소드로 완성되는 봉사란 지나침이 없어야 했다. 지역 조사에 흥미를 느낀 학생 중 일부, 특히 자국에서 활동하는 중국 학생들은 문제 해결식 과정에 만족하지 않고 지방정부의 부패를 추적하겠다는 정의감을 보였다. 진촌의 토지는 새로 이주한 농민들에게 개별적으로 배분되지 않고 3년간 정부 기구인 중국 농업과학원의 관리로 유기농 채소 재배를 위한 시범 기지로 운영되었다. 이 토지는 최근 계약 기간이 끝난 후 지방정부와의 협의를 거쳐 다시 사영기업에 이양되었는데, 이 과정에서 토지를 자의 반 타의 반으로 점용당한 주민들은 매년 1인당 850위안(약 15만 원)의 보상을 받는 데 만족해야 했다. 지역 주민들도, 그들의 얘기를 듣던 봉사자들도 터무니없이 적은 보상금에 분개했다. 토지 보상 문제에서 인근 온천을 개발하여 본격적인 휴양지를 만들겠다는 투자 계획까지, 중국에서 뜨거운 이슈였던 지방정부 부패에 민감했던 중국 학생들은 모든 정황이 석연치 않다며 수군대기 시작했다. 그러나 낯선 타국, 타지에 단기 자원봉사라는 명분으로 들른 과객이 무엇을 더 할 수 있을까? 분노도 잠시, 특정인이 의도적으로 개입하지 않았음에도 학생들은 자중하기 시작했다. 한 학생은 "중국 당국이 나서서 해야 할 일을 왜 우리가 의논하고 있는지" 불평했고, 다른 학생은 지역 주민들을 위한 공연 준비가 아직 미흡하다며 리서치라는 한 에피소드의 종결을 압박했다. 적당한 선에서 조정되지 않는 봉사란 오히려 성가신 일이었던 셈이다.

봉사활동이 한 편의 에피소드로 탄생하기 위한 요건 중 하나가 유연성malleability이라는 점도 덧붙여야겠다. 활동이 현지 사정으로 어려워졌을 때 실무자들은 대체 활동을 재빨리 찾아내야 했고, 이 과정에서 M 기업의 자원봉사 활동이 표방하는 '볼런테인먼트Voluntainment', 즉 봉사와 놀이의 결합이라는 가치는 새로운 활동을 정당화해주는 주요한 명분이 되었다. 백혈병 전문 병원에서의 봉사가 취소되고 청두 시내에서 환경을 주제로 한 거리 페스티벌을 전개하려던 계획마저 외국인의 거리 집회를 불허하는 중국 사정으로 무산된 상황에서, 실무진이 급조한 프로그램 중에는 리서치뿐만 아니라 '도시 농업'도 포함됐다. 한 NGO 단체에서 묘목을 받아다 구역 내 개별 가정에 옮겨주는 일이었는데, '문화 교류'라는 이름으로 쉽게 봉사활동에 편입된 이 프로그램은 결과적으로 참가자들 사이에서 가장 선풍적인 인기를 끌었다. 중국의 중산층 가정에서 "상다리가 부러지도록" 차려준 진수성찬을 즐긴 경험은 학생들 사이에서 두고두고 회자되는 추억거리가 되었다. M 기업의 홈페이지에서 명시하듯 봉사란 "남을 위한 힘든 일"이 아니라 "재미있고 신나는" 것이어서 문화 교류든 관광이든 그 어느 엔터테인먼트도 해외 자원봉사의 에피소드를 구성하는 데 결격 사유가 없었다.

지금까지 자원봉사가 일련의 에피소드로 태어나는 과정을 쓰촨 팀의 몇 가지 일화를 중심으로 살펴봤다. 참가자들의 공식적인 평가, 활동 수기, 경험담으로 쉽게 정리될 만한 자족적 에피소드가 구성되려면, 봉사는 '유연한' 외피를 갖추고, '문제 해결식'의 간명

지역을 떠나기 전날 마을 주민들 앞에서 공연하는 봉사단 대학생들. 2012년 7월 20일 촬영.

한 테크닉을 취하며, 과도한 개입이나 희생을 요구하지 않는 '적당함'을 지녀야 했다. 하지만 이러한 방식으로 만들어지는 에피소드들이 모두의 공모를 통해 탄생했음에도, 그리고 활동의 공식적인 문구에서 강조하는 '리더십'이나 '봉사의 즐거움'을 어느 정도 구현해냈음에도 불구하고 학생들은 '의미'를 찾고자 계속해서 조급해하고 있었다. 참가 학생들의 동기에 개별 프로그램의 공식 목표와 직접 관련되지 않는 절박함이 있었기 때문이다.

"쳇바퀴 굴릴 준비가 돼 있어요"

2012년 7월 28일. 내가 쓰촨 팀 캠프를 떠나 베이징 팀에 합류한 지 일주일째 되던 날 M 기업 중국 지사에서 환경을 주제로 한 포럼을 개최했다. 당시 베이징 팀은 교외 지역 농민공 학교에서 벽화 그리기나 교육 프로그램을 진행하고 있었는데, 수도로서 베이징이 갖는 중요성 때문에 한중 수교 20주년을 기념하는 공식 의전에 곧잘 동원됐다. 포럼에서 발표할 환경 관련 프로젝트를 조별로 준비하라는 갑작스러운 주문에 밤을 새우다시피 한 참가자들은 버스 안에서 정신없이 졸다 베이징 금융가에 자리 잡은 M 기업 빌딩에 도착했다. 빌딩 로비에선 M 기업 봉사단의 중국 자원봉사를 보여주는 사진전이 열리고 있었다. 농촌에서 과수 재배를 돕고 아이들과 즐겁게 뒹굴고 있는 선배 단원들의 사진을 구경하다 희주(가

베이징 M 기업 빌딩에서 열린 대학생 봉사단 사진전. 2012년 7월 27일 촬영.

명)가 내게 말을 걸었다. "우리보다 훨씬 더 활동이 다채로운 것 같아요. 우리도 이런 거 하면 좋을 텐데." 베이징에서 참가해야 할 의전이 많아 부담스럽냐는 내 질문에 희주는 반쯤 수긍하며 답했다. "뭔가 자꾸 억지로 끼워 맞추는 것 같아서…… 뭔가 뭉클하고 기억에 남을 만한 게 있어야 하는데 아직은 잘 못 찾겠어요."

대구에서 태어나 서울의 한 여대에서 회계학을 공부하는 희주는 대학에 입학한 지 얼마 안 되어 휴학하고 공인회계사 시험을 준비했다. 학원 근처 고시텔에서 하루 세끼를 빵이나 라면으로 때우다 보니 체력은 바닥이 났고, "자는 시간까지 죄로 느낄" 만큼 강박과 고립감을 견디기 힘들었다고 한다. 시험에 실패한 후 다른 경험을 찾았으나 이마저 녹록하지 않았다. "내가 잘하는 거라도 발견해야 이 휴학 생활에 후회가 없을 거 같아서 애들이 뭘 하나 보기 시작했어요. 대부분 대외활동을 하길래 아 그럼 나도 지원을 해볼까 했죠. 근데 뭐 내세울 게 없는 거예요. 영어도 요구하고. 근데 전 아무것도 할 줄 아는 게 없고. 자괴감이 들고. 그때는 길을 걸어가는데 사람들이 다 저를 쳐다보는 것 같은 거예요. 넌 한심해, 넌 실패자야 다 이렇게 쳐다보는 것 같고. 그래서 안 나가고 그냥 고시텔에서 가만히 앉아 먹기만 했어요." 운동으로 간신히 거식증을 치료한 후 친구 소개로 지원한 게 M 기업 대학생 봉사단이었다. 새로 생긴 활동이라 경쟁자가 적어서 운 좋게 되었다며 희주는 멋쩍은 웃음을 지었다. 사흘간 농사일을 돕고 농촌 아이들과 함께 활동한 경험은 잃어버린 자신감, 사회로부터의 고립감을 극복하는 데 도움이 됐다. "[농촌에서] 애들이 저를 중심으로 모이게 되니까 그게 너무 행복한 거예요. 내가 이런 걸 잘하는구나 하는 걸 깨닫고 직업에 관한 생각을 바꿨어요. 내가 의식하지 않고 애쓰지 않아도 잘할 수 있는 일이 있는데, 내가 발악하면서까지 나를 깎으면서까지 투자하고 싶지는 않다는 생각이 들었어요. 그래서 완전히 고시를 접고 사람들한테 나 이제 안 해 하고 선언했어요. 그담부터 열심히 봉사 다녔어요."

쓰촨과 베이징에서의 봉사활동을 끝내고 한국에 돌아와 참가 학생들을 인터뷰하면서 느낀 것은, 대기업의 해외 자원봉사를 비롯해 대학생을 대상으로 한 각종 대외활동이 단순히 스펙을 쌓기 위한 용도도, "자신들을 도덕적 인재, 공감 능력과 책임감을 지닌 인재로 계발하기 위한 자기의 테크놀로지"(김주환 2012: 234)에 국한된 것도 아니라는 점이다. 내가 심층 인터뷰를 진행한 열 명 중 무려 절반이 휴학하고 고시나 각종 자격증 시험을 준비한 경험이 있었는데, 이들에게 봉사단은 일종의 심리 치료제, 심지어 한 학생의 말을 빌리면 "암흑 속에 살던 내가 만난 새로운 희망"이었다. 봉사활동에 당당히 '합격'함으로써 시험의 실패로 위축된 자신감을 회복하고, 고시원과 학원만 드나들다 닫히고 만 사회적 관계를 전국 각지에서 모여든 또래 학생들과의 교류를 통해 회복하고, 고맙다며 손을 붙잡아주는 어르신과의 만남을 통해 "사는 이유"를 발견했다는 이야기는 이들의 인터뷰에서 빈번히 등장하는 주제였다. 휴학 없이 꾸준히 대학에 다닌 참가자들도 잠재된 불안이 "의미 있는 건 뭐라도 해보자"는 다짐에 불을 지핀 건 마찬가지였다. 경상도의 한 국립대 3학년생인 준성(가명)은 공대생이니 그래도 취업은 잘되지 않느냐는 내 질문에 고개를 가로저었다. "물론 문과 애들보다 나쁘지는 않지만…… 공대생이니까 매 학기 주구장창 시험밖에 안 봐요. 그렇게 한 학기 미친 듯이 시험만 보고 방학을 맞으니 뭐라도 해야지 못 살겠더라고요. 가끔 이렇게 대학 들어와서 축제 때 술도 못 마시고 열나게 시험공부 하는데 성적도 안 좋아버리면 나는 뭔가 하는 불안이 생겨요. 20대에 놀지도 못하고, 그렇다고 학점도 안 좋고, 그렇게 30대를 맞고 제대로 된 직장에 취직도 못 하고 그럼 난 뭔가……"

중국 드림 참가자들이라고 미래에 대한 불안이 없진 않았다. '세계의 공장' 중국의 일자리가 상대적으로 많긴 하나, 계획생육One Child Policy 정책 때문에 대부분 외동으로 자라 치열한 입시를 뚫고 대학에 진학한 학생들이 원할 만한 자리는 아니다.(조문영 2012) 하지만 경제가 여전히 급속하게 '발전' 중인 나라에 살고, 영토가 넓어 기회를 찾아 이주하는 경향이 크며, 각지의 서로 다른 환경에서 성장한 학생들이 모인 까닭에, 중국 드림 참가자들이 갖는 고민은 좀더 다양한 방식으로 분출됐다. 베이징의 명문대 재학생인 천밍(가명)은 농민공 학교의 빈곤산업에 가장 분개하면서 '내부고발자'를 자처했다.

정말 이렇게 깜짝 왔다 가는 게 학생들한테 도움이 안 돼요. 애들은 누가 뭐 때문에 오는지도 모르고. 늘 준비가 안 된 상태에서 새로운 활동을 맞이하죠. 그런데도 늘 웃으면서 사진 찍어야 하고……. 여기 사실 중국의 일반 소학교랑 별반 다르지 않아요. 근데 '농민공 학교'란 이름 아래 너무나 특별한 주목을 받고 있어요.

쓰촨에서 대학을 다니는 후란(가명)은 베이징 농민공 학교에서의 경험을 쓰촨의 편벽한 농촌에서 참여했던 봉사활동과 비교하며 불만을 쏟아냈다.

여기[베이징]는 우리 같은 외지 학생들이 와도 별로 기뻐하지도 않아요. 너무 많이 찾으니까. 근데 그 쓰촨의 학교는 정말 달랐어요. 심지어 통신도 잘 안 잡혀서 부모님이 제가 어디에 있는지조차 몰랐어요. 우리 같은 외지 대학생을 구경하기가 너무 어려운 거예요. 자기네 토지에서 직접 딴 과일을 갖다 주고. 진짜 우리를 진심으로 좋아하는 게 보였어요. (…) 봉사하러 베이징에 왔다고 하니 친구가 비웃으며 말했어요. "베이징? 베이징 인민은 널 필요로 하지 않아."

하지만 한국 학생들은 도농이원구조에 따른 중국의 지역 격차나 농민공의 삶에 관해 잘 몰랐다. 물리적 환경만 보고 가난하다는 인상을 받을 뿐, 자신이 봉사자로서 대면하는 빈곤에 대한 구체적 이해나 관심이 상대적으로 부족했다. 봉사를 통해 '나'의 결핍을 어떻게 메울 것인지가 더 중차대한 문제였다. 캠프 기간 내내 이들이 보였던 조급함, 어떤 식으로든 의미를 찾고자 분투하는 광경은 패기와 열정, 재능과 지식으로 대학생을 묘사하는 기업의 CSR 문구에서 등장하지 않는 이면—대학 생활의 단조로움, 과열 경쟁, 고립감, 자괴감 등을 이해해야 해석이 가능하다. 이들이 봉사활동 기간에 추구하는 의미란 특정한 공익을 향한 것도, 사익에 매몰된 것도 아니다. 그것은 엄청난 시간과 노력을 들여 팀원이 다 함께 프로젝트를 완수한 데서 오는 보람이기도 했고, 동네 주민들 앞에서 열심히 준비한 카드섹션을 선보여 박수를 받았을 때 경험한 희열이기도 했고, 중국 농민공 가정의 열악함을 보고 그동안 누려온 삶에 대해 갖게 된 새로운 성찰이기도 했고, 함께한 중국 대학생들이 봉사를 대하는 진지함을 발견하고 느낀 감동이기도 했다. 이 의미를 비교적 짧은 시간 안에 완성해내는 방식이, 전술했듯 '에피소드'를 만드는 것이었다. 그러나 과도한 개입을 배제하고 문제 해결식 테크닉으로 복잡한 현실을 다림질하는 에피소드 작업은 오랜 기간에 걸쳐 생긴 마음의 결핍을 채워주기엔 늘 역부족이었다. 구성원들 간의 관계가 비교적 돈독했던 쓰촨 팀은 한 에피소드에서 충분히 끌어내지 못한 의미를 또래 친구들과의 우정을 통해 채워가면서 새롭고 나름 풍성한 에피소드를 만들어갔지만, "워크숍 때 죽어라 기획안만 짜다가" 팀워크를 제대로 다지지 못한 베이징 팀에선 제대로 된 에피소드가 없다는 불안이 캠프 기간이 끝나갈수록 더욱 심해졌다. 한 참가자는 "작년 팀한테 재미있는 에피소드를 많이 들었는데 우린 아직 이런 게 없어요. 앞으로 재미있는 에피소드를 많이 만들었으면 좋겠어요"라며 계속해서 희망을 부여잡았지만, 다른 참가자는 냉소적이었다. "어쨌든 의미를 찾아야죠. 그리고 시간이 흐르면 좋은 것만 남으니까." 말끔히 정리된 에피소드가 불만스럽다면 차라리 기획 자체를 바꾸면 되지 않을까? '리서치'가 시간 문제로 급하게 매듭지어졌다면 일정을 바꿔서라도 끝까지 덤벼보고, 팀원 간의 불화가 문제라면 몇 개의 프로그램을 빼더라도 서로 관계를 보듬고 풍성히 할 새로운 기회를 만들 수 있지 않을까?

캠프 기간 내가 품었던 질문에 대한 대답은 이후 인터뷰를 통해 좀더 분명해졌다. 캠프에 참여했던 학생들은 실존의 결핍을 메우기를, 당시 유행하던 표현으로는 '힐링healing'을 경험하기를 바랐으나, 한편으로 자신들을 가해했던 '정상성normalcy'—즉 한국 사회에서 당연시되는 규범이나 마땅히 따라야 한다고 강요받는 궤도에서 이탈할 생각은 별로 없었다. 방학 중이었음에도 학생들과 인터뷰 약속을 잡기가 쉽지 않았다. 이들은 너무나 바빴다. 깜깜한 고시 생활에서 벗어나 봉사의 경험을 통해 새로운 자신감을 얻었다고 자랑했던 희주는 캠프가 끝난 후 다시 공무원 시험을 준비하기 시작했다. "다른 직업보다 리스크가 없을 거라는 생각에" 설명회를 찾아다니다 결국 작심하고 학원에 등록했다. 캠프의 경험이 좋아서 다른 해외 자원봉사도 응모해보고 싶다던 주희 역시 공무원 학원에서 대부분의 시간을 보내고 있었다. "네가 서둘러 취직 준비를 해야 동생들이 본보기로 따라오지 않겠냐"는 부모의 조언을 따르기로 마음먹고, 정말 하고 싶었던 일들은 "안정된 직업을 가진 후"로 미루기로 했다.

나는 인터뷰 과정에서 마지막으로 만난 선영을 통해 이렇게 단명하는 에피소드식 봉사가 어떻게 냉소적인 주체와 만나는가를 볼수 있었다. 광주의 한 대학에서 법학과 졸업을 1년 앞둔 선영은 예전에 실패한 공무원 시험에 다시 도전하기는 싫지만 완전히 포기하기도 아까워서 결국 시험 과목이 비슷한 공사 시험을 준비하기로 했다. "무에서 유를 창조해내는" M 기업의 봉사활동을 도전적·창의적이라고 높이 평가하면서도 "안정성" 때문에 공사 시험을 택한이유를 물었을 때, 혹시 부모의 강요 때문인지 질문을 던졌을 때선영은 무표정으로 답했다. "강요받은 거 맞아요. 꿈이 없어서." 이후 선영의 냉소적 답변 속에 꿈은 있기도 없기도 했다. "지금 사회가 그렇게 만들었죠……. 그렇게 쳇바퀴 속에서 살고 쳇바퀴 굴릴준비가 되어 있어요. 저는…… 꿈은 다음 생애에 펼치려고요. 친구들이 웹툰 작가를 해보래요."

다른 글로벌?

정리해보자. 단기간의 해외 자원봉사 프로그램을 통해 정부와기업은 청년 실업과 고용 불안을 초래한 자본주의 체제의 위기를

'글로벌 인재 양성'이라는 긍정적 화두로, 시대적 책무로 전환했다. 이 위기에서 살아남아야 하는 대학생-청년들에게 대기업에서 비용 일체를 부담하는 글로벌 캠프는 자신의 커리어 경쟁력을 높이는 대외활동 중 하나였다. 하지만 이렇게 범람하는 의례는 참가자들이 '글로벌 인재'라는 요구에 기꺼이 퍼포먼스로 화답하는 장인 동시에 오랜 기간 쌓아온 마음의 결핍을 일시적으로 메우는 기회였다. 해외 자원봉사가 타국의 경제적 빈곤에 대한 적극적 개입이라기보다는 신자유주의 시대 실존의 빈곤을 보듬는 '치유' 기제가 된 것이다. 자족적·단편적·분절적인 에피소드식 활동의 연쇄 속에서, 사회적 관계의 부재에 따른 불안은 일시적으로만 봉합되었고, 만족의 유예는 학생들로 하여금 또 다른 에피소드, 혹은 더 나은 에피소드를 찾아 동분서주하게 했다.

프로그램의 결과를 영상물로 남기는 것은 당시 모든 해외 자원봉사 프로그램에서 유행이었는데, 열흘간의 일정을 5분여의 화면에 담아내는 과정은 일시적인 봉합의 측면을 가장 적나라하게 보여준다. 가슴을 뭉클하게 하는 에피소드가 탄생하지 못했다는 조급함은 영상물에 드러나지 않는다. 화면에 등장하는 것은 가장 짧고 선명하게 압축된 에피소드들, 가령 친구들과의 우정, 현지 아이들의 함박웃음, 젊음의 열정과 패기가 어우러진 일련의 스냅사진들이다. 한 참가자의 예측대로 "시간이 흐를수록 좋은 것만 남아" 간명한 에피소드들은 '추억'이 되었다. 그리고 뒤이은 소셜미디어에서의 만남은 활동을 끝낸 참가자들이 추억을 되새기면서 잠재된 불안을 관리하는 일시적 환경을 제공했다. 언제 와해될지 모를 이 공동체가 "두려움을 느끼는 개인들이 비록 짧은 순간이나마 그들의 두려움을 집단적으로 의지할 개별적 말뚝"(바우만 2009: 63)이 된 것이다.

나는 이런 풍경을 '글로벌 리더'를 향한 자기계발의 과정으로 찬양하는 수사를 멈춰야 한다고 주장하지만, 내가 작성한 문화기술지가 한국의 대학생-청년이나 글로벌 빈곤 개입의 전형으로 읽히는 데는 반대한다. 청년을 시대의 환부로 보고, 그 실존의 빈곤을 들여다보는 작업은 세대 내부의 다양성, 차이, 위계 때문에 미궁에 빠질 수밖에 없다.(조문영 2022c) 나는 내가 만난 청년들이 애써 봉합하고 있는 불안을 쟁점화하기 위해 글로벌 빈곤 레짐의 한 풍경을 소묘했을 뿐이다. 많은 청년이 열정과 도전, 참여와 봉사라는 '선한' 가치로 빈곤산업의 하부구조를 지탱하는 최정예 부대가 되었지만, 어떤 청년들은 빈곤산업의 부당함을 간파했음에도 남기를 선택했고, 자신의 활동을 성찰적·비판적으로 검토하면서 외부 지원에 덜 의존하는 개입 방식을 모색했고, 국제개발 NGO나 기업 사회공헌 팀의 말단 비정규직을 전전하면서도 글로벌 반빈곤 활동의 진정성을 찾아 동분서주했다. 이후 내가 인터뷰했던, 국제개발의 대안을 모색하는 과정에서 한국 주민(빈민)운동과 인연을 맺은 '비주류' 청년들은 "글로벌 빈곤"이든 "주민의 힘"이든 적절히 비판하고 활용하면서, 자신이 추구하는 공동체적 삶과 좀더 가까운 자리로 조금씩 방향 전환을 시도하기도 했다.(조문영 2017a: 248)

아예 글로벌 빈곤 레짐 바깥에서 대안적인 글로벌을 상상하고 연결해내는 작업도 계속됐다. 로이(2018: 59-60)가 새천년 개발의 또 다른 강력한 힘으로 세계적 사회운동을 언급했듯이, 기업 주도의 세계화를 비판하는 흐름이 전 지구적으로 형성되고 있다. "글로벌the global"이 "'네트워킹'의 끝나지 않는 과정이자 지원을 구축하는 과정"이 되었다면(Tsing 2000: 331), 기존의 어떤 연결과 단절하고 어떤 연결을 새롭게 도모할지는 여전히 열린 질문으로 남아 있다. 글로벌 기본소득 운동 네트워크와 적극적으로 접속하면서, 김주온은 서구 중심 글로벌 담론을 비판하고, 동시에 생태 위기에 대한 불안을 새로운 청년운동의 마중물로 삼고자 했다. "최근 들어서 한국에 산다는 것은 일촉즉발의 상황에 있는 핵발전소에 대한 공포와 동거하는 것임을 느낀다."(2017: 279) 또래들이 하나둘 떠난 사회운동 자리에 남아 고군분투하던 홍명교는 중국에서 치열하게 분투하는 젊은 저항자들을 만났고, 불안과 혼돈의 시대에 "동아시아 송곳들의 지구전"(2021: 356)을 위한 새로운 글로벌 사회운동 플랫폼을 만들었다.[3] 소수이지만 이런 흐름이 꾸준히 발견되는데도 왜 불안의 부정성은 그토록 강할까? 한국과 중국의 현장에서 내가 목격한 불안의 가공할 힘은, 그것이 빈자들 간의 불화나 적대를 부추긴다는 점이었다. 다음 장에서 살필 주제다.

7장 빈곤 전염의 공포

'신조선족'을 찾아서

2000년대 중반 중국 하얼빈의 한 국영기업 노동자 집단 거주지에서 현장연구를 하던 중에 이따금 한국 사람을 만났다.[1] 지인의 지인으로 꼬리를 물고 이어지다 우연히 친해진 사업가는 내 관심 분야를 듣더니 '신新조선족' 얘기를 꺼냈다. "중국 사람들만 보지 말고 여기 한국 사람들 빈곤도 살펴보세요. 중국 와서 쫄딱 망하고 오도 가도 못하는 사람들이 한둘이 아니에요. 특히 선양 가면 바글바글하죠. 오죽하면 신조선족이라고 부를까."

신조선족이라는 명명이 낯설었다. 관련 글을 찾을수록 더 미궁에 빠졌다. 어떤 기자는 창춘 한국인회 인사의 말을 인용하면서 신조선족을 한중 수교 직후 중국으로 건너가 10년 넘게 거주하는 사람들로 정의했다. "조선족이 구한말 가족들과 함께 생계를 위해 조국을 떠나 러시아, 중국 등지로 왔다면, 신조선족은 아직 덜 개발된 중국 땅에서 '차이나 드림'을 이루기 위해 왔다"며 중립적인 뉘앙스로 신조선족을 소개했다.[2] 반면 다른 기자는 신조선족을 당시 한국에서 등장한 '중국 열풍' 이면의 그늘로 묘사했다. 국내에선 중국 취업이 청년 실업의 돌파구로 권장되고 있지만, 실제 중국에 간 한국 구직자들은 공급 과잉으로 저임금과 노동 악조건, 현지인 들의 차별에 시달린다는 게 그의 논지였다.(정현욱 2006)

'중국 와서 쫄딱 망한 한국인' '중국 땅에서 새로운 모험을 감행 하는 한국인' '차이나 드림의 허상을 좇는 한국의 청년 실업자'란 집단은 서로 겹치기도, 갈리기도 했다. 연구를 어떻게 시작해야 할 까? 정현욱이 소개한 지방 국립대 중문과 출신 여성의 험난한 취업 기가 인상적이었다. 마침 '빈곤 2세대貧二代'라 불리며 사회주의 시 장경제 체제에서 처음으로 가난의 대물림을 경험하게 된 중국 청년 들에 관한 연구도 기획하던 터였다. 선양의 한인타운에서 자본주 의 정치경제의 부침에 따라 구조화된 취약성을 안고 살아가는 한 중 프레카리아트 청년들을 함께 만날 수도 있겠다 싶었다.

2011년 여름, 선양 시타西塔(서탑)에 도착해서 한 조선족 여성이 운영하는 민박집에 짐을 풀었다. 딸과 사는 집을 단기 체류 한국인 들이 머물 게스트하우스로 개조한 곳이었다. 현장연구의 시작은 늘 막막하다. 한국에서 한인회 몇몇 임원의 연락처를 받아온 게 다 였다. 청년들이 주로 모이는 온라인 커뮤니티에 쪽지를 보내놓고, 주말이라 미사에 참석할 겸 한인 성당을 찾았다. 새로 온 신자는 일어나보라는 신부의 말에 얼떨결에 자기소개까지 했더니 미사 끝 나고 한 중년의 아주머니가 반갑게 인사했다. "우리 애가 한국에서 대학 다녀요. 학점 나 몰라라 하다 군대 갔다가 오더니 살짝 철들었어요."

한씨(가명)는 내 민박집이 같은 아파트 단지에 있다는 걸 알고 나를 제집에 초대했다. "와서 저녁이라도 먹고 가요." 내가 도착했을 때, 한씨의 남편 정씨(가명)와 친구 진씨(가명)는 베란다에서 바비큐를 굽고 있었다. 한씨는 서양 사극 영화에 나올 법한 촛대를 꺼내놓고 테이블을 차리고 있었다. 진씨 부인 김씨(가명)는 한국 인터넷 포털 사이트를 검색 중이었고, 수영 레슨을 마치고 돌아온 김씨의 두 아이는 가죽 소파에 누워 곤히 잠들었다. 대형 텔레비전 모니터에서는 한국 위성으로 쏘아 올린 「나는 가수다」 프로그램이 한창 방영 중이었다. 정씨와 진씨는 누가 일등을 할까, 누가 탈락할까를 두고 갑론을박을 벌이고 있었다. 나른하고 평온한 풍경이었다. 다소 혼란스러웠다. "내가 지금 있는 곳이 중국일까 아니면 서울의 한 중산층 가정집일까?" '신조선족'이라는, 나를 시타로 이끈 첫 단어는 이미 휘발되고 없었다.

하지만, 이후 한씨 부부와 친해지면서 생각이 복잡해졌다. 2000년 한국 대기업의 계열사 주재원으로 처음 중국 땅을 밟은 정씨는 회사의 구조조정으로 중국 간 지 4년 만에 해고를 당했다. 40대 후반의 나이에 한국에서 새로운 직장을 찾는 게 막막하게 느껴졌고, 하나뿐인 아들이 장차 한국 대학에 진학할 때 특례 입학 자격이라도 만들어주고 싶었다. 한씨 부부가 중국에 남게 된 이유다. 정씨의 해고 이후 부부는 각종 사업에 손을 댔고 번번이 실패했다. 시타에 있는 한 한식집을 인수받아 2개월 전부터 운영하기 시작했으나 새 사업을 시작한다는 설렘보다는 곧 닥칠 실패에 대한 불안과 두려움에 이미 압도되어 있었다. 바비큐 파티 후 열흘 정도 지났을까. 밤에 잠깐 만난 한씨의 안색이 어두웠다. 정씨는 여전히 가게에 있다고 했다. 영업시간이 한참 지난 시각이었다. "우리 식당에 조선족 단골이 있는데, 사실 깡패지. 온몸에 용 문신이야. 술에 취해 친구한테 나오라고 전화했대. 안 오면 죽인다고. 근데 친구가 왔더니 진짜 술병으로 내려쳤어. 너무 끔찍해."

한씨 부부와 만나면서, 이후 조선족을 포함해 더 다양한 한인들의 삶을 들여다보면서, 나는 '신조선족'이란 기표를 정박시키기 위해 특정한 세대나 가시적인 빈곤 집단에 주목할 필요가 없다는 결론을 내렸다. 대신에 빈곤을 흐르고, 떠다니며, 혼탁해지고, 쉽게 잡히지 않는 기체로 생각하기 시작했다. 고풍스러운 촛대로 식탁을 장식하고 바비큐를 굽고 한국 텔레비전 쇼를 여유 있게 즐기면서 제집을 안전한 요새로 만들어도 투과성이 강한 이 기체는 그 안으로 침투한다. 빈곤 전염의 불안과 공포는 정동, 즉 인지적으로 설명하기 어려우나 욕망과 실재의 생산에 행위력을 발휘하는 감정이기 때문이다.(들뢰즈 2005; Massumi 2002)

이 장에서 나는 중국 둥베이 선양의 한인타운인 시타에서 하향이동downward mobility과 실패의 공포를 안고 살아가는 한국인 이주자들을 좇는다. '회장님' 소리를 듣는 성공한 기업가, 영세 자영업자, 종업원, 여행·비자 중개인, 각종 문제 해결 전담 컨설턴트, 주부, 자원봉사자, 목회자, 이 일 저 일 '찔러보는' 백수를 만나고, 시타 거리와 가라오케, 커피숍, 식당, 백화점, 시장, 학교, 노인회관, 가정집, 민박집, 영사관, 지역 정부를 오간다. 각각의 장소에서 한국인 이주자들은, 중국인은 물론 조선족, 탈북민 등 다른 국적의 한인들과 물리적·제도적·정동적으로 서로 얽히는가 하면 영역을 분리해내기도 한다. 시타는 이렇게 사람과 사람이, 사람과 장소가 교차하면서 형성되는 연합들associations의 일시적 묶음이다. 다양한 역사를 품은 사람들이 때로 (한씨 부부처럼) '요새'를 만들기도 하고, 집단을 명확히 구분하며 배타적 권역을 확보하기도 하지만, 불안을 통제하기란 쉬운 일이 아니다.

'불순한' 한인 집거지

시타에 있는 동안 중년 남성과 인터뷰하기가 유독 어려웠다. 인터뷰 동의를 얻는 건 수월했는데 만날 만한 장소가 마땅치 않았다. 커피숍이 조용해서 인터뷰에 안성맞춤이었는데 상대방이 오기를 꺼렸다. 정수기 사업을 하는 최씨(가명)와 어렵게 약속을 잡고 일찌감치 커피숍에 갔다. 1970-1980년대 한국 가요가 잔잔히 흘러나왔다. 앞자리에 앉은 중년 한국인 남성이 휴대전화를 붙잡고 '샤오제小姐(아가씨)'와 어색한 중국어로 농을 주고받았다. 통화가 끝나자, 그는 곧바로 한국인 친구한테 전화했다. "어이, 바쁘지? 바쁜데 전

화해서 미안한데 돈 좀 빌려줘. 일단 한 일이천 [위안] 정도. 먼저 일
봐. 기다릴게. 돈 부치고 전화 좀 줘." 약속 시각에 맞춰 최씨가 들
어왔다. 누가 자신을 훔쳐보기라도 하듯 머뭇거리며 주변을 살피
다 앉았다. "이런 오후 시간에 서탑[시타] 커피숍에서 옷 빼입고 앉
아 있는 한국 남자는 거지 아니면 사기꾼이에요." 사람들은 커피숍
뿐 아니라 시타란 지역 자체를 껄끄럽게 여겼다. 시타의 한국 식당
에서 저녁을 함께하기로 한 중국 친구는 시간을 앞당기길 원했다.
"아버지가 밤에 서탑에 있지 말래." 시타에 머물던 나 역시 찜찜함
을 느끼기 시작했다. 늦게 귀가할 때면 민박집이 자리 잡은 아파트
단지 경비원이 의심스러운 눈초리로 쳐다봤다. 지역도, 그곳의 상점
도, 그곳을 지나는 사람도 불순하게 만드는 이 기류란 대체 뭘까?

　내가 드나들던 2011-2012년 당시, 랴오닝의 중심 도시 선양은
1만5000 한국인, 20만 조선족*, 불특정 다수의 북한인이 모여 사
는 둥베이 최대의 한인 집거 지역으로, 선양 기차역과 가까운 시타
지역은 오랜 조선족 집거지였다. 한국인들이 부동산을 대거 구매해
서 모여들고 조선족이 뒤따라 이주한 여느 도시의 한인타운과 달

---

* 이 글에서 나는 한민족 혈통을 지닌 중국 국적의 주민을 중국 정부가 공인한 소
수민족의 하나인 '조선족'으로 명명할 것이다. 내가 선양에서 만난 조선족 자영업
자들은 한국인인 나와 대화할 때 자신들을 '교포'로 지칭하기도 했으나, 어떤 호
칭을 사용할지는 상황에 따라 유동적이었다. 중국의 부상을 논할 때나 경멸스러
운 한국인을 타자화할 때는 자신을 '중국인'으로 명명하기도 했다. 현재 한국에서
조선족은 혐오의 단어로 전락했지만, 중국에서는 관공서에서 일상 구석까지 자
연스럽게 쓰이는 용어이기도 하다.

리, 조선족이 신중국 성립 이전부터 거주하던 지역에 수교 이후 한국인들이 본격적으로 유입되면서 지금의 시타가 형성됐다. 1901년 다섯 집에 불과했던 조선족(당시 조선인) 인구는 2012년 약 8300명으로 늘었다.(王俊·李太濟 2004: 207) 개혁개방 이후 대거 이주한 한족의 비중이 가장 크지만, 시타에는 조선족 백화점, 서점, 학교, 식당이 여전히 밀집해 있다. 국적을 달리하는 한인들의 교류가 많아 조선족 관료나 한국에서 방문한 정치인, 언론에서 오랫동안 "민족 화합의 실험장"으로 불려온 지역에 덧씌워진 오명을 어떻게 봐야 할까?

메리 더글러스(1997: 69)는 "오물이 있는 곳에는 반드시 체계가 존재한다"면서 '오물dirt' 개념의 상대성을 강조했다. 예컨대 신발은 그 자체가 더러운 게 아니라 식탁 위에 올려졌을 때 더럽다. 이 같은 상대성은 오물에 관한 관심이 어떤 사람이나 사물을 오물로 만드는 질서에 대한 질문임을 시사한다. 분류를 흐리게 하거나, 얼룩을 남기거나, 혼란스럽게 하는 어떤 사람, 사물, 사건, 행동이든 불순하다고 여겨진다.(Douglas 1999) 개혁개방 후 경제 발전이 급속도로 진행 중인 나라, 특히 이동성이 강한 이주자 커뮤니티에서 분류 체계는 어떻게 작동할까? 시타를 기피 장소로 만드는 오물은 무엇일까? 이주자 혐오가 일상화된 현재 한국 사회라면 조선족을 먼저 떠올릴지도 모르겠다. 1990년대 중후반에 시타에 살았다면, '고난의 행군' 시기 최악의 식량난을 피해 중국을 떠돌던 북한 '꽃제비'가 생각날 수도 있다. 하지만 내가 현장연구를 하던 2010년대 초반에는 만나는 사람마다 경제적으로 취약한 지위에 놓인 한국인 이주자들을 지목했다. 이들은 '루저'나 '찌질이'로, 조선족에 관한 차별이 고스란히 담긴 '신조선족'으로, 아니면 싸잡아 '한국 사람'으로 불렸다. 한국인 이주자들이 조선족과 맺는 관계가 변하고, 한국과 중국, 더 나아가 글로벌 정치경제의 변동과 얽히면서 지난 20여 년 동안 겪어온 사회경제적 지위의 부침이 시타의 흥망성쇠와 조응했기 때문일 것이다. 역사를 잠시 들여다보자.

선주민이든 새로 정착한 이주자든 시타의 지도가 한국인들의 유입으로 완전히 바뀌었다는 데는 이견이 없다. 1980년대 친척 방문으로 한국에 온 조선족과 일찌감치 인연이 닿은 한국인들은 수교 전부터 중국 시장에 진출했는데, 이러한 흐름은 1992년 공식 수교 이후 자영업자, 사업가, 유학생, 주재원이 대거 이주하면서 더욱 거세졌다. 내가 만난 선양 한인회의 주축 멤버 중에는 자신을 '개척자'로 생각하는 원로 사업가가 제법 많았다. 이들은 1980년대 소위 '한강의 기적'이라 불리는 고도성장의 혜택을 누렸고[*], 사회주의 중국에서 시장의 폭력을 규제하기 위한 법과 제도들이 채 정비되기도 전에 사업을 감행했다. 숱한 실패를 겪었음에도 상당수가 각종 사업을 선점해 부를 축적할 기회를 남보다 먼저 움켜쥐었고, 일부는 한인사회의 지도적 인물로 정치적 영향력까지 행사하면서 중국

---

[*] 1962년에서 1989년 사이 국민 1인당 소득은 87달러에서 5199달러, 국내총생산 규모는 5500만 달러에서 614억 달러로 급증했다.

사회에서 긴요한 인맥을 넓혀왔다.

예를 들어, 선양을 비롯해 중국에서 인쇄소 다섯 곳을 운영하는 이씨(가명)는 대학 졸업 후 곧바로 무역과 유통 사업에 뛰어들었다. 1988년 서울올림픽 당시 호돌이 문양을 크게 새긴 그림을 티셔츠에 프린트해서 팔아 재미를 봤다며 흐뭇하게 과거를 추억했다. "사회생활을 하다 보니까 비즈니스 성공의 기회는 이렇더라고요. 한국전쟁, 베트남전쟁, 중동전쟁…… 뭐 이렇게 큰 판이 흔들릴 때 기회가 오고 사업적인 성공이 가능하더라고요." 한중 수교도 바로 그 '큰 판' 중 하나였다. 이씨는 1980년대부터 중국을 드나들던 재일 교포와 사업 합작을 한 게 인연이 되어 중국행을 결심했다. "중국에 희망이 있겠다, 중국의 죽의장막이 열리는 순간에 큰 사업 기회가 오겠다고 확신했어요." 황씨(가명)는 시장경제 체제로 변모하는 나라에서 '접대'의 중요성을 간파하고 시타에 일찌감치 대형 식당과 사우나를 열었다. 중국의 정치 상황이 불안하지 않았냐는 내 질문에 그는 웃으며 답했다. "위험이 따르지 않는 성공이란 없는 거야. 중국은 위험도 잠재력도 풍부했지. 지지 않으면 언젠가는 이기는 싸움이라고 확신했어." "기차역 근처의 어둡고 누추한 동네"가 대규모 식당, 술집, 사우나가 즐비한 유흥가로 변모한 것은 자신처럼 위험을 무릅쓴 한국인 사업가들 덕택이라고 황씨는 힘주어 말했다.

한국인 사업가들이 중국에서 특별히 둥베이에 주목한 데는 무엇보다 조선족의 영향이 컸다. 인맥이 법에 우선할 뿐 아니라 계획경제의 유산과 새로 등장한 시장경제의 통치체제가 혼재된 중국 땅에서 중국 말과 한국말이 모두 가능한 조선족의 집거는 같은 민족이라는 정서적 연대를 넘어 실리적 교류의 포문을 열어줬다. 직원을 고용하고, 복잡한 행정 절차를 처리하고, 중국 파트너나 지방 간부들과 계약을 체결하는 과정에서 조선족의 도움은 절대적이었다.

하지만 시타의 인구 변화는 한국인들의 유입만으로 설명될 수 없다. 이들이 기회를 찾아 중국행을 결정했을 때, 많은 조선족은 같은 이유로 한국 이주를 감행했다. 중국에 남은 조선족은 한국인들의 통역자, 브로커, 종업원, 보모, 동업자가 됐고, 인근 농촌이나 다른 지역에서 온 조선족이 한국으로 떠난 사람들의 자리를 메웠다. 한인들의 교류에 북한 사람들도 합세했다. 한국 사업가나 관광객의 호기심을 자극할 북한 식당이 외화벌이의 일환으로 시타 곳곳에 자리 잡았고, 한국 사람, 북한 사람, 북한 화교, 조선족, 한족이 서로 뒤엉킨 법 너머의 초국적 교역도 증가했다.(강주원 2016 참조) 1990년대 말에는 최악의 자연재해로 기근에 시달리던 북한 주민이 대거 탈북을 감행했다. 이들의 남한행을 주선하는 한국인 선교사나 이들을 대상으로 각종 사업을 벌이는 한국인, 조선족 브로커까지 시타를 비롯한 선양 일대에 모여들었다.

다양한 한인 사이의 교류가 많아지면서 범죄도 기승을 부렸지만, 시타의 유명세가 반드시 부정적으로만 인식되진 않았다. 내가 만난 한국인 이주자, 조선족, 한족 주민 모두 1990년대 중반부터 2000년대 중반까지의 10년을 시타의 황금기로 회고했다. 1990년대 말의 아시아 금융 위기도 위기이자 기회였다. 주재원들이 회사가 망해서 실직자가 되거나 한국과 교역하던 사업가가 파산하기도 했으나, 한국에서 실패를 경험하고 새로운 기회를 좇아 중국으로 건너간(또는 도망간) 사람들이 시타에서 속속 가게를 열었다. 주재원으로 왔던 사람들이 새로운 사업 기회를 발견하고 회사를 그만두는 일도 다반사였다. 1990년과 2005년 사이 중국의 국내총생산은 3903억 달러에서 2조2576억 달러로, 도시 가구의 1인당 실소득은 1510위안에서 1만493위안으로 급상승했다.[3] 시장경제로의 이행이 급속히 진행되면서 사회주의 국영기업의 요람이던 둥베이는 다른 지역에 비해 고전을 면치 못했지만, 2000년대 초반 '둥베이 진흥' 정책을 개시한 중국 정부가 세제 감면과 (한 사업가의 표현대로) "계약서에 포함되지 않은" 각종 우대를 제공하면서 한국 자본 유치에 공을 들였다.

1999년 선양에 대한민국 총영사관이 설치되면서, 둥베이 3성에 거주하던 조선족들도 (비)합법적인 각종 수단을 동원해 한국행 비자를 만들기 위해 선양 일대에 모여들었다. 한국·중국·북한 국적의 한인들이 비자 브로커, 여권 위조, 밀수, 사기, 마약 판매, 성매매에 깊숙이 연루되면서 시타의 '불순한' 이미지는 점점 더 굳어갔지만, 한국인이 감행한 사업들이 중국 경제성장에 편승하면서 호황을 누리던 시절이었다. 시타가 '홍등가'였던 동시에 '북방의 작은 서울北方小漢城'로 불린 배경이다.

하지만 2000년대 말 발생한 일련의 사건이 차이나 드림을 좇던 한국인들을 혼란에 빠뜨렸다. 무엇보다 2008년 글로벌 금융 위기가 미친 여파가 심각했다. 2008년 9월 미국의 투자은행 리먼브러더스가 파산했을 때, 원화 가치는 2008년 8월 1일 1위안화당 149.3원에서 그해 11월 말 215.4원으로 급락했다. 생산비 증가를 감당할 수 없거나 한국에 수출한 물품에 대해 대금을 받지 못한 사람들이 속속 공장을 접고, 주고객을 잃은 자영업자도 낭패를 봤다. 2008년 중국 정부가 단행한 신노동법은 한국 상인과 기업가 모두를 곤경에 빠뜨렸다. 노동자의 임금을 인상하고, 기본적인 사회보험을 지급하고, 좀더 안전하고 친환경적인 작업장을 만들어야 한다는 요구는 전 세계적 노동운동의 흐름에서 보자면 자연스러운 경로였으나, 중국을 일종의 '프런티어'로 보면서 저렴한 자연과 노동의 전유를 당연시했던 사람들한테는 재앙으로 여겨졌다. 인건비를 감당할 수 없어 안경점을 접은 신씨(가명)와 한인 성당 미사를 마치고 얘기를 나눴다. 한 중국인 종업원이 임신 휴가 중에 지급되지 않은 월급과 보험을 재차 요구한 사실에 그는 여전히 분노가 가라앉지 않은 상태였다. "우리가 걔한테 얼마나 잘했는데? 아유 정말 분통 터져. 농촌에서 와서 소학교도 안 마친 애가 이런 직장을 구한 것 자체가 감지덕지지." 중국 법에 따라 회사를 청산하는 절차도 까다롭다며 하소연하던 신씨는 폐업 신고를 안 하고 "도망친" 한국인들에 관한 정보를 수집 중이었다.

새로운 노동법뿐 아니라 베이징 올림픽 즈음에 강화된 중국의 출입국 정책도 외국인들의 중국 체류를 어렵게 만들었다. 외국인들

시타 중앙대로. 2011년 7월 23일 촬영.

이 1년 복수 비자로 중국을 자유롭게 드나들던 시절은 추억이 됐고, 석 달 기간의 여행(L) 비자조차 연장이 어려워져 각자 편법을 찾아야 했다. 중국뿐 아니라 한국의 출입국 정책도 시타 경제에 영향을 미쳤다. 한국 정부는 2007년 3월부터 방문취업제를 시행하여 연고가 없는 해외 거주 한인 동포를 포함한 재입국자에게 최대 5년까지 자유롭게 한국을 방문하여 취업할 기회를 열어주었다. 조선족 불법체류자를 양산해온 그간의 이주사를 돌아볼 때 큰 진전임에 분명한 정책이 비자와 여권을 중심으로 '비공식' 경제의 연결망을 구축해온 (시타 상권의 고객이기도 한) 사람들을 강타했다. 한국인들이 더는 버티지 못하고 떠난 자리에 조선족, 한족이 운영하는 가라오케, 사우나, 한국 식당이 들어섰다.

이러한 궤적을 거쳐, 선양에 체류하는 한국인 인구는 2007년 2만 5000명에서 2012년 1만 5000명으로, 같은 시기 시타 내 한국인은 5000명에서 1320명으로 급감했다.[4] 물론 한국에서 새로운 이주자도 꾸준히 유입되었다. 선양 한국인 온라인 커뮤니티의 오프라인 맥주 모임에 참석해 중국에 온 지 얼마 안 된 20-30대 청년을 여럿 만났다. 이들이 중국에 온 이유는 다양했다. 새롭게 시작하고 싶어서, 중국이 뜬다기에, 한국의 경쟁 문화가 싫어서, 여유를 찾고 싶어서, 또는 '얼떨결에'. 경제적 배경이 다양하긴 했으나 이들은 한국에서 실패한 경험을 대체로 공유했다. 천씨(가명)는 "IMF가 터지면서" 다니던 중소기업이 망했고, 중국과 선이 닿았던 친구와 동업해 랴오닝성의 인감도장 공장에 투자했다가 사기를 당했다. 고씨

(가명)는 "IMF 되면서" ○○가 부도처리 되는 바람에 소속 모델 일을 접어야 했다. 여수에서 모델 에이전시를 하려다 경험 부족으로 망하고, 필리핀 불법체류자들을 데리고 호텔 나이트 공연을 돌고, 몽골 여성들을 한국에 데려오는 브로커 일도 잠깐 했다. 이후 아예 몽골로 떠나 여러 사업을 전전하고, 선양에 아는 형이 있어 놀러 왔다가 "눌러앉았다". "중국이 진짜 세계 강국이고 앞으로 더 커질 건데 파이가 작아지기 전에 하루라도 먼저 들어와야죠." 젊은 나이에 공장을 운영하는 청년은 대부분 가족의 사업을 물려받은 이들이었다. 상대적으로 부유한 이들은 최저생계비, 임금, 보험 인상 등 중국 노동법의 '개악'을 성토하느라 바빴다. 중국과 한국의 경제 격차가 심하게 벌어진 시기에 불안정한 프레카리아트로 이주자 생활을 시작한 사람들을 바라보는 주변의 시선은 차가웠다. 시타로 가는 길에 나를 태운 한족 택시 운전사는 자신이 바라보는 시타를 간단히 정리했다. "뭐 서탑에서 한국인들이 잘나갔던 시기는 딱 1998-2008년 고 10년이라 봐야죠. 그땐 정말 돈 많은 사람이 들어왔지. 중국에서 세금도 막 우대해줬고. 이 사람들이 기생집 하면서 떼돈 번 거죠. 지금은 서탑에 돈 있는 한국인들 별로 없어요."

'성공한 조선족' 대 '찌질한 한국인'이라는 서사

시타 지역 한국인들의 이주사에는 '쇠락'의 측면이 두드러지지만,

자세히 뜯어보면 상황은 더 복잡하다. 택시 운전사가 이제 사라졌다고 얘기한 돈 많은 한국인들은 여전히 선양에 체류 중이다. 단지 "불순한" 시타를 떠나 공간을 계급적으로 구획하면서(Zhang 2010: 13-16) 자신들만의 참호를 만들었을 뿐이다. 2005년 선양에 와서 비자 컨설팅 업체를 운영하는 심씨(가명)는 한국 사람이 줄었다 해도 한국국제학교 학생 수는 엇비슷하다는 점을 강조했다. "현재 많은 사람이 교외 신흥 개발 지역인 훈난滿南으로 자리를 옮겼어요. 주재원들은 시내 쉐라톤 호텔 근처 고급 아파트에 모여 살고. 게다가 롯데나 CJ, 포스코 같은 대기업도 계속 들어와요. 이런 변화들을 자영업 하는 사람들은 잘 모르니 무조건 줄었다고만 하죠."

　시타에서 가장 많이 회자되는 '쫄딱 망한' 한국인들에 관한 서사도 과거형이 현재형으로 둔갑될 때가 많다. 2000년대 말 글로벌 금융 위기와 중국 정부의 엄격한 출입국 관리, 지하경제 단속이 겹치면서 영사관에서 한국에 돌아갈 비행기 표와 긴급구호비를 제공하거나 한인 교회에서 쉼터를 운영할 만큼 생계가 어려워진 한국 이주자가 속출했다. 내가 현장연구를 하던 2011-2012년 여전히 일부 한국인은 비자가 만료되었거나 여권을 뺏겨서, 한국에 가봤자 반겨줄 사람이 없어서 이 일 저 일을 전전했지만, 불법체류자로 살아가던 다수는 중국 정부의 대대적인 단속으로 한국이나 중국 내 다른 지역으로 떠난 상태였다. 한 달 동안 내가 머문 민박집의 조선족 주인 유씨(가명, 51)는 한국인 손님들 문란한 꼴을 너무 많이 봤다며 지긋지긋해했다.

(위부터 시계 방향으로) 시타의 한국 식당, 북한 식당, 조선족 병원. 2011년 8월 3일 촬영.

[한국] 남자들이 술 먹고 여자 만날 목적으로만 여기 오는 경우가 허다하죠. 100만 원 들고 오면 민박집 돈 내고 술 마시고 다 해결한단 거예요. 예전에 물가 쌀 때는 진짜 50만 원, 심지어 10만 원만 들고 오는 사람도 있었어요. 진짜 별별 사람들이 다 있어. 한 번 올 적마다 아가씨 서너 명 바꿔가며 돌아다니는 남자, 공항까지 갔다가 아가씨가 한 번 더 보자 해서 돌아온 남자, 실컷 아가씨랑 놀아놓고 그 돈 주기 아까워서 발뺌하는 남자, 깡패들한테 두들겨 맞을 거란 협박을 받고서야 마지못해 돈 주는 남자……. 어떤 남자는 술 마실 돈이 모자라니까 내 사촌오빠한테 여권까지 맡기고 술집 갔어요. 그러다 우리가 여권 가로챘다고 도로 와서 난리를 치고. 하여간 웃긴 한국 사람 많아요.

하지만 사촌오빠한테 여권을 맡긴 남자에 관한 에피소드는 알고 보니 그로부터도 5년 전의 일이었다. 선양 한국 총영사관에서 만난 한국인 직원은 "서탑은 쇠락해야 하는 게 맞다"며, 1990년대 말 경제 위기 당시의 풍경을 마치 '현재'의 상황인 듯 생생하게 묘사했다.

IMF 이후에 한국의 여권 밀매 실태를 조사해보세요. 여권 밀매가 100건이 발생했다면 그중 80퍼센트는 중국, 거기에서도 80퍼센트는 심양[선양]이었어요……. 지금은 거의 없지만 심양에서 당시 여권 분실 건수가 하루에 20-30건이었어요. 여권 주고 술 받아먹는 자리가 성행했죠. 여기 서탑은 정말 시트콤적인 요소가 많은 동네였어요. 서탑 시트콤으로 만들면 성공할걸요? 여권 하나 팔고 갈게요⋯⋯.

역사적 부침 속에서 한국 이주자들이 지위의 변화를 경험할 때 이들과 경제적으로 밀접하게 얽힌 조선족들이라고 마냥 편안했을까. 앞에서 소개한 민박집 주인 유씨의 생애를 잠깐 들여다보자. 선양 인근의 조선족 마을에서 태어난 유씨는 "다른 농촌 여자들처럼 서탑에 올라고 기를 썼"고, 소원대로 도시 호구를 가진 이곳의 조선족 남성과 혼인했다. 1991년 한국으로 이주 노동을 떠났고, 소학교에 입학한 딸을 노모에게 맡기는 게 미안해서 5년 만에 돌아왔다. 유씨는 2003년 아르헨티나로 노무 일을 떠나 관계가 소원해진 남편과 이혼하고, 빚을 내 현재의 아파트를 돈벌이용으로 구입했다.

2000년대 초만 해도 서탑에 한국인이 드글드글했어요. 이렇게 몽땅 빠질 줄은 몰랐지. 처음에 한 2, 3년은 한국인들한테 세를 줬어요. 근데 다들 망해서 야반도주를 하는 판이니 막 가스비도 밀리고 전화비도 안 내놓구선 가뻐리는 거라. 나는 애 때문에 일찍 중국으로 돌아왔기 때문에 남들만큼 [한국에서] 돈도 많이 못 벌었어요. 이 집 빚 갚으려면 한국에 다시 가긴 가야 할 텐데⋯⋯ 예전엔 한국 사람들 교포한테 참 잘했지만 이젠 안 그렇잖아요. 그리고 이젠 한국 돈이 너무 내려가서 재미를 못 보잖아요.

그는 임대 관리가 어려워 딸과 함께 그 집에 살면서 현재의 민박집을 비합법적으로 운영 중이었지만, 이제는 중국 사회의 정치적 변화가 걸림돌이 되었다.

[베이징] 올림픽 전 한 2년은 재미를 봤어요. 근데 올림픽 시작하기 전후로 4개월을 국가에서 못하게 한 거예요. 맨날 파출소에서 감시 나오고. 그나마 요 방은 우리 조카 방, 저 방은 딸내미 방 그러면서 대충 얼버무려서 침대 같은 건 안 치웠는데, 다른 데는 파출소서 막 시커먼 테이프 발라서 봉하고 난리도 아니었지. 그래 넉 달을 못 하니 뭐 이후에도 손님이 오나. 그 여행객 가장 많던 시기에 죽을 썼지. 그러구선 작년 10월 1일 나라 생일 [국경절]이단 말이다. 그거 한다고 또 민박을 한 달 반 못하게 해. 중국은 공산국가잖아요. 국가서 못하게 하면 별수 없지.

내가 민박집에서 자연스럽게 만난 유씨와 그의 친구들은 조선족 신흥 부자들과 달리 한국인들이 "돈을 쏟아내던" 1990년대 중반부터 2000년대 초반에 부의 기회를 붙잡지 못했다. 한국에서 악착같이 벌어 온 돈으로 새로운 사업을 시작했을 때, 이들이 고객으로 염두에 뒀던 한국 이주자들의 지위는 내리막길을 걸었다. 위안화 가치 상승이나 정부의 규제 정책처럼 한국 이주자들을 강타했던 경제적·제도적 변화는 한국인과 관계하며 부를 축적하고자 했던 조선족들에게도 고스란히 굴레가 되었다.

실제 지형이 이처럼 복잡한데도 시타에서 조선족의 상향 이동과 한국인의 하향 이동을 기정사실화하면서 '성공한 조선족'과 '찌질한 한국인'을 대별하는 서사는 강력한 힘을 발휘한다. 1990년대 한국에 이주 노동 온 조선족과 한국인의 위계, 그리고 시장경제 초입에 있던 가난한 중국과 선진국 축포를 쏘아 올린 한국의 위계가 20여 년이 지나 극적으로 바뀌었다는 점이 중요하게 작용했다.

시타에 머무는 동안 나는 조선족 신흥 부자들이 삼삼오오 모여 한담을 나누는 노인회관이나 가정집에서 그들을 여러 차례 만났다. "서탑에 한국인들이 예전보다 많이 줄었다죠?" 간단한 질문에 대부분 60대 이상인 조선족 노인들은 '찌질한' 한국인들에 대한 측은지심과 꾸지람을 일제히 쏟아냈다. "돈 쪼매만 있는 것들이 한국에서 온 교포 통해 들어와서 쫄딱 망해뿔고 빈털터리 돼서 집에 돌아갔지." "그래도 같은 민족인데 넘 불쌍해. 그냥 볼 때마다 마음이 짠해." "지금은 여기 장사하는 한국 사람 없잖아. 조선족이 다 해먹잖아." "내가 그렇게 장사 크게 하지 마라, 여기 사람 말 좀 들어라 주의 줬는데 허세 부리다가 망한 거지." "1990년대에 온 한국 사람들, 그때 중국 오니까 감자 한 근에 10전 8푼 하지 소고기 한 근에 6원[위안]하지 [옆에서 "아냐, 2원이야!"] 너무 싸거든. 아이구 싸다 하면서 10전 하는 거 50전 주고……." "아가씨들 팁도 몇백 원씩 줬어!"

아는 '딱한' 한국인의 사례를 나열하는 이 조선족 노인들은 많은 한국인이 오랫동안 업신여긴 노무자나 보따리 장수 출신이다.

한국에서 '조선족 촌뜨기'라 곧잘 불려온 이들은 현재 시타 지역에 있는 대형 슈퍼마켓과 식당, 룸살롱, 인근 공장의 실소유주들이다. "하던 것이 몸에 배어 손주 용돈이라도 더 쥐여주려고" 보따리 장사를 계속하는 할머니도 있었지만, 내가 만난 부유한 조선족 노인들은 자식, 사위, 며느리한테 경영을 맡긴 채 인근 교외 지역을 나들이하거나 한집에 모여 수다를 떨면서 소소한 일상을 즐기고 있었다.

이들의 생애사에서 한국으로의 노동 이주는 험난했던 과거와 살 만한 현재를 구분하는 가장 중요한 분수령이다. 이들은 1980년대 후반 한국으로 향하기 전 자기들의 위치가 얼마나 보잘것없었는지, 시타가 얼마나 별 볼 일 없는 동네였는지 얘기했다. 그러나 1980년대 말 이후 가능해진 한국행은 이들 조선족의 주변적 삶에 새로운 전기를 마련해주었다. 고향이 대부분 북한 땅인 옌볜조선족자치주 주민들과 달리, 선양의 조선족은 남한, 특히 경상도가 고향인 사람이 상당수였다. 내가 인터뷰한 열여덟 명 중 열다섯 명이 한중 수교가 수립되기도 전인 1986년부터 1989년 사이에 고향 방문으로 한국 땅을 밟았다. 이주자들 사이에 경쟁이 심해지기 전인 1990년대 초반부터 이들은 보따리 장사를 시작했고, 남한 친척의 초청장으로 대부분 한국에 들어왔기 때문에 고향을 북한에 둔 조선족들이 감내해야 했던 위장 결혼, 밀입국, 브로커 사기 등의 위험에서 비켜날 수 있었다. 1990년대 말 한국이 경제 위기로 주저앉았을 때, 이들 조선족 '개척자'들은 일찌감치 선양으로 돌아와 시타에서 슈퍼와 요식업을 선점했다. 일부는 유흥산업에 관한 법 제도가 정비되기 전에 지방정부나 공안 기관에 근무하던 가족이나 친구를 동원해 시타에 룸살롱, 사우나, 가라오케를 열었다. IMF 위기 당시 중국으로 도망치듯 떠난 한국인과 중국의 신흥 중산층, 지방 관료들로 고객이 넘쳐났다. 한국에서 번 돈으로 1998년 아들이 K-TV를 차릴 수 있게 도와준 문씨(가명, 74)는 당시의 풍경을 즐겁게 회고했다. "촌놈들이 바람이 나면 열두 폭 치마도 좁다고. 중국 놈들이 이런 맛을 못보다 보니 정신이 홀라당 나가버렸지. 여자 데리고 하는 술집 한참 잘됐어. 돈을 막 긁었다니까."

경제적으로 성공한 조선족 노인들은 처음 한국에 갔을 때 자신들이 얼마나 '촌뜨기'였던가, 이주 노동의 과정에서 얼마나 극심한 멸시를 받았던가에 대해 어제 일인 양 세세하게 늘어놨다. 변씨(가명, 77)는 1988년 첫 고국 방문 경험을 신명나게 얘기했다. "그때 적십자사에서 KBS 방송국도 보여주고, 3박 4일 관광도 시켜주고. 차 태워다가 호텔 뷔페에 데려갔는데 뭐 우린 다 처음이잖아. 내가 너무 많이 한꺼번에 집으니까 옆에서 한국 안내원이 그래. 아줌마, 잡술 만큼만 집어가야 해요." 여행에 동행했던 다른 할머니가 웃으며 말을 이었다. "거기 교회 사람이 하나 와서 아줌마 뭐 드실래요, 커피 드실래요, 율무차 드실래요 하는데 뭐가 맛있는지 알아? 먹어나 봤어야지." 보따리 장수 윤씨(가명, 68)는 한국에서 멸시받던 경험을 얘기하는데도 신바람이 났다.

내가 가정집에 들어가 청소하고 먹고 자는데 사모님이 유리그릇을 하나 갖다줘. 사모님 그거 씻을까요 하니 사모님이 그거 깨면 아줌마 [임금] 다 해도 안 된대. 그래 내가 사모님, 제가 흙살에 죽지같이 생겼어두요 우리 가정에선 기둥이에요 했지. 내가 나가서 기도했어. 이 쌍년 어디 나가서 뒈지라고. 그래 악담했더니 알고 보니 ○○[정치인] 집이야. 그래 잡혀가고 하니까 그 사모님 [밖에도 못 나가고] 집에서 설 쇠었단 말이다. [거기서 일하던] 충청도 아줌마가 [나한테] 야 너 때문에 그 사모님 집에서 설 잘 쉈겠다 했지.

차별과 멸시를 과거지사로 못 박을 수 있을 만큼 윤택한 삶을 누리고 있는 조선족 신흥 부자들은 자신들을 무시하던 한국인들이 중국에서 "죽을 쑤고" 있는 현실을 애기할 때 양가감정을 드러냈다. 때로는 실패를 안타까워하면서, 때로는 비아냥거리면서 노인들은 시타의 한국 이주자들을 품평했다. "한국 남자들은 중국 오기 전에 거시기를 다 잘라야 해. 가끔가다 한 번 바람이나 피우고 오입이나 하면 되는데 하여간 여자는 되게 밝혀." "내가 아는 마사지 업소에 맨날 오던 한국 남자가 있었어. 어느 날 쫄딱 망해서 오븐 프라이팬 이런 거 재고품 들고 찾아왔어. 그래 내가 슈퍼 운영하는 며느리더러 몽땅 사게 했어. 그렇게 목탁 두드리고 나면 장사가 더 잘 되지." "내가 한국 갔다 10년을 있다 왔는데 이제 중국이 한국보다 살기 좋아요. ○○이 우리 고향인데 우리 사촌 동생들 마이너스 통장 쓰더라고. 다 곤란한 사람들이야. 내가 돈 꾸어주고 왔지."

한편, 중국에서 실제 경제적 하향 이동을 경험 중인 한국인들은 조선족 신흥 부자들과 대척점에서 '성공한 조선족' 대 (자신보다) '찌질한 한국인'이라는 이분법을 재생산했다. 조선족의 서사에 동정과 조롱의 뉘앙스가 강했다면, 한국인의 서사에선 '배신감'이 강력하게 작동했다. "1992년 처음 대련[다롄]에 왔을 때 중국은 그야말로 기회의 땅이었어요. 주재원 그만두고 사업 아이템 잘 골라서 성공한 사람들이 생겼죠. 나도 젊은 혈기에 그런 생각을 했고." 대기업 주재원으로 중국에 왔던 장씨(가명, 42)는 현재는 선양에서 웹디자인, 무역 상담 등 여러 일을 하고 있다. 시타의 한 카페에서 긴 대화를 나누는 동안 그는 1990년대 자신의 모습이 현재와 얼마나 달랐던가를 연신 강조했다. "대련에 주재원으로 있을 때는 남의 눈이 있으니 한 달에 5000불을 주고 살았어요. 심양에서는 외국인 별장 구역에 모여 살았는데 한 달에 2500불을 냈지. 그땐 [회사에서 지불하고] 어차피 내 돈도 아니니 막 좋은 데만 골라 다녔지." 1995년 선양에 정착해서 방송국과 위성 안테나 보급 사업을 계약해서 "재미를 봤던" 시절을 떠올릴 때만 해도 장씨의 회고담에는 힘이 넘쳤지만, 이야기가 최근으로 넘어오면서 그의 안색도 어두워졌다. "자동차 렌탈 서비스에 광고회사에 사업 컨설팅에······ 명함을 얼마나 새로 팠는지 이제 기억도 안 나요. 사업이 계속 지지부진하니 자신감도 떨어져요."

그는 과거의 시타에 대해 더 많이 얘기하고 싶어했다. "서탑의 풍경은 다른 데서는 볼 수 없는 거였죠. 밤에도 불이 번쩍번쩍하는 불야성이었고. 당시 술집에 가면 [서울] 강남에서나 볼 수 있는 미인들이 쫙 깔려 있었어요." 그 '좋았던 시절'은 과거지사가 되었다. 장씨는 주재원으로 살 때의 중국과 자영업자로 살 때의 중국이 얼마나 다른가를 내내 강조했다.

회사 그만두더라도 잘될 줄 알았어요. 내가 대련에 있을 때 거기 맨 노른자 사업을 따내서 회사에 바친 사람이거든. 근데 막상 나와보니 아니에요. 나는 그냥 중국 말도 제대로 할 줄 모르는 한국 사람일 뿐이지. 아무 빽도 없으니…… 보호받고 사는 것과 아닌 게 하늘과 땅 차이인데 그걸 몰랐죠.

1990년대 장씨의 인생 경로는 사실 성공한 한국인 자영업자들의 그것과 별반 다르지 않다. 그들 모두 위험하지만 잠재력이 풍부한 중국 시장에 한껏 고무된 모험가들이었고, 중국에서 이런저런 사업을 시도하면서 성공과 실패를 수차례 경험했다. 지금보다 느슨한 중국 정부의 노동 제도, 외국인 투자를 유치하기 위한 각종 우대 혜택을 받으며 사업을 확장했던 전력도 대동소이하다. 장씨와 다른 성공한 기업인들 간의 차이를 굳이 찾자면 그가 실패 후 재기하는 데 필요한 정치적·경제적 자원을 후자보다 '다소 덜' 가지고 있었다는 점, 그래서 위안화 폭등이나 갈수록 엄격해지는 중국 정부의 외국인 정책에 대처할 역량을 '다소 덜' 가지고 있었다는 점

뿐이다. 선양에서 만난 한족 택시기사는 비아냥거리는 듯한 어조로 이 차이를 정리했다. "서탑에서 사장과 사기꾼은 종이 한 장 차이예요. 사기를 쳐서 성공하면 사장님인 거고, 실패하면 사기꾼인 거지." 사업 실패가 납득 가능한 원인에 따른 귀결이 아니라 순전히 우발적이라 생각하는 한국인 자영업자들은 자신의 곤경에 대한 책임을 외부, 특히 성공한 조선족에게 돌렸다.

예전엔 조선족들 대학 나와도 경제가 활성화되어 있지 않으니 할 일이 없었어요. 대학 나와도 역 앞에서 짐 나르고 있었어요. 그런 친구들한테 한국인들은 동포라고 계속 베풀어주려고 했고. 나도 그랬지. 오는 사람마다 똑같은 생각으로 다들 베풀어준 거죠. "야 거기만 있지 말고 이런 거 해봐" 하면서…… 예전에 데리고 있던 [조선족] 직원들 처음엔 감사한 눈치였는데, 3년 지나 만나니 태도가 그게 아닌 거라. 이 사람들도 돈맛을 알았단 말이지.

IMF 때 한국에서 돈 좀 들고 도망 온 사람이 많았고, 조선족은 그런 한국 사람[한테] 붙어서 뽑아먹으려 하고. 그때 사기 쳐서 자수성가한 사람이 대부분이죠. 내가 친척처럼 지내는 조선족이 있었어요. 말단 공무원이었는데, 제 와이프가 많이 도와줬어요. 그 집 장인어른을 ○○에 취직시켜줬죠. 그 친구가 지금 재산이 얼만 줄 알아요? 10여 년 전에 정말로 만 원이 없던 사람이 지금 인민폐로 1억을 갖고 있다니 인생 역전이죠. 지금은 연락도 잘 안 해요.

요컨대, 갈등은 '경계인' 집단끼리 폭발했다. 단일민족국가를 전제한 채 살아온 한국인이 중국 국적이면서 동포인 조선족의 불분명한 지위에 의문을 던지며 그들을 집요하게 차별했고, 다시 조선족은 우월한 위치를 당연시하나 현실은 지극히 불안한 한국 이주자를 희화화했다. 경계인이 경계인을 공격했다.

이들이 그나마 적대를 거두고 의견의 일치를 보이는 순간은 자신보다 열위에 있는 다른 경계인─탈북민을 지목할 때였다. 민박집 주인 조선족 유씨는 시타의 탈북민을 조심하라고 나한테 당부했다. "북한 애들은 무서워. 만나면 무조건 돈 달래. 물불 안 가린다니까. (⋯) 우리 교포들하고 또 틀려요. 절대 상종을 하면 안 돼요." "대한민국에 반겨주는 사람이 없어" 한국 가서 비자 연장하고 사우나 하고 도로 중국에 돌아온다는 한국인 노인은 탈북민을 '야생'으로 묘사했다. "정말 무서운 놈들이라구. 일단 배고프니 먹잇감 하나 잡으면 막무가내로 달가드는 거야. 내가 연변[옌볜]에서 크게 식당을 한 적이 있어. 그때 탈북한 애가 하도 사정이 딱하길래 종업원으로 들여줬지. 그담엔 말도 마⋯⋯. 내가 진짜 완전히 먹혔다니까." 시타의 탈북민들, 그러니까 인건비가 치솟은 조선족·한족 종업원을 대신하여 불법 저임금 노동의 마지막 보루가 된 집단이 고만고만하게 취약한 한인들 사이에서 '휴전선' 역할을 하는 셈이었다.

'정상'을 입증하기 위한 전략들

전술했듯 시타의 발전과 쇠락은 한국과 중국은 물론, 글로벌 정치경제의 변동과 관련지어 이해해야 할 구조적 사안이다. 그럼에도 예측 불허의 힘들이 얽힌 결과를 문화적 적대로 치환하는 일이 허다했다. 이러한 변동에 쉽게 대처할 만한 자본을 지니지 못한 채 삶의 불안정성을 감내하고 있는 사람들 사이에서 가장 일상적으로.

하향 이동의 실제 경험과 내리막길을 걸을지 모른다는 공포가 뒤섞이면서 시타에서 빈곤 문화는 강한 전염성을 갖게 되었다. 여기서 내가 지칭하는 '빈곤 문화'란 가난의 대물림으로 영속화된 개인과 집단의 심리적인 성향을 나열하는 것(Lewis 1966)도 아니고, (오스카 루이스의 빈곤 문화론이 보수적인 복지 정책에 악용된 대로) 복지 수급에 의존해서 살아가는 사람들 사이의 굳어진 태도나 생활양식을 의미하는 것도 아니다. 나는 빈곤 문화의 신자유주의적 생산에 주목하는데, 이는 "위기가 반복되는 신자유주의 흐름에서 하향 이동이나 삶의 격동을 경험하는 시타의 한국인 이주자들이 자신의 '정상성'을 증명하고, 스스로를 '찌질이' '루저'와 구분 짓기 위해 자의적인 빈곤 문화의 표식arbitrary cultural markers of poverty을 동원하고 (재)생산하는 과정"을 일컫는다.(Cho 2018: 521) (1, 2장에서 비중 있게 다뤘던) 빈곤-복지 연합, 그리고 이 구도에서 파생된 빈곤 문화나 의존성의 유령은 일국의 사회보장 정책 지형을 넘어, 한국과 중국 정부의 사회적 보호 외곽에서 살아가는 이주자들 사이에서 적극적으로 소환됐다. 초국적 연결이 급증한 시대, 나락에 떨어질지 모른다는 불안이 빈곤 감각을 증폭시키는 시대에 빈곤·복지·노동 담론이 서로 맞물리면서 '빈민'을 조립했던 문화 정치가 국민국가의 경계를 넘어 (이주자, 난민 등) 정치적·경제적으로 취약한 지위에 놓인 다양한 범주의 사람들을 겨냥하는 낙인, 열악한 사람들이 서로를 구별 짓는 표식을 전방위적으로 확산해내는 것이다. 정상과 비정상은 특정 개인의 상태가 아닌 관점에 불과하지만 (Goffman 1963: 137), 빈곤 전염의 공포를 안고 살아가는 사람들은 관점을 인격화하는 데 몰입한다. 시타에서 한국 이주자들이 소환하는 비정상·오염의 표식으로 나는 조선족에 대한 의존, '결함' 있는 가족, 중국에 대한 무지에 주목했다.

조선족에 대한 의존

일국의 사회보장 체계에서는 주로 정부나 여타 제도·정책에 대한 복지 의존성welfare dependency이 문제시되었다면, 시타의 이주자 사회에서는 조선족이라는 '위험한' 타자에 대한 의존이 비정상성의 혐의를 받았다. 한때 사업 관계에서 한국인이 조선족에 대해 가졌던 우월한 지위는 옛말이 되고, 두 집단의 위계가 때로 역전되면서, 영세 자영업자나 소상인, 여행·비자 중개인, 자칭 백수 등 다양한 위치에서 불안정한 삶을 이어가는 사람들은 실패를 조선족 탓으로 돌리는 한심한 한국인으로 종종 비난받았다. "서탑에 양복 입은 거지 많죠. 옷 뻔지르르하게 입고 다니는 사람치고 제대로 된 사람 하나도 없어요. 애들은 지가 못나서 망한 주제에 늘 조선족 탓을 해요." 중국과 러시아를 오가며 목재 중개업을 하는 박씨(가명, 45)가 커피숍에서 나와 인터뷰하는 것을 불편하게 여기며 말했다. 한때는 말이 통하는 '우리 민족'으로, 한국인이 중국에서 사업을 할 때 반드시 필요한 '파트너'로 인식되었던 조선족과의 관계가 이제는 자신의 무능, 나태를 의심받는 척도가 됐다. "지가 못나서 망했는데 조선족 탓을 하는" 한국인, "조선족 때문에 망해놓고 다시 조선족을 찾는" 한국인이 비난의 대상으로 등장했다.

특히 경제적으로 어느 정도 성공한 한국인 자영업자들과의 인터뷰에서, 관용은 '성공한 우리'와 '실패한 그들'을 다시 구분하는 수사로 빈번히 등장했다. 앞서 소개한 이씨는 1990년대 중반 새로운 공장을 열 당시를 회고하면서, "조선족은 본질적으로 문제가 있는 집단"이 아니며 "그들에 관한 좋지 않은 평판은 순전히 상황의 산물"임을 강조했다.

내가 공장 문을 열 때 조선족보다는 한족이 낫다, 조선족은 믿을 수 없다는 말이 넘쳐났어요. 다들 조선족이 '한국 사람들을 등쳤다' 이렇게 속된 말로 하는데 한국 사람들이야 말이 통하니까 의지할 수밖에 없고. 그러다 보니 일이 생기는 건데 당하는 사람이 잘못이에요. 사업에 너무 무방비 상태였으니까.

사업을 진척시키면서 만만찮은 조선족 기업인들과 주로 대면해 온 한국인 자영업자들이 보여주는 관용이란, 사실 조선족이 (박씨의 말을 빌리자면) "한 번 쓰고 버릴 일회용품이 아니라 중국에서 살아남기 위해 필수적인" 존재가 되었다는 현실적인 깨달음을 반영한다. 관용의 대상은 대부분 관용 행위 그 자체를 통해 비정상적이고 주변적이며 바람직하지 않은 형상으로 등장하기 때문에, "무언가를 관용한다는 것은 필연적으로 관용받는 상대보다 우월한 위치를 차지하게 된다는 것"을 의미한다.(브라운 2010: 39) 이씨는 중국 사회에서 정치적 영향력을 행사하지 못하는 조선족의 정치적 무관심을 우려하는 방식으로 자신의 우월성을 드러냈다.

우리가 조선족과 계속 행사도 열고 하는 건…… 조선족은 이제 한국을 많이 이해하고 북을 많이 이해했잖아요. 이들이 앞으로 통일 시대에 어떤 교두보 역할을 하지 않을까요? 한반도 통일에서 절대 권한을 갖는 게 중국인데 이 조선족이 중국 사람이잖아요. 근데 한국이 잘사니까 얘네들이 국적만 중국 국민이지 자꾸 한국 문화나 그런 걸 따라가요. 자꾸 나가서 돈만 벌려고 하고. 그러니 중간 정도의 임원이나 공무원 직급의 조선족이 자꾸만 없어져요. 앞으로 중국의 관료 사회에 조선족들이 아예 없어질 것 같아요.

즉, 조선족은 한국 사회에서 충분히 '한국적'이지 않아 비난의 대상이 됐지만, 중국 사회에서 정치적·경제적 영향력을 확대하고 싶어하는 한국인들은 거꾸로 조선족을 "충분히 중국적이지 않다"는 이유로 비판하고 있었다.

결함 있는 가족

조선족에 대한 의존뿐 아니라 가족의 결함, 다시 말해 부모와 자녀로 구성된 '정상' 가족의 이상에서 벗어난 사람도 '찌질한' 한국인의 혐의를 받기 쉽다. 경제 위기마다 가족 '해체'나 '붕괴'를 우려하는 언론, 부모의 이혼이나 별거로 '고위험' '결손' 아동을 판별하는 빈곤 담론, 친족 부양 우선주의를 고수하는 정부의 공공부조 제도까지, "가족을 통한 통치"(Donzelot 1979)는 빈곤의 시공간을 관통한다. 시타에서 내가 인터뷰한 한국 이주자들은 자기들이 정상 가족을 꾸리고 있다는 점을 애써 강조했다. 시타에서 혼자 거주하는 이주자는 내가 별도로 질문하지 않았는데도 굳이 해명을 하고 싶어했다. 정상 가족은 때로 의례화된 퍼포먼스로 등장했다. 자영업자 남성은 한인 교회에 부인과 자녀를 데려와서 지인들에게 일일이 가족을 소개하고, 여성은 자녀가 다니는 한국국제학교에서 봉사자를 자처하면서 좋은 어머니가 되려고 노력했다.

한국 중산층 '기러기' 가족 사이에서 정상 가족이 계급, 젠더 역할, 도덕성을 평가하는 실험대가 되는 경우는 다른 나라에서도 발견되지만(Kang 2012), 강대국임에도 많은 한국인이 경멸적 시선을 던지는 나라에서 하향 이동에 대한 두려움을 안고 살아가는 사람들의 강박은 예상보다 컸다. 가령 홍씨(가명)는 시타 외곽의 아파트에서 아들과 둘이 사는데, 한국 사람들이 "가만두질 않는다"며 나한테 하소연했다. 그는 '586세대' 운동권 출신으로 여러 우여곡절 끝에 선양에 왔다. 대학 시절 마오쩌둥 어록을 몰래 읽을 만큼 사회주의 중국에 대한 기대도 컸기에, 처음 시타에서 마주한 황량한 풍경도 개의치 않았다. 함께 왔던 남편은 한국에 돌아가 일하고, 중국에서 한국 대학 입시를 준비하는 유학생들을 대상으로 논술을 가르치면서 아들을 키웠다. 나와 만났을 때, 지역 온라인 커뮤니티에서 활동하는 한 한국인 남성이 "선양 기러기 엄마들"에 관한 글을 올린 게 홍씨를 자극했다.

이 인간이 여기 선양 기러기 엄마들 행각이랍시고 뭐 외로워서 남자를 따로 찾는다는 둥 어디를 다닌다는 둥 막말을 쓴 거예요. 그런데 알고 보니 자기는 이혼하고, 부인이 애들 다 데리고 한국 가버리고…… 나는 우리 남편이랑 너무 잘 지내거든요. 떨어져 있으니까 컴퓨터로다 더 자주 연락하고.

시타의 한국 이주자들과 관계를 맺으면서, 홍씨는 남편이 왜 한국에 있는지, 남편과 무슨 문제가 있는 게 아닌지, 외롭지 않은지 계속 '추궁'을 당했다고 한다. "내가 계속 뭔가 조금이라도 힘든 눈치를 보이면 외롭냐고 묻고. 안 그렇다 하면 너무 씩씩해 보인다고 트집을 잡고." 함께 한인 성당에 다니는 한씨가 옆에서 맞장구를 쳤다. "여기는 정말 사람 바보 만드는 거 쉬운 곳이에요. 누구 하나 잡아서 계속 몰아대는 거죠."

사실 앞서 소개한 조선족들의 대화에서 보듯, 성매매 비용이 한국에서보다 더 저렴한 중국을 성적 판타지의 세계로 삼은 한국 남자들이야말로 시타에서 떠도는 소문과 가십의 중심에 있다. 하지만 일부 남성들이 온갖 추문을 경계하는 한편 인터뷰 중에도 남성성을 과시하는 방편으로 여성 편력을 언급한 것과 달리, 내가 만난 여성들은 (홍씨가 떨어져 사는 남편과 "너무 잘 지낸다"는 얘기를 굳이 꺼낼 만큼) '일탈'에 관한 소문에 훨씬 더 예민했다.

중국에 대한 무지

중국에 관한 지식 또는 중국 생활에 관한 이해의 부족도 한국인 이주자들 사이에서 정상과 비정상을 가르는 잣대 중 하나였다. 급격한 변동을 경험하는 나라에서 적응하는 데 필요한 지식을 습득하고 노력한 '나'와 그러지 못한 사람들을 비교하는 서사가 인터뷰에서 빈번히 등장했다. 중국에서 오래 체류하면서 실제 경제적 하향 이동을 겪는 이주자들도 "다른 한국 사람들보다" 중국 사람이나 문화에 대해 잘 알아 그나마 견뎠다고 했다.

시타에서 한국 식당을 운영하는 강씨, 서씨 부부는 중국에서 살았던 19년 동안 겪은 일들을 두어 시간 동안 비교적 담담하게 얘기했다. 한국에서 남편인 서씨의 사업체가 망한 뒤 중국 전역을 돌며 나름 괜찮게 무역 일을 했지만, 이마저 IMF 위기로 본사가 부도나면서 정리해야 했다. 자녀들이 중국에서 막 적응한 상태라 한국으로 돌아가지 않고 여러 중개업을 전전하다 10여 년 전에 시타에 식당을 열었다. 조선족을 "결국엔 할퀴고 가는 고양이"에 비유하면서 원망과 배신감을 내비쳤지만 "한족한테 한국 음식을 맡길 수 없으니" 조선족 종업원과 요리사를 계속 고용했고, 식당에서 일하는 동안 "고기를 먹어본 적이 없어 기름진 음식을 입에 못 댄" 탈북민 '이모'를 연민의 어조로 떠올리기도 했다. 매출이 지지부진한 식당을 조만간 접을 계획이었지만, 부인 강씨는 중국에 있는 동안 크게 사기를 당한 적이 없으니 "이 땅에서 성공한 케이스"라고 자평했다.

저희는 그런 게 있어요. 중간에 사람을 안 끼워요. 성격이 모든 걸 원리 원칙대로 하자는 주의고 편법을 싫어하고. 중국 법과 정책 절대 무시 안 하죠. 현지 사람[브로커] 세워서 일 시키는 게 아니라 같이 부딪쳐요. (…) 그래왔기 때문에 큰 우여곡절 없이 살았던 것 같아요. 근데 한국 사람들은 여기 와서 하나도 모르고, 알려고 하지도 않고 현지인한테 무조건 맡기려고 하니 당할 수밖에 없죠.

하지만 한국인 루저라는 오명에서 벗어나기 위해 습득해야 할 중국 지식이란 무엇일까? 강씨가 중국 법을 따르는 것을 '성공한 사레'의 증거로 삼았다면, 앞에서 소개한 목재 중개상 박씨는 성공 원인으로 정반대 사례를 들었다. 그는 2000년 초반 버섯 농장을 짓기 위한 부지를 얻기 위해 조선족 촌장과 대작했던 경험을 회고했다.

내가 땅을 임대해달라고 촌장 집에 찾아갔어요. 한 2만 평 되는데 [인민폐] 3만 원 달래요. 그래 춥고 배고프다고 술이나 한잔 먹자 했지. 한 일주일 먹었는가? 2만 원으로 팍 떨어지는 거야. 또 더 먹었지. 만 원으로 툭 떨어져요. 그러고선 같이 더 높은 중국 사람을 만나러 술 들고 갔죠. (…) 난 일도 가족도 다 중국 땅에 있고 기필코 여기서 돈 벌 거다 술 한잔 걸치고 이야길 했지. '집에서는 부모를 의지하고 나와서는 친구한테 의지하는 거 아니냐 在家靠父母, 出外靠朋友'는 중국 속담도 섞었어. 그러니 해주겠대. 그래 너희 농민들 20명 뽑아 내가 일 시킨다, 난 여기 촌장 집에서 먹고 자고 한다 선언했지. 내 조선족 동생들이 나한테 늘 그래. 형님은 어떻게 그렇게 많이 알아요? 뭔 일 생기면 자기들이 거꾸로 나한테 물어 와요.

요컨대, 중국에 관한 지식이란 상당히 자의적이다. 법, 인정人情, 꽌시關係(인맥) 중에 어떤 게 성공을 위한 지식이 될 수 있는가는 상황에 따라 유동적이다. 조선족과의 관계가 파트너십으로 불리는지, 의존으로 폄하되는지도 대상이 되는 한국인의 사회경제적 위치에 따른 사후적 평가에 불과하다. 공포란 애초에 "격리containment가 불가능하므로 증폭"될 수밖에 없다는 점에서(Ahmed 2004: 124), 한국인 루저를 식별해내기 위한 잣대 자체가 자의적이고 모호하다는 사실은 진지하게 환기될 필요가 있다.

취약한 얽힘

글로벌 남반구나 개발도상국에서 북반구 선진국으로의 이주를 다룬 지난 세기의 연구에서는 이주자, 귀환자, 본국에 남은 사람들이 혈연과 지연으로 긴밀히 연결되면서 초국적 이주 네트워크가 등장하고, 이런 네트워크 때문에 새로 유입되는 이주자들의 리스크가 줄어드는 풍경을 곧잘 보여주었다.(Levitt 2001) 하지만 이 장에서 다룬 시타 한국인 이주자들 삶 전반의 불안정성은 경제적 상향 이동을 추구하는 익숙한 이주 패턴에 잘 들어맞지 않는다. 1960-1980년대 산업화 시기 한국인들의 '아메리칸드림'은 선진국의 행보를 좇는 현대성modernity의 판본과 부합했지만, '차이나 드림'은 글로벌 자본주의의 불확실성이 만연해진 1990년대 이후 가시화되었을 뿐 아니라, 한국인이 중국에 대해 갖는 모호하고 불편한 감정과 뒤섞이면서(Freeman 2011; Kim 2011) 빈번히 의구심을 불러일으켰다. 1997년 아시아 금융 위기 직후에는 부도를 내고 중국으로 도피한 한국 범법자의 이야기나 불확실한 프런티어에서 일확천금을 노리는 사기꾼에 관한 가십성 기사가 언론에 심심찮게 등장했고, 중국이 가시적인 글로벌 강대국으로 부상한 2000년대 중반 이후에는 중국 내에서 한국 이주자와 중국인 간, 한인 집단 내부의 관계도 부침을 거듭했다. 더구나 국가 제도와 초국적 자본주의 정치경제의 변동이 우발적으로 겹치면서 등장한 일련의 위기는 본국과 (영구 체류가 어려운) 이주국 사이의 인적 네트워크를 극히 취약하게 만들었다. 한국에서 동원할 수 있는 인적·물적 자원이 중국에서 장기 체류하면서 점점 줄어들었거나, 이 자원의 결여가 이주 동기가 된 사람이 많아진 것이다.

한국 이주자들 사이에 팽배한 하향 이동에 대한 공포는 이들이 빈곤 문화의 표식을 자의적으로 동원하면서 '정상적' 한국인과 '루저' 한국인을 구별하는 분류 체계를 작동시켰으나, 전술했듯 이 분류 체계의 근본적인 모호함이 공포를 증폭시키는 악순환을 불러왔다. 상황을 더 심각하게 만드는 것은, 전염성 있는 이 공포가 신기루에 불과한 게 아니라, 이주자들의 불안정한 조건 때문에 때로 실체화된다는 점이다. 생존을 위해 비공식적·비합법적 일들에 계속 연루될 수밖에 없는 상황에서, 이주자들 스스로 자의적으로 동원해낸 빈곤 문화를 체현할 수밖에 없는 상황이 종종 발생했다.

개개인의 노력에도 불구하고, 시타 이주자들의 네트워크는 많은 경우 취약하며, 불안정성에 유연하게 대처할 자본이나 '꽌시'가 충분치 않기 때문에 비자 발급과 주거, 취업과 영업의 전 과정에서 음성적·불법적 관계망에 깊숙이 얽혀드는 때가 많았다. 재력 있는 한국인들이 시타 바깥에서 자신들만의 요새를 구축하는 사이, 시타 안팎에서 부유하는 이주자들의 연결망은 축소될 뿐 아니라 비공식 경제를 생존 전략에 적극적으로 동원하면서 혼탁해질 수밖에 없었다.

비자 문제만 간단히 짚어보자. 내가 만난 대부분의 한국인 자영업자는 취업 비자(Z) 요건을 충족할 만한 자금이 부족해서, 혹은 다종의 세금을 감내할 자신이 없어서 여행 비자(L)나 방문 비자(F)로 생활하는 경우가 허다했다. 베이징 올림픽 전후로 비자의 편법 운용에 대한 제재가 늘면서 이주자들이 중국에서의 생활을 지속하기 위해서는 수시로 한국을 방문해야 했다. 현장연구 당시 여행 비자는 거주 기간이 최장 3개월이며, 현지에서 1개월씩 두 번 연장하는 것이 법적으로 가능했으나 이마저도 시행되지 않는 경우가 흔했다. 이 장 도입부에서 소개한 한씨는 곧 만료일이 다가오는 비자를 연장하기 위해 브로커를 찾고 있었다. "정부에 연장하러 가면 [다 알면서] 니들 뭐 [중국] 여행을 그렇게 오래 하냐, 그 정도면 다 본 거 아니냐 따져요. 어쩔 수 없이 브로커를 찾아야 하는데 주변에서 조선족한테 속아 돈만 날렸다 하니 불안하죠." 현재의 식당도 외국인에게 요구되는 유한공사를 설립할 자금이 부족해서 한국 남성과 결혼한 조선족 친구 임씨(가명) 어머니의 명의를 빌렸는데, 자기도 "명의를 빌려줬다 뒤통수 맞은 다른 사람들 신세"가 되는 것은 아닐까 전전긍긍했다. 이듬해 다시 만난 한씨는 임씨한테 한 번 더 도움을 요청해 비자 문제를 해결했다. 남편을 임씨 공장의 직원으로 위장 취업시켜 취업 비자 1년을 받고, 1년을 추가 연장했다. 한

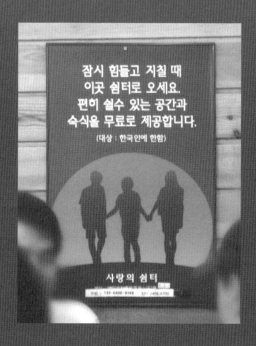

형편이 어려운 한국인에게 쉼터를 제공한다는 교회 안내문이 한인 식당 벽에 걸려 있다.
2011년 8월 10일 촬영.

씨가 혼자 초조할 때, 양씨는 혼자 억울했다. 시타 내 작은 공장에서 열심히 재봉틀을 돌리면서 투덜거렸다.

이번에도 한씨한테 한 푼도 안 받았지. 속으로는 되게 미안하지 않을까? 내가 이제껏 한국인들 비자며 집이며 다 도와준 걸 돈으로다 받았으면 아마 떼부자가 되었을 거야. 근데 난 그냥 다 해줬거든. 근데 그러고 나니 또 의심하는 거야. 내 참. (…) 작년에도 ○○ 부인을 도운 적이 있어요. 새집 인테리어도 해야 하는데 본인은 한국 들어가야 하고, 그래서 내가 서류 일을 여기서 다 해줬어요. 근데 나한테 그러는 거야. 제 남편이 그러는데, 그 아줌마 왜 아무것도 안 받고 남을 도와주냐고. 오히려 내가 뭔가 더 큰 거라도 바라는 양 의심을 하는데 너무 기가 막혔어요. 정말 이러면서까지 내가 한국 사람들을 도와야 하나…….

즉, 이주자들이 명의를 빌리고, 브로커를 물색하고, 서류를 위조하면서 작은 출구라도 찾아야 하는 상황이 반복됐고, 여기에 한국인과 조선족이 한국과 중국을 오가며 쌓아온 의심, 차별, 배신의 서사가 포개졌고, 이 과정에서 불안한 이주자들은 한국인 루저와 자신을 분리하기 위해 정상성에 더욱 집착했다. 누구도 원하지 않았으나 시타에 험담과 가십이 들끓고, 상호의존이 상호 불신으로 쉽게 미끄러질 수밖에 없었던 배경이다.

이 장에서 나는 2011-2012년 중국 둥베이 한인타운의 풍경을 소묘했지만, 다른 시기와 공간에서 기시감을 느낄 때가 여전히 많다. 불안정성에 대처할 자본이 충분치 않은 사람들이 바로 그 자본의 결여 때문에 비합법적 관계망에 깊숙이 연루되는 상황, 남의 편법을 흠잡지만 정작 자신도 편법으로 살아가는 것 외에 방도가 없는 상황, 그럼에도 '수급자' '노숙인' '○○충'과 같이 낙인의 대상을 별도로 구획함으로써 자신의 안전과 정상성을 확보하려고 안간힘을 쓰는 상황이 우리 시대 다양한 현장에서 수시로 출몰하고 있다. 오늘날 자본은 "거대한 괴물이 되어 점점 폭주"하고(하비 2021: 25), "자본주의라는 짐승이 자애로운 사회적 규제로부터 도망치는 일이 거듭 반복"되지만(지젝 2012: 37), 괴물에게 잡아먹히지 않으려고 발버둥 치는 사람들은 저들끼리 먹고 먹히는 게임을 반복하느라 연대가 아닌 적대의 시선으로 서로를 마주하는 처지에 놓이곤 한다. 나의 직장인 연세대에서는 일부 학생이 신촌 캠퍼스로 소속을 변경한 미래 캠퍼스(옛 원주 캠퍼스) 학생들을 '소변충'이라고 비하하며 역차별을 성토하는가 하면, 지금 이 글을 쓰고 있는 2022년 여름에는 파업 장기화에 염증이 난 대우조선해양 원청 노동자들이 하청 노동자들을 '하퀴벌레'(하청+바퀴벌레)로 불렀다는 우울한 소식이 들려온다.

이들이 아귀다툼과 구별 짓기를 넘어, 위기와 불안을 영속화하면서도 무한 경쟁을 강요하는 자본의 통치에 맞서고, 이러한 통치(성)에 '우리' 모두 취약할 수밖에 없다는 공통 감각을 형성하는 일은 가능할까? 다음 장에서 논할 '말할 수 있는 프레카리아트'들은

취약성이 한 방향으로 수렴되지 않음을 보여준다. 이는 위험이자,
가능성이다.

8장 말할 수 있는 프레카리아트

청년 프레카리아트

이 책에서 나는 이따금 프레카리아트precariat라는 단어를 등장시켰다.[1] 프레카리아트는 Proletariat(프롤레타리아트)에 '불안정한; 위태로운'이라는 뜻의 형용사 precarious가 결합된 단어다. 직장이 아닌 취업 '준비'에 기약 없이 공을 들이는 청년도, 자국에서 잉여 취급을 받다 차이나 드림에 베팅한 중국의 한국인 이주자도 프레카리아트다. 이 단어는 신자유주의적 모델에 기반한 노동시장 유연화가 가속화되면서 노동조합과 사회보장 시스템의 보호 바깥에서 떠돌게 된 불안정 노동자들을 주로 지칭하지만, 여성, 청년, 노인, 소수 종족, 장애인, 범죄자, 이주민, 복지 수급자 등 삶의 불안과 노동의 불안을 동시에 떠안은 다양한 집단도 포괄한다. 과거의 안정된 노동계급과 달리 "사회적 기억"이 부재하고, 소외, 아노미, 불안, 분노 등에 휩싸이기 쉽다는 점에서 가이 스탠딩(2014: 58-59)은 이들을 (형성 중인) "새로운 위험한 계급"으로 명명했다.

프레카리아트 명명은 1990년대 말 아시아 금융 위기 이후 비정 규직 노동자가 급속히 증가하고, 전통적 산업사회의 사회보험이 더 는 포괄할 수 없는 형태로 일과 노동이 분절화·파편화된 한국에 서도 노동, 청년, 복지, 기본소득 등 다양한 주제를 중심으로 널리 통용되기 시작했다.(이진경 2012; 강남훈 2013; 곽노완 2013; 이광일 2013; 장봄·천주희 2014; 이광석 2018) 하지만 개념의 적실성과 유용 성을 두고 국내외에서 비판도 만만치 않게 제기된다.

무엇보다 연구자들은 이 개념이 글로벌 북반구의 (주로 백인 남 성) 임금노동자가 직면한 특정 변화에 권위를 부여하면서 등장했 다는 데 문제를 제기한다. 1980년대 이후 영미권의 신자유주의 흐 름이 본격화되면서 정규직 노동자가 실업자로 전락한 것을 특별한 '사건'으로 취급해야 하나? 글로벌 남반구 인구 대다수는 이른바 '비공식' 경제하에서 오랫동안 임기응변적인 삶을 살았고, 북반구 에도 임금노동 시스템에 편입되지 못한 채 '정규' 바깥의 삶을 일상 으로 떠안은 사람들—특히 여성들—이 태반이었다.(채석진 2016; Neilson and Rossiter 2008; Allison 2013; Munck 2013) 불안정한 삶-노동의 구체성과 다양성에 천착하는 인류학자들한테 이 개념은 마 약, 절도, 성매매 등 사회 통념에 어긋나는 방식으로 근근이 살아 가는 삶에는 애써 눈을 감으면서(Han 2018: 337) "모종의 새로운 계 급이 과거의 전위적 프롤레타리아트를 대체하기를 바라는 노스탤 지어적 열망"(퍼거슨 2017: 337)으로 읽히기도 한다.

하지만 지난 월가 점령 시위에서 "우리가 99퍼센트다"라는 상징적 구호가 일시적으로나마 다중多衆을 결집했던 데서 보듯, 이 개념은 전 세계적으로 심화되는 부의 불평등에서 배제를 경험하는 다수를 탄력적으로 끌어당기기도 한다. '불안정한 삶'의 의미가 너무나 주관적이고, 스탠딩(2014: 60)이 "프레카리아트는 스스로와 교전 중"이라 표현했을 만큼 집단 내부의 이질성이 강한데도, 무엇보다 전술한 여러 비판에 고개를 끄덕이면서도 나는 저항의 정치가 일시적일지언정 어떤 묶음을 만들어내는 게 유용하다고 생각한다. 실업이 더는 일시적인 상태가 아니며 과거 중산층이 향유했던 고용구조의 안정성이 더는 지속될 수 없을 만큼 불안정한 삶이 "구조화"됐음을 인식하고(이광일 2013: 118), (7장에서 강조한 대로) 빈자에 대한 빈자의 적대를 부추기는 통치에 편승하기보다 '우리' 모두 이러한 통치에 취약할 수밖에 없다는 공통 감각을 형성하는 일은 전혀 간단치 않다. 때로는 실재를 만드는 명명의 주술에 헛된 기대라도 걸 수밖에 없다. 프레카리아트든, 다중the multitude(비르노 2004; 네그리·하트 2008)이든, 저항 주체성을 발견하고 발명하는 작업이 아무리 연역적 무리수를 남발해도 쉽게 관심을 거두기 어렵다. 마르크스(2012[1852]: 84-85)가 생산노동 외부의 기생자로 묘사한 '룸펜프롤레타리아트'와 달리, 프레카리아트가 (3장에서 지적한) 빈곤과 노동, 복지 수급자와 임금노동자라는 암묵적 구분 너머의 명명이라는 점도 반갑다.

실제로 2010년대 초반 한국에서 유럽과 일본의 논의를 참조하며 프레카리아트 논의에 불을 지핀 일군의 연구자, 활동가들은 비정규직의 목표를 정규직 되기로 보는 관행에 도전하면서 "비정규직이 비정규직인 채 살아갈 수 있는 조건을 확보"하자는 제안을 했다.(이진경 2012: 198)[*] 활동가 아마미야 가린이 일본의 비정규 노동자층을 프레카리아트로 전면화한 책이 2011년 국내에 번역됐고, 이진경과 신지영은 아마미야를 포함해 '프리타'로 살아가는 일본 비정규직 노동운동 활동가들과의 인터뷰를 엮어 『만국의 프레카리아트여, 공모하라!』(2012)를 출간했다. 노동자가 '공장의 계급'이라면 프레카리아트는 '거리의 계급'이었다.

실업자나 노숙자만이 거리의 계급은 아니다. 적절한 자리 찾기도 힘들고 인생을 걸 어떤 게 있는 건 아니지만, 그렇다고 노동에 인생을 걸기 위해 거리를 방황하길 포기하고, 자의반 타의반 노동 없이 사는 길을 모색하는 '백수'들 또한 거리의 계급이다. 대개 청년이기도 한 이들은 공장만큼이나 집에도 머물기 어려운 존재고, 집에 있다고 해도 인터넷이나 다른 통신수단으로 이미 다른 공간으로 빠져나간 존재다. 집에서도 공장에서도 벗어나 불특정의 어딘가로 이동 중인 존재고, 이동의 공간을 항상 방황하는 존재다.[2]

_____

[*] 유럽에서 이미 공론장을 열어젖힌 기본소득이 이 조건을 마련할 토대로 주목받았다.(강남훈 2013; 곽노완 2013)

이 "방황하는 존재"들은 2012년 노동절에 '총파업'을 선언하고, 양대 노총과 별개로 퍼레이드를 진행했다. 비정규직, 청년 구직자, 백수, 실업자, 장애인, 여성운동가, 성소수자, 기본소득운동가, 예술가 등 400여 명이 "No Work, No School, No Housework, No Shopping" "부양의무제 폐지하라" "모두에게 기본소득을" "성노동도 노동이다" "젠더 수행 파업" "소비를 멈추고 도시를 멈추자" 등 다양한 구호를 외쳤다.[3] 이 퍼레이드는 도발적이면서 유쾌했다. 삶의 불안이 초조, 절망, 분노 같은 부정성의 감정으로 귀착될 필요가 없다는 점을 당당히 보여줬다.

일본에서, 곧이어 한국에서, 청년 프레카리아트는 단순히 "신자유주의 노동 유연화의 희생양"이 아니라 "새로운 연대와 문화정치적 저항"의 구심으로 등장하기 시작했다.(이광석 2018: 150) 이 명명이 가닿는 집단은 모호하고 다양하다. 2010년 탄생한 '청년유니온', 2013년 출범한 '알바노조'처럼 불안정 임금노동자가 전면에 출현할 수도 있고, 철거 농성과 문화예술 실험을 결합한 2010년 두리반 점거나 전술한 노동절 총파업처럼 구조화된 불안정성을 안고 살아가는 사람이 모두 포함될 수도 있다.

불안정성의 주름과 위계

나는 청년 프레카리아트가 경험하는 불안정성이 안정의 부재에

2012년 노동절 총파업 포스터.

대한 불안과, (규범이자 목표로 전제된) 안정에 대한 의구심을 동시에 함축한다는 점을 강조하고 싶다. 깊은 불안의 기저에서 새로운 열망이 움트고, 어떤 청년은 노동 안정성의 종말을 애도하는 대신 지금과 다르게 살고 일할 방법을 탐색한다. 캐슬린 M. 밀러(2017: 2)는 "우리가 부여잡고 싶은 게 도대체 무엇인지" 반문하면서 도러시 데이가 1952년 『가톨릭 노동자 *The Catholic Worker*』지에 실은 에세이 「빈곤과 불안정성Poverty and Precarity」을 통해 이 열망을 환기한다. 데이는 1930년대 유럽을 짓누른 전쟁과 폭력에 대항하여 평화, 사회정의, 빈자와 노숙인에 대한 환대를 실천하는 가톨릭 노동자 운동을 주도했다. 밤낮으로 일해도 월세를 낼 돈조차 없는 이민자 가족의 실태를 고발하며 데이가 제기한 문제는, "불안정성이 너무 많다는 점이 아니라, 오히려 충분하지 않다는 점"이었다. 안정만 추구하는 삶은 가진 게 없는 사람들한테 아무런 에너지도 남겨놓지 않는다는 게 그의 우려였다.(Millar 2017: 1)

반세기가 훌쩍 지난 지금, 고용 없는 성장―또는 질 낮은 일자리만 양산하는 성장―이 대세가 된 흐름을 임금노동 중심성에 도전하면서 다른 정치적 가능성을 모색할 계기로 전유하는 움직임은 확실히 늘었다.(웍스 2016; Denning 2010) 실제로 내가 개설한 〈빈곤의 인류학〉 수업에서 '나의 불안'(5장 참조)에 천착해 글을 쓴 학생이 모두 불안을 '헬조선'의 징후로, 부정성의 언어로 표현한 것은 아니었다. 서울 용산구 해방촌 청년들의 지역화폐 운영, 위태롭다는 감각을 창조적인 에너지로 모아내는 컬렉티브 예술, 여성 청년의 주체성 회복을 위한 온라인 커뮤니티 조직화까지, 특히 페미니즘을 시대정신으로 적극적으로 수용한 학생들은 불안을 절망과 곧바로 등치시키지 않았다. 이들은—'N포 세대' 명명이 전제하듯—취업, 연애, 결혼, 출산 등 청년 세대에 기대되는 생의 과업을 미래에 대한 불안으로 단순히 포기한 게 아니라 거부했다. 부모 세대의 젠더 위계를 거부하고, 성별 분업 구조에 기반한 정상 가족을 거부하고, '나'를 조직의 부속품으로 전락시키는 노동 윤리와 규율을 거부했다. 이러한 단절과 거부의 정치를 거쳐 다시 만들어야 할 미래는 막막하기도, 두렵기도, 설레기도 했다.

학생들은 규범적 정상성을 문제 삼는 저서들에 관심이 많았다. 페미니즘 관점에서 탈노동의 상상을 제안한 케이시 윅스의 저서 *The Problem with Work*는 『우리는 왜 이렇게 오래, 열심히 일하는가?』(2016)라는 제목으로 번역됐다. 사회적 관습에 맞서 혼자 힘으로 살아가는 비혼 여성들의 여정을 담은 송제숙의 저서 『혼자 살아가기』(2016)도 (특히 여성) 학생들한테 반향이 컸다. 저자가 던진 질문을 모두가 진지하게 고려하진 않았지만. "개인의 자유를 추구하는 자유주의적인 정신은 불안정한 직업 시장에 맞춰 개인을 박제화하는 신자유주의적 논리와 어디서 갈리고 어떤 지점에서 만날까?"(송제숙 2016b: 130) 앙드레 고르(2011: 151, 247)가 1980년대 유럽의 자동화와 정보화 물결에서 봤던 가능성, 즉 "노동할 수 없는 채 살아가야 하는 상황과 인간적으로 살아갈 수 없게 만드는 노동을 해야 하는 상황" 사이에 묶인 족쇄를 걷어내고, 자율 결정과 관계적 상호성에 토대를 둔 사회를 만들 가능성이 디지털 경제에서 기본소득까지 다양한 공론장을 열어젖히기도 했다. 〈빈곤의 인류학〉 수업에 참여했던 어느 학생도 이 가능성을 곱씹으며 불안을 제 삶으로 초대했다. 교사인 부모의 영향으로 줄곧 안정적인 삶을 꿈꿨지만, "대학 와서 많이 변했어요. 불안정하다는 이유만으로 어떤 새로운 가능성이 있는 삶을 기피할 이유는 없겠다 정도의 생각으로 바뀐 것 같아요."

청년 세대 내부의 다양성을 고려하자면, 이렇게 불안정성에 새로운 열망을 틈입시키는 청년은 여전히 일부에 불과하다. 해외 자원봉사, NGO 활동, 스타트업, 경기도 청년기본소득 등 다양한 장치를 거쳐 내가 만나온 청년들 가운데 특히 "교육 자본과 문화 자본을 갖춘, 그러나 경제 자본의 수준은 천차만별인 서울과 수도권의 청년들"이 이 부류에 속했다.(조문영 2020: 21-22) 중요한 것은, 2010년대 이후 이들이—20-30대에서 실제 차지하는 비중과 상관없이—청년 당사자로서 다양한 공론장에 진출하고, 청년 의제를 선취하고 발굴하는 주요 행위자가 되었다는 점이다. 고학력 청년들의 고민, 우울, 불만, 분노가 사회가 경청해야 할 청년의 문제로 승인을 받았다. 내가 이들을 '말할 수 있는' 프레카리아트라 부른 이유다.

말할 수 있는 프레카리아트 다수는 신자유주의 구조조정이 본격화된 1990년대 후반 경제 위기에 유년기를 보냈고, 예측 불허의 삶을 온몸으로 경험한 부모로부터 때로 과도한 관심과 투자를 받으며, 또래와 살벌한 경쟁을 거듭 치르고 첫 관문인 중상위권 대학에 진입했다. "자기 착취에 가까운 자기계발"로 삶을 마모시키다 보니 우울이라는 집단 감염을 겪고(장봄·천주희 2014: 66), "첫 일자리로 사실상 '신분'이 결정되는" 노동시장에서 기회의 공정에 강박적으로 몰두하며 불평등에 예민한 감각을 벼려냈지만(조귀동 2020: 31)[*], 동시에 국가라는 대서사에 개인을 접붙여온 삶을 낯설게 바라볼 수 있는 교육·문화 자본도 축적했다. 이들 다수가 (논술에서 학생부 종합 전형까지) 변화된 입시 환경에서 일찌감치 인권과 민주주의를 학습했고, 외국어 실력과 디지털 소통 능력, 다양한 국외 경험을 바탕으로 온라인과 오프라인을 넘나들며 글로벌 지식의 소비자이자 생산자가 되었다. 현실 사회주의 몰락 이후 노동자 연대가 급속히 퇴조한 반면 페미니즘과 소수자운동, 생태주의, 평화운동, 기본소득 등 대안 의제가 글로벌 연대의 플랫폼을 구성했을 때, 청년들은 이 의제들을 제 삶의 지향으로 흡수하고 대중화에 앞장섰다. 가부장주의, GDP 중심주의, 권위주의 등 규범적 정상성에 도전하면서 헬조선의 환부를 역으로 까발리고, 청년을 생물학적 연령대에 가두기보다 새로운 사회를 상상하고 열어젖히기 위한 매

---

[*] 조귀동은 현재 한국의 노동시장이 대기업 정규직, 전문직, 공무원이라는 '내부자'로 구성된 1차 노동시장과 중소기업 정규직, 대기업 비정규직, 기타 비정규직·일용직 등 '외부자'로 구성된 2차 노동시장으로 완전히 분절되었다고 분석한다. 20대의 불평등 감각은 "한번 외부자는 영원한 외부자"로 남는다는 실체화된 공포를 떠나 이해할 수 없다.

개로 재등장시켰다.(조문영 2020: 22-23)

　　말할 수 있는 프레카리아트의 부상은 정부와 정치권, 언론, 학계, 시민사회의 다양한 행위자들이 복잡한 이해관계로 엮인 결과다. 정부는 비정규직 노동자를 거스를 수 없는 대세로 취급한 반면, 청년 실업과 저출산은 국가 재생산의 위기로 간주하면서 '청년' 태그가 붙은 각종 정책을 양산했다. 2010년대부터 활발해진 '청년 당사자운동'은 지자체 정부의 자원과 결합하되 꾸준히 목소리를 내며 일자리 중심 청년 정책의 전환을 이끌었다.(김선기 외 2018; 김선기 2021) 청년 세대에서 만성화된 불안정 노동과 주거 문제에 적극적으로 개입해온 당사자들이 정부와 파트너십을 형성했고, 불안정성을 단순한 위기가 아닌 새로운 열망의 장소로 구축하려는 행위자들도 이 장에 동참했다. 박원순 시장 재임 당시 사회 혁신을 기치로 내건 서울시는 청년 당사자가 정책 설계에 적극 참여하는 '청년 거버넌스'를 제도화하고, 청년들이 일자리와 주거 빈곤 해결뿐 아니라 가족구성권, 기본소득, 동물권, 비거니즘, 기후행동 등 대안 의제를 구체화하도록 '청년 활동 생태계' 조성에 앞장섰다. '청년 논객'을 저자로 환대한 언론과 출판계, 정부·대학·기업·시민단체의 각종 청년 학술·활동 지원사업, 소셜미디어 활동과 스타트업 등 교육·문화 자본을 갖춘 청년 프레카리아트가 자신의 곤경과 열망을 일시적으로나마 분출하고 때로 제도화시켜낼 수 있는 자리는 계속 증가했다.(조문영 2020, 2022c) 기성세대가 청년 담론을 자기 목적에 따라 만들어 소비한다는 비판도 청년 당사자들 사이에서 꾸준히 제기되었으나(김선기 2019), 거버넌스, 활동, 사회운동이 모호하게 뒤섞인 청년 현장이 꾸준히 확장되어온 것은 분명하다.(류연미 2014; Lee 2018)

이렇게 말할 수 있는 프레카리아트가 자의든 타의든 청년을 공론화·정책화하는 중심 역할을 맡으면서 딜레마도 커졌다. 청년이 처한 조건이 어떻게 그려지느냐에 따라 청년에게 부과된 규범도 대책도 바뀌는 상황에서(조민서 2019: 26), 어떤 청년은 적극적으로 자신을 재현하고 어떤 청년은 재현되기만 한다면 위계가 생겨날 수밖에 없다. 전자가 교육·문화 자본을 갖춘 청년들이라면, 후자는 전자에 의해 또는 미디어에 의해 이따금 호명되고 발굴되는 청년 프레카리아트, 예컨대 지방 청년, 실업계 청년, 산업 현장의 청년, 플랫폼 노동자 청년, 수급자 청년, 성매매 청년 등이다. 이들이 같은 청년이라고 관심 주제를 공유하는 것도 아니다. 가족구성권, 기본소득, 동물권, 비거니즘, 기후행동 등 앞서 소개한 대안 의제들은 2018년 서울시 후원으로 성대하게 열린 서울청년학회에서는 '핫한' 주제였지만, 2016년 사회적 협동조합 '일하는학교'가 성남에 거주하는 250명의 독립생활 청년을 대상으로 실시한 실태 조사에서는 언급조차 되지 않았다. 여기서 '독립생활 청년'이란 자율적 삶을 추구하는 청년이 아니라, "부모나 가정환경의 불안정, 빈곤으로 인해 불가피하게 독립을 택할 수밖에 없었던, 그래서 모든 것을 스스로의 힘으로 해결해내야 하는 '생존형·생계형 독립' 청년들"이다.(일하는학교 2017) 저학력·저임금·장시간 노동에 매몰된 청년들은 몸이 힘들어도 돈을 많이 벌기를 원했고, 몸이 힘드니 체력도 자신감도 떨어졌다. "머리 좋은 사람들이 먼저 해버"릴 테니 청년 관련 정책 정보를 찾는 것도 애초에 포기했다. 반값등록금도 먼 이슈인 청년들한테 '대안적인 삶'이란 말은 어떻게 들릴까?

다시 말해, 프레카리아트는 단순히 이질적인 게 아니라 위계적이다. "누군가의 삶은 다른 누구의 삶보다 더 위험에 취약하고, 더 망가지기 쉽고, 더 불안정하고, 더 전망이 없다."(김홍중 2016: 50) 불안정성의 차등적 분배를 논하면서 주디스 버틀러(2018: 47)가 던진 질문을 돌아볼 필요가 있다. "누가 인간으로 인정받는가? 누구의 삶이 삶으로 간주되는가? 마지막으로, 무엇이 애도할 만한 삶이 되게 해주는가?"* 버틀러는 9.11 테러 당시 퀴어한 생명들은 부고란에 포함되지 못했다는 점을 지적하면서, 동시에 미국에 의해 발생한 전쟁 사상자에 대한 부고는 없다는 불편한 진실을 상기시킨다. "이라크 어린이 20만 명이 걸프 전쟁과 그 여파로 인해 사망했다 한들, 개인으로나 집단으로나 우리는 그들 중 어느 누구의 삶에 대한 이미지나 사고 틀을 가지고 있기는 한가? (…) 그 아이들에게는 부여된 이름이 있는가?"(2018: 66) 자신을 프레카리아트로 선언한, 혹은 그렇게 호명된 사람들 간에도 위계에 대한 질문은 중요하다. 어떤 형태의 취약성이 공론장에서 논의될 만한 권위를 획득

---

* 버틀러는 정치적 차등 분배를 통해 구조화된 불안정성precarity과 인간 공통의 실존적 불안정성precariousness을 구분한다.

하는가, 혹은 그러지 못하는가? 어떤 집단의 고통이 "우리 내면의 깊은 감정을 뒤흔"들면서 "관심의 원circle of concern"(누스바움 2019: 30-31) 안에 포함되고, 제도적 개입이나 집합적 대응을 촉발하는가?(조문영 2020: 20-21)

마주침의 현장에서

〈빈곤의 인류학〉 학부 수업에서 내가 만났던 학생들은 (반빈곤운동 단체인) 홈리스야학 교사부터 중국에서 온 유학생까지 다양했으나, 엘리트 대학에 다니는 진보적·비판적인 학생들이란 점에서는 엇비슷했다. 학생들이 강좌의 성격과 담당 교수의 성향을 대충 파악하고 수강 신청을 하는 게 관행이 됐기 때문일 테다. 여러 해 동안 이 수업을 통해 매사에 적극적이면서 위태로워 보이는 학생들과 만나며, 그리고 이들이 다른 프레카리아트에 대해 갖는 관심이 차등적이란 점을 발견하면서 나는 '말할 수 있는 프레카리아트'라는 명명을 자연스럽게 떠올렸다.

5장에서 논한 대로, 학생들은 대체로 두 종류의 빈곤에 관심이 많았다. 국제개발 장치를 통해 접촉면이 많아진 '글로벌 빈곤', 그리고 실존과 소통의 결핍에 따른 '나의 불안'. 두 종류의 빈곤은 물론 중요하고 해석·비판·참여를 요구하는 주제이나, 한국 사회에서 다른 프레카리아트의 빈곤은 왜 주변화될까 궁금했다. 서울역 지하

보도의 홈리스들, 강제 철거나 부양의무제에 따른 수급 정지를 비관해 스스로 목숨을 끊은 사람들, 거리와 관공서에서 수시로 집회를 열며 가난한 이들의 '몫'소리를 전하는 활동가들은 육안으로든 미디어를 통해서든 여전히 학생들 앞에 등장하나 시선을 끌지 못했다. 인류학자 샹뱌오라면 이를 "부근의 소실"(샹뱌오·우치 2022)로 짚었을 것이다. 원자적인 개인으로서 자신에게 큰 관심을 가지다가 때로 거대한 사건에 대해 논평하고 싶어하는, 하지만 자신의 '부근'에 대해서는 의외로 관심이 없는 사람들.

하지만 빈곤을 일종의 '빈곤-어셈블리지', 다시 말해 여러 이질적인 행위자들이 연결과 단절을 거듭하면서 형성되는 다양체로 본다면, 부근의 소실을 비판하거나 애석해하는 태도를 넘어 다른 접근이 가능할 수도 있다. 내가 관여한 빈곤-어셈블리지와 학생들이 저마다 조금씩 다르게 형성해온 그것이 어떤 지점에서 만나지 못했는지 들여다보고, 조립을 바꿔볼 수도 있다. 다른 빈곤을 출현시키고 싶다면 다른 배치를 만들어야 한다. 이때 인류학자는 고상한 관찰자·비판자로 남지 않고 참여자·연루자로서 위험을 감수해야 한다. 문화기술지는 단순히 문화비평을 곁들인 기술이 아니라, 새로운 배치를 통해 문제의식, 비판과 성찰, 개입을 확장해내는 실험이자 운동이 된다. 나는 수업이라는 제한된 형식을 감수하고라도 이런 배치에 관여하고 싶었다.

〈빈곤의 인류학〉 수업이 한동안 대다수 학생의 관심사를 좇아 '글로벌 빈곤'과 '청년 빈곤' 주제를 오가던 중, 나는 2018년 2학기 수업에서 한국의 반빈곤운동과 대학생 청년과의 마주침을 구상했다. 주변에 있으나 포착되지 않고, 미디어에서 불쌍한 타자, 사회적 약자, 취약계층, 범죄자, 주검으로 등장하는 프레카리아트를 학생들과 함께 새롭게 대면하는 자리를 마련했다. '마주침encounter'은 생성을 포착한다는 점에서 때로 연구와 동시에 결론이 준비된 듯한, 익숙한 언설, 규범, 스타일을 매뉴얼처럼 반복하는(조문영 2021b: 432) 비판 연구에 자극을 준다. "말이 어떤 마주침을 발생시키기보다는, 그 마주침 자체가 발언되는 내용을 결정"하기 때문이다.(메리필드 2015: 216) 같은 맥락에서 리바 파이어와 리사 로펠은 관계의 생성 자체를 이론적·실천적 현장으로 만드는 '마주침의 에스노그래피ethnographies of encounter'를 제안했다. 우리가 빈번히 다루는 자본주의, 공간과 장소, 인간성 같은 주제들을 마주침의 관계를 맥락화하는 틀로 당연시하기보다, 마주침을 통해 이런 범주들이 어떻게 등장하는지를 살펴보자는 것이다.(Faier and Rofel 2014: 365)

우리는 대학생 청년과 반빈곤 활동가의 만남이라는 우회적인 마주침을 택했는데, 무엇보다 한 학기 수업이라는 시간의 제약이 컸다. 활동가들의 단체에서 어설프게 봉사하며 '가난한 사람들'을 관찰하는 일종의 단기 현지조사를 진행하기도 조심스러웠다. 하지만 활동가라는 대변인을 통해 빈곤이 감각된다는 점에서, 마주침의 현장 자체가 승인의 정치politics of recognition에서 자유롭지 못하다는 점은 감수해야 했다.

〈빈곤의 인류학〉 수업 전반부에는 자본주의 역사 및 빈곤 통치와 관련된 쟁점들을 중심으로 강의를 진행했다. 수업 중반부터 복지 수급자, 홈리스, 철거민, 장애인, 영세 상인, 노점상, 쪽방촌 및 저소득층 밀집 지역 주민과 부대끼며 반빈곤운동을 조직해온 활동가 10인을 선정하여 '청년, 빈곤을 인터뷰하다' 프로젝트를 시작했다. 특정 노선이나 조직의 역사보다는 나이와 성별, 활동 대상, 운동 궤적의 다양성을 염두에 두고 활동가들과 접촉했다. 열 팀으로 나뉜 40명의 학생이 활동가와 그가 속한 단체의 활동을 이해하기 위한 공부를 한 뒤 나와 동행하여 인터뷰를 진행했다. 단체 활동의 배경이 되는 한국 사회 역사, 단체의 역사, 활동가의 삶을 간단히 요약한 1부, 질문지와 현장 인터뷰 내용을 수록한 2부, '우리, 청년'이 바라본 빈곤을 중심으로 인터뷰 내용을 분석한 3부로 나누어 팀별 보고서를 작성했다.

이 보고서를 교양서 『우리는 가난을 어떻게 외면해왔는가』로 출간하면서 마주침의 장소들은 수업을 넘어 확장했다. 함께 참여했던 학생들, 활동가들과 '공유부(커먼즈commons)' 실험이 활발하게 전개되던 서울 공덕역 경의선 부지에서 북토크를 열었다. 책에 관한 얘기를 나누기 위해 몇몇 학생과 함께 라디오 방송과 잡지 인터뷰에 참여했다.[4] 학생들이 이러한 현장들을 거치면서 어떤 변화를 경험했는지 듣고 싶어 후속 인터뷰를 진행하기도 했다. 반빈곤 활동가 인터뷰, 책 출간, 책 관련 행사, 후속 인터뷰 등 다양한 마주침을 거치면서 새로운 문제의식, 비판, 성찰이 움텄다. 특히 마주침의 현장은 말할 수 있는 프레카리아트가 품은 불안이 드러나는 장이자,

서울 공덕역 경의선 공유지에서 진행된 『우리는 가난을 어떻게 외면해왔는가』 출판 기념
북토크 현장. 경의선 공유지 문제 해결과 철도 부지 공유화를 위한 범시민공동대책위원회
제공, 2019년 7월 10일 촬영.

프레카리아트 집단 사이에서 각자의 불안이 충돌하는 장, 나와 학생들이 이 마찰을 성찰의 계기로, 정치적·윤리적 화두로 발전시키는 장이었다.

무임승차?

2018년 11월 초, 〈빈곤의 인류학〉 수업 학생들과 서울 성동구 논골신용협동조합 사무실을 찾았다. 고층 아파트가 빽빽한 숲을 이룬 곳에서 다큐멘터리 「행당동 사람들」(1994)이 담아낸 1990년대 재개발 철거 투쟁의 흔적을 찾기란 어려웠지만, 우리가 인터뷰한 유영우 논골신협 이사장은 행당동 세입자 시절로 돌아가 지난한 투쟁의 어려움과 가이주단지에 입주했을 때의 기쁨을 생생히 전했다. "사실 그 집들, 기껏해야 7, 8평짜리 조그마한 집인 데다가 (샌드위치) 판넬로 지은 별거 아닌 집이거든. 그런데도 참 좋았어요. 오랜 시간 동안 주민들과 정말, 같이 피 터지게 싸우고 노력했던 결과물이잖아요." 1997년 가난한 세입자들의 자조 조직으로 출발한 논골신협은 나와 학생들이 현장연구를 하던 무렵에 조합원 3500여 명을 보유한 견실한 금융기관으로 자리 잡았다. 세입자들이 당시 협동조합에 관심을 둔 배경에 대해 그가 한창 설명하던 도중 한 학생이 불쑥 의견을 꺼냈다.

학생　협동조합이 가지는 문제 중 하나로 무임승차 문제가 자주 발생할 것 같아요.

유영우　무임승차?

학생　무임승차는, 예를 들어 협동조합에 출자금을 내지 않은 채로 조합을 이용하거나 기여도에 비해 많은 혜택을 받은 상황을 말하는데요, 특히 젊은 세대가 무임승차 문제에 굉장히 예민합니다. 다른 사람들보다 내가 더 많이 기여하기 때문에 손해를 본다는 인식이 있어서 그런 것 같습니다. 실제로 그런 상황이 발생하나요?[5]

　유영우씨는 "요즘 애들이 협동조합 하려면 힘들겠다"며 순간 너털웃음을 짓고는, 이타심이 작동하지 않으면 협동조합은 돌아갈 수 없다는 점을 사례를 들어 자세히 설명했다. 인터뷰는 계속 이어졌지만, 솔직히 집중이 잘 안 됐다. '무임승차'란 단어를 들었을 때 그가 지었던 어리벙벙한 표정이 계속 어른거렸다. 질문한 학생도, 옆에서 유영우씨의 표정을 봤던 학생들도 당황했다. 무임승차가 누군가에겐 생경한 표현이라면, 왜 우리가 이 표현을 당연시했는지 다시 따져봐야 하지 않을까? 나뿐 아니라 학생들도 이 인터뷰가 인상 깊었던지, 이후 책 작업에서 유영우씨와 동료 세입자들이 철거 투쟁 속에서 만든 사회와 "타인의 '무임승차'를 노여워하며 빗장을 걸어 잠그는" 사회를 비교했다.(김유림 외 2019: 115) 당시 참여했던 한 학생은 북토크에서 이 에피소드를 공정 담론에 대한 비판으로 발전시켰다.

저희[학생]에게는 공정이라는 가치가 거의 금과옥조와 같거든요. 무임승차는 심지어 패륜, 중죄에 가까운 걸로 인식이 돼요. 근데 이분[유영우]은 무임승차란 말을 처음 들어보셨다는 거예요. 그 다음에 하신 말씀이 저는 인상적이었는데, 아 요즘 애들은 협동조합 하기, 학교 다니기 힘들겠다고. [웃음] 우리가 이렇게 금과옥조로 여기는 공정이라는 가치의 내막에는 뭐가 있는가 생각해 봤어요. (⋯) 과정의 공정이란 게 많은 문제가 있단 걸 다들 알잖아요. 모두가 같은 곳을 딛고, 같은 시야를 갖고, 같은 속도로 갈 수는 없는 건데, 그게 현실적으로 어렵다면 누군가는 기다려 줘야 하고, 부채의식을 심어줘선 안 되는 건데, 누군가를 기다려 주는 걸 시혜적인 것으로 생각하고 그 '시혜'를 갈구하는 사람이 '가책'을 갖게끔 하는 상황이 지속될 수밖에 없는 점에 대해 고민을 하게 됐어요.(2019년 7월 10일 경의선 공유지 북토크에서)

'요즘 애들'의 편협한 공정 관념을 나무라려는 의도는 아니다. 내 관심은 자기계발과 경쟁을 일찌감치 체화할 수밖에 없는 환경에서 성장한 엘리트 청년들이 사회에서 정당한 위치를 갖는다는 것에 대해 특별한 의식과 감각을 연마했다는 점에 있다. 정치적으로 진보 성향이 강한 학생들은 자립, 공정, 노력을 최선의 가치로 보는 관점에 대개 비판적이었다. 수업에서도 자립과 역량 강화를 빈곤 통치술로 보는 입장(크룩생크 2014), 또는 빈곤층의 의존을 자립의 대립물이 아닌 "사회적 신체로의 통합에 대한 열망"으로 재해석하는 논의(퍼거슨 2017: 277)에 상당히 고무됐다. 하지만 연구자의 도발적인 주장을 반긴다고 한들 오랜 경쟁과 노력의 과정에서 빚어진 습성이 갑자기 바뀌는 것은 아니다. 어떤 학생들은 자립 이데올로기를 비판하다가도, 막상 활동가들을 만나기 전에 준비한 질문지에는 "활동가들이 홈리스나 복지 수급자의 자립를 북돋우기 위해 어떤 노력을 하는가"라는 질문을 적어 넣었다. 복지 통치에서 자활·자립이 어떻게 빈곤을 개인의 문제로 환원하는지 이성적으로 비판했지만, 자신이 자립을 공정한 경쟁을 위한 전제 조건이자, 사회에서의 성취를 인정받기 위해 추구해야 할 원칙으로 내면화했다는 점을 들추기는 어려워했다. 기존의 빈곤 레짐에서 가난한 사람을 타자화·형벌화하는 사고와 행위의 준칙으로 단단히 똬리를 튼 자립이야말로 불안정성을 자기 고통의 서사로 선취한 청년들이 자신들의 정당성을 주장하는 근거였던 셈이다. 청년 프레카리아트가 자신의 불안을 제어하고 인적 자본으로 거듭나기 위해 강박적으로 몰두한 담론들은 그렇게 다른 프레카리아트의 불안정성을 심화하고 있었다.

이런 점에서 학생들과 활동가들의 마주침은 그간의 익숙한 문법과 실천, 습성을 문제화하는 "성찰의 현장"(Cho 2019a)을 제공했다. 오랫동안 가난한 사람들과 부대끼며 연대를 도모해온 활동가들은 빈곤층을 무기력한 인간, 자립·자활 훈련을 통해 하루빨리 거듭나야 할 인간으로 가정하면서 추진되는 여러 제도가 가난의 시간성을 고려하지 않는다는 점을 역설했다.

> 김윤영 많은 경우 빈곤층을 빈곤한 상황에 따른 결과로만 간주하
> 죠. 사실 가난한 사람들의 현재 모습만 보고 그 사람 전체
> 를 알 수는 없어요. 이 사람이 지금까지 어떤 일들을 겪어
> 왔는지, 어떤 실패와 성공을 경험했는지, 무엇이 이 사람
> 의 장점이고 욕구인지 이런 것들을 알 수가 없잖아요.

> 이동현 [홈리스 당사자들은] 빈곤의 하향 곡선을 그리다가 거리
> 노숙이란 상태가 오기 때문에, '아, 내가 힘을 내서 일해
> 서 벗어나야지' 하는 생각을 갖기가 어려울 것 같아요.
> 사람은 기계처럼 고장나면 고쳐서 쓰는 게 아니잖아요.
> 여러 활동 기능이 저하되고…… 정신적으로도 힘들다
> 보니 알코올이나 약물에 중독되는 분들도 계시죠. 당장
> 직업을 줘서 금방이라도 일어난다는 게 쉽지 않거든요.
> 노숙자 출신 CEO? 그런 사람 없어요…….

활동가들과 대화를 나누는 과정에서, 학생들은 교육·문화 자본
을 갖춘 청년 프레카리아트가 자기 불안을 극복하기 위해 선취한
노력 담론이 다른 프레카리아트를 낙인화하는 무기이기도 함을 간
파했다. "노동력 상품으로 인정받기 위해 시간과 자원을 쏟아붓는
과정에서 '노력'은 윤리와 신념에 가까운 것이 되어"버렸고, "노력하

지 않는 자에 대한 비난은 마치 인간성에 대한 심문처럼" 되어버렸다.(박민아 외 2019: 76-77)

서울역 맞은편 동자동 쪽방촌을 찾은 학생들은 협동과 상호의존의 관점에서 빈곤층의 자격을 심문하는 의존성 프레임을 비판했다. 외부 지원 없이 주민들의 출자금으로 운영되는 사랑방마을주민협동회(이하 협동회)의 소액대출사업은 미디어에서는 주로 빈곤층의 '바람직한' 경제적 자활사업으로 소개되지만, 우리가 만난 선동수 활동가와 협동회 회원들은 이 사업이 서로 의지하고 협동할 수 있는 공동체를 만드는 과정임을 역설했다. 치매가 있는 쪽방촌 주민이 협동회 소식지에 흑백으로 인쇄된 세월호 추모 리본을 하나하나 노란색으로 덧칠하고, 장애인 조합원이 자전거를 타고 거동이 더 불편한 주민의 집에 공동 식도락사업으로 마련된 점심을 배달하는 풍경은 자립이자 상호의존의 사례였다. 주민들은 "뛰어난 한 사람보다는 부족해도 여러 사람이 함께 움직이는 것을 바람직한 방향으로 추구하면서 협동회라는 작은 사회의 가치를 형성해나가고 있었다".(소보겸 외 2019: 201)

인터뷰, 토론, 분석, 발표, 글쓰기를 거치면서, 학생들의 질문은 '빈곤층은 왜 자립할 수 없는가' 내지 '자립하지 못하는가'에서 '우리는 왜 자립·자활에 이렇게 집착하게 되었을까' 또는 '자활·자립 담론은 어쩌다 이렇게 범람하게 되었을까'로 바뀌었다. 신자유주의 경쟁 속에서 청년들이 사회적 인정을 획득하기 위한 암묵적 근거였던 자립은, 자격 있는 빈민과 그렇지 못한 빈민을 구분하며 빈곤의 위계를 만들어내는 수사로 비판의 대상이 됐다.

하지만 이러한 서술은 어디까지나 하나의 경향을 드러낸 것일 뿐, 다양한 학생들 사이에서 해석-비판-성찰의 과정이 단선적이진 않았다는 점도 덧붙여야겠다. 빈곤층이 생존을 도모하기 위해 더디고 취약하더라도 공동체를 만드는 풍경은 2장에서 봤듯 오랜 반빈곤운동 역사의 일부이나, 이 풍경을 과정이 아닌 스냅숏으로 보는 사람들은 가난이 모인 장소를 자기 세계에서 진즉에 사라진 협동, 공감, 우애, 이타심의 보존 지대로 왜곡하기 쉽다. 책 출간 후 진행한 인터뷰에서, 영호(가명)는 서울시 관악구 신림동 관악사회복지 어르신 주민활동가들을 만난 경험에서 이들의 활력을 찾았다. "빈곤이라고 하면 을지로역에서 봤던 홈리스가 먼저 떠올라요. 지하철역에 박스 펴놓고 생명을 유지하는 것 외에는 삶이 없는 사람들이라는 인상이 강했는데, 여기서 만난 노인분들은 같이 연극 준비하시고, 계속해서 삶의 의미를 찾아가는 모습이 신기했어요." 영호가 빈곤층 집단을 분리하며 등장시킨 '활력'은 논쟁적인 자립 담론과 얼마나 다를까? 수동성 대 적극성, 무기력 대 활력이라는 이분법은 여전히 견고했다.

여러 겹의 안전

2018년 11월 중순, 학생들과 빈곤사회연대 김윤영 활동가를 인터뷰하러 서울 용산구 '아랫마을'을 찾았다. 현재는 서울역 부근의 다른 공간으로 이동했지만, 아랫마을은 길고 좁은 골목길 끄트머리에 자리 잡은, 여러 반빈곤운동 단체의 사무 공간이 모인 주택에 있었다. 빈곤사회연대는 2000년대 초반 국민기초생활보장제도의 문제점에 대응하기 위해 모인 '기초법 연석회의'를 모태로 탄생한 연대 조직이다.(1장 참조) 소수의 활동가가 사건과 이슈를 중심으로 노점상, 철거민, 홈리스, 장애인 단체, 노동조합 등 여러 단체를 연결하고 지원해야 하는 상황이 만만치 않아 보였다. 학생들이 김윤영 활동가한테 던진 질문 가운데는 그가 여성이란 점을 염두에 둔 내용이 제법 많았다. 여성 활동가로서 겪는 어려움이 없었는지, (홈리스) 거리 상담 활동을 할 때 불편하거나 난처했던 적은 없었는지, 활동에서 민중운동과 페미니즘이 어떻게 교차했는지 등의 질문이 이어졌다. 사흘 뒤에, 나는 홈리스행동 이동현 활동가를 인터뷰하러 다른 팀 학생들과 아랫마을을 다시 찾았다. 이동현 활동가가 2층에 있는 홈리스야학 교실로 우리를 안내했다. 복도와 교실 곳곳에 여러 포스터가 붙어 있었는데, 학생들이 제일 먼저 촬영한 포스터는 성평등 약속문이었다. '성평등한 홈리스야학을 위한 5가지 실천'이란 제목의 약속문에는 교사와 학생을 포함한 야학 구성원들이 성폭력을 막기 위해 지켜야 할 원칙들이 알기 쉽게 정리되어 있었다.

활동가들의 반빈곤운동을 인터뷰하러 온 학생들이 남성 홈리스와 만나는 여성 활동가나 여성 야학 교사의 안전 문제에 관심이 많

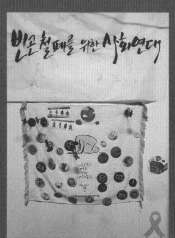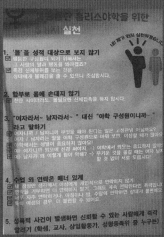

아랫마을 빈곤사회연대 사무실 출입문.(왼쪽) 2018년 11월 22일 촬영. 아랫마을 홈리스
야학 교실에 붙어 있는 성평등 약속문. 홈리스행동 인터뷰팀 제공, 2018년 11월 25일
촬영.

았다는 점을 어떻게 바라봐야 할까? 우선 여성주의 저널 '일다'와의 인터뷰에서 말한 대로, 이는 "내가 상대적으로 소홀하게 느끼고 있었던 빈곤의 문제, 특히 페미니즘과 빈곤과의 접합의 문제에 대해 학생들이 나보다 훨씬 더 예리하게 포착하는 지점이 있다는 걸 보게 되는 계기"였다.[6] 민중운동 내부에서 계급과 젠더가 교차하며 터져 나온 갈등이 제대로 공론화되지 못한 채 봉합되기 급급했던 역사를 떠올리자면 의미 있는 변화다.

다른 한편에서, 페미니즘이 창발한 여러 화두 가운데 유독 안전이 관심 주제로 부상한 맥락이 궁금했다. 1990년대에 대학을 다닌 내가 주로 마르크스주의 관련 서적을 읽으며 비판의 기술을 익혔다면, 현재 내가 만나는 (특히 여성) 학생들은 대부분 사회문제에 눈뜬 계기로 페미니즘 공부를 언급했다. "여성주의를 대학 와서 정말 처음 들었거든요. 그때 권력이란 걸 처음 생각해봤고." "고등학교 때 많이 화가 나 있었어요. 권위적인 선생님들의 폭력적인 행동에 대해. 나중에 대학 와서 페미니즘 만나면서…… 아 이런 문제를 다르게 표현할 수 있구나 해방감을 느꼈어요." 전술했듯 교육·문화 자본을 갖춘 청년 프레카리아트에게 불안정성이란 단순히 위기에 그치지 않고 새로운 열망을 지폈는데, 이 열망을 표현, 조직, 확산하는 데 페미니즘이 끼친 영향은 상당하다. 여성의 결혼, 출산, 양육을 책무로 만든 근대적 시간성, 가부장적 가족제도, 남성중심적 조직 문화를 거부하면서 다르게 살아갈 자유는 '정상' 규범을 이탈하는 데 따른 위험을 감수하면서라도 추구할 가치가 있었다. 타자성에 관한 사유를 여성 너머로 확장함으로써, 페미니즘은—포스트휴먼에서 기후행동까지—만물의 척도로 군림해온 '인간'을 탈중심화하는 최근의 학문적·실천적 흐름을 선도해왔다. "포스트휴먼-되기가 나의 페미니즘적 자아에 호소력을 갖는 이유는 나의 성이 역사적으로 한 번도 완전한 인간이 되어본 적이 없기 때문이다."(브라이도티 2015: 107)

그런데 페미니즘의 너른 관심을 누구보다 열심히 배우고 확장해온 학생들이 빈곤의 공론장에 진입한 뒤에는 '남성 홈리스'라는 문턱 앞에서 잔뜩 긴장한 채 멈춰 섰다. 책 출간 이후 학생들과 진행한 인터뷰에서, 중산층 부모를 둔 선희(가명)는 대학에 진학한 뒤 여성, 장애, 퀴어, 이주, 난민 등 여러 주제에 관심을 가졌으나 빈곤은 별로 생각해보지 못했다고 자평했다. 이유를 물으니 머뭇거리며 답했다.

잘 모르겠어요. 항상 마르크스를 좋아하긴 했거든요. 근데⋯⋯ 뭔가 어려운 것 같아요. 돈이 없는 상태? 식구들이 아플 때, 내가 아플 때⋯⋯ 그때 돈이 얼마나 많이 드는지 생각을 해보긴 했는데⋯⋯ 계층성에 대해 별로 생각은 안 해봤어요.

그는 교환학생으로 체류했던 미국 서부의 한 대학에서 지역주민이나 학생들이 홈리스와 스스럼없이 어울렸던 풍경을 즐겁게 회상했지만, 내가 서울의 홈리스에 관한 인상을 묻자 안전의 문제를 꺼냈다.

서울에 살면서는 친구들하고 안전 담론 얘기를 많이 해요. (…)
길거리에 대해. 밤길의 안전을 주로 얘기하고. 나를 따라오는 남
자? 냄새? 길거리의 깨끗함? (…) 샌프란시스코 홈리스들이 더
여유 있어 보이고, 여기선 저나 친구들이나 무서움에 대한 감각
이 더 컸던 것 같아요. 술에 취해 있고. 소리를 지르고. 여성 입
장에서 남성 기성세대 홈리스를 만났을 때 어떻게 해야 할지 모
르겠더라고요. (…) 홈리스들이 범죄를 저지르는 건 아니라는 점
은 너무 잘 알고 있거든요. [미국에서도] 성추행이나 미행을 당할
때 백인 남자였지 홈리스가 아니었어요.

내게 선희가 미국 홈리스 남성과 한국 홈리스 남성을 다르게 바
라본 이유를 간단히 정리할 능력은 없다. 시간이 흐르면서 선희의
시선도, 해석도 바뀌었을지 모른다. 다만 한국 사회에서 지난 10여
년 동안 일련의 사건을 거치면서, 많은 여성 청년이 ─ 이주자나 난
민을 포함하여(전의령 2020) ─ 한 나라에서 물리적·제도적·담론적
으로 빈번히 마주치는 남성들을 안전의 위협으로 지목하는 흐름이
공고해졌다는 점은 분명해 보인다. 2016년 강남역 살인 사건이 '페
미니즘 리부트' 이후 대중적으로 결집한 여성들을 집단 공포에 빠
뜨렸다. 'n번방 사건' 이후에도 디지털 성착취물 피해자는 매년 수
천 명에 달했다. 미투운동을 거치면서 온라인과 오프라인에서 연

대와 교감을 나눈 여성들이 갈수록 교묘하고 잔인해지는 성범죄 사건들에 맞서 집단 감정을 발산하고 공유하는 추세가 현저해졌다. 캠퍼스에서 이 장소가, 이 만남이, 이 사람이, 이 수업이 "안전하지 않다"라는 말이 흘러넘쳤다.

김홍중은 성폭력 사건을 따로 이슈화하기보다 세월호 참사와 군대, 의료, 산업, 돌봄 현장에서의 각종 학대·사고·사망 사건을 총망라해서 지난 10년 동안 한국 사회에 요동친 "안전을 향한 욕망"의 공통성을 짚어내려고 했다. 이 욕망의 소용돌이는 "'나'의 안전이 아니라 '우리'의 안전을 주장"했다는 점에서, 이때 '우리'가 "대개 강렬한 당사자주의를 동반"했다는 점에서, "선명한 적대"를 표방하면서 "'우리' 아닌 것과의 경계를 명확히 노출"했다는 점에서 공통적이다.(2020: 27) 그는 욕망이 분출될 때 삶의 위험, 불안, 공포를 함께 겪는 자들의 연대가 주요 질문으로 등장할 수밖에 없다는 점을 지적하면서, (공장식 축사에 갇힌 돼지처럼) 이제껏 인정되지 못했던 새로운 고통까지 기왕의 것들과 연결될 가능성을 내다봤다.

하지만 "삶의 위험, 불안, 공포를 겪는 자들의 연대"는 예비된 것도, 자동 발생적인 것도 아니다. 공장식 축사에 갇힌 돼지의 위험에 눈 뜬다고 해서 마찬가지로 축사에 갇힌, 다른 생명에 대한 폭력을 업으로 삼는 것 외에 별다른 출로가 없는 인간 노동자의 위험에 모두의 시선이 가닿는 것은 아니다. 경험적 연구에서는 불행하게도 '안전'을 주장하는 서로 다른 '우리' 간의 반목, 불화, 마찰, 위계가 빈번히 포착된다. 사실 대학생 여성도, 홈리스 남성도 안전하지 않다. 전자가 여성에 대한 혐오와 (디지털) 성폭력 위험에 일상적으로 노출되어 있다면, 후자는 거리를 떠도느라 자기 몸을 보호할 수단을 잃은 지 오래다. 폭염, 추위, 질병의 위험에 취약하고, 세인의 차별과 혐오의 대상이 되는가 하면, 염전 노예로 팔리고, 명의를 도용당하고, 요양병원 수가를 챙기기 위해 입원을 유도하는 각종 범죄에 무방비로 노출되어 있다. 여기서 질문이 제기된다. 안전하지 않은 사람들 가운데 누가 더 안전의 위협을 느끼는가? 또는 느낄 수 있도록, 문제를 제기할 수 있도록 배웠는가? 누구의 안전이, 어떤 안전이 사회의 관심을 끌고 보호의 대상이 되는가? 이런 질문은 여성 중에서도 대학생과 비진학 청년, 홈리스 중에서도 남성, 여성, 성소수자 등 범주를 세분하고 교차시켜가면서 더 밀고 나갈 수 있다. 무릇 정체성이란 고정된 실체가 아니라 형성 중인 관계의 다발이어서 이마저도 상황에 따라 가변적이지만. 어떤 경우든, 내가 강조하고 싶은 것은 어떤 무리가 "안전할 권리를 외치는 '우리' 바깥에 머무는 한, '그들'은 '우리'의 안전을 위협하는 존재로 언제든 출몰할 수 있다"는 점이다.(조문영 2021d: 69)

프로젝트가 고무적이었던 것은 나와 학생들이 활동가나 지역 빈곤층 주민과의 마주침을 통해 이런 질문들을 스스로 던지기 시작했다는 점이다. 우선 오랫동안 반빈곤운동 내부에서 여성주의적 실천을 모색한 활동가들이 생각의 지평을 넓혀줬다. 여성으로서 겪는 어려움에 관한 질문을 받았을 때, 김윤영 활동가는 조금 전에도 한 언니한테 설거지를 몰아준 (홈리스야학 학생인) 아저씨들이랑 싸

윘다며 웃었다. 늘 싸우지만, 차이와 위계에 대한 고민, 함께 바꿔 가야 한다는 의지가 중요했다.

저는 활동가이다 보니 약간의 위계가 있어요. 권력이 없다고 하면 거짓말인 거죠……. [아저씨들이] 자원활동가나 다른 동료 여성들에게 대하는 것처럼 똑같이 저를 대하지 않아요. 그렇다고 해서 이게 바람직한 건 아니니까, 예민하게 잘 생각을 해야죠. (…) 처음에는 이 공간을 같이 쓰면서 당사자분들과 거리를 두고 내가 활동하는 공간을 침범당하지 않아야겠다는 생각을 했어요. 저 하나 편하자고 했지만 좋은 방식은 아니에요. 그래서 공동체 룰을 만드는 게 중요해요. 활동하면서 여러 가지 일이 있고 문제도 끊임없이 발생하겠지만, '당신이 어떤 사람이건 이곳은 이런 공간이다'라는 점을 합의하고 인식시키는 게 필요해요. 이 사람에게도 공동체의 규칙이 받아들여질 수 있도록 끊임없이 노력해야 하고요.

북토크에서 김윤영 활동가는 홈리스야학 교사이자 〈빈곤의 인류학〉 수업 학생인 유라(가명)가 건넸던 말을 환기했다.

유라씨가 저한테 그런 얘기를 한 적이 있어요. 대학에서 그냥 페미니즘 했을 때랑 홈리스행동 활동하고 여성 노숙인 보면서 페미니즘 생각하는 게 달랐다고. '나'는 여성이고 피해자라는 관점에서 늘 생각했다가 남성 홈리스를 마주하고, 성별 위계가 분명히 있지만 한편에선 나는 돌아갈 집이 있고, 그 사람은 없고, 이런 것들이 묘하게 생각이 됐다는 거예요. (…) 빈곤 문제란 게 나의 고통이 더 중요하다고 경쟁하는 것이 아니라…… 어떻게 서로가 연결되어서 문제를 입체적으로 발전시킬 수 있는가를 고민하는 게 이 책 작업의 의의 같습니다.

대학에 와서 페미니즘 공부를 통해 사회문제에 눈을 떴다고 말한 학생들은 어떤 문제를 분석할 때마다 여성의 관점을 강조했지만, 다른 여성을 만날 준비가 안 되어 있었다는 점을 털어놓기도 했다. 정민(가명)은 관악사회복지 김순복 활동가를 만나러 신림동 언덕배기 끝에 자리한 어르신들의 사랑방을 찾았던 일을 복기했다. 대부분 수급자로 홀로 살아가는 여성 노인들이 학생들을 맞으며 함께 저녁을 지어 먹자고 했을 때, 당시 내 기억에도 학생들은 어떻게 '함께'할지 몰라 쭈뼛거렸다.

제가 그동안 한 게 있다면 대학 사회 안에서, 20대 여성의 눈으로 세상을 파악해왔는데…… 여성 노인의 삶을 관찰하고 대화를 해본 건 생소했으니까요. 그런 여성들의 삶에서 여성 의제란게 어떤 것일지 고민을 했어요.

〈빈곤의 인류학〉 수업을 듣기 전부터 홈리스야학 교사로 활동했던 화정(가명)은 오랫동안 빈곤 문제를 고민했지만, 자신을 성애화하는 홈리스의 시선에 처음에는 어찌할 바를 몰랐다. "[홈리스야학] 첫 학기에는 그런 말을 듣는 게 어려웠어요. 예쁘다거나, 화장하고 가면 '얼굴이 달라요' 하는 식으로." 야학 활동과 수업 프로젝트를 거치면서 여성 대 남성으로만 정의되지 않는 관계의 복잡성에 대해 생각했고, 자신이 실천하는 비거니즘이 홈리스한테는 너무나 어려운 선택이란 점도 깨달으면서 기다림이라는 묵직한 화두를 꺼냈다.

이 공간[홈리스야학]이 이들에게 얼마나 중요한 장소인지 알거든요. 불쾌한 얘길 듣자마자 저를 '피해자'로 위치시키기보다는 그분이 살아온 삶을 먼저 이해하고, 그런 말이 오가지 않을 수 있도록 얘기할 수 있는 공간을 만들고 싶어요.

요컨대, 마주침이 다양해지면서 자기-여성의 안전 문제에 집중됐던 학생들의 관심사도 너른 시야를 확보했다. 어떤 학생은 "선생님, 여성이 단수가 아닌 것 같다"는 이야기를 했다. 새로운 질문이 꼬리를 물고 이어졌다. "피해자 '나'로 시작되는 페미니즘은 어떤 논의를 삭제할까?" "여성 홈리스가 겪는 고통과 내가 겪는 고통을 같이 놓고 생각해볼 수 있을까? 그도 나처럼 자율적이고 독립적인 삶을 꿈꿀까?"

다른 배치의 가능성

마주침의 현장에서 학생들과 내가 만난 활동가들은 이구동성으로 연결의 필요성을 강조했다. 반빈곤운동이 추구하는 가치를 존중하고 함께 참여하는 것, 사소하더라도 주거에서 알바 노동까지 대학생인 '내'가 일상에서 겪는 빈곤을 다른 빈곤 이슈와 접속해내는 것, 이런 상호성을 못 보게 하는 관계와 소통의 단절을 극복하기 위해 함께 노력하는 것 등등 다양한 제안이 등장했다. 학생들도 마찬가지였다. 한국 사회의 빈곤이 어떻게 자기 시야에서 흐릿해졌는지 반문하는 학생이 많았다. 용산참사 진상규명위원회 이원호 활동가를 인터뷰했던 한 학생이 후기를 남겼다. "한편으로는 이런 사건에 대해 지금에서야 알게 된 나 자신에 대해 반성하기도 했고, 용산참사 같은 사건이 내 또래의 20대에게 제대로 알려지지 않은 이유가 궁금하기도 했다."

하지만 다른 궤적을 밟아온 프레카리아트를 새롭게 연결할 필요에 공감하며 서로 의지를 다지던 중 아차 싶은 순간이 찾아왔다. 공기 활동가를 만난 학생의 인터뷰 소감을 읽고 나서다. 내가 말할 수 있는 프레카리아트라 부른 교육·문화 자본을 갖춘 청년들 내부의 위계가 상당하다는 점, 기초법 수급자나 차상위계층에 속한 학생, 우리가 프로젝트를 통해 직접 만났거나 활동가로부터 전해 들은 빈곤층과 경제적으로 분리되지 않는 삶을 살아온 학생도 소수였지만 이 수업에 엄연히 존재했다는 점을 뒤늦게서야 깨달았다.

2018년 11월 중순, 공기 활동가와의 인터뷰는 다른 활동가들과의 만남과 사뭇 다른 방식으로 진행됐다. 그는 생계를 위해 경남 공장에서 일할 땐 본명을 썼고, 서울에서 여러 사회운동, 문화운동에 참여할 때는 '공기'라는 활동명을 고집했다. 학생들과 나이 차도 많이 안 나는 동시대 청년이었다. 그가 상근 활동가로 일하던 맘편히장사하고픈상인모임(맘상모)은 도시의 젠트리피케이션 과정에서 부당하게 내몰리는 임차 상인들의 투쟁을 지원하면서 형성된 조직이다. 공기는 2010년 홍대 '두리반' 시위를 하다 영세 상인들과 인연을 맺었는데, 학생들과 나는 사실 맘상모의 활동보다 공기가 들려주는 자기 삶의 서사에 더 호기심을 느꼈다. 중고등학교 때부터 청소년 인권활동가로 다양한 현장을 누볐던 그의 이력도 흥미로웠고, 활동하는 '나'와 가난과 씨름하는 '나'를 덤덤하게 연결하는 그의 화법도 인상적이었다. 청소년 인권운동을 하면서 고등학교를 자퇴했는데, "안 가는 거냐 못 가는 거냐" 고민이 많았다고 술회했다.

저는 지금의 대학은 사실 배움의 공간이라기보다 차별을 만드는 공간일 수밖에 없다는 생각을 많이 했어요. (…) 또 내가 정말 대학에서 배우고 싶은 게 없었어요. 등록금을 내면서까지 대학에서 어떤 학문을 공부하는 게 무슨 의미가 있을까, 사실 졸업장 이외에 [다른] 의미가 없지 않나 하는 생각을 많이 했거든. 그래서 대학 거부를 하게 된 거죠. 그치만 경제 사정이 가장 큰 이유였어요. 만약 제가 형편이 넉넉했거나 어떻게든 대학을 가야

이원호 활동가와의 인터뷰에는 용산참사 철거민 당사자 중 한 분인 천주석씨도 함께 참
여했다. 인터뷰는 천주석씨가 세입자로 사는 서울시 동작구 상도4동에서 진행됐는데,
오랜 철거 투쟁으로 이곳에는 세입자 몇 가구만 남은 상태였다. 2018년 11월 23일 촬영.

지만 이 체제 안에서 살아남을 수 있다고 믿는 부모 밑에서 자랐다면 그 결정을 쉽게 못했을 수도 있어요. 저는 가라고 하는 사람이 없었기 때문에 그냥 몰랐던 거예요. 할머니랑 같이 살았는데, 할머니는 지금 사회에서 대학이라는 게 어떤 건지, 안 가면 얼마나 무서운 차별을 받을 수밖에 없는지에 대한 감각이 별로 없으셨으니 "니가 무슨 대학이냐", 그랬거든요.

여러 시위 현장에서 맹렬히 싸울 때는 잠시 잊었던, 자신이 누구한테도 손을 벌릴 수 없는 가난한 청년이라는 사실을 깨닫는 순간 공기는 "현타가 왔다"고 말했다. 장애인 활동 보조도 하고, 알바도 전전하고, 창원까지 내려가 독성물질 옆에서 최저시급을 받으며 일했다. 공기의 이야기를 경청한 학생들은 이후 보고서에다 자기 삶에서 빈곤이 어떤 의미였는지를 서사화했는데, 세미(가명)가 대학 진학 이후에도 계속되는 생활고를 토로하며 "용기의 빈곤"을 언급했다. 예상치 못한 글쓰기였다.

[인터뷰를 통해] 나는 마주하고 싶지 않던, 주위의 환경과 달라 조용히 지워왔던 빈곤을 마주하게 되었다. 그리고 나의 빈곤은 비단 경제적인, 절대적인 빈곤뿐만은 아니라는 생각이 들었다. 나에게는 '용기의 빈곤'이 있었던 것이다. 공기 활동가님은 본인의 자리에서 본인의 목소리를 내며 세상을 바꾸고자 한다. 나는? 조용히 나의 존재를 지워가며 눈에 보이지 않게 그런 환경

에 녹아들고자 했다. 내가 소속된 사회는 이러한 존재들을 모른다…… 나는 사회의 통념에 따라 어떠한 학교, 어떠한 직업, 어떠한 배우자 등 '안정된 길'을 추구하고 맞춰가며 나를 깎으면서까지 자신을 묵살한 채 살아가고 있다. 헌데 공기 활동가님을 보며 살아 있는, 숨 쉬는 사람이라는 생각이 들었다. 그리고 오랜만에 잊고 있었던, 내가 꿈틀거리는 것을 느낄 수 있었다.

책 출간을 마무리한 뒤에 세미처럼 경제적으로 취약한 가정에서 자란 몇몇 학생과 더 얘기를 나눌 수 있었다. 가족의 만성적인 가난과 자신을 상품화하는 과정에서 겪는 우울을 이중적으로 경험하면서도, 이들이 등장시킨 빈곤의 서사는 고르지 않았다. 세미가 공기와의 인터뷰를 통해 오랜만에 꿈틀거렸다면, 은희(가명)는 여행, 어학연수, 대학원 등의 갈림길에서 쉽게 선택을 하는 친구들과 고민을 거듭하는 자기 사이의 거리에 대해 할 말이 많았다. 수정(가명)은 수업에서 자기 가족과 삶이 크게 다르지 않은 사람들이 대상화되는 경험을 하며 모종의 이질감을 느꼈다.

사실 마주하기 싫었죠. 왜냐면 빈민 특유의 그 우울함과 답답함과 희망 없음…… 북콘서트에서 김윤영 활동가가 말했듯이 '문 조금 열어놓고 너희에게도 희망이 있어'라고 말하는 감정이 어떤 건지 되게 잘 알거든요. 끊임없는 답답함. 저희 부모님만 봐도 알아요.

그런데 이들은 중산층 이상의 소비 수준과 문화 자본을 당연시 하는 대학에서 때로 투명인간으로 몸을 낮춰야 하는 현실을 자조 하면서도, (은희의 말을 빌리자면) "빈곤을 경험하면서도 빈곤을 타 자화할 수 있는 위치"임을 강조하면서 자신과 다른 빈민을 구분했 다. 공부를 잘해서, 그러니 외부 지원이 많아서, 가난해도 부모님이 교육에 신경을 써서, 자신을 표현할 언어를 습득해서 다른 경로를 밟게 됐다는 것이다. 경제적으로 또래 친구들에 비해 취약했지만, 그들은 여전히 '말할 수 있는' 프레카리아트로 등장했다.

요컨대, 〈빈곤의 인류학〉 수업에서 나와 학생들이 수행한 프로젝 트는 각자 자기 삶에서 만들어온 빈곤-어셈블리지를 돌아보고, 연 결되지 않았던 지점을 발견하거나 새롭게 연결을 시도하면서 빈곤 의 배치를 조금씩 바꿔가는 과정이었다. 한 학기 동안 '빡센' 작업 을 했다고 빈곤을 대하는 시선이 극적으로 달라진 것도, 모두가 반 빈곤운동과 적극적인 연대를 도모한 것도 아니었다. 책 출간이 어 떤 학생한테는 취업에 유용한 이력이 됐고, 어떤 학생은 보고서를 쓰는 중에 팀원들의 기여 정도를 두고 다시 예민해지기도 했다. 그 래도 수업을 거치면서 반빈곤운동 단체의 자원활동가가 되거나, 관 련 집회에 함께 참여하거나, 연구나 취업을 통해 빈곤에 관한 관심 을 발전시켜가는 학생이 제법 생겼다. 공정이든 안전이든 '나'의 불 안을 다스리기 위해 옹호했던, 말과 행동이 다른 프레카리아트에 대한 차별과 혐오가 강화될 수 있는 위험에 대해서도 고민했다. 나 역시 반빈곤 현장에서의 젠더 위계나 대학생 집단 내부의 빈곤 문제에 좀더 천착할 수 있었다.

다양한 마주침을 통해 맺어진 인연들이 3년여가 지난 2022년 1학기 〈빈곤의 인류학〉 수업에서 동자동 쪽방촌 공공개발에 관한 공동 연구를 가능하게 만들었다. 프로젝트를 통해 인연을 맺은 동자동 쪽방촌이 2021년 2월 국토교통부의 공공주택사업 발표 이후 개발 방식을 둘러싼 소유주들 간의 대립과 저항으로 한 치 앞을 모르는 혼란에 빠졌을 때, 나와 학생들은 동자동을 한국 사회의 빈곤, 주거, 개발을 두텁게 이해하기 위한 핵심 현장으로 삼아 함께 공부하고, 현장연구를 수행했다. 동자동 사랑방·협동회 주민들과 우리가 인터뷰했던 반빈곤운동 단체의 활동가들이 학생들을 환대해주었고, 당시 프로젝트 조교를 하면서 쪽방촌 현장연구를 토대로『동자동 사람들』(2021)을 출간한 정택진이 학생들에게 동자동 지역을 소개했다. 2018년 당시 협동회 선동수 활동가를 인터뷰했던 졸업생들도 수업에 흔쾌히 와주었다. 프로젝트를 거치면서 빈곤이란 주제를 어떻게 새롭게 삶에 등장시켰는지에 관해 내밀한 이야기를 후배들한테 들려줬다.

윤정(가명)도 그중 한 명이었다. 대학 와서 사회운동과 무관한 삶을 살았던 그는 프로젝트 이후 홈리스야학의 자원교사가 됐고, 지금은 한국도시연구소에서 빈곤 문제를 계속 연구하고 있다. 윤정은 2018년 인터뷰 당시 쪽방 주민인 김정호 이사가 했던 (아래의) 말을 계속 곱씹다가 진로를 결정했다고 했다.

연말이면 여기 교회니 단체니 반짝 오고 끝이야. 국회의원도 마 찬가지야. 당선되면 끝이야. 약자는 어디까지나 약자고 강자는 어디까지나 강자더라. 약한 사람들이 힘이 길러져야 한다고 하 는데 힘없어요, 우리는. 있는 사람들, 가진 사람들이 퍽 건들면 우린 나자빠져요. 그러니, 강자가 약자들한테 보태준다? 절대 아 니야. 마음을 같이 실어준다? 학생님들도 이야기를 듣고 나름대 로 남는 거는 있겠지만 가고 나면 동자동을 언제까지나 기억하 고 있을랑가……. 그건 몰라.(2018년 11월 28일 동자동 협동회에서)

이 장에서 나는 경제적 위치는 다양하나 어느 정도의 교육·문 화 자본을 갖춘 대학생 청년을 '말할 수 있는' 프레카리아트로 명명 하고, 이들의 불안정성에 깃든 양가성(우울과 열망)과 위계적 측면 을 탐색했다. 불평등과 취약성이 모두의 상태임을 인정하면서도 굳 이 이 청년들의 조건에 주목하고 수업의 형태로나마 다른 프레카 리아트와의 마주침을 유도한 것은, 향후 이들이 자신의 곤경과 창 발성을 어떻게 마주하느냐가―코로나19 확산 이후 더 거세진― 취약한 삶 간의 반목이 지리멸렬하게 지속되는 현 상황의 돌파구 가 될 수 있다고 봤기 때문이다. 공정성·실력·노력에 대한 과몰입 으로 일찌감치 경쟁에서 도태된 다른 취약한 삶들에 대해 발화의 '자격 없음'을 주장할 것인가, 아니면 이 강박에 사실상 공모했으면 서도 '요즘 애들'에 대한 냉소적 비판이나 앙상한 위로로 책임을 회 피해온 기득권층에 제대로 책임을 물을 것인가? 홈리스나 난민을 자기 안전의 위협으로 바라보면서 빈곤의 형벌화에 편승할 것인가, 아니면 오랜 시간 삶과 죽음의 경계에서 고투하느라 '피해자'로서의 권리를 주장할 감각조차 상실한 사람들이 처한 환경으로 시선을 확장할 것인가? 개인을 "몸의 안과 밖의 경계가 분명한" 개체로 간주하는 정체성 정치에 스스로의 창발성을 묶어둘 것인가, 아니면 "인간과 인간을 넘어서는 살을 가로지르는 운동"으로(앨러이모 2018: 43, 69) 본격적인 생태적 연대의 물꼬를 틀 것인가?(조문영 2020: 33-34)

메리필드(2015: 292)가 강조했듯, "지속하는 마주침이 일어나면 그 어떤 것도 예전과 동일해지지 않는다. 그것은 사람들을 생성의 과정 속으로, 뭔가 다른 것이 되어가는 과정 속으로 쏘아 보낸다". 불평등이 만인의 언어가 되고 겹겹의 불안이 다수의 '피해자' 선언을 부추기는 시대이지만, 그럼에도 어떤 생명은 다른 생명보다 훨씬 더 취약하다. 폭우가 도시를 삼켰을 때 어떤 운전자는 물에 잠긴 승용차 때문에 골치가 아프지만, 어떤 인간은 반지하에서 속수무책으로 주검이 되고 만다. 서로 마주치고, 연결되고, 다른 불안을 들여다보려는 수고를 포기한 채 각자가 방공호를 파느라 분주한 시대에 인류학의 자리는 어디일까? 적어도 나는, 사람들이 만드는 배치를 단순히 따라가기보다 함께 배치를 만들어가는 정치적·윤리적 실천이 필요하다고 생각한다. 물론 이 과정에서의 헛발질은 감수해야겠지만.

3부

9장 인류세의 빈곤

팬데믹, 기후변화, 자본주의

이 책에서 나는 한국과 중국의 여러 현장을 오가며 빈곤의 지평을 확장하는 데 관심을 기울였다. 빈곤을 수급이라는 공공부조의 컨테이너에 격리함으로써 빈자와 비非빈자를 구분하는 작업, 복지라는 프리즘을 거쳐야만 인식−논의−대응이 가능한 범주로 만드는 작업은 빈곤에 대한 우리의 이해와 책무를 심각하게 반감시킨다. 이러한 빈곤 레짐은 수급 바깥에서 살아가는 시민 다수를 무관심, 차별, 연민 사이에서 갈지자를 걷는 이방인으로 남겨놓지만, 기실 빈곤은 우리가 다양한 방식으로 연루된 어셈블리지로 매 순간 새롭게 등장한다. 생존의 위기를 만성적으로 겪는 사람들은 다양한 사람, 제도, 환경과의 접촉을 통해 가난의 무게를 절감한다. 이러한 빈자들과 실존의 불안에 시달리는 사람들은 서로 다른 물리적·제도적·담론적 장소에서 고투하다가 어느 순간 겹치고 마주친다. 이 책에서 살핀 마주침은 빈곤산업, 자원봉사, 사회운동, 대학 수업,

이주 커뮤니티의 소문처럼 다양한 장치를 통해 매개된다. 마주침은 빈자에 대한 편견과 낙인을 강화하기도, 불안을 부추기거나 전염의 공포를 낳기도 하지만, 때로 새로운 성찰, 이해, 연대의 폭을 넓히기도 한다. 모두가 어떤 식으로든 연루되고 공모하고 참여하는 빈곤 배치에서 무엇 하나 결정적인 것은 없다.

하지만 이 책에서 내가 주목한 빈곤 어셈블리지는 여전히 인간 중심적이다. 지난 수 세기에 걸쳐 인간 세계에서 한껏 범람한 빈곤, 불안, 불평등은 지구의 위태로움이 강렬하게 포착되는 시대에 어떤 위치에 놓이는가? 고백건대, 빈곤에 관한 나의 인식과 감각은 지구-속-빈곤, 빈곤-속-지구에 충분히 가닿지 못했다. 버려지고, 내쫓기고, 착취와 약탈에 내던져지고, 수동적 존재로 취급받고, 재현 권력에 포획된 존재는 인간 빈자에 국한되지 않는다. 지구에서 살아가는 수많은 생명체는 인간 생명체와 접촉하는 순간 삶이 뒤틀린다. 연구 목적으로 사육되다 제약 회사의 실험실에서 생을 마감하고, 길들이기 좋으면 반려동물이 되고, 그렇지 않으면 유기, 식용, 개체 수 조절의 대상이 되고, 유튜브나 인스타그램 같은 동물원에 동의 없이 전시되고, 공장 기계와 이주노동자의 손길을 거쳐 집단 학살된 뒤 치킨, 갈비, 삼겹살로 등장한다.

인간과 직접 접촉하지 않는 생명들도 위태롭긴 마찬가지다. 2022년 5월 세계기상기구World Meteorological Organization, WMO가 발간한 「2021 세계기후상태」 보고서는 기후변화의 위험 지표가 해마다 최고치를 경신해왔음을 보여준다. 2021년 이산화탄소 농도는 약 413PPM으로 산업화 이전의 1.5배에 달하며, 이산화탄소의 비중이 큰 온실가스 농도도 역대 최고치를 갈아치웠다. 2021년 지구 평균 기온은 1850-1900년 산업화 이전 평균 기온보다 섭씨 약 1.1도 상승했고, 자연적인 라니냐 현상으로 지구 온도가 일시적으로 식었다 해도 지난 7년간의 지구 연평균 기온은 관측 이래 가장 더웠다. 전 세계 평균 해수면도 같은 기간 연평균 4.5밀리미터 상승하여 2021년 최고 기록에 도달했다. 해발고도 3216미터의 그린란드 빙상에서 가장 높은 지점인 서밋 스테이션에서 8월 중순에 이례적인 해빙과 사상 최초의 강우가 발생했다. 해수면 상승과 빈번한 홍수, 가뭄, 폭염, 화재, 혹한으로 얼마나 많은 인간, 동식물, 미생물이 절멸했는지 가늠하기 어렵다. 지금 현재, "지구는 피난처도 없이 난민(인간이든 아니든)으로 가득 차 있다".(해러웨이 2021: 165)

우리가 맞닥뜨린 재난이 행성적 규모로 진행되다 보니 비판이나 분석의 지평에도 변화가 감지된다. 지구 생태의 현안들은 자본주의, 민주주의, 국민국가, (포스트)식민주의, 제국주의, 신자유주의, 불평등, 인종, 젠더, 계급 같은 종래의 익숙한 용어들을 훌쩍 건너뛰는가 하면 인간 너머의 세계, 인간과 비인간이 연결된 세계에서 이 어휘들의 의미와 효용을 재점검할 필요성이 새롭게 제기되기도 한다. 특히 대기화학자 파울 크뤼천이 2000년 한 학술회의장에서 절망스럽게 제기한 '인류세anthropocene'는 지난 20여 년간 인류의 생태-존재론적 위급 상황을 환기하는 핵심 표지이자, 문제 해결의 주체, 이론, 방법을 둘러싸고 "언표, 정동, 행위, 제도, 운동, 사유, 가

캘리포니아 산불을 비롯해 이상 기후로 인한 자연재해는 지구 곳곳에서 점점 더 빈번해지고 있다. ⓒ Leo Fontes

치, 규범, 욕망, 물질, 이미지"가 매 순간 새롭게 연결되고 생성되는 어셈블리지가 됐다.(김홍중 2019: 13) 학자들 사이에서 여전히 격렬한 논쟁이 진행 중이지만, 지구의 현 지질시대에 대한 명명에—우리 자신의 이름인—'인간'을 의미하는 그리스어 anthropos를 기입하자는 제안은, "집합체로서의 인간이 자연의 힘이라는 사실"(엘리스 2021: 262)을 우리 인간이 어떻게 감당해야 할지 진지하게 되묻는다.

군이 인류세라는 명명을 따르지 않더라도, '포스트휴먼' '신유물론' '객체 지향 존재론' 같은 거창한 어휘들이 낯설어도, 이미 많은 대중이 코로나19 확산 이후 달라진 삶을 체감하면서 '연결'의 의미를 재고하기 시작했다. 2019년 12월 중국 후베이성 우한시에서 원인 불명의 폐렴이 집단 발병하면서 시작된 사태가 세계 전역으로 확산되고, 세계보건기구WHO는 홍콩독감(1968), 신종인플루엔자(2009)에 이어 세 번째로 코로나바이러스감염증-19에 대해 팬데믹(세계적 대유행)을 선포했다. 이 글을 쓰고 있는 2022년 8월 17일, 세계보건기구의 코로나19 계기판은 8월 16일 오후 5시 12분(중앙유럽 표준시)까지의 코로나 확진자를 5억 8875만7628명으로, 사망자를 643만3794명으로 집계했다.[1] 코로나 확산에 따른 여러 봉쇄 조치, 미중 관계의 냉각, 우크라이나 전쟁이 뒤얽히면서 인적 이동은 물론 글로벌 공급망에도 일대 혼란이 벌어지고 있다. 그렇다고 다시 연결될 순간만을 고대하는 게 능사가 아님은 다수가 깨닫는 중이다. 코로나19, 원숭이두창, 사스, 에볼라 등 여러 바이러스는 동물에서 인간에게 감염되는 인수공통감염병으로 알려져 있다. 인간이 자원을 채굴하기 위해 숲을 침범하지 않았더라면, 비좁은 환경에서 대량 사육을 일삼지 않았더라면, 야생동물을 거래하고 사육할 상품으로 취급하지 않았더라면, 요컨대 인간과 동물 사이에 적절한 거리두기가 가능했다면 어느 정도의 예방은 가능했을 테다. "우리 세계가 연결될수록 지역의 재난은 전 지구적 공포를 유발할 수 있고 끝내 파국으로 이어질 수 있다는 사실"(지젝 2020: 75)이 '단절'을 연결 만큼이나 중요한 화두로 등장시켰다. '글로벌'을 국가 경쟁력의 슬로건으로, 탈규제 선언으로, 성공한 현대인의 기호로, 힙한 라이프스타일로 전시해온 지난 수십 년의 유행이 멋쩍을 정도다.

더 나아가, 기후위기와 팬데믹의 상관성에 주목하면서 코로나19 사태를 기후변화에 본격적으로 대응할 전기로 삼는 사람들도 늘고 있다. 기후변화로 야생동물의 서식지가 파괴되고, 극지방의 얼음이 녹으면서 잠들어 있던 정체불명의 바이러스가 활동을 시작하고, 특정 지역에 국한되었던 풍토병들이 활동 무대를 넓히게 된 상황이 예사롭지 않다.(김현우 2021) 코로나19 사태를 거치면서 기후위기를 의식해 미래에 대한 비관, 의욕 없음, 불안, 상실, 분노, 슬픔, 죄의식 등 '기후 우울증'을 겪는 사람이 급증했다. "예전에 내 몸을 아무 죄책감 없이 데리고 다닐 수 있었다는 기억은 여전하건만, 지금의 난 내 등 뒤에 길게 늘어지는 이산화탄소의 띠를 애써 뽑아내야만 한다고 느끼고, 그 느낌은 내가 비행기 표를 사서 날아오르지 못하도록 제지할뿐더러, 이후로는 내 움직임을 사사건건 방해한다."(라투르 2021b: 13) 기후변화는 "실존적으로 긴급하나 개념적으로는 종종 추상적인 문제"(O'Reilly et al. 2020: 14)여서 여전히 문제의 존재 자체를 부정하는 사람이 적지 않지만, 브뤼노 라투르(2021a: 17)는 기후를 "인간과 인간 삶의 물질적 조건 사이의 관계"로 넓게 정의하면서 코로나19 사태를 다가올 기후재난에 대처하기 위한 리허설로 강조했다.

기후변화와 팬데믹을 거치면서 (우리 시대의 빈곤, 불안, 불평등을 설명하는 암묵적 배경으로 줄곧 소환됐던) 자본주의에 대한 비판도 새로워지고 있다. 자본주의는 경제성장을 계속 유지하지 않으면 존치되기 어렵다. 경제성장을 지속하려면 화폐 거래가 가능한 상품과 서비스가 계속 공급돼야 하고, 화폐가치로 셈해지지 않았던 것들이 끊임없이 화폐가치가 있는 것으로 전환돼야 한다. 사이토 고헤이는 가치가 오직 시장경제에서의 상품 가치로만 인정받다 보니 실제 인간의 욕구를 충족하기 위해 '사용가치'를 생산하는 활동은 폄하되는 모순이 발생했다고 지적한다. (돌봄노동을 포함해) 사회 재생산에 긴요한 필수 노동은 만성적인 저임금 상태에 내몰리고, 인공적인 희소성을 만들어 상품의 '가치'를 키운 사람들이 재산을 증식한다. 결국, "우리는 충분히 생산하지 못해서 가난한 것이 아니라 희소성이 자본주의의 본질이기에 가난한 것이다".(사이토 2021: 268)

이렇게 인공적으로 희소성을 창출하는 작업에는 자연에 대한 관리가 선행된다는 점에서, 제이슨 W. 무어는 자연을 조직하는 방법

자체를 자본주의의 근간으로 봤다. '인간/사회'와 '자연'을 분리하고 후자를 외부화하여 우리가 지구의 물질적 조건 위에서 삶을 영위해왔다는 점을 망각하게 하는 과정, 더 나아가 땅과 물처럼 우리한테 익숙한 자연환경은 물론 식민화된 인간 집단(여성, 토착민, 노예 등)까지 '인간' 유럽인의 반대편에 '자연'으로 등장시킨 과정, 이 인간 및 비인간 자연을 저렴하게 활용할 수 있는 프런티어를 부단히 만들어온 과정이 바로 자본주의의 역사다. 이런 맥락에서 무어는 인류세 대신 자본세capitalocene 명명을 제안한다. 인류세는 자칫 쉬운 이야기를 만들어낼 수 있는데, 그 개념이 "근대성의 전략적인 권력관계와 생산관계에 새겨진 자연화된 불평등과 소외, 폭력에 이의를 제기하지 않기 때문"이다.(2020: 274) 요컨대 자본주의는 자연을 파괴함으로써가 아니라, (식량, 노동력, 에너지, 원자재 등) "자연을 가능한 한 저렴하게 일하게 함으로써" 번성했다.(파텔·무어 2020: 37) 인류라는 종種을 "인간 자연과 비인간 자연의 다발"이 공동 생산한 결과로, 자본주의를 단순히 경제 시스템이 아니라 인간과 나머지 지구 생명의 그물을 엮는 세계 생태론으로 파악해야 우리는 위태로운 지구를 인식, 윤리, 책무의 지평으로 초대할 수 있다. 이때 자연은 비로소 "인간과 구분되는 경외감의 영역이 아니라, 인간의 활동, 제도, 지식 체계에 영향을 미치고 또 그것에 영향을 받는 물질과 힘"으로서 정당한 위치를 부여받는다.(앨러이모 2018: 129)

세계 최대의 노천 광산 중 하나인 칠레 추키카마타 구리 광산의 자연은 식민지 시대 이전, 고대부터 인간에 의해 착취당해왔다. ⓒ Diego Delso

코로나19라는 불평등 공론장

하지만, 여기까지 쓰다 나는 멈칫한다. 코로나19 사태를 겪으면서 누군가는 기후변화에 공동 대응을 확장할 채비를 하고, 자본주의의 지속불가능성을 통렬히 지적하며 탈성장 코뮤니즘, 커먼즈의 회복, 돌봄의 정의와 윤리, 기본소득 등 다양한 처방을 내놓는다. 확실히 코로나19가 막 시작됐을 때 한국에서도 생명, 생태, 동물, 지구, 기후를 두고 미디어 공론장이 제법 들썩였다. 가령 공장식 축산에 관한 대대적인 보도는 이주노동자의 '저렴한' 노동이 좁고 열악한 공장에서 서로 부대끼며 동물을 해체한 덕분에(?) 소비자가 '저렴한' 고기를 사 먹는 악순환을 드러냈고, 세계의 위태로움을 인간 자연과 비인간 자연의 얽힘을 통해 바라볼 수 있게 했다.[2] 인간–동물 관계와 인간–인간 관계는 중첩된다. "순수하게 동물만의 문제, 순수하게 인간만의 문제란 없다."(전의령 2022: 89)

그러나 이런 흐름을 감지했다 해서 팬데믹이 "인간 행위의 행성적 영향력"(김홍중 2019: 6)을 돌아보는 성찰의 시간, 어떤 연결이 지구를 좀더 공생에 적합한 환경으로 만들지 궁구하는 시간이 됐다고 선언하는 것은 동화에 불과하다. 팬데믹을 거치는 동안 대한민국의 공론장에서 맹위를 떨친 단어들을 곱씹어보면 역설적이게도 공정과 부동산이다. 누군가는 요양병원에서 코로나에 감염되어 허무하게 생을 마감하는 상황에도, 부동산·주식 '영끌'과 '빚투', 집값 등락, 정규직 전환, 여성가족부 폐지, 재난지원금, 사회적 약자나 과소 지역 할당제를 둘러싼 각종 논란은 거세기만 했다. 자연으로 취급되어온 '저렴한' 생명과 섞이지 않는 우월한 인간으로 안전하게 남고자 하는 욕망, 사용가치와 분리된 상품 가치를 집, 토지, 일에, 심지어 자기 자신에게까지 극대화하려는 욕망은 온·오프라인에서 집요하게 분출됐다.

특히 앞 장에서 내가 '말할 수 있는' 프레카리아트라 부른, 교육·문화 자본을 갖춘 청년 세대의 마음은—적어도 내가 주변이나 온라인을 통해 살핀 바로는—팬데믹의 분열상을 가감 없이 드러낸다. 이들은 미래에 대한 불안을 공유하면서도, 그 미래에 각자 다른 세계상을 접속한다. 한편에선 생태적 전환이 더딘 데 대한 우울이, 다른 한편에선 개천의 용 신화가 무너졌는데도 각종 경쟁에 내몰리고 스스로 그것에 중독되는 데 대한 우울이 넘쳐 흐른다. 탈성장의 외침도 커졌으나, 발전, 안정, 성취의 열망은 'K'라는 표상을 붙든 채 여전히 트림 중이다. 후자의 경향이 압도적이지만, 때로는 개인이 때와 장소에 따라 세계상의 렌즈를 바꾸기도 한다.

나는 아이를 낳지 않을 생각이다. 너무 많은 인간들로 인해 이 세계가 점차 망가져가고 있다고 느끼기 때문이다. (…) 나는 망가져가는 세계는 받아들였지만, 아직 이것을 받아들이지 못한 이들과 이 세상을 살아간다는 데서 오는 두려움은 받아들이지 못한 것 같다.(이하경 2022: 13)

대선 후보들이 앞다퉈 청년 공약을 내놓고 있다. 20대는 무엇을 원하는가. "한때 '가붕개론'이 유행한 적이 있다. 너도나도 개천의 용이 되려고 애쓰며 힘들게 살지 말고 그냥 예쁜 개천을 만들어 가재 붕어 개구리로 만족하고 살자는 주장이었는데 호응이 없었다. 한국인은 정적이고 주어진 자리에 만족하며 편하게 사는 것보다 세상이 뒤집어지는 역동성을 좋아하지 않나. 젊은 사람도 마찬가지다. 성취감, 노력하면 미래를 개선할 수 있다는 희망을 원한다. 이 끓어넘치는 에너지를 분출할 출구가 필요하다. 그게 막히니까 청년층에서 부정적인 에너지가 쌓이고 있다. 지금 20대는 그들이 가진 증오와 불만을 자극해 대리만족의 대상이 돼줄 수 있는 포퓰리스트 정치인과 궁합이 가장 잘 맞을지도 모른다."[3]

이렇게 근대와 탈근대, 발전과 탈성장의 지향이 어지럽게 난립하고 대립하는 상황이다 보니 팬데믹을 거치면서 분출한 불평등 공론장도 분열적인 모습을 보인다. 우선 떠오르는 경향은 전염병이 누구한테나 닥칠 순 있어도 결코 평등하지 않다는 사실에 대한 공감대다. 코로나19로 대면 접촉이 어려워진 상황이 되자 미디어는 일종의 '불평등 교실'이 됐다. 「코로나 묵시록」 「코로나는 '불평등'을 더 때렸다」 「누군가에겐 더 가혹한 '코로나19 재난」 「코로나 디바이디드」 「코로나19로부터 여성을 지켜라」 등등 코로나 불평등 관련 기사나 칼럼이 자주, 비장한 논조로 쏟아졌다. 불평등의 범주도 소득과 자산에 국한되지 않고 젠더, 의료, 장애, 정보, 교육 등 다차

원에서 조명됐다. (대부분 여성인) 가정과 요양 시설의 돌봄노동자, 콜센터 노동자, 택배 노동자, 배달 플랫폼 노동자 등 누군가의 생명을 지키고 일상생활을 가능케 하기 위해 위험을 감수해야 하는 사람들이 새롭게 주목받았다.

하지만 코로나 이전의 불평등 공론장처럼, 이 불평등 교실이 사람들의 '관심의 원'(누스바움 2019)을 넓히기보다 담론의 증식에만 기여하는 건 아닌지 돌아볼 필요가 있다. 인간의 마음은 변덕스럽기도 배타적이기도 해서, "자신만의 경험세계나 성향에 깊이 뿌리내린 특정한 지각, 기억, 상징의 집합과 관련된 원칙들에 대해서만 강한 애착을 느끼기 쉽다".(누스바움 2019: 30) 이미 불평등 문제에 있어 예민한 감수성을 체화한 기존 학습자 외에 새로 교실을 찾는 학습자는 얼마나 될까? 이 교실이 "특정한 지각, 기억, 상징"을 공유해온 사람들의 자기 학습과 연대감을 독려하고, 윤리적 공감을 보태는 것 이상의 영향력을 발휘할 수 있을까? 팬데믹 이후 '언택트'가 재난 시대의 품행으로 장려되고, 가난을 문제화하며 조직된 기존의 연결망이 축소되면서, 빈곤과 불평등에 대한 대응과 관심도 부족화되는 것은 아닐까? 물리적 거리두기가 강제되면서 거리 집회도 방역을 이유로 무산되거나 대폭 축소됐다. 활동가들은 온라인으로 매듭을 이어갔지만, 반빈곤운동 단체 채널의 조회수는 코로나 시기 급증한 각종 재테크 영상의 그것과 비교하면 극히 미미하다. 영상에 달린 댓글마저 그만 떼쓰라며 가난한 사람들의 삶을 조롱한다. 2021년 10월 유튜브로 중계된 빈곤 철폐의 날 증언대회에서 김윤영 빈곤사회연대 활동가는 자신이 만난 노점상 얘기를 들려줬다. "이분은 노점상에 관한 뉴스는 절대 보지 않는다고 합니다. 댓글들을 보면 세상 사람이 다 나를 미워하는 것 같고, 삶을 지키기 위해 내가 하는 모든 노력이 폄하당하는 것 같아 괴롭다고 하셨어요."(조문영 2021a: 63)

그런데 코로나 불평등을 외면하거나 냉소, 차별, 혐오가 짙은 댓글을 남발하는 사람들은 스스로 불평등 세계 바깥에 있다고 생각할까? 코로나 불평등 공론장의 또 다른 경향은 많은 사람이 스스로를 불평등의 '피해자'로 자리매김시킨다는 점이다. 연구자들은 온갖 방법을 동원해 불평등의 분류 체계를 갱신 중이지만, 불안 바이러스에 감염된 사람들 사이에서 적어도 감각의 층위에서는 그 경계가 한껏 모호해졌다. 의사, 부동산 소유주, 투자자, 상위권 대학 학생 등 과거 기득권층으로 불렸던 사람들조차 '공정'이나 '역차별'을 운운하면서 시위나 파업을 벌이는 일이 많아졌다.

특히 나는 넷플릭스 드라마 「오징어 게임」에 대한 초계급적 열풍에서 '경계 없는 불평등'의 세계상을 봤다.(조문영 2021a: 54-56) 생사의 문턱에 간신히 매달린 참가자 456명 가운데 단 한 사람이 456억을 갖고 나머지는 죽는 잔혹한 게임을 4주 만에 1억 명이 넘는 시청자가 지켜봤다. 게임이 펼쳐지는 순간마다 극대화되는 폭력에 대한 우려는 현실이 더 잔혹하다는 비판으로 정당화됐다. 감독은 "승자는 패자의 시체 위에 떠 있는 것"이라며 징검다리 게임의 상징성을 강조했는데[4], 국내외 평론가들도 내가 살기 위해 누군가는 죽어야 하는 자본주의 현실이 드라마보다 더 섬뜩하다며 불평등을 드라마의 배경이자 성공 요인으로 꼽았다. 하지만 「오징어 게임」을 본 시청자는 너무나 다양하다. 그중에서 게임의 참가자들, 예컨대 사채업자의 협박에 못 이겨 신체 포기 각서를 쓰고, 선물 거래로 거액을 날린 뒤 경찰과 빚쟁이에게 쫓기고, 탈북 과정에서 가족 대부분을 잃고, 생존을 위해 제 몸을 담보로 내놓고, 불법 체류자라 임금이 떼여도 호소할 데가 없는 사람들은 얼마나 될까? 실직과 과로, 경쟁과 불안으로 일터와 삶터에서 극심한 스트레스를 겪지만, 한 주에 몇 시간은 소파에 기대 앉아 드라마를 볼 사람이 제법 많지 않나. 그런데도 시청자 대부분은 「오징어 게임」의 여러 아이템 중에서도 '루저'의 촌스러운 운동복을 가장 선호했다. 게임 설계자보다 설계된 판에서 조종당하고, 서로 죽고 죽이는 이들에게 감정을 이입했다.

모두가 불평등의 '피해자' 위치에 정렬하는 상황은 넷플릭스 최고경영자가 초록색 운동복을 입고 기업의 실적을 발표하는 순간 절정에 달한다. 2021년 3분기 넷플릭스 유료 가입자 수가 438만 명 늘었다며, 이 백인 남성 억만장자는 환한 웃음으로 「오징어 게임」을 발굴한 한국 콘텐츠 팀을 치하했다. 극 중에서 게임의 호스트로 밝혀진 참가자 1호도, 넷플릭스 CEO도, 1억 명이 넘는 시청자도 모두 싸구려 운동복에 감정 이입하는 세계에서 불평등의 행방은 묘연해졌다. 모두가 불평등 구조의 피해자를 자처하는 세계, 불평등이 연일 이슈가 되어 불평등을 측정하고, 통계화하고, 방대한 데이터베이스를 구축하는 지식 생산에 엄청난 시간과 비용이 투입되는 세상에서 불평등 발화는 경계 없이 모두의 감각과 인식에 들러붙었다. 이 경계 없는 불평등의 세계에서 넷플릭스는 대박 난 「오징어 게임」의 인센티브 수익을 몽땅 가져갔고, 사람들은 불평등 담론을 상품으로, 자산으로 만드는 데 열정을 쏟았다. '망할 놈의 자본주의'가 작품의 주제라면, 작품의 생애는 '자본주의 만세'였다.

이쯤에서 되짚건대, 타인의 불평등에 대한 공감이든, 나의 불평등에 대한 강박이든, 불평등에 관한 관심의 부족화든 그 경계의 소실이든, 코로나19 사태가 대대적으로 열어젖힌 불평등 공론장은 여전히 인간중심적이다. 한국 사회 코로나 불평등의 위계를 논하기 위해 '말할 수 있는'(교육·문화 자본을 갖춘 청년) '말할 여력이 없는'(비정규직 노동자) '말을 잃은'(홈리스와 쪽방 주민) 프레카리아트를 구분했던 내 접근 역시 마찬가지다.(조문영 2020) 팬데믹으로 감옥 같은 쪽방에 고립되거나 기후재난으로 집을 잃어버린 빈자들의 실태를 환기하는 것은 중요하고 정당하다. 하지만 이 인간 빈자들이 취약한 관계를 맺을 수밖에 없었던 다른 사물과 생명을 함께 고려하고, 개별 인간을 넘어 "인간 신체성과 인간을 넘어서는 자연 사이의 문자 그대로의 접촉 지대"(앨러이모 2018: 18)를 불평등의 정치적·윤리적 쟁점으로 삼을 수는 없을까? 인간이 지구라는 집에 거주하면서 매 순간 접촉하는 비인간을 "단지 소비할 자원이나 문화적 상징이 아닌 우리와 함께 살아가는 존재들"(Besky and Blanchette 2019: 14)로 인정하는 정치란 어떤 모습일까?

발전의 꿈

기후변화라는 임박한 파국을 진지하게 염려하는 사람들은 비인간 자연과 함께 살아가는 데 만족하지 않고 더욱 급진적인 저항을 조직해왔다. 특히 나는 21세기 전 지구적 생태위기의 해결을 위한 투쟁에 전면적으로 나설 '녹색 계급'의 출현을 바라고 지지하는 사람들, 스스로가 녹색 계급의 일원이 되고자 하는 사람들에게 전적으로 동감하며, 나 또한 그런 인간이 되고 싶다. 브뤼노 라투르와 니콜라이 슐츠(2022)는 녹색 계급이 존재하려면 종래의 마르크스주의만큼 자기 역사의 방향과 물질적 조건을 규정할 수 있어야 한다고 주장한다. 단, 이때의 유물론은 인간에게 유리한 물질적 조건의 (재)생산 외에도 지구라는 행성의 거주 가능성을 지향해야 한다. 녹색 계급의 계급투쟁은 생산의 확대나 경제적 자원의 배분을 넘어 모든 생명체가 거주할 수 있는 지구 환경의 유지를 목표로 삼아야 하며, 내가 살아가는 땅이 내가 소유한 것도 임대한 것도 아니라, "의존하는" 것이라는 감각을 공유할 수 있어야 한다.

하지만 연대의 마음으로 "만국의 '녹색 계급'이여, 단결하라!"(이규현 2022)를 당당히 외치려는 순간, 20여 년 전 앙드레 고르가 마르크스주의를 향해 던진 비판이 동시에 떠오른다.

혁명적 프롤레타리아의 존재가 젊은 마르크스의 이론을 정당화한 것이 결코 아니었다. 오히려 반대로 마르크스의 이론이 혁명적 프롤레타리아의 출현을 예언케 했고 그 출현을 필연적인 사실로 정립시켰다. 철학이 우위를 정했다.(고르 2011[1980]: 22)

고르는 프롤레테르prolétaire(현실적이고 구체적인 개인적 존재로서의 노동자)와 프롤레타리아prolétariat(마르크스주의의 산물로서 추상적 집단)를 구별했다. 마르크스주의에서 후자는 전자에 대해 근본적으로 선험적이며, 이 후자의 존재로 인해 전자는 올바른 계급 노선을 선험적으로 보장받는다. 다시 말해, 우리가 프롤레테르들을 열심히 실증적으로 관찰한다고 해봐야 결코 프롤레타리아의 계급적 사명을 알 순 없다.(2011: 15) 어떤 면에서 녹색 계급의 꿈은 프롤레타리아의 꿈보다 더 원대하다. 계급의식을 고취해야 할 대상이 자기 노동력을 파는 것 외에 생계를 유지할 방도가 없는 프롤레테르에 국한되지 않고, 개인, 가족, 사회조직, 국가에 걸쳐 생산과 발전을 도모하는 삶을 체화한 지구생활자 대부분으로 확대된 까닭이다.

더구나 앞 절에서 논한 대로, 많은 지구생활자가 팬데믹의 시간을 거치며 불평등의 피해자를 자처하고 있다. 불안 사회에서 안전을 향한 열망은 (자기 집인) 지구를 파괴했다는 감각을 추동해내기보다, 생산과 축적에 대한 배타적 관심을 집-자산에 쏟아붓는 방향으로 분출되고 있다. 자기 노동에서 완전히 소외된 프롤레테르의 원한 어린 언어가 "무기력"이라면(2011: 54), 갈수록 폐허가 되는 지구에서 방공호를 구축하기 위해 안간힘을 쓰는 지구생활자들은 자신의 노력을 오히려 비판하는 목소리에 분노하고, '정치적 올바름'

을 강요하지 말라고 성토하며, 발전이라는 '인간 본성'을 거스르는 움직임을 위선이라고 반박한다. 이런 상황에서 나의 동료 시민이자 이웃이고, 심지어 나라는 어셈블리지의 일부인 지구생활자−파괴자가 녹색 계급으로 거듭날 방도가 있을까? 더욱이 빈곤과 불평등, 기후변화에 주목하는 사람들과 이들의 목소리에 혐오성 댓글을 다는 사람들이 서로 으르렁거리며 반목하는 사이에, 정작 저렴한 생명, 노동, 식량, 에너지를 찾아 지금도 새로운 프런티어를 찾는 데 혈안인(파텔·무어 2020) 기업들은 뒷짐 진 채 상황을 굽어보고 있다. '포용적 자본주의' '사회적 임팩트' 'ESG' 등 브랜드를 수시로 바꿔가면서 점잖고 세련되게 지속가능한 미래의 비전을 공표한다. 기후변화의 파괴적 힘에 누구보다 취약한 사람들이 저희끼리의 싸움을 접고, 지구의 시간에 '인류'라는 문구를 새기는 데 공로가 큰 자본에 공동으로 저항할 방도가 있을까? 기후재난을 막을 시간이 얼마 남지 않은 지금, 전망은 여러모로 불투명하기만 하다.

내가 인류학자가 아니었다면, 해마다 다양한 현장에서 경험적 연구를 진행하면서─나 역시 그 일부인─삶들의 미궁과 진창을 들여다보지 못했더라면, 나는 좀더 당당하고 홀가분한 마음으로 녹색 계급의 선언에 동참하고, 단결을 호소하고, 계급의식을 고취할 묘안에 골몰했을 것이다. 지난 20여 년간 한국과 중국에서 내가 만난 범속한 사람들은 지구에 별 관심이 없었다. '관심의 원'이 가족 너머로 확장되는 때도 드물었다. 하지만 그러면서도 스스로 금을 그은 경계 안에서 너무나 치열하게 살았다. 이런 평범한 지구생활자-파괴자에 대한 우리의 이해는 의외로 얄팍하다. 지식 공론장의 엘리트들은 이들에게 접근할 때—마치 자신이 그 외부에 떨어져 있는 것처럼—거부의 정치와 계몽의 정치 사이에서 곧잘 시소를 탄다. 하지만 연구자와 연구 참여자 사이의 비대칭성과 전자의 인식론적 우위를 당연한 전제가 아닌 쟁론과 성찰의 대상으로 붙들어온 인류학자라면, 이런 시소에서 빠져 나와 100년 전 말리노프스키(2013: 51)가 언급한 "실제 생활에서 헤아리기 어려운 것들the imponderabilia of actual life"에 좀더 관심을 기울일 것이다.* "미묘하지만 놓칠 수 없는 현상" "자질구레한 일들" "사사롭고, 친밀하고, 내면적인 측면" 등(2013: 51-53)은 윤리적으로든 방법론적으로든 외부인이 섣불리 다루기에 벅차다. 그럼에도 이런 점액질의 구체적 삶을 진지하게 검토할 수 있다면, 빈곤, 불평등, 기후변화, 발전에 관한 공론장도 이 장의 문법에 익숙한 사람들을 중심으로 공회전하지 않고 훨씬 더 새롭고 다양한 갈래를 만들어내지 않을까. 전투태세를 갖추고 생태위기에 맞설 언어와 자원을 결집해내는 노력이 어느 때보다 절실하지만, 나는 우리의 공론장이 동료 시민을 머나먼 이방인, 두려운 괴물, 가망 없는 주류로 쉽게 거부하지 않고 지구 속 취약하고 불완전한 (나와 같은) 존재로 인정하는 데서 시작되

---

* 브로니스와프 말리노프스키는 20세기 초반 서태평양 트로브리안드 군도(키리위나섬)에 대한 장기 연구를 수행하면서 오늘날 인류학 방법론의 대명사가 된 민족학적 현지조사ethnographic fieldwork의 기틀을 확립했다. 『서태평양의 항해자들』(2013) 옮긴이는 이 문구를 "실생활에서 계량화할 수 없는 부분"으로 번역했다.

기를 바란다. 지구생활자-파괴자가 품어온—감각, 세계상, 열망의 총체로서—발전의 꿈이 '그'라는 존재와 등치될 만큼 얼마나 강렬한 것인지, 문화와 상징, 이데올로기, 제도와 정책, 교육과 미디어, 일자리와 사회보장 등이 얼기설기 얽이고 시너지를 발휘하면서 발전의 꿈이 아닌 다른 꿈을 꾸는 것이 어떻게 막히고 불온시되었는지, 어떤 감당하기 힘든 규범과 질서를 강요하고 낙인을 부과했는지, 그렇게 집요하게 추구했던 꿈이 어떻게 현실이 되고 또 좌절되었는지 각자의 생애 경험에서 출발하여 말하고, 쓰고, 읽고, 대화하는 공론장이 필요하다.

돌이켜보면, 나를 인류학의 세계로 이끈 것은 머나먼 지역에 대한 관심도, 인류 보편의 법칙을 발견하겠다는 야심도 아니고, 타자의 행위가 나의 분류 체계를 흔드는 경험이었다. 1997년 여름 중국 충칭에서 배를 타고 양쯔강 싼샤(장강 삼협長江 三峽)를 여행했을 때도 그랬다. 싼샤 댐 건설로 수많은 인간·비인간 자연이 수몰되고 훼손되기 전이었다. 말이 좋아 크루즈 여행이지 경비가 부족해 삼등칸 객실에 묵는 바람에 사흘 내내 쥐, 바퀴벌레와 신경전을 벌였다. 사람들은 강이 제집 쓰레기통인 듯 먹다 만 컵라면을 무심히 던졌다. 일등칸에서 떨어진 면발이 강에도, 내 정수리에도 일격을 가했다. 여행 중이라는 사실을 잊을 만큼 몸도 마음도 지쳤는데, 함께 객실에 묵던 사람들은 제 짐짝을 베개 삼아 태평하게 잘도 잤다. 일자리를 찾아서 배의 도착항인 상하이까지 가는 쓰촨의 농민들이었다. 배는 명색이 유람선이라 양쯔강 협곡을 읊던 이백, 두보,

소동파의 시가 방송에서 계속 흘러나왔지만, 고단한 농민공 이주자들한테는 자장가일 뿐이었다. 『삼국지』의 무대라며, 절벽을 기어오르는 원숭이를 보라며 배가 잠시 정박했을 때도 이들은 심드렁했다. 짐인지 사람인지 구별이 어려울 만큼 움직임이 없던 이들이 딱한 번 갑판 위로 모여들었다. 이튿날 새벽, 양쯔강 싼샤 하류에 있는 이창宜昌을 지날 때였다. 경제성장 곡선이 가팔랐던 1990년대 중반, 공업도시 이창의 전경은 눈이 부셨다. 오래전 일이라 잔상이 흐릿하지만, 새벽인지 낮인지 구별이 안 되는 항구의 강렬한 불빛, 별이라도 쑤실 듯 높이 솟아오른 건조물과 그 바닥에서 부지런히 움직이는 부두 노동자들이 시선을 압도했다. 더 강렬한 것은 함께 이창 항구를 바라보던 농민들의 눈빛이었다. 흐리멍덩한 몰골로 잠만 자던 사람들이 사뭇 진지하게 얘기를 주고받으며 풍경을 탐했다. 경제개발이 토착민의 삶을 어떻게 위협하는지 성토하는 인류학 개론의 언어가 비집고 들어갈 틈이 없었다. 밝은 빛, 높은 첨탑, 기계 소리, 몸의 흥분과 들썩거림. 그게 바로 '발전'이었다.

이 발전의 역사에서 취약한 삶을 살아가는 사람들은 단지 희생양이나 피해자가 아니라 때로 적극적인 공모자가 됐다. 2014년 여름 중국 선전 외곽의 폭스콘 공장지대(3장 참조)에서 내가 만난 선주민들이 그랬다.(조문영 2021b: 410-412) 30만 인구의 대부분은 외지에서 온 공장노동자와 그 가족이었지만, 이들 대다수가 머물고 일하고 소비하는 주택, 공장, 상점은 2000명이 채 안 되는 촌민의 집요한 '노력'으로 등장했다. 1990년대 촌민들은 양쯔강 유람선에서 내가 만난 농민공들과 크게 다르지 않았다. 대대로 가난한 농민으로 살던 이들은 개혁개방 특구로 지정된 선전 시내에서 품팔이라도 해보겠다고 통행증을 위조하고, 철조망을 뜯고, 심지어 홍콩까지 밀입국을 감행했다. 그러다 경제개발로 도시 주변의 지가가 급격히 상승하면서 도약할 기회를 움켜쥐었다.

2004년 중국 정부가 이 지역을 선전시에 병합하기로 했을 때, 촌민들은 헐값에 토지가 수용되는* 상황을 피하고자 농토를 갈아엎고 공장을 유치하기로 했다. 한편에선 정부 관리의 감시를 피해 주말 밤마다 인부를 불러 땅을 평평하게 깔고, 다른 한편에선 홍콩이나 외지 사업가와 접촉해 영세한 공장을 불러들였다. 모의를 주도한 촌장들은 홍콩으로 도망치거나 인근 산에 숨어 정부와 숨바꼭질을 반복했다. 정부는 엄중한 대처를 강조했지만, 이미 생산을 시작한 공장 덕분에 세수가 늘자 불법을 사실상 용인했다. 공장에서 일하는 외지인이 많아지면서 촌민들은 급하게 돈을 변통해 국가에 강제 수용되지 않는 좁은 주택부지에다 건물을 올리기 시작했다. 2006년 폭스콘 공장 유치라는 사건을 거치면서 개발은 더욱 급물살을 탔다. 풍수를 믿는 폭스콘 CEO는 마음에 든 땅이 경사 높은 산지라는 점을 애석해했는데, 당시 촌의 간부는 "조상이 물려준 토지를 공동의 번영을 위해 쓰자"며 인부를 불러 모아 산을 깎고 땅

인근 각주

* 사회주의 중국에서 농촌의 토지는 개인이나 국가 소유가 아닌 '집체' 소유다. 중앙이나 지방정부가 이 토지를 개발 목적으로 이용하려면 우선 집체(촌민위원회)에 보상금을 지불하고 토지를 수용하는 과정을 거쳐야 한다.

을 밀었다. 촌민들은 정부, 폭스콘과의 협상에서 "땅을 정돈한 건 우리"라며 '밀당'을 계속해 막대한 배상금을 챙겼다.

상급 정부에서 우리 촌장들을 불러다 회의를 열었어. 당 지도 아래 분부를 받들어 토지를 폭스콘에 임대하라고. 지나치게 [보상을] 요구하지 말라 했지. 정부나 폭스콘 쪽이 봤을 땐 우리가 요구한 조건이 너무 높았어. 하지만 우리도 할 말이 많았지. 여기 원래 산지였다. 니들이 원하지 않는다 했을 때 우리가 위험을 무릅쓰고 전부 갈아엎은 거다. 양쪽에서 억지로 서명하라고 강요하는데 난 또 [협상의 우위를 점하려고] 숨어버렸지. 토지를 원해? 좋아. 근데 돈 더 내라고. 나중에 정부랑 폭스콘이 다 양보를 했어. 이제 그만 좀 숨어라, 요구를 들어주겠다 하고 말이지.(2014년 7월 17일 촌 간부와의 인터뷰)

폭스콘 공장에서 일하려는 노동자들이 외지에서 유입되자 마구잡이식 주택 건축은 더욱 맹렬해졌다. 촌민들은 직접 치안대를 조직해 정부 단속을 이리저리 피했지만, 정부도 이번엔 물러서지 않겠다며 건물 한 동을 모든 이가 지켜보는 앞에서 본보기로 폭파했다. 사람들의 동요를 우려해 그날 밤 건물 주인에게 배상금을 챙겨 줬다는 소문이 돌았지만 말이다.

도망, 불법 공사, 처벌, 눈 감기, 협상을 반복하는 과정에서 양어장, 과수원, 논밭이 있던 자리에 약 4000동의 러우팡樓房(층집)이

촌민들의 구가옥과 급하게 지어 올린 임대주택(러우팡)이 섞여 있다.(위) 2017년 1월 17일 촬영. 외지 노동자들의 거처로 급조한 러우팡 사이에 촌민들이 개축한 사당이 들어서 있다. 2013년 8월 7일 촬영.

들어섰다. 외지 출신 노동자들이 저렴한 임대료를 내고 단기 거주하는, 대체로 불법인 열악한 주거 형태를 통칭하는 이름이다. 개발수익을 극대화하기 위해 당정과 '맞짱'을 뜨고 '밀당'을 벌인 도시근교의 농민들은 약자인가, 강자인가? 보상금에 혈안이 된 악당, 실질적인 소유권을 누려본 적이 없는 희생양, 야심 찬 기업가 중(Sargeson 2012) 누구인가? 선택을 요구하는 어리석은 질문이다. 자기 생애를 폭스콘과 토지를 중심으로 서사화하는 촌민들과 인터뷰하면서, 나는—1997년 어느 새벽 항구도시를 바라보던 농민공들의 눈빛처럼—발전에 대한 이들의 강렬한 욕망과 의지에 압도됐다. 연구자들이 자본주의의 발흥과 유지에 핵심적이라고 봤던 프런티어는 단지 기업과 정부에 의해서만 형성된 게 아니었다. 폭스콘 기업, 폭스콘에 하도급을 준 애플 기업, 선전 지방정부, 폭스콘 노동자를 저렴한 인턴으로 수출하는 중국 전역의 직업학교만 프런티어의 행위자인 게 아니다. 지역에서 대대손손 살아온 농민들도 적극적인 행위자로 동참했다. 평범한 사람들이 단지 저렴한 노동력으로 투입되었거나 자기들의 물리적·상징적 터전을 빼앗긴 게 아니라, 제 땅을—환경을 파괴해서라도—자본 축적을 위한 프런티어로 만드는 데 앞장섰다. 애나 칭이 강조했듯, "파괴 또한 행위성을 요구한다".(Tsing 2005: 26)

개혁개방의 역사에서 가장 저렴한 노동으로 취급받았던 농민이제 땅을 프런티어로 만들면서 부를 축적하는 과정은 다른 인간·비인간 자연을 저렴하게 수탈하는 과정이기도 했다. 임대업자가 된 촌민은 사당을 개축하는 데 공을 들였지만, 기부자 명단에 자기 이름만 남긴 채 더 나은 환경으로 둥지를 옮겼다. 조상의 위패를 모신 땅은 주택과 식당에서 토해내는 오수로 썩어들어갔다. 저렴한 토양에 급하게 지어 올린 저렴한 러우팡에서, 저렴한 인간(공장노동자)이 저렴한 플라스틱 용품을 들여놓고, 노점에서 사 온 저렴한 음식으로 끼니를 때웠다. 날림 공사로 지어진 건물은 산사태에 취약했다. 이듬해 겨울, 인근 공업지대에선 건축폐기물 적치장의 인공 흙더미와 폭우에 쓸려 온 흙이 한꺼번에 쏟아져 90여 명이 매몰됐다.[5] 그런데도 내가 만난 촌민 지도자들은 "폭스콘이 없었더라면 이 지역도 없었다"며 발전의 역사를 자찬했고, 선전 시내에 살던 농민이 토지 보상 과정에서 자신들보다 이익을 몇 배나 더 거뒀다며 아쉬움을 내비쳤다.

취약성과 유한성이라는 공통 숙명

양쯔강 배에서 내가 만난 농민공이 태어나면서부터 공업 도시의 불빛에 먼저 감응하도록 훈련된 것은 아닐 테다. 선전 폭스콘 공장지대에서 만난 선주민이 태어나면서부터 제 땅을 프런티어로 만들겠다는 열망을 품은 것도 아닐 테다. 그러나 일단 꾸기 시작하면, 발전의 꿈은 거침이 없다. 중독에 가깝다. 중국이 여전히 발전 중인 국가이기 때문이라는 둥, 중국인이 고금을 막론하고 실리적이라는 등 단서를 붙이고 싶어진다면 작금의 대한민국을 돌아보는 게 좋겠다. 재건축을 기대하며 멀쩡한 아파트가 안전하지 않기를 바라고, 아파트 붕괴 사고로 사망자가 속출해 주가가 폭락한 건설업체 주식 매수 시점에 더 촉각을 곤두세우는 풍경에서는 생명과 사물에 대한 살의마저 느껴진다.

상황은 확실히 어둡다. 발전의 꿈은 기후재난 시기 지구생활자의 숙명과 배치된다. 전자가 성장과 새로움을 향한다면, 후자엔 죽음과 낡음이 예정되어 있다. 전자가 아이를 돌보는 것이라면, 후자는 노인을 돌보는 것이다.* 아이 돌봄에 관해서는 부모, 정부, 전문가, 미디어 모두 할 말이 많지만, 노인 돌봄은 누구든 될 수 있으면 피하고 싶어하는 주제다. 어린이집에 CCTV를 설치하라는 요구는 빗발치지만, 요양원은 많은 경우 사각지대로 남아 있다. 모험을 감행하기도 어렵고, 타인의 인정을 기대할 수도 없는 상태에서, 욕창을 관리하듯 인내심을 갖고 수선과 유지에 힘써야 한다. (생기가 아닌) 끈기야말로 "생명 회복의 무모한 기대를 접고 지구가 견딜 수 있는 시간을 벌어줘야 하는 재난 시대에 필요한 역량"이다.[6] 이런 지구-노인 돌봄을 정말 하고 싶어하는 사람이 얼마나 될까? 가정과 요양 시설에서의 돌봄이 대부분 여성의 저렴한 노동에 기대고 있다는 점으로 대답은 충분할 것이다.

---

* 단, 이때 아이는 비장애인이어야 한다. 자본주의 세계에서 임금노동을 할 수 없는 장애인은 노인처럼 '부담'으로 등장한다.

발전의 꿈과 지구거주자의 숙명은 이렇듯 반대의 경로를 밟지만, 인간이라는 한 생명체의 생애로 보자면 둘은 서로 이어져 있다. 이 점이 아슴푸레한 희망을 붙들게 한다. 모든 인간은 결국에는 늙고, 죽음에 이른다. 살면서 발전의 꿈을 (돈이든 후손이든) 다산多産으로 현실화했든 애초에 꿈꿀 자격조차 박탈당했든, 죽음에 이르기는 마찬가지다. 늙고 죽는 일은 늦게 찾아올 수도, 질병이나 장애와 살아가는 과정에서 좀더 일찍 닥칠 수도 있다. 한때 발전의 꿈에 몰입했던 사람들도 예기치 않은 불행에 직면하거나 불안정성이 심화하는 세계에서 물질적·실존적 빈곤을 경험하며 "그 좋은 미래를 박탈당했음을 통감하는 자들"이 된다.(김홍중 2022: 176)

2020년 여름, 경기도 청년기본소득 수령자 인터뷰 과정에서 만난 재완(가명)은 당연했던 것, 닿을 수 있는 미래라 자신했던 것이 전부 깨져나간 뒤의 소회를 담담히 전했다. 코로나가 한창이라 약속 장소를 정하기가 어려워 그가 사는 임대아파트 단지에서 만나기로 했다. 벤치에 앉아 기다리는데 재완이 목발을 짚고 나타났다. 군 복무 중 난치병을 얻었다고 했다. 원인을 알 수 없어 이 병원 저 병원을 전전했다. 그사이 "헬스 트레이너를 할 정도로 튼튼했던" 몸은 완전히 달라졌다. 체중도 근육도 빠지고, 체력이 떨어져서 새로 일을 시작하기가 버거워졌다. 가족의 돌봄을 받기도 요원했다. 사업에 실패한 아버지는 부동산으로 재기를 해보겠다고 혼자 지방에서 버티다 빚만 진 채 암으로 죽었다. 전역 후 전공을 살려 요리사가 되고 싶었지만, 재완은 병 때문에 학교를 자퇴하고 콜센터에

다니는 어머니의 봉급으로 연명하는 처지가 됐다. 어머니를 더는 힘들게 하지 않겠다는 꿈이 좌절된 게 가장 힘들다고 했다. 죽은 아버지는 안타깝지만, 여전히 야속했다.

> 가장의 의무는 돈이다, 이게 너무 심해요. 돈으로만 당신 의무를 할 수 있다고 생각하고. 전화 한 통만 해도 누나한테는 큰 힘이 었을 텐데…… 아빠는 돈 보내는 게 의무라고 생각하고 돈을 못 버니까 연락도 못하고 그렇게 산 거죠.(2020년 8월 31일 인터뷰)

가부장, 부동산, 거듭된 실패, 무모한 노력까지, 재완은 아버지가 꿨던 발전의 꿈이 얼마나 허망한 것이었는지 통감했다. 그리고 미래 기본소득 전망에 관해 얘기를 나눴을 때 흥미롭게도 그는 기후 문제를 언급했다. "기본소득이 생기면…… 돈 많이 버는 거에 치중하지 않고 하고 싶은 일을 하며 살면 좋겠어요. 다들 서울에 몰리고 지구온난화 심해지고, 이런 악순환을 막으려면 산업 구조를 바꿔야 해요." 연구 참여자 다수가 기본소득의 정당성을 둘러싼 여러 논의 중에서 기술혁신에 따른 일자리 감소를 가장 중요하게 꼽은 것과 사뭇 다른 답변이었다.[*] 재완은 당장에 나아지기를 바랄 수 없는 현 상태에 대해 "헛된 꿈을 꿨다"라고 말했다. 그러면서 "기

---

[*] 경기도 청년기본소득 수령 경험에 관한 인터뷰에서 나와 다른 연구자들은 공유부, 기술혁신, 생태위기, 기존 사회보장의 한계 등 기본소득의 정당성을 둘러싼 논의를 다양하게 소개했다.(조문영 외 2021: 340)

본소득이 생기면"이란 가정형 질문에 대해 "하고 싶은 일을 하며" 사는 삶을 상상했다. 이 상상은 발전의 꿈과는 다르다. 삶의 취약성을 거부하지 않고 온전히 인정하는 상태에서 시작되기 때문이다.

원시사회의 수렵채집민에 관한 인류학 연구를 검토하면서, 토머스 위들록은 이러한 취약성을 인간의 유한성finiteness으로 번역했다. 그에 따르면, 근대 사회과학자들은 사회를 개인의 합보다 더 큰 것으로 보고 사회적 상호작용을 사회를 유지하고 협력을 촉진하는 역할로 한정했기 때문에 개인의 삶이 유한하다는 사실을 그다지 중요하게 취급하지 않았다. 개인은 단지 각자 사회적 역할만을 수행하면 되고, 원칙상 모든 이가 주어진 시기와 장소에서 이 역할들을 수행할 수 있기 때문이다. 그러나 우리가 개별적 삶의 유한성을 진지하게 고려한다면, 선형적인 진보의 역사에서 "'낡은' 생활양식"으로 치부된 공유/나눔sharing의 관행을 교환이나 선물과는 다른 재화 이전의 양식으로 재발견할 수 있을 것이다.(최철웅 2021: 163-164) "공유/나눔은 자원의 유한성보다 인간 삶의 유한성에 의해 추동"되는 것으로, 원시사회의 수렵채집민과 현재의 기본소득 지지자 모두 개인적 자율과 상호의존을 유지하기 위해 수행하는 실천이다.(Widlok 2017: 137-138, 161)

발전의 꿈이 아무리 집요하고 중독성 강하다 한들 누구도 삶의 취약성과 유한성을 피해갈 수 없다면, 지금 우리한테 필요한 것은 취약성과 유한성을 개별 인간의 불행으로 남겨두기보다 지구생활자의 공통 인식과 감각으로 받아들이도록 돕는 제도, 교육, 운동일 것이다. 기후변화와 팬데믹의 시대를 살아가면서 위기를 논하는 공론장은 전례 없이 많아졌지만, 각자 알아서 방공호를 구축하던 사람들이 더 거대한 위기를 감지한다고 해서 곧바로 연결되는 것은 아니다. 영화 「돈 룩 업」(2021)을 보면 혜성이 지구를 향해 돌진하는 순간에도 정부, 기업, 언론 모두 각자의 이익을 셈하기 바쁘지 않던가. 라투르와 슐츠는 "위기가 있는 곳에 돌파구도 있다"라는 문장이야말로 악마적이라고 주장한다. "다가오는 파국이 사람들을 변화시키리라고 기대해서도 안 된다. 어떤 것도 우리를 구원하지 못한다. 특히 위기는 그러지 못한다. 성공은 전적으로 우연한 기회를 포착하는 우리의 역량에 달려 있을 것이다."(2022: 58)

"우연한 기회"란 말 그대로 우연한 것이어서, 지난 풍경을 사후적으로 재발견하는 데는 유용할지 몰라도 미래를 조감할 수 있는 문구는 아니다. 하지만 '우연할' 기회를 포착할, 더 나아가 이런 기회를 생태 정치의 조직적 힘으로 발전시킬 역량을 키우는 일은 여전히 가능하고 중요하다.

나는 먼저 푸코(2016: 44)가 탈예속화로 정의한 비판critique을 역량의 필요조건으로 환기하고 싶다. "어떻게 하면 이런 식으로, 이들에 의해서, 이런 원칙들의 이름으로, 이런 목표들을 위해, 이런 절차를 통해, 그런 식으로, 그것을 위해, 그들에 의해 통치되지 않을 것인가?" 현재의 통치 양식과 개인의 삶의 양식에서 급진적인 변화를 꾀하지 않더라도 기후변화에 대처하는 게 가능하다는 궤변에 맞설 수 있는 역량, 기후위기를 자본 축적의 프런티어로 전유하면서 "생명망은 한정된 데 비해 자본은 무한 팽창을 상정"(파텔·무어 2020: 47)하는 모순을 반복하는 행태를 비판할 역량은 단시일에 생기지 않는다.

비인간 빈자에 대한 정부와 기업의 접근은 (5장의 글로벌 빈곤 레짐에서 본) 인간 빈자에 대한 접근과 여러모로 닮았다. 여전히 국내외에서 대규모 석탄 발전소 건설을 감행하면서도 시민들의 '작은 실천'이 지구를 구할 것처럼 퍼포먼스를 독려한다. 경영학자들이 전 세계 저소득층을 'BOP, Bottom of Pyramid'라는 시장으로 재발견하고 BOP를 소비자로 변모시키기 위해 기술과 경영의 혁신을 주문했듯(프라할라드 2006), ESG라는 윤리적 자본주의의 새 브랜드를 장착한 기업들은 기후테크climate tech(온실가스 배출 감소와 지구 온난화를 해결할 수 있는 기술) 시장을 혁신의 실험장으로, 기후위기를 기회로 바꿀 마법으로 찬양하느라 바쁘다. 인간 빈자뿐 아니라 비인간 빈자의 정치경제도 쉽게 망각된다. 재생에너지 전환에 핵심적인 희소 광물 채굴 과정에서도 막대한 에너지가 소모되고, 화석연료와 마찬가지로 중국과 글로벌 남반구의 저렴한 자연과 노동을 전유한다는 사실(피트롱 2021)은 아마존 창업자 제프 베이조스가 20억 달러를 기후테크 스타트업에 투자했다는 뉴스에 비해[7] 인기가 없다. 프라할라드(2016: 8)가 "무분별한" 원조와 보조금 대신 기업가 정신을 빈곤 해결의 해법으로 제시하며 던졌던 질문—"왜 우리는 빈곤층과 더불어 잘사는 자본주의를 창조해낼 수 없는 것일까"—에서 빈곤층의 외연은 이제 비인간 자연으로까지 확장됐다.

질문의 방식은 그대로인 채.

하지만 실질적인 변화나 해방적 전망에 대한 고려 없이 익숙한 논조를 반복하며 진행되는 비판은 공허하고, 지식 생산자의 특권화된 '비판 자본'으로 전락하기 쉽다.(Holm 2020) 비판은 그 대상이 되는 행위에 가망 없음의 판결을 내리는 게 아니라 다른 접근에 열려 있어야 하고, 새로운 실험들을 추동하는 불쏘시개 역할을 해야한다.(Ferguson 2011) 인간·비인간 자연의 취약성, 의존성, 유한성이더는 '장애' '비정상' '비효용' '무능력' 같은 꼬리표를 달지 않고 지구생활자의 존재 양태로 인정받는 세계는, 현재 우리가 살아가는 세계와 급진적으로 다르다는 점 외에 무엇도 결정적이지 않은 '과정'으로서만 등장할 것이다.

이 과정은 인류학자 주앙 비엘과 피터 로크가 윤리적 사유와 정치적 실천의 가능성을 회복하기 위해 강조했던 '되기becoming' 개념과 상통한다. 되기의 인류학은 "(그 자체로 가소적인plastic) 사회적·구조적·물질적 힘들이 끼치는 강력한 효과에 따라, 효과를 통해, 효과에도 불구하고 어떻게 살 것인가"(Biehl and Locke 2017: X)라는 질문에 대한 복잡하고 비결정론적인 응답들을 헤집는다. 되기가 늘 영웅적이고 낙관적이지만은 않아서, 자본주의의 소외에 대한 대응으로 형성된 연대는 공감을 넓히기는커녕 "피해자성에 대한 경쟁적인 승인을 요구하는 방향으로 배타적으로 흐를" 수도, 권리를 쟁취하려는 시도가 "원자화되고 고도로 사사화된 정치 주체성을 이끌" 수도 있다.(2017: 83) 그러나 우리가 비판하는 '나'의 권위를 독점하

지 않으면서 타인을―비대칭적인 연구 대상이나 덩어리 대중이 아
닌―동등한 대화자로 마주할 수 있다면, 섣부른 판단 대신 호기심
에 분석적·실천적으로 열려 있다면, 되기/과정은 위험뿐 아니라
"우연한 기회"의 가능성도 넓혀줄 수 있다. 이때 요청되는 것은, 비
판자이자 대화자로서의 역량, 언제 끝날지 모를 되기/과정의 번잡
함을 견딜 수 있는 역량, 얽힘과 혼돈을 성가신 방해물로 단정하지
않고 끈기 있게 마주할 수 있는 역량이다.

(비)인간 빈자와 동거하기

오랫동안 빈곤 연구를 하면서 가난한 사람들뿐 아니라 반빈곤
활동가들을 만날 기회가 많았다. 빈민운동의 역사가 제법 축적된
한국에서는 더욱 잦았다. 나는 이들한테서 비판의 힘, 존재의 취약
성과 유한성을 끈기 있게 마주할 역량을 발견한다. 인류세의 주체
로 기계-되기나 동물(다른 종)-되기가 논의되는 마당에(브라이도티
2015) 활동가라니! 굳이 인간 너머까지 논하지 않더라도, 활동가라
는 이름은 진정성이란 화두를 지난 역사에 구겨 넣고 난 뒤의 잔존
물처럼 낯설게 보인다. 하지만 포스트휴먼, 다종multi-species에 관한
들뜬 관심이 자본주의, 권력, 불평등과 씨름해온 기존의 비판 연구
를 간단히 건너뛰고 식민·냉전·발전주의의 역사적 유산과 정치경
제적 힘의 누적되는 효과를 무시하는 경향을 발견할 때, 나는 일시

정지 버튼을 누르고 빛바랜 기록을 뒤지고 싶어진다. 동물의 고통에 열린 마음이 제 불안을 가중하는 다른 인간과 쉽게 결별한 결과라면, (공장식 축산 시설의 이주노동자처럼) 동물을 착취해야 제 생명을 보전하는 어떤 인간의 고통에 한없이 닫혀 있게 된다면, 인류세의 미래는 이 섬에서 다른 섬으로 대피 장소만 바꾸는 고단한 여정의 연속일 뿐이기 때문이다. 관계하는 타자의 수를 단순히 늘리는 게 해법은 아닐 것이다.

권위주의적 발전국가 체제에서 가난한 사람들이 시설로, 황무지로, 도심 변두리로 끊임없이 내쫓기던 지난 세기, 활동가들은 이들과 바깥 세계를 연결해내는 데 긴요한 역할을 했다. 성직자나 대학생 출신 활동가들이 가난한 사람들을 조직해 강제 철거에 맞서고, 생존을 함께 궁리하고, 다른 사회운동과 연대한 지도 반세기가 지났다.(2장 참조) 취약한 생명에 지독히 폭력적인 국가, 알아서 살아남느라 가족 바깥의 삶에 대체로 무관심한 대중, 가난이 지긋지긋해서 때로 더욱 적대적일 수밖에 없는 이웃, 먹고사는 게 버거워 일찌감치 갈라진 가족한테 손을 뻗기 어려운 사람들 곁에 남아서 "상호작용의 지평"으로서의 사회(김현경 2015: 58)를 만드는 데 가장 헌신한 사람들이 활동가다.

활동가의 영웅적인 면모를 강조하려는 게 아니다. 사실 '활동가'는 다양한 행위자의 얽힘을 통해 빈곤을 살피는 연구자가 비판의 예봉을 휘두르기 쉬운 부류다. 1990년대 제도적 민주주의와 신자유주의적 경제 질서로의 재편이 동시에 진행된 이래, 한국 시민사회는 부침을 거듭했고, 이 과정에서 빈민 지역을 거점으로 삼았던 활동가들은 극심한 정체성의 혼란을 겪었다. 가난한 동네의 재개발도 오랜 저항에 힘입어 공공의 개입이 늘었고, 지방자치제가 시행되면서 정부가 지역 민주주의와 지역 사회복지의 주체를 자임하기 시작했다. "'무엇'을 화두로 '누구'에 대항해서 '어떻게' 싸울 것인가란 질문"에 대한 답은 갈수록 모호해졌다.(조문영·장봄 2016: 52) 2000년대 초반 아시아 금융 위기 직후 내가 서울시 관악구 난곡에서 본 풍경, 이를테면 정부 지원 프로젝트가 급증하면서 운동이 사업으로, 연대의 언어가 전문성의 언어로, 빈민 '동지'가 지원 사업의 클라이언트(수혜자)로, 민중 권력이란 선언이 임파워먼트란 통치술로, 관과의 적대가 파트너십이나 협치로 변모하는 흐름(조문영 2001; Cho 2005)은 10년 후 유학을 마치고 돌아왔을 때 대세가 되어 있었다. 저소득층 밀집 지역에서 '사회' '공동체' '마을' '재생' '자활' 같은 수식어를 단 사업들이 정부나 기업, 비영리재단의 지원 아래 일상화되면서, 활동가인지 공무원인지 복지사인지 기업가인지 자문하는 사람들이 국가·시장·민간의 모호한 경계 지대에서 혼란을 애써 봉합하며 너무나 열심히 일했다.(조문영·이승철 2017; 정수남 2018; 이승철 2020)

일련의 제도 변화는 분명 빈민(주민)운동의 오랜 투쟁이 거둔 성과였지만(신명호 2011), 한편으로 노점상 탄압이나 상가 철거처럼 여전히 진행 중이던 폭력(최인기 2012)에 충분히 시선이 가닿지 못하게 했다. 반빈곤운동 내부의 갈등도, 정체도, 분화도 쉽게 포착되는 풍경이 됐다. 활동가의 실천이 파트너가 된 정부의 행정에 전유되고, 복지라는 관료-기계(1장 참조)와 중첩되는 상황에서 운동을 재활성화하기도 쉽지 않았다. 한국 주민운동과 범 아시아적 연대의 오랜 역사는 국제개발 현장에서 대안을 모색하는 청년들에게 새로운 자극을 제공했으나, 시간성은 계속 엇박자를 탔다. 주민운동계 원로 활동가들은 국제개발의 현재와 주민운동의 과거, 즉 운동이 자본의 영향에서 비교적 자유로웠던 시절을 곧잘 비교했다. 주민운동의 현재가 관료적 기술정치에 종속된 국제개발 진영과 유사한 딜레마에 봉착한 현실은 곧잘 가려졌다.(조문영 2017a; Cho 2015) 한국 주민운동 역사의 대표적 순례지로 꼽히는 경기도 시흥 복음자리 지역에서는 운동의 정신을 이어나가자는 취지로 복지관 직원들이 다른 순례를 감행하기도 했다. 폭력적인 철거가 일상인 동남아시아 슬럼에 찾아가 현지 주민과 활동가를 만난 경험은 운동의 "원형"을 찾는 여정으로 해석되기도 했다.(Cho 2019a: 126)

그러나 중요한 것은, 위기에 대한 서사가 반복되는 가운데 운동이 관성적으로 유지된 것도, 활동가들이 마냥 자화자찬하면서 운동을 이어온 것도 아니라는 점이다. 내가 대학 시절의 공부방 활동이나 현지조사, 친분, 연대 활동을 통해 두루 만나온 활동가는 모두 운동을 "성찰의 현장"(Cho 2019a)으로 만들기 위해 부단히 움직였다. 주민운동이 사회복지 프로그램을 대행하는 것과 어떻게 다른지, 정부와의 협치에서 어떤 입장을 가져야 하는지, 주민 조직화의 지향이 궁극적으로 무엇인지 등을 둘러싸고 대화와 논쟁이 끊인 적이 없다. 나는 서울 관악구의 한 지역운동 단체와 반년 동안 세미나를 진행하면서, 활동가들이 가난한 주민들과 쌓아온 친밀성을 공적 기획과 연결해내는 과정, 정치적 입장 차이를 배타적 강요보다는 경청과 협력을 통해 조정하는 모습, 수급자나 철거민에 국한되지 않고 현재 우리 사회가 직면한 물질적·실존적 빈곤을 경험하는 '우리, 빈민'의 정치적 권리를 탐색하는 노력을 엿보기도 했다.(조문영·장봄 2016) 동남아시아 슬럼 지역을 몇 차례 순례하면서 '원형'을 떠올렸던 복지관 임원 조씨(가명)는 역으로 인도네시아 활동가들이 한국의 주민운동 경험을 배우러 복음자리에 왔을 때 무엇을 보여줘야 할지 난감했던 기억을 떠올렸다. 재개발로 당장에 내쫓길 위기에 처한 지역 활동가들은 제정구, 정일우 신부 같은 활동가들이 어떻게 서울의 철거민들을 데리고 집단 이주를 감행할 수 있었는지, 어떻게 땅과 이주할 돈을 마련했는지를 가장 궁금해했다. 하지만 이들의 소상한 질문에 답할 수 있는 사람은 거의 남아 있지 않았다. 40여 년 전의 일이다. 조씨가 정부 위탁을 받아 운영하는 각종 상점과 공방을 보여줬을 때, 인도네시아 활동가들이 "정부에서 왜 지원을 하는지" 묻자 당황한 기억도 떠올렸다. "우리가 정부 보조금을 받는 단체로 전환된 걸 잘 설명을 못 하겠더라고요." 조씨는 특히 공방 물건이 팔리지 않으면 어떻게 하느냐는 한 활동가의 질문이 당혹스러웠다고 한다.

정부에서 일정 부분 손해를 보전해준다는 말을 할 수가 없었어요. (…) 정부 보조금 받아 일자리 만드는 게 그분들[인도네시아 활동가들]에게 도움이 될까 확신이 없어요. (…) 우리는 인도네시아에서 엄청난 감동을 받았는데, 그들에게 감동을 줄 수 있는 게 무엇일까? 뭘 보여드릴 수 있지? 옛날은 다 지나갔는데?(2017년 2월 17일)

성찰과 토론, 새로운 시도를 거듭하면서 주민운동의 방향도 조금씩 달라졌다. 2021년 11월 중순에 열린 '한국주민운동 50주년' 기념 행사에서 활동가들은 주민운동의 방향을 가난(주제), 공동체(방식), 생명(목적), 지역사회(실천 현장), 협동(실천 원리), 민주주의(실천 목표)로 요약했다. 기후위기가 모두의 생명권을 보장하는 운동의 배경으로 전면에 등장했다. "생명은 삶에 대한 강렬한 열망이며 인간다운 삶 그 자체다. 사회적 억압 속에 놓여 있는 가난한 사람들이 '같이 살자'고 절규한다. 억압의 굴레에서 벗어나 인간답게 살고자 한다. 인간의 억압으로 고통받는 땅과 물, 공기가 '같이 살자'고 절규한다. 사회적 죽음, 생태적 죽음을 극복하고자 하는 강렬한 삶의 열망이며 지속가능하게 살아가려는 의지다."(최종덕 2022: 138)

활동가들은 어떻게 가난한 사람들의 절규와 땅, 물, 공기의 절규를 "삶의 열망"으로 한데 묶을 수 있었을까? 어떻게 인간 빈자와 비인간 빈자의 공통성을 생각했을까? 특별히 물어본 적은 없지만, 나는 이따금 서울역 맞은편 동자동 쪽방촌에 들러 활동가들이 주민들과 동거하는 방식을 보면서 새삼 놀란 적이 있다. 이들은 주민들과 소통할 때 말이 많지 않았다. 인터뷰나 봉사활동으로 잠시 쪽방촌에 들른 사람들이 서먹한 분위기를 바꿔보려고 주민들한테 자꾸 말을 거는 모습과 달랐다. 활동가들은 오랫동안 만나온 주민들이 무엇을 원하는지 쉽게 눈치 챘다. 극한의 빈곤을 겪는 사람들은 대개 언어를 습득할 기회를 일찌감치 박탈당하지만, 생존을 위해서라도 언어 이외의 소통 방식을 찾아야 한다. "정제된 말과 글 대신, 냄새, 욕설, 갈지자걸음, 곪은 상처, 볼륨을 한껏 높인 텔레비전에 기대어" 복잡한 마음을 전한다.(조문영 2022a: 12)[*] 비인간 빈자는 인간 빈자보다 더 말이 없다. 언어를 통하지 않고도 타자의 고통을 이해하는 것, 예컨대 거침없이 경로를 바꾸면서 예측을 포기하게 만드는 산불(Petryna 2018)을 통해 숲의 '고통'을 감지하는 것은 누구나 할 수 있는 일은 아니다.

또 하나, 주민들의 건강에 예민한 활동가들은 (행위자-네트워크 이론이나 배치 이론을 굳이 공부하지 않아도) 한 인간의 존재가 그의 본질에서 오는 게 아니라 그가 맺는 관계로부터 나온다는 점을 쉽게 인지했다. 쪽방촌에서 병든 몸의 병원 길에 동행하고, 주검이 된 몸의 장례를 치러주는 일을 수도 없이 반복하며, 활동가들은 인간

---

[*] 서울 사당동 달동네에서 만난 한 가족의 삶을 25년간 봐온 사회학자 조은은 이들의 사투리, 웅얼거림, 욕지거리, 부정확한 발음을 그대로 적는 글쓰기를 시도한 바 있다. "'읽기 힘듦'과 '못 알아들음'에 대한 참을성과 노력을 읽는 사람들에게 요구하기로 했다. 그들도 우리의 말을 편하게 듣고 사는 것은 아니므로."(조은 2012: 177)

의 신체가 — 앨러이모(2018)가 '횡단-신체성trans-corporeality'이라 표현한 대로 — 언제나 인간을 넘어서는 세계와 맞물리면서 형성된다는 점, 가난한 인간의 몸이 독성으로 뒤덮인 "땅, 물, 공기"와 만날 가능성이 훨씬 더 크다는 점, 오랫동안 혹독한 세계와 마주하면서 형성된 빈자의 신체는 그 자체로 "느린 폭력이 빚어내는 장기적 비상사태"(닉슨 2020: 20)라는 점을 자연스럽게 이해했다. 인간은 "사회-물질적 어셈블리지의 변화에 따라 다양한 존재가 된다"지만(김은성 2022: 34), 극빈의 인간이 세계와 관계하며 형성한 관계의 다발은 고만고만하게 비슷해서 서울역이든 그 인근 동네든 결국 일정한 장소에, 남루한 비인간 자연과 함께 모여 산다. "한번 고인 가난은 흩어져도 다시 고였다."(이문영 2020: 278)*

나는 이 책 서두에서 '우리 시대 빈곤은 어떠한가'라는 질문을 '빈곤을 어디로 가게 할 것인가'라는 질문으로 바꿔보기를 제안했다. 이 질문에 답하기는 원래도 어렵지만, 인류세라는 시공간에서는 더욱 막막하다. 앞으로 더 많은 연구가 필요하겠지만, 적어도 한국 사회 활동가들이 보여준 '동거同居' 만큼은 논의의 규모가 달라지더라도 우리가 품어야 할 윤리가 아닐까 한다. 자활과 자립을 섣불리 강요하는 정부 정책은 낡고 병든 몸이 일정한 프로그램을 거쳐 '건강한' 몸으로 거듭날 수 있다는 발전의 꿈에 머물러 있지만,

---

* 활동가들이 동자동 옆 양동 쪽방촌 주민들을 인터뷰한 구술 기록(홈리스행동 생애사 기록팀 2021)은 개인의 몸이 다른 사람, 사물, 법, 정책, 환경과 연결되면서 펼쳐지는 세계의 유사성을 보여준다.

오랫동안 가난한 사람들과 동거해온 활동가들은 다른 꿈을 꿨다. 이들의 회복력이 더딜 수밖에 없다는 점을 인정하고, 당장에 거창한 반전을 바라기보다 별 볼 일 없는 일상을 함께 견디며, 그럼에도 누구든 지금보다 더 나은 세계-내-자리를 확보할 자격이 있음을 서로 배우고, 이 느린 시간을 거쳐 가난한 주민이 제 권리를 "스스로 말하는"(허병섭 2009) 세상을 바랐다. 이런 세상은 활동가-동거인한 테도 유익하고 소중하다. "어떤 활동가가 가난한 주민들을 만나고 그들 속에서 무언가를 도모하느냐 아니냐는 결국 그 사람이 자신의 인생을 어떻게 살고 싶으냐의 문제"이기 때문이다.(신명호 2011: 31) 취약하고 유한한 존재, 빈곤이라는 문제, 빈곤을 둘러싼 공론장, 빈곤에 맞선 비판·저항과 함께[同] 머무르고 살아간다는[周] 감각과 인식, 의지와 노력이 지구라는 너른 지평에서 창발하는 꿈은 여전히 나를 긴장하게 만든다. 지구와 오래 동거하고 싶은 인간이라면 기꺼이 감수해야 할 긴장이다.

주

1장

1 박완서, 「도둑맞은 가난」, 『부끄러움을 가르칩니다』, 문학동네, 2006, 406쪽.
2 같은 책, 406쪽.
3 같은 책, 406쪽.
4 이혜운, 「강남 외제차에 연봉1억도 "난 가난"… 대한민국 진짜 가난은 도둑 맞았나」, 『조선일보』, 2019년 11월 30일자.
5 이재형, 「기초생활보장제도 시행 20주년의 변화」, 정책브리핑 '국민이 말하는 정책', 2020년 12월 4일 게시, https://www.korea.kr/news/reporterView.do?newsId=148880341.
6 최예륜, 「우리는 '위험사회'에서 살고 있다」, 프레시안, 2020년 3월 20일자, https://www.pressian.com/pages/articles/284210.
7 이 절에서 다룬 난곡 현지조사 내용 일부는 조문영(2001)에 실려 있다.
8 참여연대에서 2012년 5월 2일 발표한 기초법개정공동행동입장 보도자료 참조, https://www.peoplepower21.org/Welfare/900290.
9 보건복지가족부 사회복지통합관리망 설명 참조, http://www.mw.go.kr/front/temp/smile_e.html.
10 박송이, 「묻고, 따지고, 검열하는 '참! 야박한 복지'」, 『주간경향』 1144호.
11 조문영, 「기생수와 대면하기」, 『한겨레』, 2022년 2월 16일자.

2장

1 이 절에서 다룬 하둥 현지조사 내용 일부는 Cho(2013)에 실려 있다.

2　바이두 '依賴' 항목 참조, https://baike.baidu.com/item/%E4%BE%9D%E8%B5%96/7458405, 2022년 3월 2일 접속.

3　이 절에서 '난협'에 대한 내용 일부는 조문영(2001)에 실려 있다.

4　한국지역자활센터협회 홈페이시 참조, http://www.jahwal.or.kr/?Page=p01c03.

5　황천호, 「현장에서 느끼는 자활사업의 중요성과 개선 방향」, 복지국가소사이어티, 2018년 5월 8일자 칼럼, http://www.welfarestate21.net/home/data3.php?mode=read&mod_gno=2455.

6　임연지, '자활사업 25년, 한국지역자활센터협회 25년 기념식' 성료, 시사매거진, 282호(2021년 12월호).

4장

1　조문영, 「"집을 원합니다"」, 『한겨레』, 2020년 12월 23일자.

2　홈리스행동 유튜브 클립 "쪽방주민들에게 물었다_당신이 원하는 개발" 참조, https://www.youtube.com/watch?v=2qO3qdTQpdI.

3　쑨위펀에 관한 현지조사 내용 일부는 Cho(2009, 2013)에 실려 있다.

5장

1　장강명, 『한국이 싫어서』, 민음사, 2015, 10쪽.

2　손국희, 「"생존 결정하는 건 수저 색깔" 서울대생 유서 남기고 투신」, 『중앙일보』, 2015년 12월 18일자.

3　행정안전부 대통령기록관 기록 컬렉션 "세계의 미래를 위해 행동하는 경제학자, '제프리 삭스Jeffrey Sachs'" 참조, https://www.pa.go.kr/portal/contents/stroll/special/view.do?bd_seq=59.

4　국제연합 홈페이지 참조, https://www.un.org/millenniumgoals/.

5　빌 앤드 멀린다 게이츠 재단Bill & Melinda Gates Foundation '연간 소식지 Annual Letters' 항목 참조, http://annualletter.gatesfoundation.org/.

6　개발원조위원회Development Assistance Committee, DAC는 대외원조사업의 제반 제도와 규범을 논의하기 위한 경제협력개발기구OECD 산하 기구로 1960년에 처음 창설되었다.

7　Bill Gates, "Making Capitalism More Creative", *TIME* (July 31, 2008).

8   이 절과 다음 절의 내용 일부는 조문영(2013, 2014b)에 실려 있다.

9   국제개발협력민간협의회KCOC 홈페이지 참조, http://www.ngokcoc.or.kr/.

10 한국국제협력단KOIKA 홈페이지 참조, https://kov.koica.go.kr/.

6장

1   이 절 이후의 내용 일부는 조문영(2013)에 실려 있다.

2   온라인 중앙일보, 「100대 기업 인재상 "수퍼(S.U.P.E.R)맨"」, 『중앙일보』, 2013년 4월 15일자 참조.

3   플랫폼c 홈페이지 참조, http://platformc.kr/.

7장

1   이 장의 내용 일부는 Cho(2018)에 실려 있다.

2   김양희, 「조선족과 '신'조선족의 차이」, 『한겨레』, 2007년 2월 1일자.

3   중국 국가통계국 홈페이지 http://www.stats.gov.cn 자료 참조.

4   시타의 한국인 거주자 인구 통계는 시타 가도판사처의 내부 자료를 참조했다.

8장

1   이 장 내용의 일부는 Cho(2022)에 실려 있다.

2   이진경, 「"비정규직과 백수, 어떻게 '총파업'할 것인가?"」, 프레시안, 2012년 4월 24일자, https://www.pressian.com/pages/articles/106304.

3   성지훈·윤지연, 「122주년 노동절, 민주노총 '총파업투쟁 출정식' 개최」, 민중언론 참세상, 2012년 5월 1일자, http://www.newscham.net/news/view.php?board=news&nid=65997&page=1.

4   CBS 시사자키 제작진, 「"청년이 만난 빈곤 현실, 우리는 왜 가난을 외면할까?"」, 노컷뉴스, 2019년 6월 29일자, https://www.nocutnews.co.kr/news/5174667; 박주연, 「대학생들은 '빈곤'을 어떻게 바라보고 있을까」, 일다, 2019년 8월 28일자, https://www.ildaro.com/8535.

5   이 장에서 인용된 활동가들의 인터뷰 내용은 『우리는 가난을 어떻게 외면해왔는가』에 실려 있다.

6   박주연, 같은 글.

9장

1   세계보건기구 코로나바이러스 계기판 참조, https://covid19.who.int/(2022년 8월 17일 접속).
2   남종영, 「값싼 고기에는 코로나의 희생자들이 숨어 있다」, 『한겨레』, 2020년 6월 23일자.
3   이진영, 「예쁜 개천에서 가붕개로 살라고? 20대도 성취감 느끼고 싶다」, 『동아일보』, 2022년 2월 16일자.
4   김용현, 「'오징어 게임' 황동혁 감독 "'루저'들 얘기 통하는 서글픈 세상됐다"」, 『국민일보』, 2021년 9월 28일자.
5   오관철, 「중국 선전 산사태… 인재로 실종자 91명까지 늘어」, 『경향신문』, 2015년 12월 21일자.
6   조문영, 「노인 돌봄과 지구 돌봄」, 『한겨레』, 2020년 6월 3일자.
7   류준영, 「'기후테크 스타트업'에 세계 갑부 뭉칫돈 몰린다」, 『머니투데이』, 2021년 7월 19일자.

강남훈, 2013, 「불완전노동자와 기본소득」, 『마르크스주의 연구』 10:2, 12-42.

강주원, 2016, 『압록강은 다르게 흐른다: 문화인류학자의 눈으로 본, 국경과 국적을 넘어 아웅다웅 살고 오순도순 지내는 사람들 이야기』, 서울: 눌민.

게레멕, 브로니스와프, 2010, 『빈곤의 역사: 교수대인가 연민인가』(Bronisław Ge-remek, *Litość i szubienica*), 이성재 옮김, 서울: 길, 2010.

고든, 콜린, 2014, 「통치합리성에 관한 소개」, 『푸코 효과: 통치성에 관한 연구』 (Colin Gordon, "Governmental Rationality: An Introduction"), 이승철 외 옮김, 서울: 난장.

고르, 앙드레, 2011, 『프롤레타리아여 안녕: 사회주의를 넘어서』(André Gorz, *Adieux au prolétariat*), 이현웅 옮김, 파주: 생각의나무, 2011.

곽노완, 2013, 「노동의 재구성과 기본소득: 기본소득은 프레카리아트의 계급 형성과 진화에 필수적인가?」, 『마르크스주의 연구』 10:3, 94-114.

김도균, 2018, 『한국 복지자본주의의 역사: 자산기반복지의 형성과 변화』, 서울: 서울대학교출판문화원.

_____, 2019, 「발전국가와 복지대체수단의 발달: 한국과 일본 비교연구」, 『경제와 사회』 124, 357-383.

김도현, 2019, 『장애학의 도전: 변방의 자리에서 다른 세계를 상상하다』, 파주: 오월의봄.

김병인, 2017, 「상호의존성의 관점에서 국민기초생활보장제도에 대한 새로운 모색: 사회권과 무급노동의 측면을 통한 시론」, 『비판사회정책』 55, 85-120.

김선기 외, 2018, 「사회운동론의 관점에서 정책 거버넌스 현상 읽기: 청년당사자운동의 정치적 기회구조 분석을 중심으로」, 『한국언론정보학보』 90, 7-43.

김선기, 2019,『청년팔이 사회: 세대론이 지배하는 일상 뒤집기』, 파주: 오월의봄, 2019.

_____, 2021,「첫 청년학 교과서를 펴내며」, 김선기 외,『청년 연구자 되기: 청년 학개론』, 서울: 신촌문화정치연구그룹.

김수영, 2012,「사회복지와 노동시장의 연계가 초래한 근로연계복지의 딜레마: 자활사업의 사례를 중심으로」,『한국사회복지학』64:3, 203-229.

_____, 2013,「사회운동조직의 사회복지제도화와 미시저항: 지역자활센터의 사례를 중심으로」,『한국사회복지학』65:2, 255-285.

김수정, 2017,「글로벌 난민의 삶: 미국 커뮤니티 칼리지 한국 유학생들의 표류기」,『헬조선 인 앤 아웃』, 서울: 눌민.

김아람, 2021,「1960~70년대 한센인 정착촌의 형성과 '자활'의 한계」,『동방학지』194, 53-87.

김예란, 2015,「디지털 창의노동—젊은 세대의 노동 윤리와 주체성에 관한 한 시각」,『한국언론정보학보』69:1, 71-110.

김유림 외, 2019,「마을에서 일군 또 하나의 사회—논골신용협동조합 유영우」, 조문영 엮음,『우리는 가난을 어떻게 외면해왔는가: 사회 밖으로 내몰린 사람들을 위한 빈곤의 인류학』, 파주: 북이십일.

김윤영, 2021,「기초법개정 운동 20년, 경과와 시사점」, 기초법바로세우기공동행동,『기초생활보장제도 20년, 빈곤층의 몫찾기 20년—수급권자의 경험과 제도 변화, 운동, 판례, 이의신청을 통해 보는 기초생활보장제도 20년」, 참여연대 사회복지위원회, 4-24.

김은성, 2022,『감각과 사물: 한국 사회를 읽는 새로운 코드』, 서울: 갈무리.

김주온, 2017,「"뻔뻔한" 직접행동: 나의 글로벌 기본소득 운동 이야기」,『헬조선 인 앤 아웃』, 서울: 눌민.

김주환, 2012,「신자유주의 사회적 책임화의 계보학: 기업의 사회책임경영과 윤리적 소비를 중심으로」,『경제와 사회』96, 210-251.

_____, 2018,「빈곤, 사회적인 것 그리고 민주주의: 아렌트와 동즐로의 논의를 중심으로 본 사회적인 것의 정치의 난점들과 민주주의를 위한 전망」,『기억과 전망』39, 468-514.

김재형, 2021,「사회적 배제의 형성: 식민지기 '부랑나환자'」, 서울대학교 사회학과 형제복지원연구팀 엮음,『절멸과 갱생 사이: 형제복지원의 사회학』, 서울: 서울대학교출판문화원.

김지혜, 2019,『선량한 차별주의자』, 파주: 창비.

김현경, 2015, 『사람, 장소, 환대』, 서울: 문학과지성사.

김현우, 2021, 「코로나19 위기, 재난 자본주의로의 퇴행인가, 생태사회 전환의 기회인가?」, 『코로나 팬데믹과 한국의 길』, 파주: 창비.

김홍중, 2016, 「청년 여성 프레카리아트의 얼굴—웹툰 미지의 세계를 중심으로」, 『한국문화연구』 30, 31-66.

_____, 2019, 「인류세의 사회이론 1: 파국과 페이션시patiency」, 『과학기술학연구』 19:3, 1-49.

_____, 2021, 「무해의 시대」, 『서울리뷰오브북스』 1, 22-35.

_____, 2022, 「녹색 계급이 온다—라투르 신작에 대한 몇 가지 상념들」(실천을 위한 메모 3), Bruno Latour, and Nikolaj Schultz, *Mémo sur la nouvelle classe écologique*, 『녹색 계급의 출현』, 이규현 옮김, 김지윤 외 해설, 서울: 이음.

네그리, 안토니오·마이클 하트, 2008, 『다중: 「제국」이 지배하는 시대의 전쟁과 민주주의』(Antonio Negri, and Michael Hardt, *Multitude*), 조정환 외 옮김, 서울: 세종서적.

_____, 2014, 『공통체: 자본과 국가 너머의 세상』(*Commonwealth*), 정남영·윤영광 옮김, 고양: 사월의책.

누스바움, 마사, 2020, 『정치적 감정: 정의를 위해 왜 사랑이 중요한가』(Martha Nussbaum, *Political Emotions*), 박용준 옮김, 파주: 글항아리.

닉슨, 롭, 2020, 『느린 폭력과 빈자의 환경주의』(Rob Nixon, *Slow Violence and the Environmentalism of the Poor*), 김홍옥 옮김, 서울: 에코리브르.

다나카 다케시田中拓道, 2014, 『빈곤과 공화국: 사회적 연대의 탄생貧困と共和國: 社會的連帶の誕生』, 박해남 옮김, 파주: 문학동네.

더글러스, 메리, 1997, 『순수와 위험: 오염과 금기 개념의 분석』(Mary Douglas, *Purity and Danger: An Analysis of the Concepts of Pollution and Taboo*), 유제분·이훈상 옮김, 서울: 현대미학사.

데란다, 마누엘, 2019, 『새로운 사회철학: 배치 이론과 사회적 복합성』(Manuel DeLanda, *New Philosophy of Society: Assemblage Theory and Social Complexity*), 김영범 옮김, 서울: 그린비, 2019.

동즐로, 자크, 2005, 『사회보장의 발명: 정치적 열정의 쇠퇴에 대한 시론』(Jacques Donzelot, *L'Invention du social. Essai sur le déclin des passions politiques*), 주형일 옮김, 서울: 동문선.

들뢰즈, 질·펠릭스 가타리, 2001, 『천 개의 고원: 자본주의와 분열증 2』(Gilles Deleuze, and Félix Guattari, *Capitalisme et schizophrénie 2: Mille plateaux*), 김재인

옮김, 서울: 새물결.

들뢰즈, 질, 2005, 「정동이란 무엇인가?」(Gilles Deleuze, "Qu'est-ce que la philoso-phie?"), 『비물질노동과 다중』, 서창현 외 옮김, 서울: 갈무리, 21-138.

디쾨터, 프랑크, 2016, 『해방의 비극: 중국 혁명의 역사 1945~1957』(Frank Dikötter, *Tragedy of Liberation: A History of the Chinese Revolution 1945-1957*), 고기탁 옮김, 파주: 열린책들.

라투르, 브리노, 2021a, 『지구와 충돌하지 않고 착륙하는 방법: 신기후체제의 정치』(Bruno Latour, *Down to Earth: Politics in the New Climatic Regime*), 박범순 옮김, 서울: 이음.

_____, 2021b, 『나는 어디에 있는가?: 코로나 사태와 격리가 지구생활자들에게 주는 교훈』(*Où suis-je?: leçons du confinement à l'usage des terrestres*), 김예령 옮김, 서울: 이음.

라투르, 브뤼노·니콜라이 슐츠, 2022, 『녹색 계급의 출현』(Bruno Latour, and Ni-kolaj Schultz, *Mémo sur la nouvelle classe écologique: objet: comment faire émerger une classe écologique consciente et fière d'elle-même*), 이규현 옮김, 김지윤 외 해설, 서울: 이음.

로빈스, 리처드 H., 2014, 『세계문제와 자본주의 문화: 생산·소비·노동·국가의 인류학』(Richard H. Robbins, *Global Problems and the Culture of Capitalism*), 김병순 옮김, 파주: 돌베개.

로이, 아나냐, 2018, 『빈곤자본: 소액금융과 개발의 패러다임』(Ananya Roy, *Poverty Capital: Microfinance and the Making of Development*), 김병순 옮김, 조문영 해제, 서울: 여문책.

뤼투呂途, 2017, 『중국 신노동자의 형성: 도시와 농촌 사이에서 길을 찾는 사람들 中國新工人: 迷失與崛起』, 정규식 외 옮김, 서울: 나름북스.

류연미, 2014, 「지속가능한 삶으로서의 활동: '서울시청년일자리허브'와 청년 활동가의 실천 연구」, 석사학위 논문, 서울대학교.

류정순, 2000, 「국민기초생활보장법 시행과 관련된 보수·기득권층의 저항이 도를 넘고 있다」, 『복지동향』 19, 34-37.

마르크스, 카를, 2012[1852], 『루이 보나파르트의 브뤼메르 18일』(Karl Marx, *Der 18te Brumaire des Louis Napoleon*), 최형익 옮김, 서울: 비르투, 2012.

말리노프스키, 브로니스와프, 2013, 『서태평양의 항해자들』(Bronisław Malinows-ki, *Argonauts of the Western Pacific*), 최협 옮김, 광주: 전남대학교출판부.

메리필드, 앤디, 2015, 『마주침의 정치』(Andy Merrifield, *Politics of the Encounter:*

Urban Theory and Protest under Planetary Urbanization), 김병화 옮김, 서울: 이후.

모스, 마르셀, 2002, 『증여론』(Marcel Mauss, *Essai sur le don*), 이상률 옮김, 서울: 한길사.

모인, 새뮤얼, 2022, 『충분하지 않다: 불평등한 세계를 넘어서는 인권』(Samuel Moyn, *Not Enough: Human Rights in an Unequal World*), 김대근 옮김, 파주: 글항아리.

무어, 제이슨 W., 2020, 『생명의 그물 속 자본주의: 자본의 축적과 세계생태론』 (Jason W. Moore, *Capitalism in the Web of Life: Ecology and the Accumulation of Capital*), 김효진 옮김, 서울: 갈무리.

바우만, 지그문트, 2009, 『액체근대』(Zygmunt Bauman, *Liquid Modernity*), 이일수 옮김, 서울: 강.

박민아 외, 2019, 「보이지 않는, 지금 여기의 빈곤에 맞서다—빈곤사회연대 김윤영」, 『우리는 가난을 어떻게 외면해왔는가』, 파주: 북이십일.

박소진, 2010, 「한국 사회 문화 재인식과 세계 속 자기 정체성 찾기—대학생 단기 해외연수 동기와 경험」, 『비교한국학』 18:1, 217-262.

박인석, 2021, 「국민기초생활보장 20주년 성과와 과제」, 『보건복지포럼』 292:0, 2-4.

박해남, 2021, 「사회적 배제의 지속과 변형: 발전국가 시기의 사회정치」, 『절멸과 갱생 사이』, 서울: 서울대학교출판문화원.

백남운, 1994[1933], 『조선사회경제사朝鮮社會經濟史』, 하일식 옮김, 서울: 이론과실천.

버틀러, 주디스, 2018, 『위태로운 삶: 애도의 힘과 폭력』(Judith Butler, *Precarious Life: The Powers of Mourning and Violence*), 윤조원 옮김, 서울: 필로소픽.

벅모스, 수전, 2008, 『꿈의 세계와 파국: 대중유토피아의 소멸』(Susan Buck-Morss, *Dreamworld and Catastrophe*), 윤일성·김주영 옮김, 부산: 경성대학교출판부.

베라르디, 프랑코 '비포', 2012, 『노동하는 영혼: 소외에서 자율로』(Franco 'Bifo' Berardi, *Soul at Work*), 서창현 옮김, 서울: 갈무리.

부르디외, 피에르, 2000, 『세계의 비참 1-3』(Pierre Bourdieu, *Misère du monde*), 김주경 옮김, 서울: 동문선.

브라운, 웬디, 2010, 『관용: 다문화제국의 새로운 통치전략』(Wendy Brown, *Regulating Aversion*), 이승철 옮김, 서울: 갈무리.

브라이도티, 로시, 2015, 『포스트휴먼』(Rosi Braidotti, *Posthuman*), 이경란 옮김, 파

주: 아카넷.

브라이언트, 레비 R., 2020, 『존재의 지도: 기계와 매체의 존재론』(Levi R. Bryant, *Onto-Cartography: An Ontology of Machines and Media*), 김효진 옮김, 서울: 갈무리.

비르노, 파올로, 2004, 『다중: 현대의 삶 형태에 관한 분석을 위하여』(Paolo Virno, *Grammar of the Multitude*), 김상운 옮김, 서울: 갈무리.

빈곤사회연대 홈리스행동, 2018, 「기초생활보장제도 자활사업 참여자 인터뷰 조사—자활사업 문제점과 개선방안」, 서울: 한국도시연구소.

빈민지역운동사 발간위원회, 2017, 『마을공동체 운동의 원형을 찾아서: 1970~1990년대 민중의 마을 만들기』, 파주: 한울.

사센, 사스키아, 2016, 『축출 자본주의: 복잡한 세계 경제가 낳은 잔혹한 현실』(Saskia Sassen, *Expulsions: Brutality and Complexity in the Global Economy*), 박슬라 옮김, 파주: 글항아리.

사이토 고헤이齋藤幸平, 2021, 『지속 불가능 자본주의: 기후위기 시대의 자본론人新世の「資本論」』, 김영현 옮김, 고양: 다다서재.

색스, 제프리, 2006, 『빈곤의 종말』(Jeffrey Sachs, *End of Poverty: Economic Possibilities for Our Time*), 김현구 옮김, 파주: 북이십일.

샹뱌오·우치項飆·吳琦, 2022, 『주변의 상실: 방법으로서의 자기把自己作爲方法』, 김유익 외 옮김, 파주: 글항아리.

서동진, 2014, 『변증법의 낮잠: 적대와 정치』, 서울: 꾸리에.

세계기상기구WMO, 2022, 「2021 세계기후상태」(World Meteorological Organization, "State of the Global Climate 2021"), WMO-No. 1290.

센, 아마르티야 쿠마르, 2013, 『자유로서의 발전』(Amartya Kumar Sen, *Development as Freedom*), 김원기 옮김, 유종일 감수, 서울: 갈라파고스.

소보겸 외, 2019, 「상호의존과 협동의 쪽방촌—동자동 사랑방마을주민협동회 선동수」, 『우리는 가난을 어떻게 외면해왔는가』, 파주: 북이십일.

소준철, 2021, 「자활이라는 가면: 시설-국가-지역사회의 공모」, 『절멸과 갱생 사이: 형제복지원의 사회학』, 서울: 서울대학교출판문화원.

송제숙, 2016a, 『복지의 배신』(Jesook Song, *South Koreans in the Debt Crisis: The Creation of a Neoliberal Welfare Society*), 추선영 옮김, 서울: 이후.

_____, 2016b, 『혼자 살아가기: 비혼여성, 임대주택, 민주화 이후의 정동』(*Living on Your Own: Single Women, Rental Housing, and Post-revolutionary Affect in Contemporary South Korea*), 황성원 옮김, 파주: 동녘.

스마시, 세라, 2020, 『하틀랜드: 세계에서 가장 부유한 나라에서 뼈 빠지게 일하고 쫄딱 망하는 삶에 관하여』(Sarah Smarsh, *Heartland: A Memoir of Working Hard and Being Broke in the Richest Country on Earth*), 홍한별 옮김, 서울: 반비.

스탠딩, 가이, 2014, 『프레카리아트: 새로운 위험한 계급』(Guy Standing, *Precariat: The New Dangerous Class*), 김태호 옮김, 고양: 박종철출판사.

시소디어, 라젠드라 S. 외, 2008, 『위대한 기업을 넘어 사랑받는 기업으로』(Rajendra S. Sisodia, et al., *Firms of Endearment*), 권영설·최리아 옮김, 파주: 럭스미디어.

신광영, 2022, 「한국의 경제위기와 복지개혁」, 『국가전략』 8:1, 57-76.

신명호, 2011, 「지역주민운동과 민주주의」, 한국주민(빈민)운동 40주년 준비위원회, 『가난·공동체·생명의 미래로―지역주민과 새로운 사회 만들기』, 19-32.

＿＿＿, 2020, 『빈곤이 오고 있다: 풍요시대 빈곤지대』, 고양: 개마고원.

신한슬, 2012, 「빈곤 퇴치 활동이 생산하는 것: 대학생 해외 자원봉사 활동을 중심으로」, 연세대학교 문화인류학과 〈Anthropology of Poverty〉 수업 기말 보고서.

신현우, 2022, 「정체성 정치 비판: 세대, 젠더, 인종 너머 계급 적대의 재구성」, 『뉴래디컬리뷰』 3, 70-95.

아감벤, 조르조, 2010, 『장치란 무엇인가?: 장치학을 위한 서론』(Giorgio Agamben, *Che cos'è un dispositivo?*), 양창렬 옮김, 서울: 난장.

아렌트, 한나, 1996, 『인간의 조건』(Hannah Arendt, *The Human Condition*), 이진우 옮김, 파주: 한길사.

안경환, 2012, 「한국기업의 CSR과 정부의 CSR 정책에 대한 비판적 고찰」, 석사학위 논문, 연세대학교.

안상준, 2016, 「중세적 '자선'에서 근대적 '빈민구제'로」, 한국서양사학회 기획, 민유기·홍용진 외, 『서양사 속 빈곤과 빈민: 연민과 통제를 넘어 사회적 연대로』, 서울: 책과함께.

앨러이모, 스테이시, 2018, 『말, 살, 흙: 페미니즘과 환경정의』(Stacy Alaimo, *Bodily Natures: Science, Environment, and the Material Self*), 윤준·김종갑 옮김, 서울: 그린비.

양동권·정종필, 2020, 「중국의 대외원조체계와 원조 효과성에 대한 연구: 국제사회의 원조레짐과 중국 대외원조 확대 사례를 중심으로」, 『현대중국연구』 22:3, 173-215.

엘리스, 얼 C., 2021, 『인류세』(Erle C. Ellis, *Anthropocene: A Very Short Introduction*), 김용진·박범순 옮김, 파주: 교유당.

우승현, 2017, 「"글로벌"을 살아가는 청년들: 아일랜드로의 "임시 이주"와 글로벌 이동」, 『헬조선 인 앤 아웃』, 서울: 눌민.

원톄쥔溫鐵軍, 2013, 『백년의 급진: 중국의 현대를 성찰하다改出百年激進: 近期 中國發生的歷史階段變化』, 김진공 옮김, 파주: 돌베개.

윅스, 케이시, 2016, 『우리는 왜 이렇게 오래, 열심히 일하는가?: 페미니즘, 마르 크스주의, 반노동의 정치, 그리고 탈노동의 상상』(Kathi Weeks, *Problem with Work: Feminism, Marxism, Antiwork Politics, and Postwork Imaginaries*), 제현주 옮김, 파주: 동녘.

윤홍식, 2019, 『한국 복지국가의 기원과 궤적 2』, 서울: 사회평론아카데미.

은유, 2019, 『알지 못하는 아이의 죽음』, 임진실 사진, 파주: 돌베개.

이광석, 2018, 「도쿄와 서울을 잇는 청년들의 위태로운 삶」, 『언론과 사회』 26:4, 140-215.

이광일, 2013, 「신자유주의 지구화시대, 프레카리아트의 형성과 '해방의 정치'」, 『마르크스주의 연구』 10:3, 115-143.

이규현, 2022, 「만국의 '녹색 계급'이여, 단결하라!」, 『녹색 계급의 출현』(Bruno Latour and Nikolaj Schultz, *Mémo sur la nouvelle classe écologique*), 서울: 이음.

이기백, 1961, 『국사신론國史新論』, 서울: 태성사.

이기훈, 2014, 『청년아 청년아 우리 청년아: 근대, 청년을 호명하다』, 파주: 돌베개.

이문영, 2020, 『노랑의 미로: 가난의 경로 5년의 이야기』, 파주: 오월의봄.

이민영, 2017, 「'헬조선 탈출'로서의 인도 장기여행」, 『헬조선 인 앤 아웃』, 서울: 눌민.

이승철, 2014, 「새로운 (신)자유주의 비판을 위하여」, 『푸코 효과: 통치성에 관한 연구』, 서울: 난장 2014.

_____, 2020, 「마을 기업가처럼 보기: 도시개발의 공동체적 전환과 공동체의 자 본화」, 『한국문화인류학』 53:1, 99-148.

이진경, 2012, 「프롤레타리아트와 프레카리아트: 정규직 노동자와 비정규직 노동 자의 비대칭성에 관하여」, 『마르크스주의 연구』 9:1, 173-201.

이진경·신지영, 2012, 『만국의 프레카리아트여, 공모하라!: 일본 비정규노동운동 가들과의 인터뷰』, 서울: 그린비.

이하경, 2022, 「내 기후우울의 정체」, 이하경 외, 『지구를 사랑하는 우리의 마음 이 소중하니까』, 서울: 여성환경연대.

이형석 외, 2011, 『한국해외봉사단 20년 발자취: 1990~2010』, 성남: 한국국제협 력단.

일하는학교, 2017, 「빈곤과 고립: 독립생활 청년 실태조사 보고서」.

임다은, 2018, 「근현대 한국 통사서에서의 '빈곤' 인식—전근대사 서술을 중심으로」, 『인문논총』 75:1, 83-119.

임완섭 외, 2015, 『각국 공공부조제도 비교연구: 스웨덴편』, 세종: 한국보건사회연구원.

장봄·천주희, 2014, 「안녕! 청년 프레카리아트」, 『문화과학』 78, 57-72.

전의령, 2020, 「타자의 본질화 안에서의 우연한 연대: 한국의 반다문화와 난민 반대의 젠더정치」, 『경제와 사회』 125, 360-401.

_____, 2022, 『동물 너머: 얽힘·고통·타자에 대한 열 개의 물음』, 파주: 돌베개.

정성철·김윤영, 2021, 「수급권자의 목소리로 돌아본 기초생활보장법 20년」, 「기초생활보장제도 20년, 빈곤층의 몫찾기 20년」, 참여연대 사회복지위원회, 115-177.

정수남, 2015, 「1960년대 '부랑인' 통치방식과 '사회적 신체' 만들기」, 『민주주의와 인권』 15:3, 149-185.

_____, 2018, 「빈민 '공동체'와 연대의 탈감정성: '자활공동체'의 사례를 중심으로」, 『Oughtopia』 33:3, 73-110.

_____, 2019, 「탈빈곤 실천의 체계적 모순과 빈민의 하비투스: 자활사업 참여자의 주관적 경험을 중심으로」, 『구술사연구』 10:1, 189-246.

정용우, 2012, 「귀국 후 진로」, 한국국제협력단, 『해외 봉사 바로 알고 가기』, 서울: 파이카, 204-217.

정택진, 2021, 『동자동 사람들: 왜 돌봄은 계속 실패하는가』, 서울: 빨간소금.

정현욱, 2006, 「중국내 '신조선족'의 현실—'차이나드림' 허상 좇는 한국의 청년실업자, 신新조선족」, 『민족21』 61, 106-109.

조귀동, 2020, 『세습 중산층 사회: 90년대생이 경험하는 불평등은 어떻게 다른가』, 서울: 생각의힘.

조문영, 2001, 「'가난의 문화' 만들기: 빈민지역에서 '가난'과 '복지'의 관계에 대한 연구」, 석사학위논문, 서울대학교.

_____, 2012, 「중첩된 시간성과 벌이는 협상: 중국 동북지역 저소득층 대학생들의 속물성에 대한 인류학적 변명」, 『한국문화인류학』 45:2, 37-76.

_____, 2013, 「공공이라는 이름의 치유: 한 대기업의 해외 자원봉사활동을 통해 본 한국 사회 '반反빈곤'과 '대학생'의 지형도」, 『한국문화인류학』 46:2, 45-91.

_____, 2014a, 「'신세대 농민공'의 자원봉사 활동을 통해 본 국가 주도 윤리적 시민권의 성격과 함의」, 『현대중국연구』 16:1, 273-314.

_____, 2014b, 「글로벌 빈곤의 퇴마사들: 국가, 자본, 그리고 여기 가난한 청년들」, 『정치의 임계, 공공성의 모험』, 서울: 혜안.

_____, 2017a, 「국제개발의 문법을 넘어 사회의 빈곤과 대면하기」, 『헬조선 인 앤 아웃』, 서울: 눌민.

_____, 2017b, 「도시의 '사회적' 불평등 속 농촌 출신 청년 노동자의 삶」, 박철현 엮음, 『도시로 읽는 현대중국 2』, 고양: 역사비평사.

_____, 2017c, 「청년들의 글로벌 이동성을 통해 본 한국 사회의 민낯과 희원」, 『헬조선 인 앤 아웃』, 서울: 눌민.

_____, 2018, 「청년자본의 유통과 밀레니얼 세대 – 하기: 젊은 소셜벤처 창업자들에 관한 문화기술지」, 『한국문화인류학』 51:3, 309-364.

_____(엮음), 2019a, 『우리는 가난을 어떻게 외면해왔는가: 사회 밖으로 내몰린 사람들을 위한 빈곤의 인류학』, 파주: 북이십일.

_____, 2019b, 「'보편' 중국의 부상과 인류학의 국가중심성 비판」, 『중국사회과학논총』 1:1, 93-128.

_____, 2019c, 「어떤 '노동'과 '노동자'가 우리 앞에 당도했는가?」, 『국제노동브리프』 17:6, 45-51.

_____, 2020, 「한국사회 코로나 불평등의 위계」, 『황해문화』 108, 16-34.

_____, 2021a, 「경계 없는 불평등: 「오징어 게임」과 동자동 소유주의 저항」, 『과학잡지 에피』 18, 53-65.

_____, 2021b, 「행위자-네트워크-이론과 비판인류학의 대화: '사회'에 관한 논의를 중심으로」, 『비교문화연구』 27:1, 393-445.

_____(엮음), 2021c, 『문턱의 청년들: 한국과 중국, 마주침의 현장』, 서울: 책과함께.

_____, 2021d, 「불안한 빈자는 어쩌다 안전의 위협이 되었는가?」, 『서울리뷰오브북스』 1, 67-81.

_____, 2022a, 「게으른 독서를 위한 변명」, 『출판문화』 673, 9-14.

_____, 2022b, 「사회적 버림의 연루자들」, 『서울리뷰오브북스』 6, 18-31.

_____, 2022c, 「청년은 없다」, 문학동네 편집부, 『문학동네』 111, 118-130.

조문영·장봄, 2016, 「'사람'의 현장, '빈민'의 현장: 한 지역 주민운동 단체의 성찰적 평가에 관한 협업의 문화기술지」, 『한국문화인류학』 49:1, 51-107.

조문영·이승철, 2017, 「'사회'의 위기와 '사회적인 것'의 범람」, 『경제와 사회』 113, 100-146.

조문영 외, 2021, 「안전의 열망과 기여의 의지: 경기도 청년기본소득 수령자들의 서사」, 『한국문화인류학』 54:1, 307-358.

조민서, 2019, 「실업과 현금지급의 사회정치: 서울시 청년수당을 중심으로」, 석사학위 논문, 서울대학교.

조성은 외, 2019, 『한국 사회보장제도의 역사적 변화 과정과 미래 발전 방향』, 세종: 한국보건사회연구원.

조은, 2012, 『사당동 더하기 25: 가난에 대한 스물다섯 해의 기록』, 서울: 또하나의문화.

지젝, 슬라보예, 2011, 『폭력이란 무엇인가: 폭력에 대한 6가지 삐딱한 성찰』(Slavoj Žižek, *Violence*), 이현우 외 옮김, 서울: 난장이.

_____, 2012, 『멈춰라, 생각하라: 지금 여기, 내용 없는 민주주의, 실패한 자본주의』(*The Year of Dreaming Dangerously*), 주성우 옮김, 서울: 미래엔.

_____, 2020, 『팬데믹 패닉: 코로나19는 세계를 어떻게 뒤흔들었는가』(*Pandemic!: COVID-19 Shakes the World*), 강우성 옮김, 서울: 북하우스.

채석진, 2016, 「테크놀로지, 노동, 그리고 삶의 취약성」, 『한국언론정보학보』 79:5, 226-259.

챈, 제니 외, 2021, 『아이폰을 위해 죽다: 애플, 폭스콘, 그리고 중국 노동자의 삶』(Jenny Chan, et al., *Dying for an iPhone: Apple, Foxconn, and the Lives of China's Workers*), 윤종석 외 옮김, 서울: 나름북스.

최시현, 2021, 『부동산은 어떻게 여성의 일이 되었나』, 파주: 창비.

최인기, 2012, 『가난의 시대: 대한민국 도시빈민은 어떻게 살았는가?』, 파주: 동녘.

_____, 2022, 『가난의 도시: 우리 시대 노점상을 말하다』, 서울: 나름북스.

최종덕, 2022, 「한국주민운동 50년 성찰과 주민운동 방향」, 한국주민운동 50주년 기념행사 준비위원회 엮음, 『한국주민운동 50주년 기념행사 백서』, 한국주민운동교육원, 132-139.

최종숙, 2021, 「삶과 시간을 새롭게 쓰기: 진상규명운동, 그 후」, 『절멸과 갱생 사이』, 서울: 서울대학교출판문화원.

최철웅, 2021, 「나눔의 원리와 새로운 분배정치」, 『한국문화인류학』 54:2, 159-202.

추지현, 2021, 「사회적 배제의 기술들: 부랑인 단속과 노동력의 쓸모」, 『절멸과 갱생 사이』, 서울: 서울대학교출판문화원.

카림, 라미아, 2015, 『가난을 팝니다: 가난한 여성들을 착취하는 착한 자본주의의 맨얼굴』(Lamia Karim, *Microfinance and Its Discontents: Women in Debt in Bangladesh*), 박소현 옮김, 파주: 오월의봄.

코스타, 마리아로사 달라, 2020, 『페미니즘의 투쟁: 가사노동에 대한 임금부터 삶의 보호까지』(Mariarosa Dalla Costa, *Feminist Struggle: From Wages for Housework to the Safeguard of the Life*), 이영주·김현지 옮김, 서울: 갈무리.

크룩섕크, 바버라. 2014. 『시민을 발명해야 한다: 민주주의와 통치성』(Barbara Cruikshank, *Will to Empower*), 심성보 옮김, 서울: 갈무리.

파텔, 라즈·제이슨 W. 무어. 2020.『저렴한 것들의 세계사: 자본주의에 숨겨진 위험한 역사, 자본세 600년』(Raj Patel, and Jason W. Moore, *History of the World in Seven Cheap Things: A Guide to Capitalism, Nature, and the Future of the Planet*), 백우진·이경숙 옮김, 서울: 북돋움.

퍼거슨, 제임스. 2017.『분배정치의 시대: 기본소득과 현금지급이라는 혁명적 실험』(James Ferguson, *Give a Man a Fish: Reflections on the New Politics of Distribution*), 조문영 옮김, 서울: 여문책.

폴라니, 칼. 2009.『거대한 전환: 우리 시대의 정치·경제적 기원』(Karl Polanyi, *Great Transformation*), 홍기빈 옮김, 서울: 길.

푸코, 미셸. 1992.『지식의 고고학』(Michel Foucault, *L'Archéologie du savoir*), 이정우 옮김, 서울: 민음사.

_____. 2011.『안전, 영토, 인구: 콜레주드프랑스 강의 1977-78년』(*Sécurité, territoire, population: Cours au Collège de France, 1977-1978*), 오트르망 심세광 외 옮김, 서울: 난장.

_____. 2012.『생명관리정치의 탄생: 콜레주드프랑스 강의 1978-79년』(*Naissance de la biopolitique: Cours au Collège de France, 1978-1979*), 오트르망 심세광 외 옮김, 서울: 난장.

_____. 2016.『비판이란 무엇인가?/자기 수양』(*Qu'est-ce que la critique?: suivie de, la culture de soi*), 오트르망 심세광·전혜리 옮김, 파주: 동녘.

_____. 2018.『성의 역사 1: 지식의 의지』(제4판)(*L'Histoire de la sexualitée 1: La volonté de savoir*), 이규현 옮김, 파주: 나남출판.

프라할라드, C. K.. 2006.『저소득층 시장을 공략하라: 40억의 가능성, 저소득층 시장의 개발과 공존』(C. K. Prahalad, *The Fortune at the Bottom of the Pyramid: Eradicating Poverty Through Profits*), 유호현 옮김, 파주: 럭스미디어.

프로카치, 조반나. 2014.「사회경제학과 빈곤의 통치」(Giovanna Procacci, "Social Economy and the Government of Poverty"),『푸코 효과: 통치성에 관한 연구』, 이승철 외 옮김, 서울: 난장.

피트롱, 기욤. 2021.『프로메테우스의 금속: 희귀 금속은 어떻게 세계를 재편하는가』(Guillaume Pitron, *Guerre des métaux rares: la face cachée de la transition énergétique et numérique*), 양영란 옮김, 서울: 갈라파고스.

하비, 데이비드. 2021.『자본주의는 당연하지 않다: 어쩌다 자본주의가 여기까지

온 걸까』(David Harvey, *Anti-capitalist Chronicles*), 강윤혜 옮김, 서울: 선순환.

한선영, 2021, 「청년과 북한의 마주침—에필로그의 시간과 유령의 시간」, 『문턱의 청년들』, 책과함께.

해러웨이, 도나, 2021, 「인류세, 자본세, 대농장세, 툴루세: 친족 만들기」(Donna Haraway, "Anthropocene, Cpaitalocene, Plantationocene, Chthulucene: Making Kin"), 김상민 옮김, 『문화과학』 97, 162-173.

허병섭, 2009, 『스스로 말하게 하라: 한국 민중교육론에 관한 성찰』, 서울: 학이시습.

홈리스행동 생애사 기록팀, 2021, 『힐튼호텔 옆 쪽방촌 이야기』, 서울: 후마니타스.

홍명교, 2021, 『사라진 나의 중국 친구에게: 베이징에서 마주친 젊은 저항자들』, 서울: 빨간소금.

홍성욱, 2010, 「7가지 테제로 이해하는 ANT」, 홍성욱 엮음, 브뤼노 라투르 외, 『인간·사물·동맹』, 서울: 이음.

홍용진, 2016, 「중세 빈곤 문제와 빈민구호」, 『서양사 속 빈곤과 빈민: 연민과 통제를 넘어 사회적 연대로』, 서울: 책과함께.

王俊·李太濟, 2004, 「西塔朝鮮族聚居區百年」, 瀋陽市政協學習宣傳文事委員會, 『瀋陽少數民族』, 瀋陽: 瀋陽出版社, 207-210.

尹海潔, 2006, 「貧困的經濟支出網」, 哈爾濱工業大學 博士論文, 哈爾濱工業大學.

Abramovitz, Mimi, 2022, "Still under Attack: Women and Welfare Reform," edited by Nancy Holmstrom, *The Socialist Feminist Project*, New York: Monthly Review Press.

Ahmed, Sara, 2004, "Affective Economies," *Social Text* 22:2, 117-139.

Allison, Anne, 2013, *Precarious Japan*, Durham: Duke University Press, 2013.

Allon, Fiona, 2010, "Speculating on Everyday Life: The Cultural Economy of the Quotidian," *Journal of Communication Inquiry* 34:4, 366-381.

Besky, Sarah, and Alex Blanchette, 2019, *How Nature Works: Rethinking Labor on a Troubled Planet*, Albuquerque: University of New Mexico Press, 2019.

Biehl, João, and Peter Locke eds., *Unfinished: The Anthropology of Becoming*, Durham: Duke University Press, 2017.

Boyd, Lydia, 2018, "The Gospel of Self-help: Born-again Musicians and the Moral Problem of Dependency in Uganda," *American Ethnologist* 45:2, 241-

252.

Brun, Cathrine, and Anita Fábos, 2015, "Making Homes in Limbo? A Conceptual Framework," *Refuge: Canada's Journal on Refugees* 31:1, 5–17.

Chen, Junjie, and Gale Summerfield, 2007, "Gender and Rural Reforms in China: A Case Study of Population Control and Land Rights Policies in Northern Liaoning," *Feminist Economics* 13:3–4, 63–92.

Chen, Theodore His-en, 1969, "The New Socialist Man," *Comparative Education Review* 13:1, 88–95.

Cho, Mun Young, 2005, "From 'Power to the People' to 'Civil Empowerment': The Making of Neoliberal Governmentality in Grassroots Movements for the Urban Poor in South Korea," *East-West Center Working Papers* 13, 1–12.

_____, 2009, "Forced Flexibility: A Migrant Woman's Struggle for Settlement," *The China Journal* 61, 51–76.

_____, 2010, "On the Edge between "the People" and "the Population": Ethnographic Research on the Minimum Livelihood Guarantee(*dibao*)," *The China Quarterly* 201, 20–37.

_____, 2013, *The Specter of "The People": Urban Poverty in Northeast China*, Ithaca: Cornell University Press.

_____, 2015, "Orchestrating Time: The Evolving Landscapes of Grassroots Activism in Neoliberal South Korea," *Senri Ethnological Studies* 91, 141–159.

_____, 2018, "The Neoliberal Production of a "Culture of Poverty" in a Korean Migrant Enclave in Northeast China," *Positions* 26:3, 516–546.

_____, 2019a, ""Locations of Reflexivity': South Korean Community Activism and Its Affective Promise for 'Solidarity'," edited by Jesook Song and Laam Hae, *On the Margins of Urban South Korea: Core Location as Method and Praxis*, Toronto: University of Toronto Press.

_____, 2019b, "The Passionate Poor: Foxconn Workers Invited as Volunteers," edited by Dorothy J. Solinger, *Polarized Cities: Portraits of Rich and Poor in Urban China*, Lanham: Rowman & Littlefield.

_____, 2022, "The Precariat That Can Speak: The Politics of Encounters between the Educated Youth and the Urban Poor in Seoul," *Current Anthropology* 63:5, 491–518.

Dean, Mitchell, 1999, *Governmentality: Power and Rule in Modern Society*, Thousand Oaks: SAGE.

Denning, Michael, 2010, "Wageless Life," *New Left Review* 66, 79-97.

Donzelot, Jacques, 1979, *The Policing of Families*, translated by Robert Hurley, New York: Pantheon Books.

Douglas, Mary, 1999, *Implicit Meanings: Selected Essays in Anthropology*, London: Psychology Press.

Elyachar, Julia, 2005, *Markets of Dispossession: NGOs, Economic Development, and the State in Cairo*, Durham: Duke University Press.

Escobar, Arturo, 1995, *Encountering Development: The Making and Unmaking of the Third World*, Princeton: Princeton University Press.

Faier, Lieba, and Lisa Rofel, 2015, "Ethnographies of Encounter," *Annual Review of Anthropology* 43, 363-377.

Federici, Sylvia, 2004, *Caliban and the Witch: Women, the Body and Primitive Accumulation*, New York: Autonomedia.

_____, 2012, *Revolution at Point Zero: Housework, Reproduction, and Feminist Struggle*, New York: PM Press, 2012.

Feher, Michel, 2009, "Self-Appreciation; or, The Aspirations of Human Capital," *Public Culture* 21:1, 21-41.

Ferguson, James, 1994, *Anti-Politics Machine: Development, Depoliticization, and Bureaucratic Power in Lesotho*, Minneapolis: University of Minnesota Press.

_____, 2005, "Anthropology and Its Evil Twin: 'Development' in the Constitution of a Discipline," edited by Marc Edelman and Angelique Haugerud, *The Anthropology of Development and Globalization*, Oxford: Blackwell.

_____, 2011, "Toward a Left Art of Government: From 'Foucauldian Critique' to Foucauldian Politics," *History of the Human Sciences* 24:4, 61-68.

_____, 2013, "Declarations of Dependence: Labour, Personhood, and Welfare in Southern Africa," *Journal of the Royal Anthropological Institute* 19:2, 223-242.

Fineman, Martha Albertson, 2004, *The Autonomy Myth: A Theory of Dependency*, New York: The New Press.

Fraser, Nancy, and Linda Gordon, 1994, "A Genealogy of Dependency: Tracing a Keyword of the U.S. Welfare State," *Signs* 19:2, 309-336.

Freeman, Caren, 2011, *Making and Faking Kinship: Marriage and Labor Migra-*

tion between China and South Korea, Ithaca: Cornell University Press.

Goffman, Erving, 1963, *Stigma: Notes on the Management of Spoiled Identity*, Hoboken: Prentice-Hall.

Greenhalgh, Susan, and Edwin A. Winkler, 2005, *Governing China's Population: From Lenninist to Neoliberal Biopolitics*, Stanford: Stanford University Press.

Gupta, Akhil, 2015, "Is Poverty a Global Security Threat?," edited by Ananya Roy and Emma Shaw Crane, *Territories of Poverty: Rethinking North and South*, Athens: University of Georgia Press.

Han, Clara, 2018, "Precarity, Precariousness, and Vulnerability," *Annual Review of Anthropology* 47, 331–343.

Hardt, Michael, 1999, "Affective Labor," *Boundary 2* 26:2, 89–100.

Holm, Nicholas, 2020, "Critical Capital: Cultural Studies, the Critical Disposition and Critical Reading as Elite Practice," *Cultural Studies* 34:1, 143–166.

Jarrett, Kylie, 2018, "Laundering Women's History: A Feminist Critique of the Social Factory," *First Monday* 23:3–5.

Judd, Ellen, 1996, *Gender and Power in Rural North China*, Stanford: Stanford University Press.

Kang, Yoon Hee, 2012, "Any One Parent Will Do: Negotiations of Fatherhood among South Korean 'Wild Geese' Fathers in Singapore," *Journal of Korean Studies* 17:2, 269-297.

Kim, Jaesok, 2011, "Changing Views of Chinese and Korean 'Nationality' and the South Korean 'Collective Anxiety'," 2011년 미국인류학회American Anthropological Association 발표 논문.

Kipnis, Andrew, 2006 "Suzhi: A Keyword Approach," *The China Quarterly* 186, 295-313.

Kohrman, Matthew, 2005, *Bodies of Difference Experiences of Disability and Institutional Advocacy in the Making of Modern China*, Berkeley: University of California Press.

Kowalski, Julia, 2016, "Ordering Dependence: Care, Disorder, and Kinship Ideology in North Indian Antiviolence Counseling," *American Ethnologist* 43:1, 63–75.

Kumar, Arun, and Sally Brooks, 2021, "Bridges, Platforms and Satellites: Theorizing the Power of Global Philanthropy in International Development,"

Economy and Society 50:2, 322–345.

Lee, Seung Cheol, 2018, "The Social Life of Human Capital: The Rise of Social Economy, Entrepreneurial Subject, and Neosocial Government in South Korea", PhD dissertation, New York: Columbia University.

Leins, Stefan, 2020, "'Responsible Investment': ESG and the Post-crisis Ethical Order," *Economy and Society* 49:1, 71–91.

Lenhard, Johannes and Farhan Samanani eds., 2019, *Home: Ethnographic Encounters*, London: Routledge.

Levitt, Peggy, 2001, *The Transnational Villagers*, Berkeley: University of California Press.

Lewis, Oscar, 1966, *La Vida: A Puerto Rican Family in the Culture of Poverty*, New York: Random House.

Li, Tania Murray, 2007, *The Will to Improve: Governmentality, Development, and the Practice of Politics*, Durham: Duke University Press.

Li, Zongmin, 2002, *Women's Land Rights in Rural China: A Synthesis*, Beijing: Ford Foundation Office.

Mahmood, Saba, 2001, "Feminist Theory, Embodiment, and the Docile Agent: Some Reflections on the Egyptian Islamic Revival," *Cultural Anthropology* 16:2, 202–236.

Malkki, Liisa H., 1994, "Citizens of Humanity: Internationalism and the Imagined Community of Nations," *Diaspora* 3:1, 41–68.

Massumi, Brian, 2002, *Parables for the Virtual: Movement, Affect, Sensation*, Durham: Duke University Press.

Millar, Kathleen M., 2017, "Toward a Critical Politics of Precarity," *Sociology Compass* 11:6, e12483.

Muehlebach, Andrea, 2012, *The Moral Neoliberal: Welfare and Citizenship in Italy*, Chicago: University of Chicago Press.

Müller, Martin, 2015, "Assemblages and Actor-networks: Rethinking Socio-material Power, Politics and Space," *Geography Compass* 9:1, 27–41.

Munck, Ronaldo, 2013, "The Precariat: A View from the South," *Third World Quarterly* 34:5, 747–762.

Negri, Antonio, and Michael Hardt, 1994, *Labor of Dionysus: A Critique of the State-Form*, Minneapolis: University of Minnesota Press.

참고문헌

Neilson, Brett, and Ned Rossiter, 2008, "Precarity as a Political Concept, or, Fordism as Exception," *Theory, Culture & Society* 25:7–8, 51–72.

O'Connor, Alice, 2001, *Poverty Knowledge: Social Science, Social Policy, and the Poor in the Twentieth-century U.S. History*, Princeton: Princeton University Press.

O'Neill, Kevin Lewis, 2013, "Left Behind: Security, Salvation, and the Subject of Prevention," *Cultural Anthropology* 28:2, 204–226.

O'Reilly, Jessica, et al., 2020, "Climate Change: Expanding Anthropological Possibilities," *Annual Review of Anthropology* 49, 13–29.

Petryna, Adriana, 2018, "Wildfires at the Edges of Science: Horizoning Work amid Runaway Change," *Cultural Anthropology* 33:4, 570–595.

Rajak, Dinah, 2011, *In Good Company: An Anatomy of Corporate Social Responsibility*, Stanford: Stanford University Press.

Rofel, Lisa, 1999, *Other Modernities: Gendered Yearnings in China After Socialism*, Berkeley: University of California Press.

Rose, Nikolas, 1996, "The Death of the Social? Re-figuring the Territory of Government," *Economy and Society* 25:3, 327–356.

Sanscartier, Matthew D., 2017, "Denunciatory Technology: Forging Publics through Populism and Secrecy," *Economy and Society* 46:1, 60–81.

Sargeson, Sally, 2012, "Villains, Victims and Aspiring Proprietors: Framing 'Land-losing Villagers' in China's Strategies of Accumulation," *Journal of Contemporary China* 21:77, 757–777.

Sharma, Aradhana, and Akhil Gupta eds., 2006, "Rethinking Theories of the State in an Age of Globalization," *The Anthropology of the State*, Maiden, Oxford: Blackwell.

Solinger, Dorothy J., 2017, "Manipulating China's "Minimum Livelihood Guarantee" Political Shifts in a Program for the Poor in the Period of Xi Jinping", *China Perspectives* 2017/2, 47–57.

Supiot, Alain, 2013, "Grandeur and Misery of the Social State", *New Left Review* 82, 99–113.

Tronti, Mario, 2019, *Workers and Capital*, translated by David Broder, London: Verso.

Tsing, Anna Lowenhaupt, 2000, "The Global Situation," *Cultural Anthropology*

15:3, 327–360.

_____, 2005, *Friction: An Ethnography of Global Connection*, Princeton: Princeton University Press.

Walder, Andrew G., 1986, *Communist Neo-Traditionalism: Work and Authority in Chinese Society*, Berkeley: University of California Press.

Widlok, Thomas, 2017, *Anthropology and the Economy of Sharing*, London: Routledge.

Yan, Hairong, 2003, "Neoliberal Governmentality and Neohumanism: Organizing Suzhi/Value Flow through Labor Recruitment Networks," *Cultural Anthropology* 18:4, 493–523.

Zhang, Li, 2010, *In Search of Paradise: Middle-Class Living in a Chinese Metropolis*, Ithaca: Cornell University Press.

찾아보기

빈곤 과정

빈곤의 배치와 취약한 삶들의 인류학

ⓒ 조문영

1판 1쇄 2022년 11월 7일
1판 8쇄 2024년 5월 2일

지은이 조문영
펴낸이 강성민
편집장 이은혜
책임편집 박은아 편집보조 박지호
마케팅 정민호 박치우 한민아 이민경 박진희 정유선 황승현
브랜딩 함유지 함근아 고보미 박민재 김희숙 박다솔 조다현 정승민 배진성
제작 강신은 김동욱 이순호

펴낸곳 (주)글항아리 출판등록 2009년 1월 19일 제406-2009-000002호

주소 10881 경기도 파주시 심학산로 10 3층
전자우편 bookpot@hanmail.net
전화번호 031-955-8869(마케팅) 031-941-5157(편집부)
팩스 031-941-5163

ISBN 979-11-6909-049-0 93380

이 책은 연세대학교 학술연구비 지원을 받아 저술되었습니다.

www.geulhangari.com